面 向 2 1 世纪课程教材
Textbook Series for 21st Century

普通高等学校社会工作专业主干课系列教材

社会工作导论

Shehui Gongzuo Daolun

（第二版）

中国社会工作教育协会　组编
王思斌　主　编
熊跃根　副主编

编者（按所写章序排名）：
王思斌　孙立亚　熊跃根　顾东辉　朱东武

高等教育出版社·北京

内容提要

本书是中国社会工作教育协会组编的高校社会工作专业系列教材之一。第二版在初版基础上着重充实了国际、国内社会工作研究的新成果，力求反映我国社会工作发展的最新面貌，对我国政府发展社会工作的相关政策和社会工作界的专业实践作了梳理与总结。主要内容包括社会工作概述、社会工作专业的产生和发展、社会福利制度、社会工作的哲学基础与价值观、人类行为与社会环境、社会工作的理论基础和知识体系、社会工作过程、微观社会工作方法、宏观社会工作、社会工作研究、社会工作专业教育、社会工作的未来发展。全书编写规范、严谨，是一部凝聚编者多年教学研究成果和心血、兼顾国际视野与本土化建设、权威性较强的社会工作专业入门教材。

本书主要可供高校社会学和社会工作专业教学使用，也适于社会福利部门和机构的行政人员、非营利机构中的管理者和各类社会工作者阅读。

图书在版编目(CIP)数据

社会工作导论/王思斌主编．—2版．—北京：高等教育出版社，2013.3(2022.12重印)
高校社会工作专业系列教材
ISBN 978-7-04-036907-6
Ⅰ．①社…　Ⅱ．①王…　Ⅲ．①社会工作-高等学校-教材　Ⅳ．①C916
中国版本图书馆CIP数据核字(2013)第018000号

策划编辑　张　然　　责任编辑　吴　军　张　然　　封面设计　于　涛
版式设计　余　杨　　责任校对　刘春萍　　责任印制　刘思涵

出版发行　高等教育出版社
社　　址　北京市西城区德外大街4号
邮政编码　100120
印　　刷　唐山市润丰印务有限公司
开　　本　787mm×960mm　1/16
印　　张　20.75
字　　数　390千字
购书热线　010-58581118
咨询电话　400-810-0598
网　　址　http://www.hep.edu.cn
　　　　　http://www.hep.com.cn
网上订购　http://www.landraco.com
　　　　　http://www.landraco.com.cn
版　　次　2004年7月第1版
　　　　　2013年3月第2版
印　　次　2022年12月第14次印刷
定　　价　41.30元

物 料 号　36907-00

本书编写获香港凯瑟克基金会(Keswick Foundation Ltd. ,Hong Kong)资助

总　　序

20 世纪 80 年代中期，国家教委（现称教育部）决定在高等学校设立社会工作与管理专业（后改为社会工作专业），北京大学等几所高等学校在多方支持下开办了该专业。到 90 年代中期，社会工作专业获得了一定发展。近几年来，社会工作专业在规模上获得了快速增长，这与我国体制改革的深入和社会进步的要求，以及高等教育的发展密切相关。

教材建设是学科建设的重要组成部分。在社会工作专业建立之初，编写高水平的专业教材，对于我国社会工作教育学者来说是具有挑战性的，因为社会工作专业教育在我国高等学校中断了 30 多年，我国社会工作教育学者对国际社会工作专业理论和知识不甚熟悉，另外，学者们对我国本土的社会工作（社会服务）的理论和实践的深入研究也不够。十多年来，各校社会工作专业教育同仁在这方面做了积极的努力，也取得了一些成果，但总的来讲教材建设还相对滞后。

中国社会工作教育协会于 1994 年成立，并决定把教材建设和学科规范化作为其工作的重要内容。基于国内同行的知识积累和现实要求，中国社会工作教育协会决定着手组编社会工作专业教材。从 1997 年开始，经过 5 所高等学校 14 名有丰富教学经验的学者两年多的努力，由高等教育出版社出版了王思斌教授主编的《社会工作概论》，迈出了由协会统筹、各高等学校共同编写教材的第一步。该书出版之后得到了同行专家的好评，它不但被许多学校当作教材，而且在 2002 年获得教育部全国普通高等学校优秀教材二等奖。实践说明，集中各校有丰富教学经验的学者共同编写教材这条路是可行的。

随着高等教育的快速发展，教育部进一步提出了加强各专业主干课程建设的措施，其中包括确定各专业主干课程，编写和颁布“主干课程教学基本要求”。在这种情况下，受教育部委托，教育部高等学校社会学学科教学指导委员会几次召开会议，在各校系主任、专业负责人和资深教师的广泛参与下，确定了社会学专业和社会工作专业的主干课程，并协助教育部编制了“主干课程教学基本要求”。中国社会工作教育协会在组编《社会工作概论》经验的基础上，积极承担了组编社会工作专业主干课教材的任务。2002 年 7 月中国社会工作教育协会召开教材编写研讨会,确定了专业主干课程的教学基本要求和各主干课程教材的编写人选,同时决定教材编写实行主编负责制。协会计划在2至3年内出版全部专业主干课教材,并出版一批专业教育亟需的其他教材和教学参考书,以及研究性学术书刊——《中国社会工作研究》。行内学者积极地参与了这一重要的学科建设过程,参加教材编写的学者在繁忙的教学、科学研究过程中,付出巨大努力精心编写教材。可以说,这些教材是当前我国社会工作专业教学和研究水平的展示。

应该特别提出的是,香港凯瑟克基金会对我国社会工作教育给予了重要支持。香港凯瑟克基金会是一个以支持社会服务为主的非营利组织,多年来,以亚太区社会工作教育协会香港中国小组为中介,该基金会对中国内地的社会工作教育给予了多方面的支持。在得知中国社会工作教育协会的上述发展计划之后,香港凯瑟克基金会决定无条件地给予经费方面的资助,这对我国内地社会工作教育学者是一个极大的激励。所以,这套主干课程系列教材的出版,要由衷地感谢香港凯瑟克基金会,当然也感谢为我们搭起桥梁的香港社会工作教育界的同仁。

编写高水平的专业教材谈何容易。虽然参与编写这套主干课程系列教材的都是有丰富教学经验,也有一定研究成果的教育学者,但是毕竟中国内地的社会工作专业教育恢复重建时间尚短,所以,这套教材肯定会有一些不尽如人意之处。一个学者是不愿意将自己不甚成熟的著述拿出来示众的,但是学无止境,社会工作专业的快速发展使得我们不能再等下去,因为大量新开办的社会工作专业的师生迫切需要既能介绍国外先进理论和知识,又对我国社会工作实践有一定理论总结和分析的教材。在这种情况下,也为了规范社会工作专业教育,这套教材将陆续面世,供大家使用并提出批评、改进的建议。教育部在制定"主干课程教学基本要求"时的指导思想是"一纲多本",即在遵循上述"基本要求"的前提下,鼓励编写有不同特点的教材,相互比较、竞争发展。希望这套教材能在这方面发挥积极的作用。

在中国内地社会工作教育的发展过程中,本人受多方同仁的启发,曾指出学科建设既要遵循国际通则,又要注重我国社会实际,并对社会工作本土化提出某些看法。在编写专业主干课教材问题上,我也希望重申上述观点。我们必须充分尊重国际社会工作、社会福利学术界的研究成果,相信在诸多方面人类知识具有共同性,要客观地、全面地介绍那些有价值的理论和知识。另一方面,社会工作的务实特点要求必须将理论和中国实际尽可能紧密地结合起来。在这方面,必须强调社会工作研究,其中包括理论研究、实务研究、教学研究等。在这里,社会工作的本土化研究和本土社会工作经验的研究都是重要的,而二者的整合将使中国社会工作的理论和实践达到一个新的水平。显而易见,要做到这一点,需要社会工作教育学者积极而深入地参加社会工作实践。如果社会工作专业教材能达到这一水平，那么就可以说，我们对中国社会工作教育和社会工作实践的发展做出了更大贡献。

感谢教育部高等教育司、教育部高等学校社会学学科教学指导委员会、高等教育出版社对出版这套教材的支持。在研讨和设计这套教材的时候，教育部高等教育司给予了具体的指导和部分经费支持。教育部高等学校社会学学科教学指导委员会，特别是主任委员郑杭生教授、副主任委员宋林飞教授、谢遐龄教授对社会工作专业的发展和本套教材的编写给予了大力支持。高等教育出版社王方宪同志对这套教材的编写提出了参考意见，在教材编写过程中，高等教育出版社的编辑于健航、干咏昕等同志做了大量推动和建设性工作。

各方为社会工作专业在中国的发展做出了积极的努力，但愿它顺利成长、尽快成熟，并为中国人民的福祉做出自己的贡献。

中国社会工作教育协会会长

王思斌

2003 年 10 月

序

由中国社会工作教育协会组织编写的高等学校社会工作专业教材已经陆续出齐，并在规范社会工作专业教学中发挥了积极作用。这本《社会工作导论》自2004年出版至今已逾8年。8年多来，我国的社会工作发生了巨大变化。在政府的大力支持和社会工作界特别是社会工作教育界的积极努力下，我国的专业社会工作得到了长足发展。社会工作开始登堂入室，并在国家的社会生活中发挥着越来越重要的作用。社会工作的经验不断积累，学术和理论探讨不断深入。同时，国际社会工作也有了进一步发展。在这种情况下，对《社会工作导论》等第一批教材进行修订就是必要的。

本教材的修订主要体现在如下几个方面：第一，增加了国际、国内社会工作研究的新成果，尽量使本教材与学科发展的潮流同步。第二，增加了我国社会工作发展的新资料，这既包括政府发展社会工作的相关政策，也包括社会工作界的专业实践。这方面的补充能反映我国社会工作发展的最新面貌。第三，对第一版中的某些错讹之处进行了修正，进一步统一了社会工作的主要概念。

第二版编写分工如下：王思斌编写第一、十二章，孙立亚编写第二、十一章，熊跃根编写第三、四、六章，顾东辉编写第五、九、十章，朱东武编写第七、八章。

虽然修订工作十分迫切，但是本书参编作者依然十分忙碌，所以本书的这次修订也未能达到十分细致的程度，仍留有遗憾。欢迎读者继续提出批评建议。

主　编

2012年10月

目　录

第一章

社会工作概述

社会工作是一门应用社会科学，它以利他主义理念和科学有效的方法帮助有困难、有需要的社会成员，增强其能力，促进其与社会环境相适应，达到增进其福利的目标，是现代社会的一项重要制度。这一章我们对社会工作做一概略介绍。

第一节　什么是社会工作

一、社会工作是一种科学的助人方法

（一）社会工作的概念

在我国，社会工作的概念似乎并不陌生，因为每一个在正式组织中工作和学习的人都可能从事一些非本职性的、公益性的工作，而且我们曾经称之为“社会工作”。但是本书介绍的则是科学和学科意义上的社会工作。科学和学科意义上的社会工作是 social work 的译名。英语世界中的 social work 指的是专门从事社会服务的职业性的活动。在有些国家和地区，它被称为社会服务（social service）或社会福利服务。

以服务于有困难的人和家庭为主要的甚至是职业性活动的现象是由资产阶级工业革命催生的。工业革命引发了大量社会问题，也促进了民间社会服务组织的产生，这是社会工作产生的重要源头。在美国，内战时期也出现了作为职业的社会服务工作者，但是，行内人士一般把 110 年前的两项活动作为专业社会工作的开端。1898 年，美国纽约慈善学院举办了为期 6 周的训练班，训练给薪的“友善访问员”，以促进他们服务的科学化，提高服务质量。几乎同时，荷兰阿姆斯特丹社会工作学院成立，开设两年制的社会工作教育。此后，在整个世界范围内，这种通过专门教育培养从事社会服务人才的教育培训活动发展开来，接受教

育和培训者从事的服务活动也获得了社会的承认,并成为一种职业。20 世纪初,在美国从事这一职业的人被称为社会工作者(social worker)。在英美国家,社会工作指的是受过专门训练的专业人士从事的社会服务职业活动和领域。在非英语西方国家,具有相似性质和内涵的活动有基于各自语言的表述,比如在德国它被称为 Soziale Arbeit(社会工作)。由于这一领域的发展也伴随着知识的创造和积累,并逐渐成为有自身特点的理论和方法,所以社会工作被用来指称一个学科。在教育系统,从事社会工作人员培养的活动被称为社会工作教育(social work education)。

(二) 社会工作的本质

社会工作被承认为现代社会的一种职业和学科,来自于它的服务实践和这种服务的良好效果,即对服务对象和社会的积极作用。在社会工作出现之前,社会上也存在着各种各样的帮助人的活动,如邻里互助、救济贫弱、乐善好施、宗教善行,但是,只是在帮助人的活动科学化、专业化、制度化之后,这种具有普遍意义的社会服务活动才被称为社会工作。另外,一个明显的事实是,那些商业性的、政治性的活动都不被称为社会工作,因为它们从事的不是社会服务或社会性的(social)服务。经济的、商业性的活动是利己的,政治性活动则以权力获取和行使为特征。社会服务或社会福利服务则以服务于他人,服务于基本生活遇到困难、需要帮助或协助的人为根本特征。如果从这种比较的角度来认识社会工作,那么,社会工作与为了获取自己利益的经济活动不同,与获取和行使权力的政治活动不同,也与偶尔为之的慈善活动不同,社会工作是专业的、以帮助困难人群为目的的、职业性的活动。简略地说,专业助人是社会工作的本质。

这里的专业不是指专门,而是学有专攻、训练有素和职业化。专业的助人是指有明确的理念或指导思想,有合理的计划或设计,有一套经过实践检验的行之有效的方法。专业一般不是个人摸索的产物,而是众人大量实践的结果,是科学的,也是职业化的。专业助人不是以个人好恶做善事,而是以普遍的规则为准绳。这里的助人是指真诚地、实际地帮助有困难、有需要的人。社会工作被认为是做人的工作,是帮助人的活动,是利他主义的行动。总的来说,社会工作是持守利他主义的助人理念、以科学的知识为基础、用科学的方法助人的职业性的服务活动。

(三) 社会工作是一种助人活动

社会工作是助人的,但是社会工作并不认为有爱人之心就真正能够帮助人。真正的帮助人是帮人之所需,富有效果,而且不是帮之一时,而是效果持久。所谓帮人之所需就是真正了解受助者的需要,并真正解决了他们的问题。在现实社会中,遇有困难者的需要可能比较简单,也可能相当复杂,于是了解受助者的需要是对其实施帮助的基本前提。社会工作者强调在实施服务之前,必须对服务对象的需要进行认真科学的评估,就是力图切实了解他们的真实需要,然后提供有针对性的服务。在提供服务的过程中,社会工作者也要始终站在为受助者着想、为受助者解困的立场上,运用社会工作方法和技巧为其提供恰当的服务。这也就是说,社会工作者所做的一切都以帮助解决受助者面临的问题为转移,这就是社会工作的追求。所以,社会工作是一种全心全意为受助者服务的活动。社会工作把助人当做价值追求和工具性目标。在社会工作中,助人的对象既包括具体的个人,也包括社会群体乃至社区;帮助的内容既包括物质方面的援助,也包括精神和心理方面的支持;既包括救难解困,也包括促进服务对象的发展。

社会工作不是机械地看待助人,即把受助者看做被动的接受者,而是把助人当做社会互动系统。它是在各种复杂的社会条件下帮助受助者并同其一道达致目标的过程。所谓社会工作者同受助人一道解决问题,不是社会工作要推脱责任,而是指社会工作者要善于挖掘受助者的潜能,发挥其能动性,促进其能力提升,以更好、更持续地解决问题。所以,在社会工作者看来,自己所做的一切都是为受助者服务。

二、社会工作是一个专业

(一) 社会分化与专业

现代社会的一个重要特点是社会的分化。分化是原来相同的事物变为不同,或一个综合性事物变成发挥不同作用的多部门的现象,它是由同质性变为异质性的过程。在社会生活中,社会分工、专业分化都是重要的社会分化现象。在功能主义者看来,分化是社会复杂化并走向更高阶段的必要环节。从经济学的角度来看,分工能够提高效率,它使人们的工作变得专业化,而分工与合作的结合必然促使经济活动更有效地运行。在现代社会中,专业化成为推动技术发展、满足社会需求的重要手段。正是因此,专业化在许多偏重于应用技术的领域不同程度地发展起来,比如专业证书制度、专业准入制度等。

德国社会学家韦伯在论述现代科层组织的合法性时强调了专业和效率,指出在现代社会中专业制度是一项重要制度。在韦伯看来,专业培训是获得行政管理资格的前提①。它是保证理性地而不是感情地处理问题的必要条件。而在专业基础上理性地处理问题会带来组织的稳定性和高效率。社会学家帕森斯讨论过专业性问题。他认为,作为一个专业应该表现为:执行这些功能的机构由一批有专业资格的人组成,他们受过专门训练,精通该学科的主要内容,使用专业的方法与技术,他们适应社会的需要,在社会上起着专门的作用,担负一定的职

① 韦伯:《经济与社会》,商务印书馆 1997 年版,第 244 页。

责,享受一定的优惠①。

按照帕森斯的理解,专业化是重要的、深刻的职业分工现象。要成为一个专业,该专业的成员必须受过专门训练,精通其独有的方法与技术,并获得专业资格。在社会分工与专业化的进程中,不同职业、行业是有不同的。一般那些对社会和社会成员来说是至关重要的、需要较高技术的职业和行业常常率先专业化。从为人服务这一领域来看,医学是首先专业化的行业,律师的专业化也被社会广泛重视,社会工作作为为社会弱势群体服务的职业也需要专业化。

（二）作为一个专业的社会工作

在我国,专业有学科和生产部门两个角度的划分。从后者的角度来看,专业(profession)是指在社会生产部门中根据产品生产的不同过程和技术划分而成的各个部分。实际上,现代意义上的专业是指建立在科学教育和训练之上的、某类人专门拥有的职业领域。

社会工作专业脱胎于早期的慈善事业,从事慈善活动的人虽然有助人之心,而且确实取得了一些成果,但是,随着受助人情况的复杂化和现代社会中受助人对正当权利的要求,只有慈善之心已不能适应社会的需要。正是在这种情况下,开办社会工作专业教育,培养社会工作专业人才,成立社会工作服务机构,组成社会工作专业团体,以为困难人群、脆弱人群和有问题的社区提供高质量的服务就成为必要。这就促进了社会工作的专业性发展。在发达国家和地区,社会工作已经是一个专业,已经成为一个相对独立的职业,有专门的职业活动领域,这种职业的加入者需要经过专业教育和培训获得专门知识和技术,并获得入职的专业资格,这一职业内部有自己的专业权威和规范得以自律和发展。

在一个国家或地区,社会工作作为一个专业还表现为:在社会福利制度体系中,从事社会福利服务的机构必须获得合法的社会服务的专业资格,从事社会服务的、具有较高职级的人士一定要经过社会工作的专业培训(专业教育),社会工作人员的专业活动既受到专业价值和规范的指导约束,也得到专业保护。在这种情况下,社会工作体系已成为社会福利制度的重要组成部分,社会服务机构及其工作者用科学的、专业化的方法有效地解决问题,社会工作也成为一种制度。正如西伯龄(Siporin)所说,社会工作是协助人们去预防和解决社会问题,增强他们的社会生活功能的一种制度化的方法②。

当今世界,许多国家和地区实行社会工作专业制度。而在国际社会中,社会工作专业人员也建立了自己的专业组织——国际社会工作人员协会(IFSW)、国际社会工作学校协会(IASSW),促进着社会工作事业的发展。

---

① 帕森斯:《现代社会的结构与过程》,光明日报出版社 1988 年版。

② 转引自徐震、林万亿:《当代社会工作》,(台北)五南图书出版公司 1996 年版。

（三）中国社会工作走向专业化

在我国，以服务于社会弱势群体为目的的社会工作正处于从前专业向专业过渡的状态。所谓前专业，表现为我国还没有普遍建立社会服务的专业资格制度，一些从事社会服务的机构不需专业评估即可从事服务。许多服务机构缺乏受过专门训练的高素质的工作者，服务从业人员凭着感情或为了工作而从事这些服务活动，他们的服务缺乏专业评估，也难以满足较为复杂的需要。我国社会服务的前专业化状态是由我国的国情决定的。一方面，我国是一个发展中国家，正处于从农业社会向工业社会转型的时期，与之相应的是社会分化还不充分，人们遇到的困难还主要由家庭或社区来解决。另一方面，我国又是曾经长期实行计划经济体制的国家，在计划经济体制下，许多社会问题靠政府用行政化方法或通过行政渠道予以解决，似乎社会中缺乏分化出从事专业社会服务机构的必要性。概括地说，我国的社会工作长期以来是行政性非专业的社会工作①。

2006 年中共中央十六届六中全会以来，我国的社会工作获得了快速发展。社会工作教育的规模不断扩大，社会工作教育水平不断提高，社会工作的制度，包括培养、评价、使用、激励的制度，正在建立。2008 年，国家举行社会工作师职业资格水平考试。在发达地区，社会工作的入职资格、服务评价、服务机构建设正向专业化的方向发展。我国的社会工作逐渐走上专业化的道路。

三、对社会工作的理解

社会工作是一种将社会工作者、服务对象、问题、资源、社会环境等因素连接起来并进行有效配合解决问题的活动，这是一个复杂的社会过程。研究者们从不同的层面分析研究社会工作。

（一）社会工作是一套科学的助人方法

从社会工作与其他社会科学学科的差异性来看，社会工作更强调应用，更注重实践的方法。弗瑞德兰德（Friedlander）认为，社会工作是一种以科学的知识和技能协助个人达到社会与个人的满足与自主的专业服务过程。芬克（Fink）认为，社会工作是一门艺术和科学，它通过提供助人服务来增强个人和群体的人际关系和社会生活的功能②。这些认识来自于社会工作的专业知识体系和工作实践。

社会工作是要帮助有困难、有需要的人和社区解决他们遇到的问题，而且常常是一些复杂的问题。社会工作解决问题不是基于一般的愿望，而是基于科学的分析和有效的方法。所以，社会工作特别注重助人方法。社会工作的助人方

① 王思斌：《中国社会工作的经验与发展》，《中国社会科学》1995 年第 2 期。

② 转引自徐震、林万亿：《当代社会工作》，（台北）五南图书出版公司 1996 年版，第 4 页。

法包括直接的服务方法,即个案工作方法、小组工作方法、社区工作方法和间接的工作方法,即社会行政、社会政策,它们构成社会工作的核心内容。它们是在不同背景下与人打交道,处理不同问题的手段、方法和技巧。社会工作方法包括分析问题的方法、介入问题的方法、动员和连接资源的方法以及具体解决问题的方法等。它既包括一套科学程序,也包括一系列具体方法。这些方法是有理论根据的、经过多次实践被证明是有效的。社会工作就是要艺术地运用各种方法,动员和连接各种资源,创造性地解决问题,所以,方法和技巧是社会工作实务的核心。由于社会工作以解决问题为目的,所要解决的问题又相当复杂,因此,社会工作者要运用自己所掌握的各种知识和方法去应对(解决)新的问题。当然,社会工作不能机械地运用方法,而是要艺术地、创造性地运用各种方法。这样,社会工作就是连续地识别和确认问题,选择方法去解决问题的过程,在这一过程中社会工作者要灵活地运用多种知识,有时要综合运用多种方法。当然在这一过程中也可能有创造或方法上的创新。

我们说社会工作是一套科学方法,并不意味着忽视理论在社会工作中的地位。社会工作方法是科学的方法,它们是建立在一定的理论之上的,这些理论既包括个人与社会的关系、社会行动与互动、社会伦理等方面的基本理论,也包括相应的方法论。实际上,社会工作是在一定理论指导下运用科学方法解决问题的过程。

(二)社会工作是一个过程

基于助人活动的科学化和规律性,一些学者特别强调社会工作是一个助人过程。上述弗瑞德兰德的观点也强调了社会工作所具有的过程内涵。

社会工作是一个过程是指社会工作是通过一系列行动和由这些行动联系起来的过程实现的。社会工作是专业的助人活动,一般说来,它包括有困难的人向社会工作者求助,社会工作者通过谈话等方式了解和确认问题,社会工作者与受助人合作共同解决问题等活动。实际上了解和确认问题、解决问题都是内部包含诸多内容的过程。比如,对问题的确认要经过一定的交谈、澄清来实现,甚至它有可能是随着问题的展开而逐步明确的。所以,社会工作是在行动过程中去发现和实现的。虽然社会工作面对的问题多种多样,但是基本过程却是大体成型的。经过长期的实践、总结和提炼,专业社会工作已经发展出一套经验性的过程模式。在社会工作已经专业化的国家和地区,社会工作已经形成如下过程模式:求助和会谈—接案—签订协议、确认工作目标—解决问题—评估—结案。这种逻辑程序指导着社会工作者和服务对象的合作,有效地推动着社会工作的发展。

具体地说,社会工作是社会工作者不断认识问题、进行评估和选择处理问题方法的过程,它是社会工作者与服务对象持续合作不断接近工作目标的过程。

（三）社会工作是一个建构过程

当我们把社会工作看做社会工作者与服务对象，在变动着的社会情境中，通过持续的互动去解决问题的过程时，这实际上就是在把它看成建构的过程。

建构论认为人们不是完全按照既定的模式机械地行事，而是认为人是社会行动者。社会行动者的基本特征是具有能动性，即他可以根据自己对外部现象意义的理解选择合适的行动做出反应。因此，社会互动是人们之间的、赋予了一定意义的互动，他们对外部现象赋予的意义影响着自己对行为的选择，而这种行动又会作为结果影响着他们后面的行为。这样，社会过程就是由人们赋予了意义的行动建构起来的。人们对外部现象进行何种解释、赋予它何种意义，就会采取何种行动。

社会工作是社会工作者与服务对象合作互动的过程，也是他们作为一个行动系统与外部社会环境互动的过程。实际上，参与这一互动的每一个人（或机构）的行动都对社会工作的发展方向、进程和结果产生影响。当然，那些主要行动者所产生的影响较大一些。我们曾经用社会工作的过程模式（见图 1-1）来简要表述这种观点①。

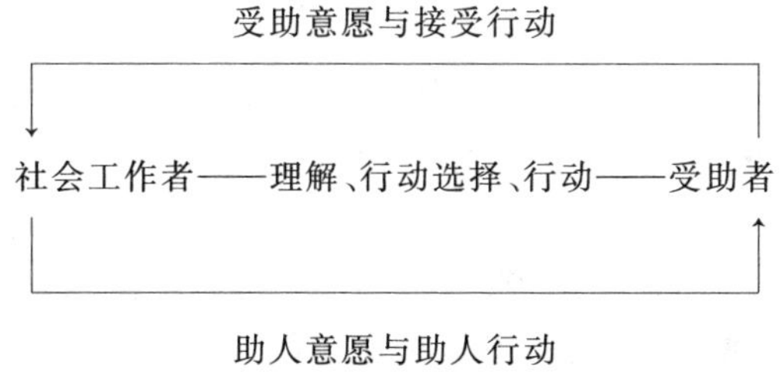

图 1-1　社会工作的过程模式示意图

这一模型反映了社会工作与受助人（或服务对象）是如何通过自己对问题的理解和行动选择而参与持续互动进而解决问题的。在这里，双方都不是被动的，而是主动的；都不是机械的，而是能动的。他们对问题的理解，对对方行动的理解以及对自己合作行为的选择，使得社会工作向着某一方向发展。佩恩（Malcom Payne）曾将这种互动系统扩大到文化因素，他指出，社会工作的三个要素是社会工作者、受助对象和他们面对的情景。他力图说明在不同的文化背景下社会工作的过程与方法是有差异的，他认为，社会工作是社会建构的②。

很明显，社会工作的过程论与建构论对社会工作的看法是有差异的。虽然它们都认为社会工作是一个复杂的过程，但是前者比较强调过程的模式化、程序

---

① 王思斌：《社会工作概论》（第二版），高等教育出版社 2006 年版，第 13 页。

② 佩恩：《现代社会工作理论》，华东理工大学出版社 2005 年版，第 8 ~ 17 页。

性,而建构论则更强调人们在社会工作中的能动作用和创造性。实际上,社会工作是二者兼有的互动过程。

（四）对社会工作的界定

以上我们从不同角度分析了社会工作的内涵,同时指出各国因其国情而对社会工作有不同的理解,这说明社会工作是具有情境性的活动。以下是我国与美国专业团体对社会工作定义的比较。

美国是最早开展社会工作专业教育的国家,美国以其强大的自由主义传统等原因而未实行福利国家制度,但其专业社会工作却比较发达。美国社会工作者协会(NASW)于20世纪70—80年代曾出版三期《社会工作》特刊对“什么是社会工作”进行讨论,但意见并不一致。最后下述定义被接受:社会工作是一种帮助个人、小组、社区增强或恢复社会功能并创造有利于实现这一目标的条件的专业活动①。同时,还对社会工作的价值、原则、技巧所应用的主要工作领域做了说明。

社会工作在我国已有80多年的历史,在不同历史时期,学者们对社会工作也有不同的解说②,这也是学者们在不同经济社会背景下对社会工作服务的理解。

我国于20世纪80年代中期开始恢复和发展专业社会工作。1991年,我国以民政系统为主体成立中国社会工作者协会,协会成立时对社会工作给出如下定义:社会工作是一种帮助人和解决社会问题的工作。它帮助社会上的贫困者、老弱者、身心残障者和其他不幸者;预防和解决部分经济困难或生活方式不良而造成的社会问题;开展社区服务,完善社会功能,提高社会福利水平和社会生活素质,实现个人和社会的和谐一致,促进社会的稳定与发展。在我国,社会工作不仅包括社会福利、社会保险和社会服务,还包括移风易俗等社会改造方面的工作③。中共中央十六届六中全会作出“建设宏大的社会工作人才队伍”的决定之后,我国社会工作学界和实务界对社会工作的内涵、定义做了较深入的讨论。一般认为,专业社会工作是坚持“助人自助”的价值观,综合运用专业知识、方法和技巧,帮助有困难、有需要的个人、群体和社区,预防和解决社会问题,恢复和发展社会功能,促进社会和谐的职业活动。这一定义包括了对社会工作本质的陈述以及对它的特点和功能的说明。

---

① 转引自孙立亚:《社会工作导论》,中国财政与经济出版社1999年版,第10~11页。

② 孙立亚:《关于中国社会工作的叙述》,载王思斌主编:《中国社会工作研究》(第八辑),社会科学文献出版社2012年版,第176~189页。

③ 陈良瑾主编:《中国社会百科全书》,中国社会出版社1994年版。

第二节　社会工作的性质

一、社会工作的专业特征

（一）专业的特征

关于社会工作是否已成为专业存在着不同的看法，因为对什么是专业，社会工作专业应该具有哪些特征，学者们的认识并不完全一致。1915 年，弗莱克斯纳认为当时美国的社会工作还不具备专业的特征。但此后不久，里士满出版《社会诊断》阐述社会工作特别是个案工作的内容和方法，表明它具有专业的特征。1957 年，格林伍德（Greenwood）在其《专业的属性》中指出专业应该具有如下特征：第一，一个专业应该有一套系统的、支持其活动的理论体系，即它是有科学基础的。第二，它已被社会广泛认可，即社会对该种专门活动是接受的和高度评价的。第三，该种活动具有专业权威，即在该种活动内部已建立起专业的权威，专业能力成为该领域活动的重要评价标准。第四，职业内部有伦理守则。首先，从事该活动已成为一种职业，而且职业内部有对其成员进行约束的、系统的、伦理上的要求，这些伦理上的要求指导着成员的行为。第五，这一职业群体形成了专业文化。从业者有高度认同的价值观，有基本上一致的专业行为方式。

关于专业的特征问题后来许多学者都做过概括和研究，例如我国台湾学者徐震认为，作为专业应有以下基本特性：它有科学的知识体系作为其活动的基础；它有哲学的伦理信念用以指导行内人士的职业行为；从业人员须经过长期的养成教育，即通过专业教育和培训才可能成为从业人员；从业人员的就业需经过合法的专业甄试，即入职资格是由专业权威系统通过鉴别而同意的；该专业有实际的工作职位，即社会为该专业提供了实际的工作机会；与之相关的是该专业有服务的案主体系，即有比较明确的服务人群；该领域有同业控制团体，即职业内部有自我监督、自我评估的机制，并形成了共同认可的、有权威的监控机构；该专业领域应有发展的进修制度，即在成员的知识和技能方面形成不断发展的制度，与之相关的是形成了专业职级系统，即专业权威体系①。可以发现，徐震对专业特征的解释与格林伍德基本上是一致的，他更加注重了专业的组织和制度体系的特征。

格林伍德认为，当时美国的社会工作已具备了专业特性，但尚处于较低的水平。也有一些学者认为社会工作是一个处于发展过程中的专业，例如社会学家

---

①　徐震、林万亿：《当代社会工作》，（台北）五南图书出版公司 1996 年版，第 539～540 页。

艾兹奥尼(Etzioni)认为社会工作基本上处于半专业(semi-profession)状态,因为社会工作专业训练所需的时间不如法律、医学那样长,还没有形成特定的沟通方式①。

(二)从发展的角度看社会工作的专业特征

实际上,任何专业都有一个从不专业到专业的过程。我们可以把一种职业从不太具备专业特点发展成为比较具备专业特点的过程称为专业化。

社会工作是为人们特别是困难群体和弱势群体服务的职业。一个社会和国家对弱势群体的责任感和实际能力,从业人员对弱势群体实施帮助所具有的道德责任和素质要求,都决定着助人职业的专业化走向。60 多年前,联合国曾进行过一次各国社会工作教育状况调查,33 个国家对社会工作给出了 33 种定义,这实际上反映了各国社会工作的发展状况。这次调查表明,有一部分国家将社会工作视为社会的中上阶层人士出于人道主义或宗教信仰而从事的慈善事业;一些国家则把它看做由政府或私人社团举办的有组织的活动,这些活动是解决各种因困难所导致的问题的;另一些国家认为社会工作是由政府或私人团体举办的专业服务活动。可以认为,第一种情况尚处于准社会工作阶段,第二种情况是社会工作的初级阶段,第三种情况则是社会工作的专业阶段。

60 多年来,社会工作在全世界有了明显的进展。当今,在西方发达国家以帮助弱势群体为己任的社会工作(社会福利服务)行业大多数都专业化了。在大学中,社会工作有自己独立的教育体系,在社会上有专门的职业领域和服务机构,在该职业领域内部则有同业自律规则,包括从业和专业资格认证、专业水平评估以及对违规者的惩处。例如,美国制订了社会工作人员守则对其成员进行指导和约束,建有全国性的同业协会以提高从业人员的专业水平,规定只有取得社会工作本科学位及以上者方可从事该专业的职业活动。国家和社会也对社会工作人员给予认可和特许。在那些已经实行专业化的国家和地区,社会工作已形成了自己的专业职级体系。这样,社会工作就成为一种专业化的助人实践活动。

然而对大多数发展中国家来说,社会工作专业化的进程相对缓慢,但有些市场经济、专业教育比较发达的国家和地区社会工作也开始了专业化进程。社会工作专业化同一个国家的政治、经济、社会福利制度、教育的发展等因素有关。但是,从现代化的角度来看,专业化则是各国社会福利服务的必然趋势。

二、社会工作学科的属性

(一)社会工作是应用社会科学

① 孙立亚:《社会工作导论》,中国财政与经济出版社 1999 年版,第 6 ~ 7 页。

社会工作作为一种专业助人活动，要以社会工作人员明确的价值观、科学的方法为基础，而这些又需要通过教育和训练获得并在实践中得以巩固和发展。所以，社会工作又是一门学科。社会工作是以科学知识为基础的应用型的社会科学。作为人类认识自然和社会规律的科学可以分为自然科学和社会科学，后者是广义的关于社会的学问。在社会科学中，有些学科比较偏重于理论研究，有些则偏重于实践研究，即将理论与实际结合起来解决现实问题。社会工作属于后者，它是以科学的理论和知识为基础，以解决实际问题为目的的学科。社会工作有自己的价值追求，而且这种追求甚至有某种理想化的色彩，比如它强烈地追求社会公平。但是，社会工作要以解决现实问题为目标，所以带有明显的应用性。社会工作的应用性也是多样化的，它既包括在政策层面的运作，也包括具体的为弱者提供服务。作为专业的社会工作就是要在多个层面开展工作，更加有效地帮助困难和弱势社群走出困境。所以社会工作在本质上是实践的，它是要应用相关知识、理论、方法和技巧解决问题的。

社会工作专业人员要秉持助人自助的价值观，运用科学方法服务于困难和弱势人群，需要知识的学习和专业素质的培养，这就是社会工作教育的功能。人们把长期从事社会服务的经验加以总结，并借鉴其他相关领域的知识和理论，形成了以实践为取向的社会工作理论和实务体系，这就是社会工作学科。社会工作作为一种应用型学科并不是不重视理论，相反，它必须以坚实的理论作为自身工作的基础。但是，社会工作不是以理论为目的的学科。在社会工作中，就最终目的而言，理论是为实践服务的。当然，没有好的理论就不会有自觉的、好的实践效果，因此，在社会工作中理论与实践是互相促进和相互为用的，在很多情况下，社会服务实践是接受理论指导的，而实施服务的过程也是检验和发展理论并进一步支持服务实践的过程。这同某些以理论研究和发展知识为主的社会科学学科有明显差异。

（二）社会工作与社会学的关系

社会工作与社会学有十分密切的关系。在我国2012年颁行的普通高等学校本科专业目录中社会工作与社会学同属“社会学类”之下的二级学科。在国际上，在社会工作的发展过程中，社会工作也同社会学有着紧密的关系。19世纪末至20世纪初是西方社会发生剧烈变化的时代，大量社会问题（如失业、贫困、城市化等）的出现促进了社会学理论的发展。

社会工作发展的早期基本上是作为对社会问题的回应而出现的。社会学的分析常常成为社会服务工作分析问题产生原因及解决方法的基础和出发点。这样，社会工作实际上是作为社会学的应用部分出现的，社会工作甚至被称为应用社会学。社会学的许多理论和知识是社会工作的基础。比如，社会学关于个人与社会关系的理论，关于社会行动与社会互动的理论，关于社会结构与社会分层的理论,关于社会问题的原因与对策的探讨,都是社会工作者在面对实际问题时经常应用的基本理论。另外,社会学的方法论和研究方法也为社会工作厘清问题、找到对策提供了基本的手段。在社会学的研究方法中,社会调查方法、访谈方法、社会实验等量化和质性研究方法为社会工作提供了不可或缺的认识工具。

但是随着专业化的发展,社会工作也与社会学学科产生了某种分离,即倾向于利用多学科知识来解决日益复杂的社会问题。在很多国家和地区,社会工作最初是存在于社会学科系之中的,后来它才随着专业化过程而独立出来。

(三) 社会工作与社会心理学的关系

社会心理学是研究在社会因素的影响下人们的心理变化机制及其规律的学科。社会心理学有两个传统:其一是从自然科学的角度出发,通过实验方法探究人们心理发展的规律,这是心理学取向的社会心理学;另一个则是从社会现象出发,研究它对人们的心理乃至行为的影响,这基本是社会学取向的社会心理学。

人是生活于具体的社会之中的,人们的观念和行为受到社会环境的强烈影响,同时人们的行为也反过来影响社会。因此研究社会环境是如何影响人的观念和行为的,对于帮助人、使其行为有所改变是一个关键。社会心理学研究人的个性形成、人的态度改变、人与人之间的相互作用,研究精神压力同心理健康的关系,研究群体心理的形成及其对群体成员及社会的影响,这些都与对人的帮助和服务有关。因为要有效地助人必须了解他人的内心世界,要想改变一个人的行为,关键是使他的观念和环境有所改变。

社会工作产生之初曾经受到社会心理学的重大影响。20 世纪 20 年代弗洛伊德的精神分析理论盛行,他关于人的行为受其早期生活经验影响等思想对个案社会工作的发展影响很大。社会心理学的人格发展理论、人类成长理论、群体动力学、认知理论及社会认同理论等都对社会工作的开展有直接意义。在现代社会中,精神紧张和压力、精神孤独、心理疾病等成为越来越突出的社会问题。这使得社会心理学在社会工作中扮演着不容忽视的重要角色。

(四) 社会工作与政治学的关系

政治学是研究权力关系的科学。传统的政治学主要研究国家政治体制以及政府、政党的政治实践活动,现代政治学则将研究领域延伸至日常生活,一些现代思想家致力于研究现代国家的体制和制度是如何深入人们的日常生活并对人们发生统治性影响的。

从一种较为基本的角度来看,政治权力的基础和目的是经济利益。任何现代国家或政权都把自己的目标说成是为了国民的最大福利。这样,以经济利益分配为基础的社会福利自然也具有政治的内涵,一个政府实施何种福利制度是其政治制度的突出表现。一个国家福利资源的分配是与权力关系密切联系在一起的。在大多数情况下,社会弱者之所以处于不利地位,一个重要的原因是他们无权,是社会权力分配方面的不公平。社会工作者要帮助社会弱者,促进社会公平,自然要审视社会权力的分配问题,并力图通过增加社会弱者在福利资源分配中的权力来改善他们的不利地位。

社会工作者主要不是通过直接参与宏观的国家政治活动(即改变权力分配)来改善弱势群体的不利地位,而是通过参与制定和实施社会福利政策来促进他们的福利。社会工作者通过向社会权力部门和广大社会披露弱势群体的生存状态而期望引起人们的关注,进而制定有利于弱势群体的政策,并在实施社会政策的过程中充分关注弱势群体的参与,以实现他们的最大利益。因此,可以说,社会工作在一定程度上是具体的政治活动,社会工作团体以伙伴关系和压力群体两种角色同政府发生联系,参与政治。从这种意义上可以说,社会工作与政治学有一定关系,要从事社会工作必须了解国家政治,特别是作为国家政治的重要表现的社会政策。

(五)社会工作与经济学的关系

经济学是研究人类经济活动的科学,它通过研究生产过程、流通过程、分配过程和消费过程来揭示经济发展的规律。基本上,它是研究如何更多、更有效地生产产品的学科。将上述过程与社会关系结合起来,研究人们在经济过程中的权力、利益是政治经济学的内容。

社会工作的目的是对人特别是对弱势群体进行服务以维持社会公正,所以它与经济学的区别是明显的。但是,由于社会工作服务一般是建立在社会财富的再分配基础之上的,所以,它同经济学又具有一定的联系。社会工作与经济学结合的重要环节是福利经济学。福利经济学研究的核心问题是如何使社会财富的效用最大化,即如何在社会中分配财富可以实现最好的社会效果。从福利经济学的主流价值来看,把社会财富用于最需要的社会成员其社会效果最大,因此,一定程度的社会福利开支、对弱势群体进行扶助是合理的。社会工作作为社会福利的发送体系,无论在价值还是在具体工作方面都与经济学有直接的联系。

在具体的社会工作实践中,社会工作者会使用许多经济学知识,如社会救助中的家庭生计调查,社会保险服务中保费的计算,社会经济活动中的核算,以及社会服务机构运行中的财务管理和项目管理等,都必须运用经济学的相关知识。由此可见经济学知识对于社会工作的重要性。

(六)社会工作与伦理学的关系

伦理学是研究人类行为之对错、善恶的学科,它以一定的社会哲学为基础,反映了一定阶级、阶层和群体的价值观和社会理想。

西方的慈善事业是在基督教伦理基础上发展起来的,而社会工作则反映了资产阶级的自由、平等、博爱的人道主义理想。社会工作不但以人道主义、社会公平的社会理想看待社会问题,而且用包含社会伦理的方法对待受助者和相关事务。社会工作特别强调工作人员道德操守的重要意义，这是其作为帮助弱势群体的专业所必需的，是社会工作的社会责任的突出表现。在这一方面，社会工作同一般的、主要是学术取向的社会科学学科有明显不同。它不是强调价值中立或价值无涉，而是需要价值关联甚至强烈的价值介入。社会工作强调社会工作者要以对社会负责、对当事人负责的态度去处理问题，尊重、保护、帮助受助者，实践自己对社会价值的追求。这样，社会工作就是以科学的理论和方法为指导的道德实践。

三、社会工作实务的属性

（一）社会工作的实务特征

实务（practice）也称实践，它指的是人们参与改变任何事物的活动。社会工作实务则是指社会工作者在科学理论的指导下，运用社会工作方法，在各个层面上帮助服务对象的活动。

社会工作从本质上来说是实践的，实务性是社会工作的基本属性。实务或实践是人类有意识地改变外部世界的活动，它是人的能动性的表现。社会工作运用科学方法，与服务对象一起努力，帮助其改变自身，走出困境，增进其社会功能，这就是社会工作的实务活动。简单地说，社会工作要具体实施，即在科学的理论指导下采取行动，这是不同于其他理论性社会科学学科的重要之处。

从社会工作的核心内容来说，它是由一系列科学的实际活动组成的。这一经过多次检验而形成的活动链条包括：与求助者（服务对象）接触—对其求助的问题进行科学评估—确定问题并与求助者（服务对象）一起确定解决问题的方法—合作解决问题（包括通过评估改进工作方法）—共同评估以确认问题的解决。尽管在这些实务活动背后都有一定的理论支持，而且其中也可能包括社会工作者面对实际的研究，但是，社会工作的核心还是要通过行动做出来，用自己的行动去诱发、引导、推动服务对象处境的良性变化。尽管可以说没有科学的理论就没有科学、有效的社会工作，但是，如果没有实务就不成其为社会工作。

（二）社会工作是实践活动

社会工作是由科学理论指导的、采取科学的方法助人的行动系统。这种助人活动的规律性既表现了社会工作的科学性，也为社会工作者提供了行动的准则。但是，社会工作又不是机械地按照某种既定模式从事的助人活动，助人活动的复杂性及动态性使得社会工作成为社会工作者的一种实践。实践是人们的能动性的活动。马克思曾经提出自己的实践理论，他指出："全部社会生活在本质上是实践的"[①]。法国社会学家布迪厄（Pierre Bourdieu）在此基础上发展出了自

① 《马克思恩格斯文集》（第1卷），人民出版社2009年版，第505页。

己的实践理论，认为人们的活动就是实践，实践是具有反思性的能动活动①。

科学史学家库恩（Tohomas Kuhn）在其《科学革命的结构》中提出范式的概念，认为范式即研究者共同体提出典型问题和典型解决方法的、被普遍承认的模式，即他们看待和解释世界的基本方式。社会工作在其长期发展中也形成了自己的范式，其中最主要的是科学主义范式和社会建构主义范式。科学主义范式把社会工作视为如自然科学式的认识和活动过程，他们遵照被认为是一套科学的逻辑和方法去处理问题，并且用普适性的指标去评估工作效果。社会工作领域强调规范化、科学化基本上属于这种取向。社会建构主义范式则基本上把社会工作视为社会工作者与服务对象以及其他环境因素在变动的情境中进行反思性地互动并寻求解决方法的动态过程。社会工作者和服务对象在其中都是作为能动的行动者存在的，因此，社会工作的过程及其结果都是他们建构的。这其中，具有社会意义的、合作解决问题的互动过程十分重要。这样，社会工作者就不只是作为助人者外在地、科学地去对待作为客体的服务对象，而是自己也已进入待处理的工作对象，即对象系统之中。在这种情况下，社会工作者就不再是简单地从事实务，而是在进行实践。他要面对不断变化着的情景和问题，去理解、去反思，并与同样作为主体的服务对象一起能动地合作和行动。

（三）社会工作是一种道德实践

社会工作是改变服务对象不利处境的活动，其中充满价值，是一种道德性的实践。

长期以来，社会工作在其发展过程中曾经以自然科学为典范来发展自己的知识，强调社会工作的科学性和客观性，这为社会工作学科的发展和专业化作出了贡献。但是，这种科学化、专业化的追求也会导致社会服务的程式化并可能危及其助人目的，使社会工作发生异化。

从本质上来说，社会工作是充满价值的，它是一种道德实践。所谓道德实践包括两层含义：第一，社会工作是实现社会正义、增进社会和谐、推动社会进步的活动，这些社会价值都与道德判断联系在一起。第二，社会工作者在具体的认识、界定问题、干预和处理问题的过程中都以一定的价值观为指导，从而使其助人实践带有道德的特点②。从宏观层面来看，社会工作者是在认同社会正义和人道主义的价值基础上从事其助人活动的，社会工作者就是通过自己的实践来实现这种价值追求。在具体的助人与服务活动中，社会工作者也要不断地理解服务对象的想法，通过“双重诠释”去选择合适的助人行为。站在为服务对象增加福祉的角度去分析问题和处理问题，反映了社会工作者强烈的价值介入，反映了社会工作实践的道德特征。

① 皮埃尔·布迪厄、华康德：《实践与反思》，中央编译出版社1998年版。

② 何国良、王思斌：《华人社会社会工作本质的初探》，八方文化企业公司2000年版，第89～101页。

第三节 社会工作的对象与领域

一、社会工作的对象

（一）社会工作的基本对象

社会工作对象是指直接接受社会工作服务的个人、群体或社区。从社会工作起源的角度看，早期的慈善家们最初帮助的是那些无家可归的流浪者、儿童和老人、因失业等原因而致的贫困者以及战争中的负伤者等。也就是说，社会工作最初帮助的是社会上最困难的群体。实际上，在各国社会工作发展的初期，社会工作首先帮助的都是社会上最困难、从道义上来讲最应该帮助的人。一般地，他们是由于生理、心理原因，或者由于个人无法抵御的社会和自然原因而陷于极度困境的群体。至今，发展中国家社会工作的基本对象依然是那些最“值得帮助的人”，如孤儿、孤寡老人、残疾人，以及因自然灾害和社会原因而陷入危险境地的人。这一方面是由社会所认同的基本道德所决定的，另一方面则是由于社会福利的支付能力所决定的。在现代社会中，社会的福利资源来自于各种社会成员的纳税，而且相对于福利需求来说，它常常是短缺的。在这种情况下，运用社会福利资源帮助社会上有困难的人就必然会首先选择最需要帮助的贫弱者。从社会道义的角度来看，这会实现福利效益的最大化，即最能体现社会正义。

（二）从个人到社区

社会工作最初基本上是以最贫弱的个人和贫困家庭为对象的。由于当时对社会问题的基本判断、补救式的社会福利制度以及社会福利资源的短缺，使得社会工作主要以救助贫弱人士和贫困家庭为主，而且经济上的救助成为其核心内容。20 世纪 30 年代以来，特别是第二次世界大战之后，社区也逐渐成为社会工作对象。早在 19 世纪中期英国的慈善机构开展社区睦邻运动时就开始了通过社区组织工作解决社会问题的探索，美国的社会工作者和社会学家也于 19 世纪末 20 世纪初的城市化过程中注重解决社区问题。20 世纪 20 年代，中国以晏阳初为代表的实践家和一批学者则创造性地开展了以解决农村问题和发展农村为目的的华北平民教育运动①。

20 世纪 30 年代，社区工作方法被认可，成为社会工作的基本方法。第二次

---

① 宋恩荣：《晏阳初文集》，教育科学出版社 1989 年版；徐震：《社区与社区发展》，（台北）正中书局 1980 年版，第 191 页。

世界大战结束后,新独立的民族国家(主要是农业国)将农村发展置于重要地位,联合国也积极在世界范围内推进社区发展运动,社区成为社会工作的重要对象。20世纪后半期,发展中国家的反贫困、发达国家的社会融合问题都同社区密切地联系在一起,社区建设问题成为各国政府十分关注的领域。这样,社区组织、社区发展、社区融合也成为社会工作的一个重要内容。

社区成为社会工作的对象使得社会工作内容更为丰富,范围日益扩大。这不但要求社会工作者处理更加复杂的问题,而且也将其工作扩展至宏观层次。实际上,在个人与家庭层面开展工作同在社区层面开展工作虽有差异,但常常是互补的和连在一起的。

(三)社会工作对象的扩大

随着社会的变化、社会问题的复杂化和社会的进步,社会工作的对象也在扩大,这主要表现为社会工作由补救性、治疗性向预防、治疗与发展相结合的方向发展。

补救和治疗是指问题发生之后而实施的救助活动。由于个人和社会原因,某些社会成员主要在物质生活方面陷入困境之后,由政府、社会服务机构对其实施物质方面的救助,这是社会工作最初的也是最基本的工作内容。后来,社会工作强调服务对象内在的能动作用,其价值观也由助人变为"助人自助"。这样,促进受助对象的能力发展以预防问题的再度发生就成为社会工作的重要目标。

福利国家的出现将社会工作面向贫弱者的救助,发展成为面对有需要群体的、全面的、制度化的关怀,不但对服务对象实施物质上的救助,而且施以心理上的支持和能力上的发展。在发达国家,随着社会变迁的加速、社会成员心理压力的增加,促进人们的精神健康也成为社会工作的重要任务,而这已不限于社会上的贫弱者,而是扩展至社会的中上层。这样,社会工作的对象就大大扩展了。比如,对工作压力大的中年群体予以心理支持,对物质生活无忧的老年群体实施社会支持,对边缘青少年进行辅导服务,对遭受不公正待遇的城市职工和失地农民实施维权服务,都属于社会工作的范围。由此,社会工作的对象已经扩大至所有遇到自己不能克服的困难而陷入危机状态的人。

可以说,随着社会的发展和社会问题的复杂化,社会工作的对象也发生着变化,它已经不再只是包括社会上公认的弱势群体,而是可能涉及所有社会成员。当他们因各种原因而遭遇危机时,都有可能进入社会工作对象的范围。社会心理学家埃里克森(Erikson)的人类成长理论曾经把人的一生分为八个阶段,认为每一人生阶段都有特殊的需要,当需要得不到满足时就会发生问题并遭遇危机。社会工作者有责任去帮助人们度过各种危机。社会工作学者西伯龄(Siporin)指出,社会应该有相应的福利服务制度帮助个人增强能力、克服危机,使人们可以正常地生活。这样社会工作就是针对人的生命的全过程的,其服务对象就可能是各种社会成员。

正如前面已经说过的,社会工作的发展与一个国家的经济、政治、社会结构和福利意识形态相关。由于经济发展水平、政治制度、社会结构及福利意识形态方面的差异,不同国家的社会工作的实际对象可能会有明显不同。比如,福利国家将所有国民纳入社会福利服务的范围,发达国家将大部分遭遇自身难以克服困难者纳入社会工作对象,而在大多数发展中国家社会工作只惠及那些最基本的对象。这种差别甚至可能发生于一个国家内部。

二、社会工作的领域

(一)社会问题与社会工作

从社会工作的产生及其发展历史来看,它是与社会问题的出现及解决联系在一起的。社会问题的出现以及人们解决这些问题的努力促进了社会工作的发展。默顿(L. Morton)在其《当代社会问题》中指出,社会问题是指社会上多数人视为违背社会规范的一种行为。这一界定基本上是从宏观的社会结构的角度着眼的,它指的是在一定社会中并非个别存在的、与人们的意愿相背离的现象。实际上,社会工作所面对的社会问题有两类:一种是结构性或制度性的,即社会中较为普遍地存在的某种问题,如许多发展中国家存在的贫困、失业等。另一种是指社会性的问题,即由于受社会性因素直接或间接影响而产生的问题,这些问题有的是个别性的,但又是当事人自己无法解决的,也需要社会工作者提供帮助,例如,某些残疾人不愿参与社区活动,有的单身母亲的社会适应不良,等等。

对于不同类型的社会问题,社会工作可能会采取不同的应对方法。自然,社会工作要对各种有困难、有需要的人提供具体的服务。但是,对于结构性、制度性社会问题,除了提供具体帮助外,还要在政策、制度层面上做工作。任何社会都存在社会问题。在现代社会中,社会问题的多样化扩展着社会工作的领域,也促进着社会工作理论和方法的发展。

(二)社会工作的主要领域

社会工作的领域是指社会工作实施的、在社会生活中发挥作用的范围。社会工作领域有理想的和实际的之分。由于各国、各地区的经济—社会状况不同、社会问题不同、人们对这些问题的认知程度不同、社会工作的发展水平不同,所以社会工作的领域也不同。我国政府在推动社会工作发展的相关政策文件中指出,社会工作专业人才要在社会福利、社会救助、慈善事业、社区建设、婚姻家庭、精神卫生、残障康复、教育辅导、就业援助、职工帮扶、犯罪预防、禁毒戒毒、矫治帮教、人口计生、纠纷调解、应急处置等领域直接提供社会服务,这实际上是指出了我国发展社会工作的优先领域。从国际上的一般情况来看，社会工作领域主要包括如下一些方面①。

公共救助。公共救助也称社会救助，它是政府或社会服务机构对经济匮乏、物质生活面临危机的社会成员提供的物质方面的支持和帮助。公共救助是对因各种原因而导致基本生活陷入困境者的救助，其目的是保障当事人的生命安全和基本权利。公共救助是政府对其成员生存权利的最基本的保护，所以，它往往是现代国家的最基本的社会福利制度。社会工作者在实施这一福利制度的过程中扮演着重要角色。

家庭服务。家庭服务也叫家庭社会工作，它是对因社会或家庭成员方面的原因而陷入困境的家庭进行的支持性服务。家庭服务是以家庭整体为对象的。当家庭因夫妻不和、亲子关系紧张、失业、疾病、迁移以及单亲等原因而出现较严重问题时，社会工作者介入帮助家庭解决困难和问题，促进家庭和谐就是家庭服务。在现代社会中，家庭服务是社会工作的重要领域。

儿童服务。国际上的儿童服务指的是对未成年人的服务，即包括对儿童和少年的福利服务。最基本的儿童服务包括对失依、流浪儿童的救助，对受虐儿童的援助，对儿童的受教育权的保护以及救助童工、对沾染不良行为的少年儿童的帮助等。这些重要的儿童福利服务是社会工作机构同其他机构共同进行的。另外，儿童服务也逐渐把儿童发展纳入自己的工作范围。国际社会十分重视保护儿童的权益，儿童服务是十分重要的社会工作领域。

老人服务。老人服务或老年社会工作是社会工作的传统领域。不同民族都有不同的敬老尊老的文化传统。在现代社会中由于家庭小型化、社会流动频繁以及老人寿命的延长，对老年人的生活服务与精神关照，支持老年人正常生活就成为重要的任务。在这方面，老人家庭服务、医疗保健服务、社会适应服务及老人救助都是重要的社会工作领域。另外，老人发展服务、老人社会参与也是老人服务的重要内容。

康复服务。康复服务是针对残障人士而开展的福利服务。残障人士因肢体残障或智力障碍常常被排除于正常的社会之外，这不但有个人方面的原因，更有社会方面的原因。康复服务通过物理治疗和精神康复，提高残障人士的机能，创造环境条件帮助他们参与社会生活、融入社会。对残障人士的康复服务有机构内康复、社区康复和职业康复等几种重要的服务方式。另外，帮助有劳动能力的残障人士就业、对残障人士实施法律援助对维护他们的合法权益发挥着重要作用，并成为残障人士社会工作的重要组成部分。

---

①　徐震、林万亿：《当代社会工作》，（台北）五南图书出版公司1996年版，第35～37页。

学校社会工作。学校社会工作是以帮助学生正常地学习和健康成长为目的的服务。由于家庭出现问题、学生交友和学习适应方面出现问题,有些学生的学业会遭遇很大困难,甚至会影响学业的正常进行,这些学生就会成为社会工作的服务对象。学校社会工作主要有三种方式:治疗型学校社会工作是针对“问题学生”失常的心理和行为而开展的工作;变迁型学校社会工作是为了让学生适应社会的剧烈变迁而开展的工作,包括生活辅导、学业辅导和就业辅导等;社区—学校型学校社会工作则把社会工作延伸到学校外的社区,包括联系学生家长、支持学校的政策、实现家—校沟通、促进学校教育,对离校学生提供追踪服务,开展社区教育以利学生学习与成长等。

就业服务。在现代社会中,失业是一个严重的社会问题,帮助有需要的人就业不但能使其获得经济收入,而且有助于他们参与社会。在劳动力市场中,某些人不能顺利就业,既有供求关系不匹配方面的原因,也有就业观念、求职技巧等方面的原因。社会工作可以在就业培训、职业辅导等方面做工作,促进就业。其中既包括对求职人员的劳动技能培训,也包括对其求职技能进行培训以及与劳动就业管理部门、用人机构建立联系,促成双方互相了解和相互接纳,实现就业。就业之后,社会工作也可以在福利保障、劳动保险、职业康复以及人力资源发展等方面继续对职工给予支持,这就是职工社会工作的内容。

矫治服务。矫治也称矫正,它是司法机关和工作人员通过各种手段使犯罪者或有犯罪倾向的违法人员得到思想上、行为上的治疗,使他们重新融入社会的活动。矫治社会工作则是指专业社会工作者和志愿人员运用专业理论和方法对罪犯或有犯罪危险的违法人员提供思想教育、心理辅导、行为纠正,使之消除犯罪心理结构,修正其行为模式,以适应正常的社会生活的服务。矫治社会工作在改造罪犯特别是挽救少年犯罪者方面发挥着独特的作用,其主要方式有司法前的调查服务、对在监服刑人员的辅导、对缓刑和假释人员的观护以及对刑满释放人员提供的服务等。

心理健康服务。在现代社会中,心理压力已成为普遍的社会问题,对于那些遭遇不幸者来说,心理和精神压力直接威胁着他们的生活和工作。社会工作者可以通过心理辅导帮助他们舒缓心理压力,进而使他们正常地投入工作和生活。另外,对于那些有较严重精神疾患的人来说,社会工作者可以对他们进行精神健康方面的服务和治疗。心理辅导与心理咨询不同,心理辅导是社会工作者采用专业方法对有需要的人进行的服务,这在发达国家已相当普遍。

医疗社会工作。医疗社会工作是在医疗、卫生、保健工作中实施的社会工作。传统的医疗社会工作着重在医疗机构内为病人服务,现在,它的工作领域也扩大至促进保健和疾病预防。医疗社会工作首先是针对患病者进行的服务工作。在这一领域中,存在许多社会方面的原因妨碍对患者的有效医治。一方面是某些人士因贫困而不能就医,另一方面是在医治过程中因医患关系不协调而影响医疗效果。这些都不是医生和医术所能解决的问题。社会工作者介入其中,对患者实施帮助和服务,实施社会诊断和社会治疗,能够改善患者的健康状况。在发达国家,都有相当数量的医疗社会工作者在医院服务。另外,在公共卫生政策方面,社会工作者发挥着重要的作用。

乡村社区发展。在发展中国家有大量社会工作者从事农村社会工作,其主要工作是推动农村社区发展。这些社会工作者有的是本国政府和社会工作机构的工作人员,有的是国际组织的雇员。社会工作者进入落后农村同当地政府、居民和其他方面的专家(如发展经济学家、社会学家、地区发展规划专家)等一道从事经济发展和教育、卫生等方面的发展工作。这是一些综合性的、长期的发展活动,常常包括选择和推广新发展项目,进行社区规划,发展社区教育与社区卫生事业等,社会工作者在其中发挥着重要作用。反贫困、改善当地生活条件、促进教育和卫生发展,这些是乡村社会工作最重要的工作。

军队社会工作。由于军队一般与社会隔绝,军队生活对军人的严格约束,也由于军队的流动性以及军人的婚恋、家庭、未来职业取向等方面的原因,军队中可能存在着某种程度不利于提高军人士气的因素。军队社会工作可以通过开办多种形式的服务活动、心理辅导和促进其发展的活动,帮助军人解决其家庭及生活方面的实际问题,克服消极因素,提高士气。

社会保险服务。社会保险是现代社会保障制度的重要组成部分,它是通过一定措施向因工伤、意外事故、退休等原因致使劳动者及其家庭成员的收入减少而提供的经济上的援助。它是通过个人贡献与社会互济相结合的方式保障人们基本生活的措施。在这方面,社会工作者可以向当事人实施政策咨询、协助办理保险业务等方面的工作。它与国家的社会保障制度紧紧地联系在一起。

(三)扩展着的社会工作领域

既然社会工作是解决社会问题的,那么,社会问题的变化和新问题的出现就会带来社会工作领域的扩展。从社会工作基本对象和方法及价值观的变化可以发现社会工作的领域是不断扩展的。当今,社会工作的领域还在进一步扩展,以应对一些新问题。这些问题有的是全新的社会问题,有的是老问题在新形势下有新表现,但都需要社会工作回应。比如,社会工作者介入环境保护工作,从事对艾滋病患者的治疗与帮助,帮助农民工子女适应城市生活,等等。除了把为弱势群体服务当做主要任务之外,社会工作也尽量满足社会的广泛需要,以促进社会福利的发展。

第四节 社会工作的功能

一、功能的含义

(一)功能的概念

功能是一个与系统相联系的概念,它指的是在系统中部分对整体的贡献或所发挥的作用。以功能为基础展开的理论流派被称为功能主义。

功能学派首先把分析的对象看做各部分之间有联系的整体或系统,认为社会现象、社会生活内部存在着广泛的联系,社会就是由具有相互联系的不同部分组成的整体。在这种基本观点之下,功能理论认为,各组成部分对于整体的存在和运行发挥着自己独特的、必要的作用,这就是部分对整体的贡献,这种部分对整体的贡献或者所发挥的作用被称为功能。显而易见,在功能理论看来,功能是一种积极的作用。功能是功能理论的核心概念,它认为系统或整体的各部分在功能上是互相依赖的,因此系统或整体内部是和谐的。在社会学中,帕森斯的结构功能理论是功能理论的代表,他把功能理论发展到极致。当然,最后这一理论也不可避免地遭到批评。

后来,社会科学在较广的意义上使用功能这一概念,功能被认为是在各种复杂的社会系统中,某一社会主体、社会制度安排,社会现象所发生的作用。在社会工作领域,功能(或社会功能)的概念也在多种意义上被使用。比如,社会工作者可以讨论服务对象的功能恢复问题,这里针对的是服务对象社会适应不足的现象;可以讨论社会福利制度的功能强化问题,这里针对的是社会政策、社会福利制度的功能不足或功能失调;也可以讨论某社会服务机构内部运行和发挥作用问题,等等。

(二)功能的分类

1. 谁的功能和对谁的功能

在进行功能分析时首先要区分是谁的功能,是谁在行动和发挥作用,这是功能主体问题。在社会系统中行为主体不同,其行动的作用或发生的影响也不同,所以,在功能分析中首先要分清楚是谁在发挥作用。

功能分析接着要界定的是这一行动对谁发生了影响,即对谁的功能。在复杂的社会系统中,某个部分的行动会产生多方面影响。这样,在进行功能分析时必须相对清楚地界定它对谁发生了影响,这就是确定功能对象问题。一种行动对不同方面的意义可能是不同的,有时可能作用是相反的。比如,某种政策对一部分人是有利的,但对另一部分人可能是不利的。因此必须确定功能对象,即某一行动对谁发生了影响。

2. 正功能与反功能

功能主义认为，功能是部分对整体的积极的支持性的作用，因此，功能这一概念一开始就被赋予了积极的或正面的含义。但是，在一个角度看来是正面的作用从另一个角度来看可能是负面的，现在看来是积极的作用长远看来可能是消极的。为此，社会学家默顿提出了负功能或反功能的概念。反功能或负功能是指部分对整体的作用并非具有建设性，而是相反的情况。相对于反功能或负功能，积极的作用则被称为正功能，但是按照功能主义的假设，它常常被简称为功能。在这里应该注意的是，在社会科学中功能有时被视为一个中性概念。社会工作也要注意区分功能的性质，比如，延迟退休年龄是可以发挥多重影响的措施。

3. 显功能与潜功能

显功能与潜功能是默顿提出的一对概念。他认为，那种明显的、被参与者所预期和认识到的后果是显功能，而那种未被预期的和认识的后果是潜功能①。也就是说，潜功能是参与者还没有认识到的功能或后果。当然，随着情况的变化，这种潜功能可能会明显化。在社会生活中，人们的行为可能会产生多种后果，其中意外后果就是潜功能。当某些影响人们难以认识到时，这种功能就处在潜在状态。在社会工作中，了解显功能与潜功能的划分，并在行动过程中尽量认识潜功能十分重要，我们希望尽量避免可能的消极后果。

二、社会工作对服务对象的功能

社会工作是一种专业的助人活动。我国政府在发展社会工作的政策文件中指出，要充分发挥社会工作者在困难救助、矛盾调处、人文关怀、心理疏导、行为矫治、关系调适等个性化、多样化服务方面的专业优势。社会工作的功能主要有以下几个方面。

（一）提供物质帮助

社会工作可以对有困难、有需要的贫困人士提供物质或经济上的帮助。由于社会变迁、家庭或个人原因，有些人可能会一时或长时间地陷入贫困状态。在这种情况下，物质支持对于解决贫困人士的困难是重要的，甚至是第一位的。社会工作者可以联系某些社会资源，帮助他们在合法条件下获得某种物质上的支持，在某种程度上解决其生活方面的困难。比如通过政策方面的服务使他们获得制度规定范围内的经济和物质支持；通过与非营利组织、社会服务机构的连接使他们得到优惠的甚至免费的帮助等。社会工作的许多对象是经济上困难的人

① 罗伯特·金·默顿：《论理论社会学》，华夏出版社 1990 年版，第 154 页。

士,社会工作的基本任务之一就是帮助这些最困难的人。

（二）给予心理支持

某些生活上陷入困境的人士在许多情况下并不是因为经济原因,而是由于社会关系失调或事业上的压力等原因所致。社会工作者可以通过心理辅导、发展社会支持关系等方法,帮助他们认识压力、缓解压力,积极地对待生活和挑战。在现代社会中,社会变化的节奏越来越快,社会生活越来越紧张,社会关系重组的频率不断增加。在这种情况下,有些人产生心理焦虑和紧张都是在所难免的。社会工作能够帮助这些人士缓解心理压力,建立支持关系,减少人们的心理紧张和孤独感,更好地参与社会生活。

（三）促进能力发展

社会工作的基本价值观念是助人自助,社会工作不但要具体地帮助有困难的人士解决困难,而且要帮助他们增强自己的能力以应付各种挑战,即帮助他们增强战胜困难的能力,以达到自助。人们对所遇问题的解决离不开外部条件,但是个人的内在因素是关键的。个人能力的提高不但有利于解决现时的困难,而且对于应对未来社会生活中的困难也有重要帮助,并能促进他的发展。正是基于此,社会工作特别强调服务对象的能力发展。社会工作所关注的能力发展不只是指技术性能力,而是指在现实社会中生活的能力以及获得应有发展机会的能力。

（四）维护合法权益

维护社会弱势群体的合法权益是政府与社会的责任,也是一个社会公正程度的表现。在激烈的社会竞争中,弱势群体的合法权益被侵犯、受损害的情况还是时有发生的。社会工作是为有困难的人士服务、追求社会公正的专业,它把维护弱势群体的合法权益置于重要位置。在服务对象遇到不公正待遇时,社会工作者要伸张正义,通过服务、宣传、影响社会政策等方式帮助弱势群体,争取和维护其合法权益。

三、社会工作对社会的功能

社会工作作为现代社会系统的组成部分,对维持社会的整体性和良性发展发挥着重要的功能。我国政府也指出,社会工作要在解决社会问题、应对社会风险、促进社会和谐、推动社会发展方面发挥重要的基础性作用。

（一）促进社会稳定与社会和谐

从最一般的意义上来说,社会工作是具体解决社会问题的专业活动。社会工作可以给予有困境人士实际帮助,进而减少困境人士可能的对社会秩序的冲击,从而有助于社会稳定。在人际关系、群体关系层面,对问题的解决可以达至人际和谐与群际和谐,从而帮助人们建构一个正常生活的社会环境。促进社会稳定与社会和谐是社会工作的基本功能，我国政府大力推进社会工作，明确赋予其促进社会和谐的功能。

（二）促进制度建设与社会进步

社会生活中会存在一些普遍性的社会问题，它们一般由社会制度的缺失所致，比如残疾人就业问题、农民工子女的上学问题等。这时，对问题的解决就要在政策和制度层面下功夫。在制度不健全、政策有漏洞的情况下，就要通过制度建设和修订完善政策来解决和预防问题。社会工作者在具体解决问题的过程中有对问题的深刻认识，他们可以提出完善和制定社会政策的建议，参与和促进合理的社会政策的出台，解决或缓解社会问题，使社会在更加公正的制度框架下运行，这就是在制度层面上促进社会进步。

（三）增加社会资本与促进社会协调发展

社会是人们的社会关系的体系，是人们共同生活的领域。人与人具有良好的关系和社会支持是健康社会的表现。在社会快速转型和市场化的过程中，人与人良好的共同体关系受到了伤害，利益竞争和社会排斥使人们相互隔离，并引发了诸多社会问题。社会工作以人为本，致力于在社会成员之间建立相互支持的关系，增加人们的社会资本，建立一个相互关怀的社会。这不但可以改善人们生活中具体的社会环境，也有利于社会持续协调地发展。

四、社会工作功能的一致性与冲突

社会工作是要做人的工作，是与人一起工作，同时这种为人服务和改变人的工作也是在具体的社会系统中进行的。由于社会工作本身及社会系统的复杂性，因此，社会工作的诸功能之间既有一致性，又可能存在着冲突。正确理解这一问题有利于正确地设计和开展社会工作。

（一）社会工作各种功能之间的一致性

社会工作各功能之间的一致性是指社会工作的实施效果对各方面的影响的价值方向是一致的。某社会工作的实施既能帮助有需要的人群，也能对社区的群体利益和社会产生有利的结果，这就是功能的一致性。比如，在社会保障制度框架内，社会工作者通过连接各种资源实现对困难群体的帮助，就是功能一致的情况。在这种情况下，有困难的人群得到了帮助，社会政策得到了实施，某些爱心人士参与其中实现了自己对困难群体的关怀。实际上，在社会广泛认可的社会政策框架之内，社会工作的功能在大多数情况下是一致的。在这里，共同体意识在发挥作用，人们认为帮助有困难的人在某种意义上也是在帮助自己。从个人与社会的层面来说，对困难人群的帮助也就是在维护社会的秩序，两种价值和功能得到了统一。

（二）社会工作功能之间的冲突

社会工作功能之间的冲突是指社会工作的实施有利于服务对象(或他的某一方面),却对其他方面的利益有所伤害的情形。功能冲突的价值基础是各方利益不一致,社会工作在对困难群体进行服务时有可能伤害其他利益主体的利益。比如,保守主义的福利观认为对困难群体的较好服务或较高福利会伤害纳税人的利益,会使被服务者滋生懒惰;在社区发展中对弱势群体的增权可能会对强势群体造成威胁,等等。在实践中,社会工作者遇到的价值冲突或功能冲突,多发生于社会政策不尽合理,代表弱势群体的利益与维护社会秩序相矛盾,要为弱势群体争取利益就可能对现有秩序进行挑战。在这种情况下怎样既减少冲突又实现社会工作的目标是一种艺术。社会工作者是在法律框架内开展工作的,当然这并不排除对不合理的制度安排的挑战。但是也应该看到,出于社会正义的目的,对某些不合理的政策和制度规定的挑战、促进其改变是符合社会发展的总体利益和长远利益的。

推荐阅读文献

何国良,王思斌.华人社会社会工作本质的初探.新泽西:八方文化企业公司,2000

罗伯特·金·默顿.论理论社会学.北京:华夏出版社,1990

帕森斯.现代社会的结构与过程.北京:光明日报出版社,1988

佩恩.现代社会工作理论.上海:华东理工大学出版社,2005

皮埃尔·布迪厄,华康德.实践与反思.北京:中央编译出版社,1998

宋恩荣.晏阳初文集.北京:教育科学出版社,1989

孙立亚.社会工作导论.北京:中国财政与经济出版社,1999

孙立亚.关于中国社会工作的叙述.载王思斌.中国社会工作研究(第八辑).北京:社会科学文献出版社,2012

王思斌.中国社会工作的经验与发展.中国社会科学,1995(2)

王思斌.社会工作概论(2版).北京:高等教育出版社,2006

韦伯.经济与社会.北京:商务印书馆,1997

徐震.社区与社区发展.台北:正中书局,1980

徐震,林万亿.当代社会工作.台北:五南图书出版公司,1996

《中国社会工作百科全书》编委会.中国社会工作百科全书.北京:中国社会出版社,1994

第二章

社会工作专业的产生和发展

像任何事物一样，社会工作作为一个专业和学科也有其自身的发展历史，而认识它的最好方法就是了解它的历史。只有充分了解它的历史，掌握其发展的历史过程，分析影响其发展的历史因素，才能更好地理解它的本质和现在的发展状态，理解它在现实社会中所发挥的作用，也才能预见它的未来。了解社会工作专业在西方国家的发展历史，也是推动中国社会工作专业发展进程的一个有效途径。在本章中，我们一方面要考察社会工作作为一个专业在西方国家的发展历史，另一方面还要考察社会工作专业在中国社会中的发展，并考察影响其发展的相关因素。

第一节　社会工作专业的产生和发展

社会工作专业的产生和发展是一个自然过程，社会工作作为一个专业产生于欧美，并不是人们按照预先设计好的蓝图创造出来的，而是在回应个人与社会需求的过程中发育起来的，是欧美国家的社会发展状况成就了社会工作，同时社会工作也在社会发展过程中发挥了不可替代的作用。它的产生与发展在西方国家有着悠远的历史根源和直接的社会基础。

一、欧美国家社会工作产生的历史背景

社会工作专业之所以首先产生在欧美国家是有其社会历史根源的。首先，古希腊、古罗马和古希伯来作为欧美国家的思想源头与社会工作专业的形成和发展有着深厚的渊源。在古希腊人看来，幸福是在与他人分享中获得的，富人将自己的财富分与穷人是获得幸福的一个有效途径。这成为为有困难的人提供帮助的一个重要的思想基础。而在古罗马时期，富人对穷人的帮助被看做宗教责

任，并且在帮助的过程中还要保证穷人获得尊严，这样富人才能显出自己的尊贵。这将富人的尊贵与穷人的尊严联系在一起，鼓励人与人之间的互相帮助。古希伯来人则强调公正地分配社会财富。托马斯-阿奎那认为“公正”就是大同与分配。大同是指每个人按贡献享有财富，分配是指每个人都公平地享有财富。这样一些理念，为社会工作专业在近代欧美国家的发展提供了重要的思想来源。从现代社会工作专业帮助社会中的弱势群体的理念中、从其对社会公正理想的追求中，我们可以看到社会工作专业与上述思想密不可分的渊源关系。

其次，基督教文明所宣扬的“博爱”观念是社会工作专业发展的一个直接的思想根源。《圣经》所宣扬的“明爱”(carias)和“意志之爱”(agapae)包括两层含义，“明爱”是指“献身于他人的福利”或是“聆听、回应、转化之爱”；“意志之爱”强调爱是无条件的。《圣经》强调爱自己的邻居，甚至陌生人。人应该依照其需求而接受服务，而不是依照其应得什么来接受服务。新教改革进一步将宗教宣传与服务民众结合在一起，强调生活应该是宗教的天职。这一方面推动了宗教信仰的普及，另一方面也推动了“利他主义观念”在人们生活中的孕育，同时为现实生活中人们的助人行为增添了动力。

再次，理性主义哲学的发展和流行为社会工作专业的产生提供了认识论和方法论基础。理性指能够识别、判断、评估实际理由以及使人的行为符合特定目的等方面的智能。理性通过论点与具有说服力的论据发现真理，通过符合逻辑的推理而非依靠表象而获得结论、意见和行动的理由。理性主义(rationalism)强调人类的理性可以作为知识的来源，理性高于感官并独立于感官。这成为理性主义的理论基础。笛卡儿哲学的出现，将理性主义推向高潮。笛卡儿的最大贡献在于他将理性从经院哲学的束缚下解放出来，归还给每一个普通人。理性主义的兴起，为社会工作专业的发展提供了认识论和方法论的支持。在理性主义哲学基础上，帮助人们走出困境的方法并非由上帝和教会所垄断，普通人也能通过努力走出困境。美国社会工作发展之初，也正契合了宗教世俗化的阶段①。19世纪中后期，虽然上帝和宗教仍然被看做生活的目的和根源，但是，随着科学技术的发展，人们更加相信自身的力量。面对社会问题，人们开始寻求解决社会问题的一般途径和方法，而不是依赖上帝和宗教。这为社会工作专业发展提供了重要的理论支撑。

最后，人道主义成为社会工作专业产生与发展的最直接的思想根源。人道主义最为一种思潮和理论发端于14—16世纪欧洲文艺复兴时代，并在启蒙运动中得到新的发展。拉蒙特(1990)在其《人道主义哲学》一书中概括了人道主义

---

① James Leiby. A History of Social Welfare and Social Work in the United States. New York: Columbia University Press, 1978.

的十个核心命题：

“第一，人道主义信奉一种自然主义的形而上学或宇宙观，这种宇宙观把一切形式的超自然的东西都看做无稽之谈，而认为自然是存在的总和。

第二，人道主义特别注意吸收科学的定律和事实，相信人是它所属的自然界进化的产物。

第三，人道主义对人抱有最终的信心，相信人有能力和潜力解决自己的问题。

第四，人道主义反对一切普遍决定论、宿命论或命定论的理论。

第五，人道主义信奉这样一种道德观或伦理观，即把人的全部价值置于现世的经验和关系的基础上，并且把全部人类（不分民族、种族、宗教）在现世的幸福和自由，以及经济、文化、道德等方面的进步作为自己的最高目标。

第六，人道主义相信，个人可以将自我满足和不断的自我发展同有助于社会幸福的有意义的工作和其他活动有机地结合起来，从而获得一种美好的生活。

第七，人道主义相信艺术和美感得到最广泛发展的可能性，其中包括对大自然瑰丽景色的欣赏，从而使得审美体验可以成为人们生活中的普遍现象。

第八，人道主义确认一种意义深远的社会纲领，这一纲领主张在能够促使繁荣的国内和国际经济秩序的基础上，确立全世界范围的民主、和平和高水平生活。

第九，人道主义主张全面实行理性和科学方法的社会作用，因而主张民主程序和议会制政府，主张在经济、政治、文化等一切领域里实现言论自由和各项公民自由权。

第十，人道主义遵循科学的方法，认为对各种基本假设和论证的探究是没有终结的，包括它自己在内。”①

人道主义首先为社会工作专业的发展提供了价值基础。人道主义强调人的价值，相信人有能力解决生活中的问题，创造美好生活，而非依赖外在力量。个人的潜能和价值、个人的自由和权利、个人的理性和独立成为社会工作专业服务的目标。其次，人道主义也为社会工作专业的发展提供了方法和途径的支持，科学、理性以及通过社会改革实现美好生活成为实现社会工作专业目标的直接基础。

欧洲的思想传统一方面为社会工作的发展提供了坚实的理论基础，为社会工作专业所主张的利他主义、社会公正提供了深厚的文化土壤；另一方面，由宗教团体和世俗人士所开展的扶困济弱活动则成为社会工作专业发展直接的实践基础。

---

① 拉蒙特：《人道主义哲学》，贾高建等译，华夏出版社 1990 年版，第 12 页。

直接推动社会工作专业发展的动力则来源于英国的工业革命。工业革命以大工业生产方式代替了小农经济。这是人类历史上的一场重大的社会变迁。这场社会变迁带来了社会进步,但是社会机制却并没有预先为这场社会变迁做好准备。在社会变迁过程中,大量的农民失去土地,沦为城市贫民,与此同时,产业工人的生活也是十分贫困的。恩格斯在1845年出版的《英国工人阶级状况》中描述了英国产业工人的贫穷状况,梅休(Mayhew)在1856年出版的调查报告《伦敦劳工与伦敦贫民》中也描述了伦敦贫民和产业工人的贫困状况。1892年,布希(Booch)发表了他17册的《伦敦人民的生活与劳动》的第一册,详细描述了伦敦工人的贫穷状况。大量贫民的存在,一方面是他们自己谋生无计,生活在十分贫困状态中,另一方面大量贫民的存在也给社会安全带来了巨大的威胁。这是社会不得不面对的工业革命所带来的负面后果。因此,我们可以说欧洲古代的社会思想传统、基督教文明以及人道主义的发展为社会工作的发展提供了深厚的社会基础,而工业革命所带来的社会变迁则成为社会工作专业产生与发展的直接社会动因。

二、社会工作的出现

社会工作的出现不是一个孤立的事件,它是一个连续的社会历史过程。一系列重大历史事件影响着社会工作的发展。在这些社会历史事件中,一方面在创造着人们新的个人与社会需求,另一方面旧的需求在新的社会历史条件下也被凸显出来。新需求的大量发生,旧需求的新表现,要求社会及时予以回应,否则一方面会加重人们的生活的困苦,另一方面当人们得不到满足的需求积聚到一定程度时会表现为社会问题,也会威胁到社会的安全。因此,无论从个人的角度,还是从社会的立场,对人们需求的及时回应都是必要的,也是必需的。社会工作就是在这样一个回应人与社会的需要的过程中发展起来的。社会工作专业在回应人类需求的过程中发展,同时社会工作者也在主动地进行着专业建设。我们将从以下几个方面考察社会工作的发展过程。

(一)英国的济贫立法对社会工作的影响

英国是最早实现工业革命的国家,同时它也是最早遭受贫困问题困扰的国家。贫困的大范围发生也逼迫着当时的英国政府不得不直面这个问题。面对贫困的威胁,英国政府首先采取了立法手段来回应。早在1349年,英王爱德华三世颁布了一部《劳工法》。虽然这不是一部济贫立法,但是,它的立法思想对以后的济贫立法则有着直接的影响。1348年英国发生"黑死病"后,造成劳动力严重短缺,工资上涨,地主雇不到劳工,即使雇到了,工资也很高。这种状况直接影响当时英国社会的发展与稳定。为了控制这种状况,当时的英国政府颁布了《劳工法》,规定所有有劳动能力而没有资产的劳工必须接受任何雇主的雇佣,以防止劳工离开教区。同时规定国民不得提供任何救济给有工作能力的乞丐。这里对劳动力进行统一控制以及“有劳动能力的乞丐”概念的提出,直接影响到以后的济贫立法。特别是“有劳动能力的乞丐”的概念在以后的有关济贫立法乃至社会福利制度中产生了广泛的影响。

英国真正的济贫立法是从1531年和1536年亨利八世制定的两部济贫立法开始的。在这两部济贫立法中都承袭了爱德华三世的《劳工法》中的有工作能力的乞丐的概念,其基本原则是只救济无劳动能力的乞丐,对于有劳动能力的乞丐则强迫他们通过工作换取救济。1572年英国女王伊丽莎白签署的《帕里石济贫税》法案第一次提出了通过征收“一般税”(general tax)作为济贫基金用以救济贫民。征税救济贫民意味着政府开始正式承担起救济贫民的责任。

在英国的济贫立法中,最完备、执行时间最长,同时也是影响最大的一部济贫立法是1601年的伊丽莎白《济贫法》。这部《济贫法》是英国第一部成文的济贫立法。英女王政府综合以前的各种济贫法案,颁订了这部济贫法案。这部法案的颁布一方面推动了英国社会福利的制度化进程,另一方面则直接推动了社会工作专业的前身——志愿助人活动的发展。伊丽莎白《济贫法》主要包括以下内容:

1. 规定每一个教区每周应向地主征收济贫税,明确了政府在救济贫民问题上的责任。

2. 规定贫民救济应由地方教区举办,每一教区设立监察员若干人,中央政府亦设置监察人员。首创国家设立机构,建立制度进行救济的先例。

3. 规定凡有工作能力的贫民,必须参加工作,以工作换取救济。这是最早的工赈法。教区设有贫民习艺所供男女儿童学艺,教区亦义务代为介绍工作,或配给原料及工具,强迫其进行工作自救。

4. 禁止无家可归者及无业游民行乞游荡,设救贫所收容救济,强迫在所工作。有家者给予家庭补助,使仍在家居住。分救济工作为院内救济(indoor relief)与院外救济(outdoor relief)两种。首创了机构救济和家庭式救济的先例。

5. 规定人民有救济其家人和亲属的义务,教区即公共救济机构仅在贫民不能从其家人或亲戚那里获得救济时,方给予救助。救助对象仅限于在该区出生的人,或在该区居住满三年的人。这种以居留权作为接受公共救助的条件及所谓“亲属责任”或家属责任,到今天还是公共救济中的争论问题。

6. 济贫法将贫民分成三类:(1) 体力健全的贫民,须强迫入“感化所”或“习艺所”工作;(2) 不能工作的贫民,包括病患者、老人、残废者、精神病患者及须抚育幼小子女的母亲,令其进入“救济院”或施以“院外救济”;(3) 失去依靠的儿童,包括孤儿、弃儿或父母无力抚养的儿童,设法领养或寄养。

1834年,英国议会对济贫法案进行了三点修改,(1) 救济设施必须全国一致,各区应分别联合成立协会,每个协会最少设立一所济贫所,由驻伦敦的委员下乡进行监督,负责拟订章程规则和监督审核账目;(2)济贫所内给予被收容者的待遇应较一般工作低;(3)原则上只进行院内救济,废除院外救济。这里所做的修改,使贫民救济工作更加系统化和规范化。此项法案后来几经修订,直到1948年根据贝弗里奇报告书的建议制定《国民扶助法》之后才宣告废止。该项法案历经三百多年,对英国、欧洲乃至世界社会救济事业、社会工作专业的发展都具有巨大的影响。

伊丽莎白《济贫法》对社会工作发展的意义主要体现在以下几个方面:首先,政府负起了社会救助的责任,并直接参与了社会救助活动的组织工作。这在某种意义上为社会工作的诞生创设了一个合法性前提,使社会工作专业的诞生有了良好的社会基础。其次,伊丽莎白《济贫法》有劳动能力的乞丐的概念,蕴涵了助人自助的思想。尽管我们不能将济贫法时代的有劳动能力的乞丐的概念等同于今天的助人自助,甚至其中关于人的价值的理解是完全不同的。但是,我们却不能否认它是助人自助观念的一个制度性来源。这既是一个救助原则,又是一个救助理念。同时,在《济贫法》中确立有劳动能力的乞丐的概念,对不同情况的贫民施以不同的救助方式,也是使社会资源得以更有效的利用的一个必要措施,也可以避免刺激一些人的"懒汉"思想。再次,对于社会工作专业的发展来说,伊丽莎白《济贫法》最重要的作用还在于它确定由专门人员从事济贫救助活动。从某种意义上来说我们可以将救助人员的专门化视作社会工作职业化的开端。最后,伊丽莎白《济贫法》所实施的院外救济也是社会工作提供服务的一种基本形式。总而言之,伊丽莎白《济贫法》对现代社会工作专业的产生发挥了极其重要的影响。

(二)美国早期的社会救助与社会工作专业的渊源关系

在美国,早期的助人活动主要是由传教士和志愿者开展的。其活动的主要目的仍然是传播宗教。但是,他们通过祈祷和直接救济帮助穷人减轻负担。而更接近于社会工作者的是为环境卫生委员会(Sanitation Commission)①和自由人局(Freedman's Bureau)②工作的志愿者。他们的服务对象主要是获得自由的奴隶。

19世纪60年代,美国出现了许多与社会工作发展有关的政府组织,诸如州

① 环境卫生委员会(Sanitation Commission)是美国南北战争期间的志愿者组织,后并入公共健康和红十字协会。

② 自由人局(Freedman's Bureau)是美国1865年3月3日议会建立的机构。该机构主要是帮助自由人,为这些人提供食物、药品等,为他们提供免费教育。自由人局还建立了很多大学。

慈善局、公共慈善局、慈善与矫治局等①。这类组织机构迅速发展，但是，它们在解决问题的同时，也出现了自身管理的问题。1863 年，马萨诸塞州政府开始委任专门委员会监管慈善机构的活动。这种做法很快被早期慈善工作者所接受，并于 1865 年召开了一个关于建立全国联合会的会议，会议有三百位代表参加。受到流行的科学哲学的影响，委员会的领导者开始转向以科学哲学的思想管理慈善事业，从而出现了“科学慈善”(scientific charity)，并将经济学的“效能原则”(principles of efficiency)引入慈善事业的管理中。历史学家詹姆斯·雷比(James Leiby)将“科学慈善”概括为世俗、理性和经验，而不是宗派、情感、教条。这个时期，以这些慈善机构为代表的慈善活动开始重视研究社会问题。这些机构的领导者们成为第一批发展系统的、理性的工作方式，并努力将他们的工作方式带离宗教传统的人。

在这个时期，美国人已经不再把上帝和宗教作为生活的信条和标准。人们对自身的理性和经验有了更多的认识。这不仅将人从上帝和宗教的束缚中脱离出来，同时，也将人类自身发展和解决发展过程中的问题的责任交还给人类自己。这就为社会工作专业的产生提供了发展空间。

（三）欧美国家出现的有组织的志愿性济贫救困活动

慈善组织会社(Charity Organization Society，COS)于 19 世纪末 20 世纪初盛行于英美。1868 年，英国牧师亨利·索里建议成立一个组织以协调政府与民间各种慈善组织的活动，次年第一个慈善组织会社正式诞生。该会接受托马斯·查墨斯(Thomas Charmers)的理论，认为个人应对其贫困负责，接受公共救济将摧毁贫民的自尊心、进取心和道德观念，终将致使他们依赖救济维持生计，主张贫民应尽其所能以维持自己的生活。因而，慈善组织会社强调只对那些“值得”救济的贫民施以救济。对于有劳动能力的乞丐、酗酒者、嫖娼者、卖淫者不予救助。慈善组织会社的基本工作方法是：(1) 成立一个中央管理与联系机构，并将伦敦分成若干区，每个区成立一个分支机构，每区有志愿委员会，主持救济物资的分配工作。(2) 各区办理区内所有救济机构受理救济案件的总登记，另设咨询部，供济贫法监护人、各慈善组织及个别慈善家搜集申请救济者的资料。这样就可以揭露那些同时向几个机构进行申请的贫民，以使救济资源更有效地发挥作用。(3) 各区派人对提出申请的人进行调查。(4) 提高救济款物的配额，使之足够申请人生活所需。

在美国，随着工业化、都市化进程的加快，移民潮的出现，社会问题也在不断加剧。19 世纪 70 年代发生的经济萧条成为推动慈善组织发展的直接因素。经

---

① 资料来源：Dan Huff：Progress & Reform a Cyberhistory of Social Work's Ormative Years，http://web1.boisestate.edu/socwork/dhuff/history/central/tc.htm。

济萧条的发生使数百万美国人失去工作,罢工和骚乱此起彼伏,迅速蔓延。城市管理者深感恐惧,试图通过扩展地方救助来恢复社会秩序。慈善救助需求大量增长的同时,许多慈善工作者感受到他们所实施的救助是低效的,缺乏组织性。同时受社会达尔文主义的影响,他们确信过度的慈善救济必然会导致依赖和贫困的蔓延,导致穷人道德丧失。因此,慈善组织亟须在理念和组织两个方面加强改进。

面对呈现爆发式增长的慈善服务需求,慈善机构不得不扩展自己的服务以应对社会问题的挑战。与慈善服务扩展相对应的问题是人们必须对慈善活动的组织和管理进行改进。有经验的慈善工作者开始寻求更有效的组织和管理方式。他们首先接受了“科学慈善”思想,借用科学慈善的观念管理慈善事业。许多慈善组织的领导者为了改变慈善救助活动低效率和混乱的秩序,他们借鉴科学和商业效能原则,对慈善组织进行改造,建立起慈善组织会社(COS)。美国第一个慈善组织会社 1877 年建立于纽约州布法罗市。之后迅速在美国全国扩展,几乎每一个城市都建立了慈善组织会社。而之后的发展,不仅限于管理和组织的发展,其特征也在发生变化。第一,慈善组织会社开始避免直接发放救济物资,以避免贫民产生依赖以致摧毁他们的道德。第二,通过对救济物资和申领者进行登记,避免穷人重复申领救济物资。第三,也是慈善组织会社里程碑式的创新是引入治疗方法。慈善组织会社的领导者相信通过引入科学方法和技术,贫穷是可以根除的。这些新技术包括有计划的介入和治疗。慈善组织会社的领导者们相信,申领救济的人们通过参加治疗过程,能够提升道德水平。

(四) 友善访问员与友善访问

社会工作从有组织的援助与改良贫民生活的志愿活动成为一个专业和学科是在 18 世纪中期到 19 世纪末期。18 世纪中期,受宗教理念影响,许多赋闲在家的中产阶级妇女自愿承担起访问贫困家庭的工作,后来又直接服务于改善贫民状况协会(Associations for Improving the Condition of Poor)和慈善组织会社。这些中产阶级妇女被称为“友善访问员”(friendly visitor)。这些作为友善访问员的中产阶级妇女的工作是志愿性的。志愿性决定了她们有关助人的知识和技巧主要是来源于她们的生活经验。另一方面,她们作为早期社会工作的主要承担者,其志愿者的特性也决定了社会工作的非职业化。这种源于生活实践的知识经验和非职业化特征也进一步决定了社会工作的非专业化特征。但是,在友善访问员的工作实践中,我们可以看到初步的社会工作专业的方法、模式以及专业的价值倾向。

早期,友善访问员的做法被广泛运用于不同贫民救助组织的慈善救助活动中。在实践中,贫民不仅从友善访问员那里获得物质帮助,而且还从他们那里获得各种建议。1818 年纽约防止贫穷会社(New York Society for Prevention of

Pauperism）描述他们所采用的友善访问工作方式如下：将城市分成很小的管区，由会社向每个管区派出两到三个访问员。他们的任务是熟悉管区的居民，经常访问那些生活在贫困状况中的家庭，这样他们就可以偶然性地发现他们的需要，建议他们重视他们的生计、子女的教育、选择经济实惠的住房、给予鼓励或劝告。从这里我们可以看到，友善访问员的工作已经不仅限于物质援助，她们对贫民的生活方式直接提出她们的建议。这背后的一个假设是，对于贫民来说，以上层阶级为榜样提升他们的道德水平远比一份工资和住房重要得多。

出身于中产阶级以上家庭的有闲妇女，由于其较高的社会地位，使她们成为贫民的榜样。这也从另一个角度表达出只要有较高的社会地位和道德水平，就可以成为友善访问员，而不必经过专门的训练。在这种理念下的友善访问工作既给受助者带来了帮助，同时也带来了问题。概括起来说，友善访问员在早期的社会工作发展中发挥了不可替代的作用。她们为受助者提供了生活指导和必要的生活资助，从物质和精神两个方面都帮助受助者减轻了压力。但是，她们对穷人的看法也对早期的社会工作产生了不良影响。丹·赫夫（Dan Huff）教授在总结友善访问员的作用时写道："事实上，友善访问员既有贡献，也留下了隐患。从好的方面说，她们是很好的生活目标顾问。从坏的方面说则，她们传播了一种观念，认为穷人是卑鄙的、自私的，并指责穷人常常处于失控状态中。"①友善访问员对穷人的这种看法延续了《济贫法》时代的价值标准。这与社会工作专业的基本价值是相悖的。

友善访问员在慈善组织会社中的实践，一方面为社会工作的发展积累了实践经验，另一方面友善访问员的工作方式促进了社会工作者的专门化进程。这成为社会工作专业化的重要基础。

慈善组织会社派友善访问员所开展的个别调查成了个案工作（social casework）的开端。慈善组织会社的友善访问员在实践中运用提供物质救济、调查、登记、互助、协作等方法确定向贫民提供适当的救济。而现代个案工作方法就是直接来源于友善访问员的这种做法。慈善组织会社对各种救济组织和个别慈善家救济活动的统一协调，并促使各种救助机构在社区层面上解决问题，为社区组织（community organization）的发展作出了贡献。

慈善组织会社运用统一的理念协调组织慈善救济事业，为形成具有共同价值体系和统一概念范畴的社会工作专业体系创造了条件。这种组织形式使社会救济工作能够在一个更加完善的工作系统上得以实施，是使社会工作实现专业化的一个重要的实践基础。

---

① Dan Huff：Progress & Reform a Cyberhistory of Social Work's Ormative Years. http://web1.boisestate.edu/socwork/dhuff/history/central/tc.htm.

（五）睦邻组织运动

睦邻组织运动则采用了一种不同于慈善组织会社的工作方式。睦邻组织运动(The Settlement Movement)或称社区睦邻运动,是通过对社区进行改良来实现助人目标的一场运动。此运动起始于1884年英国牧师巴尼特(Samuel A. Barnett)在伦敦东区所设立的汤因比馆(Toynbee Hall)。巴尼特早年就读于牛津大学,毕业后到伦敦东区任牧师。伦敦东区是当时伦敦最贫穷的教区之一,教区内居民生活环境极差,居民生活十分艰苦。巴尼特目睹了教区居民的艰苦生活,他决心改变教区的面貌,改变居民的生活条件。他举家迁入教区内居住,并在社会上奔走呼号,动员人们为改造他所在的社区努力。他动员当时就读于牛津大学和剑桥大学的贵族子弟前往他的教区为贫民服务,并邀请他们住在教区中与贫民共同生活,了解贫民的生活状况并研究解决的办法。在众多前往伦敦东区为贫民提供服务的人中,牛津大学的经济学讲师汤因比与巴尼特志趣相投,为贫民服务极富献身精神。但不幸的是1883年汤因比年仅30岁就因病逝世。巴尼特为纪念汤因比的献身精神,并进一步号召更多的人到教区为贫民服务,于1884年在伦敦东区建立了一个大学社区睦邻服务中心,命名为"汤因比馆"。这就是汤因比馆的由来,也是睦邻运动的开端。汤因比馆的特点是:(1) 设于贫民区,备有宿舍,所有工作人员与贫民共同生活,其口号是"工作者与工作对象相亲相爱";(2) 没有既定的工作计划,视居民的实际需要而开展工作;(3) 尽量发挥当地人力,培养其自动自发的合作精神,为地方服务;(4) 使各地的社区睦邻中心成为当地的服务中心之外,还尽力将本国和外国文化向当地人介绍,使之亦成为当地的文化中心。

以汤因比馆为开端的睦邻组织运动实际上是一场社区改良运动。它试图在富人与穷人之间建立起桥梁。他们坚信大学里的人能够为穷人提供文化和教育方面的帮助,而大学生们也能从穷人那里学到同样多的东西。

19世纪80年代中期,一批受过高等教育的美国人参观了汤因比馆。受其影响,回到美国开始兴办类似的社区睦邻中心。1886年斯坦顿·考伊特(Stanton Coit)在纽约建立了一个睦邻中心(后以"大学睦邻中心"闻名)。1889年,维达·斯卡德(Vida Scudder)在纽约开办了另一家睦邻中心,员工都是新近大学毕业的妇女。同年,简·亚当斯(Jane Addams)和埃伦·盖茨(Ellen Gates)开办了最著名的社区睦邻中心——赫尔大厦服务所(Hull House)。

简·亚当斯曾经参观过汤因比馆,深受其影响。赫尔大厦服务所与汤因比馆相比在服务的内容上有了很大的发展,它不仅解决社区居民的问题,而且还为居民的发展创造条件,为青年人和老年人提供从事教育、艺术、音乐、娱乐等活动及发展友谊的机会。同时它还对一些有争议的问题进行研究。美国的社区睦邻运动深受赫尔大厦服务所的影响,发展迅速,到1937年,全美已有社区睦邻服务所500多个。

美国的社区睦邻中心不同于英国的是,它不仅要面对都市化贫穷问题,还要面对大量移民问题。而促使美国社区睦邻中心迅速发展的一个直接因素是第一批受过高等教育的妇女不满足于传统的家庭主妇的角色,开始寻求工作机会。但是,她们却受到很多限制。大量受过高等教育的妇女在社区睦邻中心的工作中找到了新的角色。这也成为社区睦邻中心得以迅速发展的一个重要因素。

睦邻组织运动以社区为工作场所,为后来的社会工作基本方法之一的社区工作积累了实践经验。它使人们在更大的范围内来关注社会问题,解决社会问题。睦邻组织运动要求救助者要具有强烈的爱心,亲身感受受助人的处境,以提高他们的救助热情。

睦邻组织运动使救助工作由简单的物质救济,又进一步扩展到对受助人精神的关怀和社区环境的改造。社会工作者已经开始认识到受助人出现问题的原因不仅仅是由于物质资源的缺乏,精神方面的不满足也是产生问题的一个重要原因。

睦邻组织运动对全世界社会工作的发展也发挥了巨大的推动作用。在睦邻组织运动的推动下,1922年第一次国际社会工作会议在伦敦举行,在这次会议的基础上,1926年成立了国际服务所及邻里服务中心联合会,总部设在荷兰的乌德勒市,并在当时的国际联盟派有视察员。

慈善组织会社和睦邻组织运动对社会工作专业的发展都作出了直接的贡献。甚至在实践中睦邻组织运动的工作人员也常常担当慈善组织会社的友善访问员,而作为友善访问员的志愿者也会居住在睦邻组织的会所中。细分起来,慈善组织会社为个案工作的发展奠定了基础,并为社会工作专业教育的发展提供了动力;睦邻组织运动则为有关案主及其环境的知识的增长积累了第一手资料。

三、社会工作专业的出现

英国早期的济贫立法,后来的慈善组织会社和睦邻组织运动都可以看做社会对人类所经历的痛苦和生活需求的不满足所做出的反应。而从济贫立法到慈善组织社会和睦邻组织运动,我们可以看到社会工作作为一个专业已经初露端倪。或者在某种程度上来说,社会工作至少已经成为一项专门的事业,需要专门的人员来从事。从社会工作发展的历史中我们可以看到,社会工作从一项志愿的助人事业到一个独立专业的发展过程中,一方面是个人与社会的需求推动了它的发展;另一方面随着工作人员的专门化,作为一个共同体他们也在不断地努力推动它的专业化进程。

到了19世纪末期,相对于社会问题的数量和严重性,志愿者的服务已经远不足以应付。从数量上来讲,约有1/7的案件得不到志愿者的访问,而相对于问题的严重性,志愿者的知识能力就更显得不足以应付,社会工作表现出对一个专业的强烈需求。菲利普·波普尔(Philip R. Popple)总结了社会工作作为一个专业出现的四个原因:第一,19 世纪末 20 世纪初正是各种专业蓬勃发展的时期,而其背后的动力则来源于科学的发展需要通过专业来应用于实践。社会工作专业的出现正是科学对社会问题的回应。第二,慈善组织会社开始将志愿者的工作看做一种付薪的职业。而许多志愿者也许以此为业来维持生存,被认可为一个专业成为他们的目标。第三,受过高等教育的妇女的大量涌现,成为社会工作者专业发展的直接因素。第四,机构管理者发现,工作者贫乏的受教育水平和工作能力远达不到一流慈善工作者的水平①。出于以上种种原因,到了 19 世纪末,在许多慈善机构中形成了一个共识,要求慈善工作者都要接受训练,慈善工作获得了成为一个专业的契机。

慈善组织会社的领导者们认为,要创建一个专业首先就必须有学校传授知识经验,训练专业能力,训练慈善工作者避免重复出现以往的错误。慈善组织会社领导人玛丽·里士满(Mary Richmond)认为,任何进入慈善领域工作的人,都有权利要求这个专业提供向其他专业一样的教育训练,并能赚取生活所需。纽约慈善组织会社 1898 年开办了一个为期六个星期的夏季训练学校。这成为社会工作作为专业的标志。此后,其他城市也陆续开设了专业训练学校。

到了 20 世纪初,慈善工作已经成为一个稳定的全职、付酬的职业。而其所从事的工作的复杂性,也要求工作者必须接受正规的教育训练。1900 年西蒙·帕滕(Simon N. Patten)创造了“社会工作者”(social worker)一词,包括了“友善访问员”(friendly visitors)和“社区睦邻工作员”(settlement house residents)。而社会工作作为一个专业也迅速发展起来。

1905 年,马萨诸塞总医院建立了由理查德·卡伯特(Richard C. Cabot)博士负责的医疗社会工作,目的在于研究病人的生活条件和协助病人执行医疗人员的治疗建议。1906 年马萨诸塞总医院精神服务部主任詹姆斯·帕特南(James Putnam)博士在观察了医院内的社会服务部门的工作后,创立了一个特殊部门以处理心理病患。他雇用专门人员访问病人家庭,访问中遵循友善访问员的价值和方法,仔细研究病人的家庭环境条件,其研究结果作为医生进行有效治疗的辅助资料。

1906 年,公立学校也开始利用社会工作者帮助建立学生与其生活的社会环境的联系。1913 年教育委员会对学校社会工作者给予了官方认可。1921 年著名的联邦基金(Federal Funds)也将学校社会工作者纳入一个为期五年的防止青

---

① Philip R. Popple. The Social Work Profession. In Edwards R L(ed). Encyclopedia of Social Work(19th ed). Washington,D C:NASW Press, 1995.

少年犯罪计划中。

社会工作者作为专业人员得到了越来越多的认可。这种认可往往是一个双向努力的过程。一方面作为从业者的社会工作者从专业团体内部努力在知识、能力上提升自己。另一方面,社会工作者也因其在不同的工作岗位上发挥了不可替代的作用而获得社会的认可。

时至1915年,社会工作者已经对自己的专业地位满怀信心。但是,关于专业的取向则产生了至今未有结论的争论。争论的一方是社会改革取向的。这一方倾向于将社会问题归因于社会环境,希望通过改革社会制度、结构来解决社会问题。社会工作专业应该以社会学理论和经济学理论为基础。这一方主要源于睦邻组织运动。争论的另一方则是源自慈善组织会社的治疗取向的社会工作者。他们坚信刚刚出现的社会工作专业应该聚焦于个人问题,强调社会工作的程序性(process),强调发展与解决个人承担社会角色过程中的问题相关的实践知识。社会工作专业应该发展类似于缓刑官用来修正犯罪青少年行为的方法和技术。这个取向的社会工作者是推动个案工作的主要力量。这两个取向的争论一直延续到现在,而两种取向的社会工作也一直共生于社会工作专业华盖之下。但是,这也许对社会工作被认可为一个完整的专业产生了不利影响。社会工作专业内部两种取向的拉力,使之一直难以整合。这也许是最早遭受弗莱克斯纳否定其专业身份的一个重要原因。

1915年美国全国慈善与矫治公会(National Conference on Charities and Corrections)①项目计划委员会邀请以研究医学教育著称的亚伯拉罕·弗莱克斯纳(Abraham Flexner)对社会工作的发展状况予以论证。弗莱克斯纳却根据他对医学专业的研究,在会上发表了《社会工作是专业吗?》(Is Social Work a Profession?)一文,提出了一种职业成为一个专业的六个条件,即伴随个人责任的智慧性操作;构成素材来自科学与学习;这些素材逐渐达成实用且轮廓分明;拥有可教育的沟通技巧;专业自我意识;逐渐在动机上成为利他性。根据这六项标准,弗莱克斯纳认为社会工作在教育沟通技巧和实务社会工作者在更高水平上的责任担当都还不足。弗莱克斯纳认为,这种不足严重地影响到社会工作专业教育训练,而社会工作者如此之多,就难以紧密团结,难以形成一个纪律严明、目的明确的专业组织。因此,他得出了结论:社会工作还不能称之为专业。

如果说全国慈善与矫治公会项目计划委员会邀请弗莱克斯纳考察社会工作的专业状况是一次推进社会工作专业发展的努力,那么,这次努力并没有得到弗

① 全国慈善与矫治公会(National Conference on Charities and Corrections, NCCC):原为慈善公会(Conference On Charities),是美国社会科学联合会(American Social Science Association)的一个分会。1879年慈善公会从美国社会科学联合会中独立出来,1884年更名为全国慈善与矫治公会。

莱克斯纳的支持。但是,弗莱克斯纳的文章对社会工作者的影响是巨大的,而且立竿见影。弗莱克斯纳的结论虽然否定了社会工作是专业,但是似乎也让社会工作者看到了努力的方向,也激发了社会工作者努力推动社会工作专业化的热情。社会工作者在实践和理论两个方面开始了社会工作专业化的建设,同时也推动了社会工作专业制度的发展。

首先在理论方面,社会工作者在长期实践的基础上开始对社会工作进行理论总结和社会工作专业知识体系的建设。雷默(F. G. Reamer)认为社会工作作为一个成熟的专业取决于三个方面,即明确的价值体系、一套系统的知识和专业训练方法。而在19世纪晚期和20世纪初期期间,社会工作专业从相关学科中吸收了大量的知识,逐渐发展成熟起来。

1898年,玛丽·里士满出版了《贫民中的友善访问》(Friendly Visiting Among the Poor),开始了社会工作理论总结的进程。1917年里士满出版了社会工作历史上最重要的一本著作《社会诊断》(Social Diagnosis),1922年她又出版了《什么是社会个案工作》(What Is Social Casework?)。其中《社会诊断》被看做社会工作专业的里程碑。在这一系列著作中,里士满在宏观上讨论了社会工作与社会各方面的关系,从理论上确认社会工作在社会结构中的位置。然后具体讨论了社会诊断的程序,讨论了生活环境、家庭关系以及社会资源在社会工作过程中的意义。最后她还具体阐述了各类不同个案的诊断。这是一部对社会工作做了全面综合的著作。因此,在社会工作发展历史上这本书被赋予了里程碑式的地位。尽管这一本书还不足以说服社会各界认可社会工作的专业地位,但是它的出版作为社会工作专业化进程的开端是不容怀疑的,社会工作专业建设和学科建设也由此展开。里士满着重总结了个案工作的模式和方法。她将个案工作定义为“一个通过调节可预见的结果、人与人之间的关系、人与其环境的关系来发展人的个性的过程”。里士满的努力将人们在济贫活动中积累的实践经验提升为一套可以传播的系统专业知识,这使专业教育成为可能。与里士满同时代的为社会工作专业发展作出杰出贡献的还有伊迪丝(Edith)、格雷斯·阿博特(Grace Abott),索菲尼斯巴·布雷肯里奇(Sophinisba Breckinridge)、格雷斯·科尔(Grace Cole)、波特·李(Poter Lee)、肯尼思·普雷(Keneth Pray)和夏洛特·托尔(Charlotte Towle)等。他们一起推动了社会工作专业知识体系的建立,促进了助人模式的概念化。这个阶段发展出了“生态模式(ecological)”、“人在情境中(person-in-situation)”、“问题解决模式(the problem-solving model)”和“生活模式(life model)”等概念。助人模式的概念化使社会工作的发展脱离了仅凭善心、热情和经验为贫困人群提供帮助的状态。社会工作开始走上了以系统的助人知识为基础的专业化助人阶段。

其次,社会工作教育的发展一方面成为社会工作作为一个专业的标志,另一方面也是社会工作专业化的必不可少的制度性前提。社会工作教育的发展一方面是以社会工作知识体系的发展为前提,另一方面也是助人实践的需要。19世纪末期,社会服务机构开始关心其为贫民和受抚养人群服务的质量和连续性。改善贫民状况协会和慈善组织会社从其建立之初就对志愿人员提供一些服务训练。1893年,在英格兰由济贫院和英国慈善组织会社建立了一个两年制的"慈善训练"学校,开创了社会工作训练和教育的先河。1898年,在戴维斯(A. Davis)和里士满的倡导下,美国纽约慈善组织会社举办了为期六个星期的夏季训练课程。1904年这个训练项目扩展为为期一年的教育课程,1910年增至为期两年。这就是纽约慈善学院,直到1962年这个学院成为哥伦比亚大学社会工作学院。至1919年,美国已经建立了17所社会工作学院,1923年其中13所被大学接纳为大学学院。随着社会工作学院的增多,专业教育标准的制定成为一个必然的结果。第一次世界大战后,17项社会工作课程(social work program)被组织在一起,于1919年成立专业社会工作训练学院协会(Association of Training Schools for Professional Social Work),1927年改为美国社会工作学院协会(American Association of Schools of Social Work, AASSW)。该协会于1924年提出一个课程标准。1932年,该协会采纳了一个为期最低一年、包括特定科目的课程计划,对课堂教学和实习提出了相应的要求,并于1944年提出了社会工作专业的8门核心课程:个案工作、小组工作、社区组织、公共福利、社会行政、社会研究、医疗知识、精神病和医疗机构知识。

同一时期,在美国还有一个社会工作教育组织——国家社会行政学院协会(National Association of Schools of Social Administration, NASSA)也提出了自己的专业教育标准。但是,这两个专业教育组织所提出的专业教育标准相互之间存在冲突,致使当时美国的社会工作专业教育缺乏统一标准,造成教育实践中的混乱。1946年,全国社会工作教育审议会(National Council on Social Work Education)成立,1952年更名为社会工作教育审议会(Council on Social Work Education, CSWE)。该协会的成立结束了社会工作教育标准的混乱现象。该审议会是由大学、专业协会、志愿机构及政府机构组成,其职责是审查各学校举办社会工作教育的资格,审查的内容包括课程标准、教师聘任、图书设备、行政组织等。社会工作专业教育的发展,乃至社会工作专业教育学院组织的出现都进一步推动了社会工作的专业化进程,提高了社会工作的专业化水平,特别是社会工作专业教育的制度化,进一步提高了社会工作专业界对专业知识的垄断,从而使专业教育成为社会工作专业的入口。一个人要想在社会工作领域从业,就必须掌握社会工作专业知识,也就必须经过专业教育的训练。这一方面保证了专业服务的质量,另一方面确立了社会工作专业的权威地位,使社会工作的专业化进一步得到了制度性保证。

另外,社会工作专业组织发展一方面确立了社会工作的专业地位,另一方面也进一步强化了社会工作专业化的发展进程。美国1918年就成立了“美国义务社会工作者协会”,1919年成立了“美国学校社会工作者协会”,后来社区工作者和其他社会工作者也相继成立了自己的专业组织。这些早期的专业组织分属不同的服务领域,一方面对各自领域专业服务起到了规范和引导作用,另一方面由于这些组织相互之间的分割也影响了社会工作作为一个统一的专业的发展。1955年为了协调不同专业组织,成立了美国社会工作者协会。英国则较晚于美国,1962年成立了“社会工作者训练委员会”,1969年成立“英国社会工作者协会”。社会工作者协会在一个国家范围内的建立,对这个国家的社会工作专业的发展可以说是具有里程碑的意义,它标志着社会工作专业的成熟。美国全国社会工作者协会1955年成立时所颁布的协会章程明确提出了协会的目的。该协会成立的基本目的是提高社会工作专业的服务质量,但是其基本途径是发展社会工作专业知识体系和促进专业维持在一个较高的专业标准上。在这个章程中该协会还进一步宣称其有责任使社会工作专业成为统一的整体,而该章程中所提出的协会的任务都是达成这个目标所必需的。例如,该协会宣称的任务有对社会工作者资格的认定,对实务的专业性认定以及向社会解释宣传社会工作者的作用等。这都具有维护专业的同一性和确立专业的社会地位的作用。

1956年在55个国家的专业性社会工作者协会的基础上成立了国际社会工作联盟。这个联盟的成立,使社会工作专业化的进程扩展到世界范围。而专业组织在世界范围的建立更推动了社会工作的专业化进程。

第二节 社会工作在中国的发展

在西方国家,社会工作是一个助人的专业。但是,它也是在一般性的助人活动中发展起来的。如果以专业标准来看,社会工作在中国的发展历史是很短暂的,但是如果从一般性助人活动的角度来看,中国有着悠久的救贫济困历史。因此,考察社会工作在中国的发展历史,我们将从两个层面来考察,一个层面是一般性助人活动在我国的发展,另一个层面是专业意义上的社会工作在我国的发展。

一、我国古代和近现代时期的社会救助

我国古代有丰富的社会福利思想与社会救助实践基础。在我国古代的社会福利思想中,对贫弱者的救助被看做统治者德政的重要组成部分。在民间,守望相助则被看做一种理想的生活方式,而在实践层面上政府和民间都有大量的救

贫互助活动。从某种意义上来说,我国古代的社会福利思想和实践为现代社会工作专业在中国的发展提供了丰厚的文化基础和实践经验。

(一)我国古代的社会福利思想与实践

1. 夏商周时代的社会福利思想与社会救助

我国古代社会福利思想和社会救助实践主要表现在德政的实施过程中。在古代统治者乃至思想家的政治思想中,救助处于困境中的人民是统治者的责任,同时也是彰显统治者仁德之心的一种最有效的方式。我国的典籍文献中有关这方面的记载是十分丰富的。

《周易·蛊》有"君子振民以育德"的文句,这里的"振",有救济的含义。这表明在夏商周时期就已经出现了视救济人民为统治者责任的思想。《尚书·吕刑》讲到鳏寡者也是统治者考虑政治决策的关键人群。《尚书·无逸》有一段文字记载:"爰知小人之依,能保惠于庶民,不敢侮鳏寡。"这是周公回顾殷商王朝执政历史时的一段话。这段话一方面可以理解为周公对因殷商王朝统治的描述,另一方面也可以看做周公对自己政治思想的阐述。在周公看来,统治者不仅要施惠于庶民,对鳏寡孤独者也要给予尊重和照顾。周文王更是以德政得天下,《史记·周本纪》有一段描述周文王的文字:"西伯曰文王,遵后稷、公刘之业,则古公、公季之法,笃仁。敬老,慈少。礼下贤者,日中不暇食以待士,士以此多归之。伯夷、叔齐在孤竹,闻西伯善养老,盍往归之。"从这段文字中我们可以看到周文王笃仁、敬老、慈少、礼下贤者的德政政策在实践中取得了政治效果,"天下贤士皆往归之",得民心,得人才。这也是周文王最终战胜商纣王的一个重要原因。

《周礼·地官司徒·大司徒》有"保息六"的记述:"以保息六,养万民:一曰慈幼,二曰养老,三曰振穷,四曰恤贫,五曰宽疾,六曰安富。"这段话阐述的是周朝统治者安定人民的政治手段,但是客观上则是一种社会福利措施,为有困难的人们提供制度上的帮助。

先秦诸子的著作更是高度集中地阐述了我国早期的社会福利思想。《庄子·天下》有"以衣食为主,蕃息蓄藏,老弱孤寡为意,皆有以养,民之理也。"这段话是庄子所描述的政治理想的一部分,把对老弱孤独者的赡养看做政治统治的组成部分。《荀子》《墨子》《晏子春秋》等诸子著作中都大量的社会福利思想的记载,而最著名的是《管子·入国》中关于九惠之教的记述,这段文字描述了一套系统的社会福利制度体系:

"入国四旬,五行九惠之教:一曰老老、二曰慈幼、三曰恤孤、四曰养疾、六曰问疾、七曰通穷、八曰振困、九曰接绝。

所谓'老老'者,凡国都皆有掌老。年七十已上,一子无征,三月有馈肉。八十已上,二子无征,月有馈肉。九十已上,尽家无征,日有酒肉。死,上共棺椁。

劝子弟精膳食,问所欲,求所嗜,此之谓‘老老’。

所谓‘慈幼’者,凡国皆都有掌幼,士民有子,子有幼弱不胜养为累者,有三幼者无妇征,四幼者尽家无证,五幼又予之葆,受二人之食,能事而后止,此之谓‘慈幼’。

所谓‘恤孤’者,凡国皆都有掌孤,士人死,子孤幼,无父母所养,不能自生者,属之其乡党、知识、故人。养一孤者,一子无征。养二孤者,二子无征。养三孤者,尽家无征。掌孤数行问之,必知其食饮饥寒,身之腈胜而哀怜之,此之谓‘恤孤’。

所谓‘养疾’者,凡国都皆有养疾,聋盲、喑哑、跛躄、偏枯、握递、不耐自生者,上收而养之疾,官而衣食之,殊身而后止,此之为‘养疾’。

所谓‘合独’者,凡国皆都有掌媒,丈夫无妻曰鳏,妇人无夫曰寡,取鳏寡而合和之,予田宅而家室之,三年然后事之,此之谓‘合独’。

所谓‘问疾’者,凡国都皆有掌病,士人有病,掌病以上令问之。九十以上,日一问。八十以上,二日一问。七十以上,三日一问。众庶五日一问。疾甚者以告,上身问之。掌病行于国中,以问病为事,此之谓‘问病’。

所谓‘通穷’者,凡国都皆有掌穷,若有穷夫妇无居处,穷宾客绝粮食,居其乡党,以闻者有赏,不以闻者有罚,此之谓‘通穷’。

所谓‘振困’者,岁凶庸人訾厉,多死丧,弛刑罚,赦有罪,散仓粟以食之,此之谓‘振困’。

所谓‘接绝’者,士民死上事,死战事,使其知识故人,受资于上而祠之,此之谓‘接绝’也。”

这是一个完整的社会福利服务体系的设计。首先这个社会福利制度体系的设计照顾的范围广泛。这个制度体系几乎包括了各种困难人群的各种困难处境。尽管在当时的社会环境下,统治者所能关注的并不是所有人,而只是统治阶层。这是由当时的历史发展状况所决定的。但是,从社会福利制度设计的角度来看,其对相应人群及其可能遇到的困境的照顾是非常周全的,照顾到了人们生活中可能遇到的每一种风险。其次,在这个制度设计中,它不仅是一种制度性预设,更可贵的是它对人们可能遇到的每一种困境都提出了十分具体的救助措施,而每一种措施的具体执行过程都有制度上的规定,以保证其能得以实施。我们虽然无法考察这个社会福利制度设计的实践效果,但是,仅就其严密的制度设计我们就可以看出当时统治者对处于困境中的人们的救助是十分重视的。第三,在这个制度设计中还明确要求官吏负责实施各种救助措施,而且对于他们救助活动的实际效果有明确的赏罚规定。

孟子对社会福利也有十分精彩的论述。《孟子·梁惠王上》中记录了孟子与齐宣王讨论王道与德政时说过一段话:

“曰:‘挟泰山以超北海,语人曰,‘我不能’,是诚不能也。为长者折枝,语人曰‘我不能’,是不为也,非不能也。故王之不王,非挟泰山以超北海之类也;王之不王,是折枝之类也。老我老,以及人之老;幼我幼,以及人之幼。天下可运于掌。……故推恩足以保四海,不推恩无以保妻子。”

在这里,孟子劝诫统治者养老抚幼看似轻如折枝,实则王道之根本,是统治者能为且当为之举。这里孟子将照顾人民的老幼家人作为统治者施恩于百姓,巩固统治秩序的一个重要措施,做到了就能保证统治者的统治地位,做不到甚至连自己的家室也难保。孟子虽然是站在统治者的立场上讨论王道,但是作为一种政治思想和社会福利思想对后来的统治者的影响是非常广泛和深远的。

夏商周时代是中国文明走向繁荣的时代,也是对中国文明发展产生深远影响的时代,抑或是为中国文明发展确定发展轨迹的时代,同时在社会福利、社会救助方面也同样对以后的历史产生了全面的影响。这种影响不仅在思想观念上,而且在制度、救贫济困的实践层面上都有着深远的影响。我们不得不承认,统治者实施德政,救助贫弱人民是出于政治统治的需要,同时其关注的范围也不是所有人,但是作为社会福利思想和社会救助实践其理论意义和实践意义都是非常重要的。而从另一方面来说,这样一些社会福利制度和社会救助实践也发挥着教化人民、型塑中国道德传统的作用。

2. 秦汉至清末的社会福利思想和实践

秦始皇统一中国,这不仅是政治版图的统一,而且是在统一文字、统一货币、统一度量衡基础上对文化的统一。在这样一个统一的社会基础上,社会福利也得到了相应的发展。特别是对于一个统一王朝来说,如何在一个广大的疆域里实现对人民的统治,这是每一个统治者都必须首先面对的问题。而历史又向我们宣示了一个重要的道理,那就是强权的结果只能是失败。作为统治者只能如孟子所说“推恩足以保四海”,换句话说,每一个统治者都必须在其政治制度的设计中充分考虑对国家中各类人群的照顾,而弱势人群又是一个需要更多照顾的人群。所以,对他们的照顾也就成为统治者必须予以考虑的问题。上古历史和秦汉以后的历史都证明了这一点。

秦汉以后,继承了上古时期德政思想,在君王的统治方略中无不把“推恩于民”作为自己政治策略的重要组成部分。这其中虽然也时有暴政,但是中国历史总体上形成了“天下非一人之天下,天下人之天下也”“民为重,君为轻”的统治思想。因此,我们可以看到在已有的文献记载中,每朝每代都有不同程度的社会福利措施,同时在民间也形成了良好的民俗民风,邻里间守望相助成为中华民族的道德传统。

秦王朝历史短暂,并不能说是一个成功的、全面的政治统治模式。但是,从被视为秦王朝文化总结和政治大纲的《吕氏春秋》中,我们可以看到以吕不韦为代表的政治集团在进行秦王朝的政治设计时也并没有忽略对弱势群体的照顾。例如《吕氏春秋·怀宠》说:“克其国不及其民,独诛所诛而已”“举其秀士而封侯之,选其贤良而尊显之,求其孤寡而振恤之,见其长老而敬礼之”,如此才可以“长老说其礼,民怀其德”。这里吕不韦将赈恤孤寡,礼敬长老同样作为政治策略,这既是一种政治远见,同时也是社会福利思想的一种体现。《吕氏春秋》还按季节设计了诸如“安萌芽,养幼少,存诸孤。”“赐贫穷,振乏绝”“养衰老,授几杖,行糜粥饮食”“赏死事,恤孤寡”的救助措施。《吕氏春秋》的政治理想虽然没有得到全面实施,但是其在中国政治发展史上具有广泛的影响,其中所包含的社会福利思想也直接影响到后世政治思想中社会福利方面的考虑。

在某种程度上我们可以将秦以前有关社会福利、社会救助的发展看做为后世确立的思想基础,而秦王朝的统一则进一步为以后的社会福利、社会救助的发展奠定了统一的社会制度基础。秦以后,在统一的社会制度基础上,同时也随着社会发展水平不断提高,统治者所采取的社会福利、社会救助措施也在不断增多。但是,从另一方面来看,古代统治者所采取的社会福利措施缺乏稳定的制度性基础,这是由社会发展本身的历史特征所决定的。秦以后,统治者所实施的社会福利、社会救助主要表现形式是在具体情形下的具体救助活动,针对的是特定人群的特殊需求,虽然在一些社会救助活动中也可以看到一些制度化倾向,但是由于社会需求和社会发展水平两方面的原因,最终在中国古代社会中没能形成具有普遍意义的社会福利制度。中国古代统治者对困境中的人群的救助通常可以分成两种情况:一种是在当朝者的吉庆事典时颁诏施救,如新皇登基、册立皇后、改元帝号等庆典上多会颁布施恩于民的诏书。另一种是在出现自然灾害时,统治者所采取的社会救助措施。如被明代思想家李贽称为“圣主妙诏”的汉文帝诏书中提出了一系列的社会救助措施:

诏曰:“方春和时,草木群生之物皆有以自乐,而无百姓鳏寡孤独、贫困之人或阽于死亡,而莫之省忧。为民父母将之何如?其议所以振贷之。”又曰:“老者非帛不煖,非肉不饱。今岁首,不时使人存问长老,又无布帛酒肉之赐,将何以佐天下子孙孝养其亲?今闻吏禀当受鬻米者,或以陈粟,岂称养老之意哉!具为令。有司请令县道,年八十已上,赐米人月一石,肉二十斤,酒五斗。其九十已上,又赐帛人二疋,絮三斤。赐物及当禀鬻米者,长吏阅视,丞若尉致。不满九十,啬夫、令史致。二千石遣都吏循行,不称者督之。刑者及有罪耐以上,不用此令。”

这是一个典型的在帝王的吉庆之日颁诏救民的帝王诏书。另据《史记》记载这个诏书颁布的背景是“为立后故”,就是说在册立皇后时为显君恩而采取的救民措施。这种社会救助方式在历朝历代几乎都可以见到。王子今等对《后汉书》所记载的东汉诸帝所进行的社会救助活动作了统计,从建武六年(公元30

年)到永兴二年(154年),东汉诸帝共计实施了36次针对特殊困难人群的救助活动①。另据对《魏书》卷七《高祖孝文帝纪》的统计,共有78处有关社会救助活动的记载,几乎每一年都有有关活动的记录。类似的记录在中国历史资料中不胜枚举。从中我们可以看到,社会福利、社会救助在中国古代历史中已经被当做帝王治国的重要策略而被历代帝王广泛应用,甚至将社会救助内容列入律令之中,例如《后汉书》卷一下《光武帝纪下》记载:“往年水旱蝗虫为灾,谷价腾跃,人用困乏。朕畏百姓无以自赡,恻然愍致。其命郡国有谷者,给禀高年、鳏寡孤独及笃癃、无家属贫不能自存者,如《律》。二千石面加循抚,无令失职。”类似的记载在历史典籍中还有很多。尽管古代帝王将社会福利、社会救助当做一种治国之策,但是,客观上却为那些处于困苦境遇中的人们提供了一定程度的帮助。这也可以说在一定程度上为社会救助活动的发展提供了必要的政治基础,也就是说社会福利、社会救助作为政治策略已经为历代君王所接受,在帝王的统治思想中获得了合法性。

中国古代还有另外一种具有制度性的社会救济机构,如汉代的“常平仓”,唐代的“义仓”等。《汉书》卷二十四上《食货志》第四上记载:“至昭帝时,流民稍还,田野益辟,颇有蓄积。宣帝即位……时大司农中丞耿寿昌以善为算能商功利……寿昌遂白令边郡皆筑仓,以谷贱时增其贾而籴,以利农,谷贵时减贾而粜,名曰常平仓。民便之。上乃下诏,赐寿昌爵关内侯。”汉代常平仓的主要功能还在于平抑粮价,其本质实属经济措施,但是也在一定意义上起到了救济灾民的作用。常平仓的设置在以后各个朝代中也多有设置,而其性质也在不断演化。《续资治通鉴》宋纪三十三有两句话说到常平仓:“二月,庚午朔,诏赈灾,发州郡常平仓。”“常平仓粟出粜以济贫民,京师物贵故也。”这里虽然也是向贫民出售粮食,但这里却直接宣称“赈灾”“济贫民”,因此也进一步明确了常平仓的社会福利、社会救助性质。

《北史》卷十一《隋本纪上·高祖闻帝杨坚》记载:“(开皇五年,585年)五月甲申,初置义仓。”《隋书》卷一《高祖纪》也有关于“义仓”的记载:“(开皇五年)五月甲申,初置义仓。”《北史》卷二十二《长孙平传》的记载早两年:“隋开皇三年,(长孙平)征拜度支尚书。平见天下州县多罹水旱,百姓不给,奏令民间每秋家出粟麦一石以下,贫富差等,储之闾巷,以备凶年,名曰‘义仓’。帝深嘉纳。自是周里丰衍,民多赖焉。”

《隋书》卷二十四《食货志》对义仓的设置有更详细的记载:“五年五月,工部尚书、襄阳县公长孙平奏曰‘古者三年耕而余一年之积,九年作而有三年之储,

---

① 王子今、刘悦斌、常宗虎:《中国社会福利史》,中国社会出版社2002年版。

虽水旱为灾,而人无菜色,皆由劝导有方,蓄积先备故也。去年亢阳,关内不熟,陛下哀愍元,甚于赤子。运山东之粟,置常平之官,开仓发廪,普加赈赐。少食之人,莫不丰足。鸿恩大德,前古未比。其强宗富室,家道有余者,皆竞出私财,递相赒赡。此乃风行草偃,从化而然。但经国之理,须存定式。'于是奏令诸州百姓及军人,劝课当社,共立义仓。收获之日,随其所得,劝课出粟及麦,于当社造仓窖贮之。即委社司,执账检校,每年收积,勿使损败。若时或不熟,当社有饥馑者,即以此谷赈给。自是诸州储峙委积。"这段记述详细描述了隋朝义仓的具体做法,在丰收之年多有储备,歉收之年则开仓赈济饥民。虽然义仓是以民间组织"社"为基础设置的具有民间性质的社会救助机构,但是朝廷对其也有直接的管理。这里我们可以将"社司"看做朝廷委派的专门负责赈济贫民的专职人员。开皇十五年(595 年)和十六年,隋文帝又命令西北诸州的"义仓"改归州或县管理;劝募的形式也改为按户的等级定额征税:上户一石,中户七斗,下户四斗。征税救济使义仓改变了民间性质,成为政府的社会救助机构。有人认为义仓的性质由民间互助性机构转变为国家机构,成为国家机构后其所收税赋又成为农民的一种负担。但是,至少我们可以看到其设置的初衷是救济处于困境中的人们,而且作为一种救助措施也表现出制度性特征。因此,义仓的设置也成为以后各个时代统治者纷纷效法的一种做法。

唐朝首先就继承了隋朝义仓的设置。《旧唐书》卷二《太宗纪上》记载,贞观二年(628 年)夏四月丙申,"初诏天下州县并置义仓"。从唐朝的历史记载中可以看到,义仓、常平仓在唐朝发挥了非常重要的救济贫民、稳定社会秩序的作用。《旧唐书》卷十四《宪宗纪上》,元和六年(811 年)二月癸巳,"以京畿民贫,贷常平、义仓粟二十四万石,诸道州府依此赈贷。"唐朝的做法与隋朝略有不同,它将慈善性质的救济与经济性质的借贷结合在一起,既发挥了经济作用,又发挥了慈善救济作用。

宋元时期有"广惠仓"设置。《宋史》卷一百二十九《食货志上四》记载:"嘉祐二年,诏天下置广惠仓。初,天下没入户绝田,官自鬻之。枢密使韩琦请留勿鬻,募人耕,收其租别为仓贮之,以给州县郭内之老幼贫疾不能自存者""有余乃及诸县,量大小均给之。"这表明广惠仓吸收了常平仓和义仓的做法,一方面进行慈善救济,另一方面当其有余时则采用常平仓的平抑粮价的方法贮存和转移余粮。

以上所述都是以粮食为贮存物同时具有慈善救济和经济作用的仓储制度。这一制度在中国古代社会发展中发挥了非常重要的作用。除了这类具有社会救助性的仓储制度之外,中国古代还有一种直接类似西方社会"院内救济"形式的救助机构。如南北朝时期南朝创制的"六疾馆"和"孤独园"。《南齐书》卷二十一《文惠太子长懋传》记载:"太子与竟陵王(萧)子良具好释氏,立六疾馆以养穷民。"这里六疾泛指各种疾病。王子今等认为"六疾馆"是一种半官方半民办的慈善机构,专门收养患病的贫民。《梁书》卷三《武帝纪下》记载普通二年(521年)纯正月巳诏:“春司御气,虔恭报祀,陶匏克诚,苍璧礼备,思随乾覆,布兹亭育。凡民有单老孤稚不能自存,主者郡县咸加收养,赡给衣食,每令周足,以终其身。又于京师置孤独园,孤幼有归,华发不匮。若终年命,厚加料理。尤穷之家,勿受租赋。”这种孤独园主要收养“孤幼”。类似的机构在以后的朝代中也多有所见。如北宋时期的“居养院”、明代的“养济院”等都属于这类机构。这里我们暂且不去详细考察这类机构的救助对象、救助方法和相关的具体设置,仅其存在本身就已说明中国古代社会救助事业的发展已经达到了一个较高的水平。

秦汉以后政治制度趋于完善,统治者在实施广泛的政治经济措施巩固其统治的过程中大多都十分重视以“恩惠”笼络社会各阶层,在这个过程中,统治者也广泛采用了社会福利、社会救助的方式来帮助处于困苦中的人民。当然我们也必须看到,就统治者所救助的人群来看,并非所有国民,而是特定的,在某程度上来说对统治者具有政治价值的人群往往是他们救助的重点人群。因此,被救助的人群对于每一个时代来说并不是确定不变的,这是一个随着社会的发展和阶层的不断划分而变化着的人群。被救助的人群虽然随着社会的发展而在不断变化,但是,秦汉以后统治者在社会救助方面的作为并没有从本质上超过秦以前的做法。其基本特点是社会救助活动缺乏制度性保证,而主要是针对社会中发生的具体需求而开展的非制度性救助。在某些朝代中虽然也有一些制度性的社会救助,如汉以后的常平仓、义仓、广惠仓等,但是如同封建社会的其他方面的制度一样,这种社会救助制度也是被置于统治者的个人意志之下的,因此也具有不确定、不普遍的特点。当然我们也必须看到这种状况也是古代社会的内在要求,一方面社会不需要一个普遍性的社会救助制度,另一方面社会发展水平也决定了古代社会无法提供一个普遍性的社会救助制度所需的资源。

清王朝是我国最后一个封建王朝。清王朝取得政权初期,为了稳固其统治地位,在实施暴力和高压专制手段加强统治之外,也采取了一系列恢复生产、安定人民生活的政治经济政策,在社会福利、社会救助方面也有很多新的发展。1840年鸦片战争以后,中国的封建社会体系受到了西方列强坚船利炮的冲击,同时西方在社会福利、社会救助方面的一些观念和做法对中国也产生了影响。

清朝与历代各王朝相比首先社会救助机构有了大规模的发展。清朝前期,社会救助机构和设施已经较为完善,有综合性的,如养济院、栖流所;有针对某一类弱势人口的机构,如育婴堂、恤嫠会;从主办者来看,有政府主办的,有民办的,有官民合办的。

养济院是清朝政府在全国范围内建立的社会救助机构。顺治五年(1648年),清政府“诏各处养济院收养鳏寡孤独及残疾之人,有司留心举行,月粮依时发给,无致失所。”三年后再次发布谕旨,要求“各省府州卫所旧有养济院皆有额设米粮",命户部"通行设立给养"。这类救助机构是由政府设立,并由政府提供经费或物资。清政府对各地的济养院收养孤贫的人数都有定额。例如山西1 148名,陕西为2 191名,河南为1 990名,广东为676名,甘肃为1 108名,直隶为7 362名。除规定的额内名额外,还有额外孤贫,与额内孤贫待遇大体相同。尽管这里的名额不是清政府统一颁定,但是我们也可以看到清政府对社会救助事业加强了统一管理。这对于将社会救助事业纳入统一的社会制度体系奠定了基础。

清朝社会救助机构的另外一种类型是民办的社会救助机构,其中最有代表性的是普济堂。普济堂是由一个法号寂荣的和尚创办的。据记载,北京"广宁门外每岁役夫修道,受雇者流丐居多,往往以寒饿死,死辙委沟壑中"。寂荣和尚于是在康熙三十六年(1697年)联络一个名叫关名成的人捐资购屋26间,"以资役人栖止,而病饿者,稍稍就养焉",当时定名为"修路慈悲院"。次年荣寂和尚又联络了12名乐善好施者加入,扩大规模并改名为普济堂。普济堂在当时颇有影响,并得到康熙皇帝的嘉奖,且赐匾额"泽膏回春"。时为皇子的雍正帝也赠银资助普济堂。至乾隆元年(1736年),清政府命"各省会济通都大郡改设立普济堂,养赡老疾无依之人。"这就将民办的普济堂转为官办的社会救助机构,同时鼓励民间人士以及官员个人设立普济堂。此后,普济堂在全国各地陆续建立起来。

早在顺治九年(1652年),在京师东、西、南、北、中五城各设饭场一所。次年又在京师五城建造栖流所。康熙元年(1662年),大学士金之俊、学士胡兆龙在京师广渠门内建立育婴堂,收养遗弃病废婴儿。此后育婴堂得到了清朝廷的重视。"孝庄皇后首颁禄米,满含诸臣,以次输助,不数年,由京师以达郡县,育婴之堂,遍天下矣",从皇后、皇帝、大臣的资助,到后来雍正皇帝命各省督抚"劝募好善之人,照京师例行之。"育婴堂也同普济堂一样是一个民间发起的社会救助机构。所不同的是育婴堂没有像普济堂一样最终成为政府主办的社会救助机构,而是由朝廷倡导的一种社会救助机构,皇亲国戚、满汉大臣也只是以个人身份进行资助。但是惟其在朝廷的倡导下,育婴堂很快在全国建立起来。

清朝的社会救助机构的发展相对是较完善的。从救助对象的范围来说,清朝的社会救助机构覆盖了主要的弱势群体;从救助机构的性质来看,清朝的社会救助机构包括了政府主办、民办官助以及民办等。另一方面,清朝的社会救助机构从中央到地方形成了一个完整的网络,覆盖了全国。尽管社会救助机构的管理还是分属不同的政府部门或地方政府,在管理上主要由主管部门的官员选派地方有名望的乡绅主办,官员只起监督作用,即便如此我们从中也可以看到相对一致的管理模式。清代的社会救助机构的经济来源比较复杂,有政府从所征赋税中拨付的,有皇亲国戚、在任官员个人捐助的,有民间富绅商贾捐助的。而无论政府拨付，还是官绅士民的捐助，其中最重要的根源还在于政府的倡导，特别是皇帝本人及皇亲国戚的个人捐助具有极大的榜样示范作用，官绅士民纷纷效仿，以至成为风气。

鸦片战争以后，西方传教士也随着列强的炮舰大量涌入中国。虽然我们不能无视他们的文化殖民的本质，但是他们却也做了很多社会救助工作，在医疗、灾荒救济和慈幼等方面做了大量工作，兴办了大量社会救助机构。外国教会举办的社会救助机构最有代表性的是慈幼机构。据基督教中华续行委办会调查特委会对 1901—1920 年中国基督教事业（也附带天主教的慈善活动）的统计，天主教在中国办有 150～200 所孤儿院，共收容 15 000～20 000 个孩子。外国宗教团体在华所举办的社会救助机构对清朝的社会救助事业是一个极大的促进和推动。这也形成了政府、民间和外国教会等多种力量共同举办、多种救助形式并存的社会救助网络。相对于以往历朝历代的社会救助事业，清朝的社会救助更加完善和全面，政府和民间对社会救助事业都给予了高度重视。

（二）20 世纪上半叶社会工作在中国的发展

20 世纪初期，孙中山领导的辛亥革命推翻了清王朝，结束了中国封建统治历史。从 1911 年至 1949 年国民政府统治的 38 年，战乱灾荒不断，人民生活在极度不安定的社会环境中。尽管政府、民间的社会救助活动不足以救民于水火，但是社会救助事业却并没有停止其发展进程。

民国初年，清朝原有的社会救助机构和设施基本都被保留下来。但是，民国初年的政治斗争、军阀争权如火如荼，军阀政府无暇顾及社会救助事业。北洋政府统治时期，政府在社会救助方面主要的作为只是维持和资助清朝遗留下来的社会救助机构。但是民间社会救助事业则有了很大的发展，如在北京设有贫民教养院、游民习艺所、博济工厂、外城教养局、教养二局、首善贫民教养院、外城收养贫民所以及资善堂、公善养济院、行善养济院、利济院、育善教养工厂、崇善女教养院、龙泉寺孤儿院、北京孤儿院等。其中多为民办机构。

国民党政府统治期间制定了一系列政策法规，对社会救助机构进行管理。1928 年制定公布了《各地方救济院规则》，对各地方救济院的设置、行政管理和经费管理都做了规定。更为可贵的是《各地方救济院规则》还详细规定了各类福利机构的教养规则和内容，对各类福利机构进行严格管理。其后，1928 年 10 月公布《管理各地方私立慈善机关规则》，1929 年公布《监督慈善团体法》，1930 年 7 月公布《监督慈善团体实施规则》，1932 年公布《各地方慈善团体立案办法》，同年还制定公布《寺庙兴办公益慈善事业实施办法》，另外还专门制定了《救济事业褒奖条例》，对热心公益事业的个人和团体予以奖励。在国民政府的统一要求下，各地基本上都设立了救济院。

民国初年还出现了许多慈善家，其中最著名的有南方的张謇和北方的熊希龄。

张謇(1853—1926),光绪二十年(1894 年)高中状元,授翰林院修撰。但是他淡泊仕途,毅然返回南通从事实业和教育,并且都取得了巨大的成功。在取得实业和教育成功的同时,张謇在慈善事业方面也做了大量工作。他学习西方教会在中国所办的慈善机构的管理方式,创办了许多慈善机构。张謇所创办的慈善机构主要有育婴堂、养老院、盲聋哑学校。张謇所创办的社会福利机构首先在管理和环境选择方面学习西方教会福利救济机构,注重环境卫生,提高了育婴堂儿童的成活率。

1912 年张謇建立了第一所养老院。这所养老院是张謇用亲朋好友为他祝寿的钱并向社会募集善款开办的。这所养老院能容纳 120 名老人。张謇还学习外国教会所办养老院的做法,向社会募集旧衣物,浆洗缝补之后供老人们穿用。这一方面节省了老人院的经费,另一方面也唤起了社会上更多人的善心,让更多的人参与到社会救助事业中来。张謇建立第一所养老院的同时还计划十年后再建一所养老院。第二所养老院由张謇的三哥创办,1922 年张謇 70 岁时创办了第三所养老院,可容纳 146 名老人。在建立育婴堂和养老院之后,张謇还创办了盲哑学校。在创办盲哑学校的过程中,张謇提出了让盲哑儿童接受一定程度的职业技能训练以“自养”的思想。盲哑学校规定手工、农工是盲哑儿童的必修课程,以后陆续开设了藤工、刺绣、美工、打字、排字、校对等课程。这就使盲哑学校不仅限于物质层面的养,而更重视培养盲哑儿童的自养能力。张謇在创办盲哑学校的过程中还以盲哑教育激励国人重视国民教育。他说:“中国失教宁独盲哑？……盲哑而教以相当之知识,则凡不盲不哑,更不当为待养于人之人,此无论何人所宜发深省也。”①借盲哑教育激励国人加强国民教育,足见张謇高屋建瓴,为我国慈善事业的发展注入了新思想、新观念。

熊希龄(1870—1937)是一位与张謇齐名的慈善家。他于光绪五年(1894 年)中恩科进士,选翰林院庶吉士。曾任湖南时务学堂提调(校长),1913 年当选民国第一任民选总理,由于他反对袁世凯复辟帝制,不久就被迫辞职,辞官投身到慈善和教育事业中,从事灾荒救济和孤贫婴儿的教养,成为民国时期著名的慈善家。他创办了北京香山慈幼院,同时在许多慈善和公益机构、活动中担任职务。1932 年上海淞沪战事爆发后,熊希龄将全部家产捐献出来,用于举办儿童福利事业,然后投身到抗日救亡活动中。熊希龄于 1919 年 2 月开工兴建香山慈幼院。熊希龄作为创建者担任了第一任院长,他主持制定了一系列规章制度,规定入院儿童“专以孤贫为限”,规模为 700 名,到开院前共收录合格儿童 640 名。

① 转引自王子今、刘悦斌、常宗虎:《中国社会福利史》,中国社会出版社 2002 年版。

1920年香山慈幼院正式开院。香山慈幼院建立了完备的管理系统。慈幼院设有董事会，负责慈幼院的大政方针，院长主抓外事，副院长负责院内行政事务，下设事务股、教育股、保育股、职业股。1923年设校务行政委员会，代替副院长行使管理权，将会计股独立。另外还设有院外机构，主要是香山感化院，安置院内不良儿童，待遇较院内低，实际上是半工半读；北京贫儿院、香山初级小学事务所四所，招收香山附近的贫苦儿童读书，除在家住宿外，其他费用由香山慈幼院负担，还设有慈云工厂和慈云女子工厂。在香山慈幼院的办院宗旨中，熊希龄强调"教养孤贫失学制男女儿童，使有适当之智能、道德，俾可谋生于社会。"在具体的实践过程中，熊希龄采取了学校、家庭和社会相结合的做法，即让孤贫儿童接受适当的教育，掌握一定的谋生技能，同时又让他们享受到家庭的温暖。在当时，香山慈幼院在规模、管理水平等方面都堪称典范，甚至许多富裕家庭都希望将孩子送到香山慈幼院接受教育，足见香山慈幼院管理和教育水平得到了社会的广泛赞许。

我们可以在某种意义上将张謇、熊希龄等所开展的慈善救助活动看做实践意义上的社会工作。但是，由于缺乏统一的指导思想，遑论专业理论，同时，缺少统一的专业组织，所以尽管许多慈善机构在理念和管理上都具备了社会工作专业的某些特征，但是仍不能称之为社会工作专业。

中国本土的慈善活动没能发展成为一个统一的社会工作专业，而同时期，西方传教士却在中国传教、开办教育的同时，开启了中国社会工作专业的发展进程。20世纪初期，西方传教士开始在中国开办教会大学，并直接渗透到政府开办的大学中①。在诸多教会大学中，1914年由传教士葛学博在沪江大学开设社会学系并负责主讲社会学课程。他看到上海在迅速工业化的过程中所出现的社会问题，认为应该在对社会问题进行研究的基础上开展社会服务。葛学博将社会服务看做基督教工作的一个重要组成部分。他认为，传教与社会服务的侧重点不同，但目的相同，都是为了改善人际关系与社区福利②。在某种意义上来说，葛学博所开展的社会服务是服务于他的宗教使命的。社会服务对他来说只是作为传播宗教的手段。但是不论在形式上，还是在服务理念上，其对于社会工作专业在中国的发展都是一个重要开端。

与葛学博同时代的步济时也是中国早期社会工作与社会工作教育发展的一个重要推动者。1909—1921年，他一直在北京基督教青年会学生部工作。在此期间，他于1912年主持成立了北京学生团社会实进会，1918年组建了中国—普林斯顿大学中心社区服务部，积极组织北京学生开展社会调查和社会服务。1920年，

---

① 胡杰容：《教会大学与中国早期社会工作教育》，见：王思斌主编：《中国社会工作研究》（第七辑），社会科学文献出版社2010年版。

② 阎明：《一门学科和一个时代——社会学在中国》，清华大学出版社2004年版。

他帮助燕京大学创建了社会学系(该系后来更名为“社会学与社会工作系”)并且担任该系主任职务四年之久(1920—1924)。他于1914年4月在中国《教务杂志》(The Chinese Recorder)发表《作为一个社会服务基地的北京》的文章,阐述了他对社会服务的理解。步济时认为,社会服务就是人们计划并且完成耶稣基督专门为社会较低阶层所做的每一件事情①。步济时对社会服务的这个理解,反映了他作为传教士和社会学训练的背景。首先19世纪70年代以来美国出现的宗教社会化趋势,形成了“社会福音”运动②。我们可以看到,步济时对社会服务的认识仍然是基于基督教宗教理念的支撑。正像基督教的社会福音运动的实质是关注社会、关注基督教在社会变革时期的地位一样,其所倡导的社会服务也具有同样的取向。他们关注低下阶层中所出现的社会问题,目标则是在于改造社会,扩大基督教在中国的影响。当然我们也必须看到其对中国社会服务发展的推动作用。

在这一历史时期,一批留学欧美的学生和爱国人士回国后将社会学和社会工作专业学科带回中国,在大学中开设社会工作专业,并直接向社会提供社会工作服务。这个时期开展社会工作教育的高校主要有北京的燕京大学、南京的金陵大学、苏州教育行政学院、上海沪江大学、广州岭南大学、山东齐鲁大学等学校。他们一面在高校开展社会工作教育,一面投入社会服务中。因此可以说他们所开展的社会工作是具有专业化特征的社会工作。例如燕京大学的学者在专业课程方面开设了12门社会服务专业课程,设有农村社区、都市社区、儿童与社会、妇女与社会、社会解组、社会行政、社会机关行政、个案工作、集团工作、监狱服务工作、精神健康服务工作及社会服务实习。他们在办好社会工作教育的同时,结合专业实习开展了大量的社会服务活动。他们的社会服务主要有三个方面,首先是参观访问慈善机构,对贫民窟、监狱和妓院开展调查,并结合参观、调查的结果进行深入的课堂教学。第二个方面是进行个案工作方法的实习。第三个方面是培训农村社会服务人员。从燕京大学所开展的社会工作教育和社会服务中我们可以看出,当时的社会工作是从专业理念出发的。他们在推动社会工作教育和社会服务的同时,开始编写社会工作教材。如言心哲主编的《社会事业与社会建设》和《现代社会事业》、柯象峰的《社会救济》、吴榆珍的《社会个案工作方法概要》、蒋旨昂的《社会工作导论》和《成都社会事业》、孙本文的《社会行政概论》等③。言心哲将社会事业(社会服务)看做社会学的一个重要部

① 左芙蓉:《一位外国社会学家眼中的民国初期北京社会服务》,《广州社会主义学院学报》2007年第3期。

② 左芙蓉:《一位外国社会学家眼中的民国初期北京社会服务》,《广州社会主义学院学报》2007年第3期;李颜伟:《美国“社会福音运动”探析》,《天津大学学报(社会科学版)》2009年1月。

③ 赵喜顺:《抗战时期的四川社会学》,《西南民族学院学报(哲学社会科学版)》1995年第5期。

门。吴榆珍在其1944年编译出版的《社会个案工作方法概要》概述了多家关于社会工作的定义，认为“社会工作是调适个人间的关系和重整社群的一种学术。社会工作包括‘分析问题’并向关系者解释此项问题，会同计划解决办法，合作执行，以求问题之解决，工作对象可以是个人、家庭、邻里、机关、团体，城市，乃至全国”①。蒋旨昂则将社会工作定义为：“因时因地谋求社会关系的改善，以达到安全和活动的过程，谓之社会工作。换言之，社会方针既定之后，社会工作是达成此方针的手段。”他进一步解释说，社会工作是一种发展社会化，培育个性的过程。他强调社会工作要靠各种社会力量，同时要靠社会服务和社会行政两种方法②。从这三位学者对社会工作的阐述中我们可以看出，他们试图从学术层面对社会工作进行论述，以期能将社会工作纳入学术制度体系中。但是，无论是早期传教士们在中国环境下对社会工作的推进，还是后期有西方教育背景的中国学者对社会工作的论述，都没能在全国范围内形成统一的关于社会工作的认识，与其相对应的则是社会工作并没有建立起统一的组织体系。

概括起来说，“南张北熊”的慈善救助活动虽然是在早期现代化进程中出现的，但是，他们（或者说那个时代的人们）即使是对于慈善活动也并没有形成一致认识，更没有一个同业共同体，遑论社会工作专业。而从西方传教士进入中国大学教育领域开始，其所推动的社会服务的直接目标是推动社区对宗教的接纳。20世纪三四十年代，许多中国学者开始对社会工作进行阐述。但是，他们中的多数人都有西方教育背景，从他们对社会工作的阐述中明显可以看出是在努力辨析西方学者对社会工作的阐述并在此基础上概括自己的认识③。虽然他们在推动大学开设社会工作专业课程的同时也在深入社会开展社会服务，但是，由于社会工作服务在当时的中国只是零星地、孤立地发生着，并没有形成统一的专业组织。因此，这些学者对社会工作的描述缺乏共同的对象。

二、计划经济体制下助人模式

1949年新中国成立后，一方面接收国民党政府举办的各类社会救助机构，同时也新建了一批社会救助机构。1951年5月，内务部在北京召开全国城市救济福利工作会议，内务部副部长陈其瑗在会上作了题为《关于城市救济福利工作的报告》，中国人民救济总会会长伍云甫做了题为《关于旧有社会救济福利团

① 吴榆珍：《社会个案工作方法概要》，中华书局1946年版，本书引自全国图书馆文献缩微复制中心2001年版。

② 蒋旨昂：《社会工作导论》，河北教育出版社2012年版。

③ 吴榆珍：《社会个案工作方法概要》，中华书局1946年版，本书引自全国图书馆文献缩微复制中心2001年版。

体的团结改造问题》的报告。会议的主题是团结改造旧有的救济福利团体,以扩大救济福利事业的反帝爱国统一战线,并确定社会救济福利工作的方针和任务是巩固和扩大救济福利界的统一战线,团结一切愿为新中国人民救济福利事业服务的个人和团体;健全对公立、私立救济福利机构的管理和领导,加强救济福利工作人员的政治教育和业务教育;组织贫民生产自救,对丧失劳动能力的孤老残疾特殊困难的贫民予以必要的救济。到 1953 年底,全国共有社会救济福利事业单位 920 个。在发展社会福利救济机构的同时,社会福利生产也从无到有得到了迅速的发展。新中国成立之初,一些地方尝试把城市贫民、有劳动能力的残疾人和游民组织起来生产自救。1956 年底,内务部在北京召开城市残老教养、烈属贫民生产工作座谈会,首次提出"社会福利生产"的概念。1957 年内务部、财政部联合下发文件《关于城市烈属、军属和贫民生产单位税收减免和贷款扶持问题的联合通知》,表明中央政府对社会福利生产的认可,同时也推动了社会福利生产的发展。到 1958 年,全国已有社会福利生产性单位 6 065 个,临时性生产单位 1 395 个。1959 年内务部还与国家计委联合下发《关于社会福利生产统一纳入地方计划的通知》,甚至提出"民政部门的主要任务是搞福利"。由此开始逐渐形成了中国特有的社会福利生产体系。到 1963 年全国城市社会福利单位共有 1 660 个,其中社会福利院 489 个,养老院 237 个,儿童福利机构 732 个,精神病人福利院 202 个;收养各类人员 124 321 人。同时还设有城乡敬老院 32 215 个,收养老人 563 254 人。由此逐渐形成了由政府以行政体制直接提供服务的社会服务体系。这种由国家负责的社会福利及服务的提供模式被概括为"政府负责的、非专业化的社会工作"①模式,其特点是几乎所有的福利性、服务性、公益性的活动都是由政府负责推行的,同时几乎所有的资源也都由政府提供。这种由政府行政体系直接提供的社会福利服务模式一经形成,在其后的几十年中虽多有起伏,但是其基本模式并没有改变。这也是由当时中国的社会结构所决定的。

1949 年以后中国选择了社会主义道路,整个国家被高度组织起来,形成以单位制为特征的集中管理体制。在这样一个高度组织化的社会里,几乎所有的社会服务都是通过组织渠道来实现的,政府承担了几乎全部的社会福利服务的职能。因此,专业形态的社会工作失去了发展的空间。所以,从严格意义来说,这个阶段并不存在社会工作专业。

三、转型时期的社会工作

1978 年十一届三中全会的召开是中国社会发展的一个转折点。改革开放政策的实施使"高度组织化、高度政治化"的中国社会开始出现松动。中国进入

---

① 王思斌:《中国社会工作的经验和发展》,《中国社会科学》1995 年第 2 期。

了一个社会转型时期。从十一届三中全会确立了将党的工作重心转移到经济建设上来的战略,1982 年 9 月,中国共产党十二大提出经济体制改革要“正确贯彻计划经济为主、市场调节为辅的原则”,到 1992 年 10 月,党的十四大明确提出我国经济体制改革的目标是“建立和完善社会主义市场经济体制”,直到 2003 年 10 月,党的十六届三中全会提出进一步完善社会主义市场经济体制,中国基本上完成了经济体制的改革,与此同时政治体制改革也逐步走向深入。

改革开放政策在学术界的第一个体现就是 1979 年社会学学科得以恢复重建。而社会工作被作为社会学的应用形态得到重述①。1979 年,雷洁琼教授在第一期社会学讲习班上以“有关社会学的几点意见”为题授课。她讲了三个问题,其中最后一个问题就是“社会学和社会工作”。雷洁琼将社会工作解释为“社会工作就是运用社会学的理论和方法从事社会福利事业,解决社会的具体问题。”对于这个解释,我们可以从两方面来理解。一方面,由于雷洁琼有西方社会学和社会工作训练背景。因此,她基于对西方社会工作的认识在理论层面上对社会工作进行描述,而这个描述将社会工作看做社会学理论和方法的应用,而非独立的学科和专业。另一方面,她将社会工作看做民政工作的高级形式,强调民政工作的完善需要受过专业训练的社会工作者②。她强调社会工作是一个专业,社会工作者必须经过专业训练。这里隐约反映出其对专业独立性的追求。对此,我们无从追寻雷洁琼的思想根源,但是,在中国社会的高度组织化、制度化状态还没有打破的历史时期,我们似乎只能把这种对专业独立的隐晦追求看做一位有西方教育背景的知识分子对专业理解的一个内在反映。而在之后大约十年的时间里,人们对社会工作的理解基本上延续着雷洁琼的路径。雷洁琼关于社会工作的叙述,对以后社会工作专业认识有着直接的影响。

作为一个专业的社会工作的发展,则起始于 1986 年。1986 年,教育部在中山大学召开了“社会学学科论证会”。据会议参加者之一,时任南开大学社会学系主任的苏驼教授的回忆③,在此次会议上,北京大学、中国人民大学、吉林大学和厦门大学社会学系确定将社会工作作为社会学专业学生的一个重要的专业方向,目标是解决社会学学生的就业出路问题。在这里,社会工作的地位是应用社会学。

1987 年,国家民政部为了推动社会工作的发展,邀请了一批知名的社会学和社会工作专家学者以及国家教委等有关部门的负责人,在北京马甸举行了“社会工作教育论证会”,确认了社会工作的学科地位。1988 年,国家教委批准

---

① 雷洁琼:《有关社会学的几点意见》,《雷洁琼文集》(上),开明出版社 1994 年版。

② 雷洁琼:《有关社会学的几点意见》,《雷洁琼文集》(上),开明出版社 1994 年版。

③ 本章作者曾经就此问题访问苏驼教授。

北京大学社会学系设立社会工作专业,并于第二年招收了第一批社会工作专业本科学生。这使中国社会工作专业走上了一条与西方国家社会工作专业不同的发展道路。大学开办社会工作专业成为中国社会工作专业的起点。与此同时,大学也就必然地承担起建设中国社会工作专业的使命。1997 年,中国社会工作教育协会召开第一届年会。在这次会议上,协会提出了今后的发展任务主要是确立和提高社会工作的地位和加强自身建设两个方面。这成为社会工作教育在以后一个时期里的基本任务和努力的方向。以后于 1999 年、2001 年、2003 年、2006 年、2008 年和 2010 年分别召开了第二届到第七届社会工作教育协会年会。历届年会一方面总结社会工作专业理论和实务的发展,另一方面不断完善自身建设,在师资培养、教材编写和课程建设方面都取得了长足的进步。而在推动中国社会工作专业的发展中,社会工作教育作为中坚力量发挥了不可替代的作用。

与此同时,社会工作在实务领域也有了很大的发展。1991 年 7 月 5 日,中国社会工作者协会在北京人民大会堂宣告成立,并于 1992 年正式加入国际社会工作者协会。社会工作者协会的成立,为社会工作专业在中国的发展创设了制度性基础。

在城市里,顺应社会转型的要求将原有的社会管理体制转变为社区式的管理模式。1987 年,民政部开始倡导社区服务,1993 年,国家计委等 13 部门出台《关于加快发展社区服务的意见》,进一步推动了城市社区建设的发展进程。2000 年,中共中央办公厅、国务院办公厅转发《民政部关于在全国推进城市社区建设的意见》,为城市社区发展制定了一个全面的发展规划。据民政部《2011 年社会服务发展统计报告》数据,全国共有各类社区服务设施 16 万个,社区服务设施覆盖率 23.6%;其中社区服务中心 14 391 个,社区服务站 56 156 个,其他社区服务设施 9 万个。城市社区的发展,在体制上将实际中行使着基层管理职能的街道居委会转变为居民自治的社区组织,弱化了管理职能,强化了社区组织的服务职能。这是社会结构转型在社区层面的具体体现。这种组织结构的转变首先意味着社区居民的个性化需求得到承认,同时这也为社会工作专业创造了必要的发展空间。

为进一步加快社会工作职业化进程,2006 年 7 月 20 日,国家人事部、民政部共同发布了《社会工作者职业水平评价暂行规定》和《助理社会工作师、社会工作师职业水平考试实施办法》两个文件。在开启社会工作职业资格考试的同时,也开启了社会工作职业化进程。到 2012 年为止,助理社会工作师、社会工作师职业水平考试已经举行了五次,通过考试,获得助理社会工作师和社会工作师执业资格的人员达到 84 126 人。他们成为社会工作专业队伍的中坚力量,同时也是中国社会工作专业化进程的重要标志。2006 年 10 月,中共中央十六届六中全会《中共中央关于构建社会主义和谐社会若干重大问题的决定》(以下简称

《决定》)指出要“建设宏大的社会工作人才队伍。造就一支结构合理、素质优良的社会工作人才队伍,是构建社会主义和谐社会的迫切需要。建立健全以培养、评价、使用、激励为主要内容的政策措施和制度保障,确定职业规范和从业标准,加强专业培训,提高社会工作人员职业素质和专业水平。制定人才培养规划,加快高等院校社会工作人才培养体系建设,抓紧培养大批社会工作急需的各类专门人才。充实公共服务和社会管理部门,配备社会工作专门人员,完善社会工作岗位设置,通过多种渠道吸纳社会工作人才,提高专业化服务水平”。在执政党最高层级的文件里对社会工作做出了详细的战略规划,既是对社会工作职业化发展成果的肯定,也是对社会工作专业发展的新要求。《决定》发布之后,有关部门按照《决定》的精神,结合国内外经验,开始落实《决定》提出的任务。

2012 年 4 月 26 日,中共中央组织部、民政部等 19 部委又发布了《社会工作专业人才队伍建设中长期规划(2011—2020 年)》。根据《中共中央关于构建社会主义和谐社会若干重大问题的决定》和《国家中长期人才发展规划纲要(2010—2020 年)》(以下简称《纲要》),对我国社会工作专业人才队伍的中长期发展进行了规划和部署。《纲要》设定了社会工作专业人才队伍发展的目标,制订了人才培养、使用、评价的一系列措施的发展规划。这表明,社会工作专业人才队伍的发展将逐步实现制度化。这成为社会工作专业发展的坚实基础。社会工作教育作为社会工作专业制度的重要基础,为中国社会工作专业的发展提供了人才和专业知识支持。

为了更好地推进社会工作专业的发展,2010 年中共中央组织部发布了《关于印发〈2010 年中央组织部委托中央和国家机关有关部委抽调地方党政领导干部参加专题研究班计划〉的通知》,据此通知,民政部已经举办了 7 期地市级干部社会工作培训班,帮助各级干部认识社会工作专业在社会管理中的作用。

在各方面的努力之下,社会工作专业在全国的发展是十分迅速的。而在这个过程中,一些地方所做的开创性尝试,为中国社会工作专业的发展提供了宝贵的经验。广东省是中国经济改革的起始地,它的社会工作专业发展也为全国社会工作专业发展提供了宝贵经验。广东省利用临近香港的有利条件,借助香港社会工作专业发展成熟的经验以及人才优势,利用已经取得的经济发展基础,推动社会工作专业迅速发展。概括起来,广东省社会工作专业发展有以下几个特点。

首先,充分利用国家政策,在社会管理体制上做出调整,为社会工作专业发展创造条件。广东省在社会管理上的调整首先体现为把单纯的管理取向转化为服务取向,在管理体制上,将以政府为唯一的管理主体转变为政府、社会组织、社区组织和社会公众多方参与;在管理方式上,将单纯的政府管理转变为各主体之间相互协商，但是，政府仍然发挥主导作用①。

其次，采取政府支持、民间建构为主。政府不仅着力于培育民间机构，还注重培育一个良性竞争的社会环境，以激励民间机构，促进社会工作专业服务真正做到服务于民。在推动民间机构服务发展的同时，广东社会工作专业队伍也得到了锻炼和发展。上海社会工作专业的发展与广东省有一个共同的倾向，就是将社会管理从政府职能中逐渐分离出来，吸收民间参与。但是，上海又有与广东不同的发展模式。上海社会工作的发展经历了从政府运作、社会运作到政社（政府与社会组织、社会工作和社区）合作的发展轨迹。整体来看，上海市政府发挥了更为直接的推动作用。2004 年初，由上海市委政法委牵头，按照"政府主导推动、社团自主运作、社会多方参与"总体思路，上海市自强社会服务总社、上海市阳光社区青少年事务中心、上海市新航社区服务总站三家专业社会工作非营利组织注册成立。2007 年上海市杨浦区民政局推出"三社互动"的社会工作模式，即社会组织、社会工作、社区之间的互动，目的是实现政社合作。上海在发挥政府主导作用的同时，也在大力推动民间社会组织的发展。通过政府补贴，项目申请等方式推动社会工作专业机构的发展②。

2008 年汶川大地震为社会工作提供了发挥作用的契机，同时也是对社会工作专业发展状况的一次检验。社会工作专业在汶川地震发生之后，经历了不信任、零散参与到深入介入获得实践权的过程③。实践权的获得既表明社会工作作为一个专业在中国社会中获得了合法性，同时也表明中国社会工作专业具备了承担社会责任的能力。这也可以被看做中国社会工作专业发展的一个标志，表明中国社会工作专业开始走向成熟。

中国社会工作专业的发展还有一个值得注意的现象，就是在北京、上海、广州、深圳等大城市，许多大学教师走出学校，创办社会工作服务机构，利用专业优势，同时服务于公众和学校教育。这些大学教师都经过长时间的专业训练，有较为深厚的专业理论基础和专业技能，同时具有较长时间专业的经验积累。因此，他们迅速成为社会工作专业服务的中坚力量。他们领办社会工作服务机构，招收社会工作专业毕业生在机构中就业，也可以说是学校专业教育的延续，在实践中帮助社会工作专业毕业生获得了在课堂中所无法获得的知识经验。这是一个

---

① 刘润华：《以制度创新推进社会工作——深圳社会工作探索》，《中国民政》2008 年第 12 期。

② 彭善民：《上海社会工作机构的生成轨迹与发展困境》，《社会科学》2010 年第 2 期；上海市杨浦区民政局：《社会工作破题之举：党政齐抓共管社会各方协力推进》，《中国社会工作》2010 年第 5 期（下）。

③ 王曦影：《灾难社会工作的角色评估："三个阶段"的理论维度与实践展望》，《北京师范大学学报（社会科学版）》2010 年第 4 期；王思斌：《社会工作实践权的获得与发展——以地震救灾学校社会工作的展开为例》，《学海》2012 年第 1 期。

值得深入探索的专业发展途径。

社会工作专业的发展是一个历史的过程,同时也是一个文化过程。不论是社会工作专业在西方的发展过程,还是慈善服务的相关理念在中国的发展历史,我们一方面可以看到人类社会对人道主义的共同追求,另一方面也可以看到在不同的历史发展阶段和不同的制度文化背景下人类社会对相关服务的不同要求。这也预示了社会工作作为一种专业性服务在不同制度文化背景下必定有着不同的发展道路,当然这并不影响作为一个专业和学科的社会工作专业的发展。社会工作专业在西方国家的发展历史为我国社会工作专业的发展提供了有益的参考,而社会救助事业在我国不同时期的发展则为社会工作专业在中国的发展创造了必要的社会基础。

推荐阅读文献

胡杰容.教会大学与中国早期社会工作教育.载王思斌.中国社会工作研究(第七辑).北京:社会科学文献出版社,2010

蒋旨昂.社会工作导论.石家庄:河北教育出版社,2012

雷洁琼.雷洁琼文集.北京:开明出版社,1994

王子今,刘悦斌,常宗虎.中国社会福利史.北京:中国社会出版社,2002

王思斌.中国社会工作的经验与发展.中国社会科学,1995(3)

王思斌.社会工作实践权的获得与发展——以地震救灾学校社会工作的展开为例.学海,2012(1)

阎明.一门学科和一个时代——社会学在中国.北京:清华大学出版社,2004

赵喜顺.抗战时期的四川社会学.西南民族学院学报(哲学社会科学版),1995(5)

左芙蓉.一位外国社会学家眼中的民国初期北京社会服务.广州社会主义学院学报,2007(3)

Donald Brieland. Social work practice: History and evaluation. In Edwards R L (ed). Encyclopedia of Social Work. Washington, D C: NASW Press, 1995

James Leiby. History of social welfare and social work in the United States. New York: Columbia University Press, 1978

第三章

社会福利制度

社会工作是社会福利的传送器,也是社会变迁的推动者。社会福利的目标在于推动社会发展和社会进步,促进社会正义和公平。理解社会福利的含义、分类和特征,对社会工作者的实践有着重要的意义。本章将介绍社会福利的基本概念、社会福利与社会工作专业之间的关系以及中国社会福利体系中社会工作专业的发展。

第一节　社会福利的内涵、分类与特征

作为社会制度的一部分,社会福利是一个社会发展和进步的标志之一。社会工作者应深入理解社会福利的内涵、分类和特征,从而促进和完善自己的专业实践。

一、社会福利的内涵

(一)“福利”的内涵

从语义上来说,“福利”(Welfare)是指一种好的生活状态或满意的生活质量,它是个体或群体追求的一个理想目标。在学术领域,“福利”一词经常同“福祉”(Well-being)交互使用。毫无疑问,福利的发展历史同人类社会本身的发展息息相关。对一个社会或国家来说,社会福利则是通过经济和政治制度的安排来解决社会问题,满足公民的社会需要,提升公民的生活质量。一个国家或地区社会福利的发展水平,不仅受到经济发展水平的制约,也受到意识形态和其他社会制度安排的影响。同时,社会福利提供的方式和内容,一方面反映出社会发展的水平,另一方面也深刻地揭示出一个社会所隐含的有关平等、权利、需要以及正义等的核心价值观。社会福利作为一种社会制度,同家庭、社区、非营利组织

和国家保持着千丝万缕的联系,而社会工作专业则成为现代社会福利制度中一个必不可少的子系统和传递体系。随着一个国家或地区社会福利制度的完善,其社会工作专业与社会服务的发展水平也相应会得到提高。

最早源于家庭或亲族关系内部互助实践的福利,是建立于人类群体之间的一种支持关系,其发展历史由来已久。然而,现代社会福利却是工业文明发展的结果。20 世纪 40 年代以来,西方福利国家的建立与发展推动了社会福利制度的进步,但也衍生了同福利相关的一系列社会问题。由此,有关“福利”的界定和讨论经常同政治与道德科学联系在一起,而福利国家的危机与改革也成为学术与政治领域的重要课题之一。在中国,当代社会福利与民生保障的发展既是改革开放的产物,也是中国社会主义政治经济制度发展变化的结果,其中既有历史的延续,也包含变革的因素。社会工作专业是社会福利系统的重要组成部分,它成为推行社会服务的主要载体与解决社会问题、维护社会稳定及促进社会发展的重要手段。社会工作专业的发展,对中国社会主义福利制度的建构与完善、对促进和谐社会的建设无疑有着重要的理论和现实意义。

“福利”从本质上讲是指人类所获得或所具有的一种有助于实现幸福的物质和精神手段,它也是人类追求美好生活的目标。与此同时,“福利”作为人的利益和需要得到满足的一种生活状态,它不仅是个人或家庭追求的目标,也是人类社会发展的必然要求。福利的水平一方面可以说明个体的生活状况,另一方面也可以揭示一个国家或地区的社会发展水平。福利的满足途径从最初的家庭内部发展到制度化的福利国家(Welfare State),显示了人类社会发展从初级向高级发展的一种历史趋势。作为人类社会制度建构的一部分,社会福利系统既是满足人们生活需要和幸福的资源,也是促成社会稳定的一个条件。在现代社会里,社会福利是通过国家(政府)和相关的机构,以有组织的形式提供资金或社会服务来实现的,其目的在于满足社会中有需要的人,以解决个人和家庭的困难。社会福利制度作为一个过程,不仅要受到国家经济和政治因素的影响,也会受到国家外部因素的影响。当今,全球化已经深刻地影响着国际社会福利制度的发展和变革。

(二)福利的道德和政治哲学基础

福利是个内容丰富的概念,它同人的需要、欲望和利益联系在一起。但是作为一种社会制度,福利同群体的道德判断与国家的政治机制紧密地结合在一起。社会形态不同,福利所反映的道德和政治哲学基础也不同,涉及福利的道德哲学要素主要是个人品德与价值在社会中的判断,而涉及福利的政治哲学要素则主要是自由、平等与正义。

1. 福利的道德哲学基础

福利最早是私领域内的一种关爱或照顾活动,随着人类文明的发展,它逐渐发展成为一种社会制度。社会福利是社会发展和变迁的产物,它反映了人类解决社会问题的态度和方式。国家介入公共福利领域是社会福利制度发展的一个重要标志。1601 年英国颁布的《济贫法》和随后的一系列法案都表明了国家在承担社会福利责任方面的作用。现代社会福利制度的演化是同 19 世纪以来西方产业革命的发展历史密切相关,尤其是同英美产业革命的发展和城市化的进程联系在一起。同时,19 世纪英美盛行的社会达尔文主义和功利主义的社会伦理,也深刻地影响了当时济贫事业的发展和日后社会保障制度的建立。在对待贫困的问题上,19 世纪主流的社会观点是将它视为一种个人的错误和道德的失败。针对是否应该救济穷人,英美在 19 世纪都沿用了历史上将穷人分类的做法,即将穷人分为"值得帮助的穷人"和"不值得帮助的穷人",这一分类主要以个体的生理条件为前提,前者包括老人、孕妇、儿童、盲人等,后者则主要是指那些体健的穷人。

从历史的经验中我们可以清楚地了解到福利发展和变化涉及的道德观念。当福利成为一种有组织的社会资源的时候,福利的分配不仅要考虑个人和群体的生存价值,同时也必须考虑它对政治和社会秩序的影响。19 世纪西方社会对贫困的道德判断是建立在极端个人主义的社会思潮和放任自由的市场经济之上的,认为个人必须为自己的福利负责,而贫困是个人品格缺陷导致的结果。20 世纪上半叶发生的经济危机和第二次世界大战,极大改变了政府和公众对社会福利与政府责任的看法,福利不再和道德失败及个人的错误联系在一起,建立福利国家成为普遍的政治共识。

对现代社会而言,福利成为一种常规的制度设置。因此,人们不再坚持福利的道德基础在于个人或群体本身的善的品质,而是基于社会团结基础的考虑。蒂特马斯(R. Titmuss)认为,福利体系不应该是单纯建立在权利基础之上的,而是建立在人的利他主义行为基础上。在他看来,现代社会里(尤其是福利国家内部)福利是一种来自陌生人的礼物(通过税收进行的资源再分配),福利显示了社会中人与人之间互惠关系与照顾责任的必要性。值得注意的是,现代社会福利制度的改革趋向表明,福利不仅强调公民的权利,同时也强调公民的责任,福利不再被当做一种权利来对待,更重要的是它反映公民之间的相互义务关系。这一点反映了福利从本质上是一种公民之间的社会关系。

2. 福利的政治哲学基础

在现代社会,公民的福利水平或生活质量与政府的职能及作用息息相关。作为一种特定的社会制度,社会福利与国家或政府的政治活动就紧密联系在一起。社会福利活动本身是一种政府支配资源和干预社会问题的方式,它通过不同的制度安排(如通过再分配、非营利部门和市场机制)来满足公民的不同需要。然而,由于福利本身是有限的资源,因此,政府或机构在确定福利分配与供给的时候必须通过特定的原则和机制来实现。在现代社会福利制度内部，尤其是在西方福利国家体系内，福利的分配和获得不仅与国家的角色和社会正义的目标联系在一起，也同公民的自由和权利有着高度关联。

（1）福利与权利

多数对福利或福利国家的哲学分析都和权利的概念联系在一起。将福利与权利联系在一起的理论争论基本上有两个传统：第一个是保守的传统，即来自于约翰·洛克的自由主义学说。他认为公民的权利应该同其财产联系在一起，也就是说国家应该保护公民拥有私有财产的权利。另一个是社群主义的传统。它认为国家除了保护公民财产外，还要担负其他的责任，要为公民提供一系列的社会保护。在自由主义的传统看来，国家对公民的福利责任是有限的，多数应交由慈善组织和市场去完成。而社群主义传统认为，公民的福利权利是绝对的和无条件的。还有一种观点试图在上述两种传统之间达成平衡，即认为公民的福利权利既不是一种慈善，也不是一种绝对的和无条件的权利，而是在个人福利权益与政治、经济和社会条件之间实现平衡。

在当今的现实世界，福利权利经常是和工作联系在一起的，也就是说公民通过就业来获得福利。正是如此，当今福利国家社会政策的改革时常要协调公民的福利待遇和工作动机之间的关系，即一方面要保障公民的基本福利权利，另一方面又要保障公民的就业动机，从而促使经济发展和福利分配之间达成平衡。

（2）福利与平等

平等通常是指人们获得相同对待。在福利权的讨论中，平等经常与分配的原则联系在一起。在一个国家的社会福利制度安排中，平等基本上可以通过结果平等和机会平等两种方式来实现。在社会福利资源的分配中，平等是一个衡量社会正义的重要尺度。在一个民主国家的福利系统中，一方面福利资源分配要考虑公民权利的平等，另一方面要考虑资源分配在不同阶级、地区、民族、性别等之间的公平。英国学者于连·勒·格兰德（Julian Le Grand）在《平等的战略》一书中提出，在社会政策领域，平等可以包括五个层面的意思：公共开支的平等（如在教育、卫生、住房等领域的开支）、最终收入的平等（穷人与富人的差距）、使用的平等（服务的可近性、可获得性）、费用或成本的平等（平均分摊成本）和结果的平等（福利津贴的统一标准）。在现代民主社会里，政府通常会通过社会政策和相应的社会服务安排来缩小社会差别，促进公民之间的平等。在一些西方福利国家内部，政府将福利分配同公民权的概念紧密结合在一起，采取均等分配政策，目的在于缩小并消灭阶级和两性差别。但是，在一个国家里，并不是所有的社会政策都能保证平等的后果。由于公民在背景、身份和能力等各方面的差异，以平等为目标的社会政策依然可能导致不同阶层的公民在福利获取和生活质量上的明显差距。

(3) 福利与正义

在福利领域，涉及资源分配核心的主题是正义问题。对社会工作专业来说，保护弱势群体的基本利益就是一种正义。在现代社会中，由于历史原因和不合理的社会制度的存在，使得阶级和贫富差距日益增大。同时，社会中总存在一些由于家庭背景、天赋和能力限制等原因导致的贫困现象，这些弱势群体的社会需要无法依靠家庭和市场得到正常解决。因此，对任何一个负责任和民主的政府来说，通过特定的社会政策来保证社会中弱势群体得到基本的福利，是维护社会秩序、保障社会公平的最基本措施。为实现这一基本目标，相应的社会政策包括基本的社会救助、医疗保障、住房补贴、教育费用和税收减免等，从而使得处于不利地位的社会人士能得到基本的参与和发展机会。美国当代著名的哲学家约翰·罗尔斯在其著作《正义论》中提出，采取"平等原则"(抹去人与人背景和天赋差异的"无知之幕"以确保每个人处于平等地位)和"差异原则"(给最不利群体以最大的利益补偿)以维护正义之善，这一观点是对经典的功利主义正义原则的有力反击。

然而，当代学者也指出，在涉及不平等与不公正的问题上，人们不仅要反思分配与权利的形式和机制，而且要质疑"元政治的不公正"。西方马克思主义批判理论家提出，处理好再分配与承认的理论与实践关系，是回应"正义"主题的关键。因此，理解福利与正义的关系，还要重新审视福利与再分配、再分配与身份承认的联系①。

(三) 社会福利的定义

在巴克尔主编的《社会工作词典》中，"社会福利"的界定包括两部分：一是指一国用来帮助人们以满足经济、社会、教育和健康需要所推行的项目、津贴和服务体系，从而维护社会的正常运行；另一界定是指一个社群或社会的集体福祉的状态②。在美国社会工作者协会 1977 年出版的《社会工作百科全书》中，帕弗瑞(Pumphrey)将"社会福利"定义为：所有由志愿机构和政府推行的，目的在于预防、减轻和致力于解决社会问题的，或是改善个人、团体和社群福祉的有组织的活动。

社会福利有广义和狭义之分。从广义上来说，社会福利是指一切有助于公民生活质量和社群福祉改善的活动、服务及资源，它们既可以是有形的物质/金钱支持，也可以是无形的精神帮助；既可以是实物形式的帮助，也可以是现金形式的支持。狭义地讲，社会福利是指为社会中最不能自助者(弱势群体)提供

---

① 南茜·弗雷泽、阿克塞尔·霍耐特：《再分配，还是承认》，上海人民出版社 2009 年版，第 1 ~ 4 页。

② Barker G. The Social Work Dictionary. 3rd ed. Washington DC：NASW Press，1995.

的、满足其最基本的生存需要的资源和服务。一般来说,此类社会福利是应急性的,也具有很强的针对性,其目的在于满足弱势群体的基本需要。就社会福利的分类而言,“选择主义”和“普遍主义”是两个最常用的原则,这两个原则在社会政策实践中的运用深刻地反映了一个国家或社会的正义伦理以及解决社会问题的策略。

社会福利作为一种解决社会问题和促进社会发展的制度设计是工业化和现代化发展的结果。社会福利在文明社会里处于重要地位,也发挥着不可忽视的功能。第二次世界大战结束以来,多数西方资本主义国家把建立“福利国家”作为实现社会公平和减少社会不平等的核心手段。而社会主义国家也建立了以就业为基础的社会保障制度,同时辅佐以基本的社会救助,以保护缺乏家庭和单位保护的弱势群体。在不同的社会制度里,由政府推行的社会福利反映出不同的意识形态观念。但是,作为解决社会问题、促进社会发展和改善公民生活水平的制度设置,社会福利在东西方社会里所发挥的功能是基本一致的。

社会工作作为一种专门助人的职业和专业,已成为发达国家和地区社会福利制度的一个必不可少的组成部分。它是社会福利服务的发送体系,是将社会服务传递到受助者手中的一个必要的中介。社会工作专业与社会福利制度的关系,是一种相互依赖和并存的关系,社会工作专业水平的提升有利于改善公民的社会福利水平,并提高社会福利服务的使用效率。与此同时,社会福利开支的增加也有利于社会工作专业水平的提高。

(四)社会福利的功能

对一个国家或地区来说,社会福利的存在必不可少,它在政治经济和社会生活中扮演着重要的角色,也发挥着多方面的功能。社会福利的功能是多方面,既有经济方面的,也有社会和政治方面的。这些功能不仅是治疗性的,而且也是预防和发展性的。

作为一种社会制度,社会福利的功能主要包括以下几方面:第一,以不同的方式分配和再分配公民的收入;第二,在社会福利体系中,社会服务的一个重要角色是促进社会整合与社会和谐;第三,社会福利本身也是社会控制的一种手段,它可以维护和促进社会的稳定;第四,在出现社会问题时社会服务为有需要的人提供补偿;第五,通过社会服务可以促进个人和整个社会福利状况的改善;第六,社会服务可以当做一种社会投资;第七,社会福利可以增强社会中的利他主义的助人要素。

二、社会福利的类型

在不同国家或不同的社会制度里,由于意识形态、社会政策模式和经济发展水平的差异,社会福利的分类也表现出不同的形式。在多数发达国家,社会福利都包含选择性的社会福利和全民性的社会福利,而在发展中国家,社会福利基本上是选择性的。

(一) 社会福利的二分法

社会福利的二分法,它由美国学者 H. 威伦斯基(H. Wilensky)和李宾士(Lebeaux)于 1965 年在《工业社会与社会福利》一书中提出的。他们认为社会福利包含两类:一类是剩余性福利(residual welfare),它是针对社会上无法自助者提供的暂时性、补偿性和紧急性的社会救助。这种社会福利一般是在家庭照顾能力缺失以及个人无法进入市场购买社会服务时,由政府提供的紧急的福利援助。对此,政府就此项社会福利一般都进行严格的家庭调查制度,带有明显的羞辱性。另一类是制度性福利(institutional welfare),它是指政府为所有公民提供的福利。此类福利被当做一种常规机制,它通过再分配的渠道为社会中所有人士提供相应的福利服务和资源,以促进全民福祉和社会发展为目标。它具有很强的全民保障特点,没有阶级和标签意识,有利于促进社会和家庭的整合。

(二) 社会福利的三分法

英国社会政策学者蒂特马斯在《福利的承诺》一书中认为社会福利从概念上可分为三种:第一是剩余性社会福利(主要是指社会服务),第二是财政福利,即通过税收渠道安排的相关津贴和待遇,第三是职业福利,它是以就业为基础的福利津贴和服务。在 1974 年出版的《社会政策导论》中,他再次将社会福利总结为三种模式,它们包括剩余性社会福利、工业成就—表现模式(industrial achievement-performance model)和制度再分配模式(institutional redistributive model)。其中,第二种模式是指社会福利是同经济发展紧密关联在一起,社会需要的满足应该以工业发展的业绩和生产力的表现为前提。第三种模式则是指以需要为原则,在市场外通过再分配的渠道为所有人提供的社会服务或援助。

(三) 社会福利的单一分类

社会福利的单一分类,即认为福利就是“综合性的社会福利”,它是指民间和政府机构、团体推动的一系列完整的、有组织的活动。它针对认定的社会问题,提供适当的补救和预防,而福利与经济发展密切相关。这种分类强调的是社会福利承担者的多元化和社会目标的整合性质,从某种程度上说,综合性的社会福利是同社会经济发展过程紧密联系在一起的。

无论对社会福利如何进行分类,其本质特征是相同的,福利所实现的社会功能也是类似的。社会福利的推行,可以使得一个国家或地区的资源得到比较公平的分配,可以对社会需要进行及时的回应,同时社会福利作为一种长远的投资,可以增加人类的社会资本,促进社会的整体发展。

三、社会福利的特征

社会福利作为一种社会制度，它从前工业社会的非正规支持（主要由家庭和社区来承担）逐渐发展成为一种工业社会的正规支持（主要由国家和非政府组织来承担）。作为一种制度，社会福利发挥着常规性的和紧急性的功能，以确保政治经济的平稳发展。在不同历史阶段和不同的社会制度里，社会福利的特征是存在差异的。但是，基本上来看，社会福利的基本特征可以从以下三个方面来认识。

（一）社会福利的意识形态特征

现代社会福利制度不仅是社会经济发展的产物，也是国家干预活动的一项核心内容，因此，社会福利背后不可避免地隐含一系列的价值观和理念。作为一种国家政治的附属物，意识形态本身对社会福利的内涵和运行方式产生着深刻的影响。尽管社会福利在不同的社会里发挥相似的功能，但是它们折射出的社会价值理念和政治信仰却是不同的。

当今西方发达的资本主义国家基本上都是福利国家，其社会福利制度隐含的意识形态也经历了一个不断变化的过程。20 世纪 40 年代，英国和其他欧洲国家主张以实用主义的方式对社会问题进行国家干预，“不情愿的集体主义”成为主流的价值观，它以凯恩斯和贝弗里奇的政策主张为代表。这种社会价值观的基础是通过解决社会问题（如大规模的失业和贫苦）来保障自由，它认为资本主义并非是一个自我调控的系统，但坚持认为对市场失败进行必要的修复活动（国家干预）是可以被接受的。但是在经济发展过程中，这种意识形态仍然强调个人主义和私营企业的重要性，同时它对解决社会不平等问题持相当保留的态度，在这一点上它同社会主义和马克思主义截然不同。20 世纪五六十年代以来，由费边社会主义发展起来的民主社会主义思想成为西方福利国家一些政党（如英国的工党、瑞典的社会民主党等）推行社会政策的基础，它强调通过普遍主义的社会福利或服务来确保公民间的平等，通过将福利同公民权进行必要的联系来实现社会的整合和公正。福利国家的突飞猛进时代（20 世纪 60 年代）正是在这种思潮的鼓舞下实现的。在社会福利发展的路线上，民主社会主义思想表现出温情的人道主义和社会团结色彩，这是造成日后人们怀旧的一个主要原因。当然，不可否认的是，马克思主义或社会主义思想也在一定程度上对西方福利国家的发展产生了影响，注重生产资料所有制改革（实行公有制）、强调平等与参与权利、主张消灭阶级和阶级差别的思想，一度成为资本主义福利国家的有利工具，这为人们正确评估与反思资本主义的危机和政治制度的合法性提供了一个重要的思想基础。当今，西方资本主义福利国家面临着一系列危机，流行的意识形态被归结为“第三条道路”（the Third Way），其主要理念是强调资本主义市场自由的作用,同时重视有计划的国家干预,在充分保障公民自由的前提下,主张积极推行自由的竞争经济,在社会福利领域实行改革,将福利同工作价值联系起来,将福利改革同社会团结基础的扩大联系起来。

对社会主义国家来说,社会福利制度一贯的理念基础是马克思主义。在计划经济体制下推行以就业为基础的"职业福利"和以需要为基础的"社会福利",在城乡都是依赖集体保障来确保人民达到基本的生活水平。20 世纪 80 年代之后,中国的社会变迁和经济发展政策主张已经不同于过去。在意识形态上,实行革新的社会主义思想,同过去那种激进的"以阶级斗争为纲"和坚持推翻资本主义制度为主要理念的社会主义思想不同。在社会保障领域,政府通过对国家企事业单位的改革,逐步消减职业福利,在社会服务方面推行市场化和私营化,在社会保障的项目上强调个人缴费(如养老金和医疗个人都需要缴费等),同时国家、企事业单位、个人三者要共同承担社会福利服务的责任,推行"社会福利社会化"的改革。进入 20 世纪 90 年代以后,中国市场经济改革进程加快,国家、企业与就业者个人之间的关系发生了一系列深刻变化,社会保障制度的改革逐步提到议事日程。进入 21 世纪以后,随着经济全球化与中国融入世界经济体系进程的加快,中国的社会保障与福利体制不仅要回应经济发展与社会变迁的要求,也要考虑国际外部环境与平衡经济—社会关系的需要。

(二)社会福利的变化性

社会福利作为一种制度设置,其概念与内涵在任何社会里都是不断变化与发展的。在工业革命前期,西方社会福利最早主要作为一种民间慈善事业存在。进入工业革命后期以来,社会福利逐步发展成为政府的主要责任。到 20 世纪 40 年代,"福利国家"成为西方资本主义国家的代名词。西方工业文明和现代化的发展,推动了现代社会福利制度的发展,也促成了社会福利费用的上涨。作为一个动态性的概念,在不同时期,社会福利都可以反映出不同的内容和特征。

社会福利的可变性特征是同社会变迁的过程密切相关的。理解社会福利的内涵不能脱离社会本身的特质,而社会的物质、技术、经济结构、政治制度以及价值观都是不断变化的。因此,前工业社会、工业社会和后工业社会的社会福利,在内容、范围和特征上都发生了重大变化,这些变化以三种福利制度类型为主要特征,即慈善、福利国家和福利社会(Welfare Society)。从 17 世纪初英国《济贫法》的颁布,到 19 世纪《济贫法修正案》以及随后的慈善组织的扩张,社会福利基本上依赖民间的慈善活动,针对性地对贫困、疾病、乞讨等社会问题作出反应,政府的作用是十分有限的。在很长一段时间内,社会盛行的是功利主义和社会达尔文主义,社会对贫困和穷人的判断是片面的和侮辱性的,贫穷被视为一种道德上的堕落。因此,在西方工业革命时期,政府只承担很有限的公共福利的责任,民间组织和社会团体发挥着主导作用。可以说,当时的社会福利概念基本上还停留在道德判断的层面上，制度建构的基础十分薄弱。20世纪50年代，西方普遍建立福利国家，福利与公民权的概念紧密联系在一起。推行平等和强化社会团结的民主社会主义的社会政策，成为诸多发达福利国家建构社会理想的选择。马歇尔在20世纪50年代提出的公民权三分法，其中最核心的内容就是"社会权"的概念。他认为在资本主义国家内部，福利权作为一种公民权利是促进阶级关系改善和提高社会整合度的重要前提。然而，随着20世纪70年代的经济危机和政治变革的诉求增加，在西方福利国家，社会政策的改革逐步走向一种强调权利与责任相结合的方向。公民的福利权越来越多地同就业与工作的贡献联系在一起，同时，接受福利也与强调个人责任和减少依赖的道德判断紧密联系起来。对国家来说，发展积极福利而非消极福利是福利国家的出路。同过去的道德判断不同的是，现在政府将福利依赖和个人责任演化成了一种国家经济发展与民族复兴的政治修辞①。

（三）社会福利的多样性

作为一种发展和变化的制度，社会福利本身也呈现出明显的多元性质，它早已经不再是过去那种单一的形式和结构，多元化是其显著的特征之一。

社会福利的多元性具体表现在以下几方面：第一，在福利内容上由单一的福利形式向多元化的福利形式转变，公民或受助者在社会服务中有了更多的选择；第二，在福利的提供者方面由单一的政府（或社会）负责转向政府、非政府组织、企业、社区和家庭等多个提供者，促使福利责任由多个行动者分担；第三，在福利的供给机制上，由过去的单由政府调拨资源，变为政府与市场相结合，提高了资源筹措的效率；第四，在福利服务的使用者方面，也由过去针对性的部分人群逐渐发展成为全体公民，福利服务的剩余性质日益淡薄。

社会福利多元化的发展，在本质上是为了顺应经济发展的要求而进行的必要调整，它也反映了市场经济本身对福利体制的影响。同时，社会福利多元化发展趋势的一个重要后果是福利责任关系重新在国家、市民社会和个人之间加以确立。在西方福利国家和转型经济国家内部，国家承担的直接的福利责任都在减少，因此，倡导和规划企业、社区和非政府组织的参与成为一种现实的考虑。许多国家或政府都在积极倡导"福利混合经济"，试图消解国家福利体系所面临的困境，一方面逐步摆脱传统的福利国家的旧形象，另一方面又要重塑社会关系和福利责任，从而推进经济发展与社会团结的良性互动。在《福利混合经济和福利社会分工》一文中，英国学者马丁·鲍威尔指出，福利的社会分工最终要取决于混合福利的各组成要素（国家福利、市场福利、志愿性福利与非正式福利）同福利功能的结构（供给、融资和规制）之间的关系，而社会政策绝不应只局限

① 吉登斯：《超越左与右》，社会科学文献出版社1998年版，第181～206页。

于国家的角色[1]。从这个意义上说,社会福利在时空与制度选择上还具有多种可能性,人类社会可以通过自身的经验与发展机遇创造性地建构新型的福利体制,以应对复杂的社会环境和变化的社会需要。

第二节 社会福利制度与社会工作

福利是人类生存和发展的基本内容与目标,社会福利是一个社会不可缺少的制度建构,它与其他社会制度(经济制度、政治制度、教育制度和家庭制度等)一起构成完整的社会系统。制度主要是指特定社会中存在的一套观念、行动设置体系和资源环境,社会福利制度则包括了与人类需要和福祉相关的理念、资源、机构和专业人员等。如同家庭、宗教和教育制度一样,社会福利作为一种制度建构,通过期待的方式来实现特定目标。作为一门助人的专业,社会工作是社会福利制度中必不可少的一个组成部分,它存在于特定的社会福利系统内,是完成社会服务、实现社会控制和社会发展目标的重要手段。社会福利制度与社会工作专业二者之间的关系是相辅相成的。一方面,社会福利的发展和完善会使福利资源增加,同时有利于专业工作人员素质的提高,因此,它将进一步推动社会工作专业的发展。另一方面,社会工作专业本身的发展,又可以提高社会服务的素质,改善社会福利的管理和资源配置效率,使社会福利制度本身得到完善。社会工作的发展必须依赖于社会福利制度的土壤,社会工作作为社会福利的发送体系,其规模、范围和专业水平,都取决于一个国家或地区社会福利制度总体的观念、政策和资源体系。社会福利制度在理念、结构、规模和实施方式等方面的变化,都会对一定时期的社会工作的开展产生极其重要的影响。

一、社会福利制度的内涵与福利体制的类型

(一) 社会福利制度的内涵

如前所述,社会福利制度是指在特定的社会里一套有关人类需要和福祉相关的理念、资源、机构和专业人员等制度设置,它同经济制度、政治制度和教育制度等成为维系社会正常运转的机制。社会福利制度不仅可以从广义上来理解,也可以从狭义的角度去分析。广义的社会福利制度包含人类社会中所有有利于改善人的福祉的制度设置,而狭义的社会福利制度只是将直接同社会服务和福利资源配置相关的制度设置包括在内。

社会福利制度的内涵和功能在不同的社会里是不同的,但它受到经济制度

---

① 鲍威尔:《理解福利混合经济》,北京大学出版社 2011 年版,第 9~20 页。

和政治制度的影响最为深远。社会福利制度发挥作用的前提条件,一是需要物质基础,再就是依赖于决定制度安排的政治条件。所以,对社会福利制度而言,经济制度和政治制度的形态与功能是至关重要的。前者决定福利资源的筹措,而后者则决定福利资源和服务的分配与推行。

毫无疑问,社会福利制度不是孤立存在的制度建构,理解这一概念不应该将其同大的社会系统分离开来。理解社会福利制度内涵的一个重要角度是把社会福利制度放在一个系统的框架内去解释。

（二）福利体制的类型

福利体制或福利范式,本质上是指一个国家或地区政府推行社会政策和相关社会服务的理念与制度安排。

由于采用的标准和分类的方式不同,社会福利制度可以划分为多种类型。按照经济和社会发展的程度,目前世界上的社会福利制度基本上可分为发达国家的社会福利制度和发展中国家的社会福利制度;按照意识形态的标准来区分,则可以分为资本主义的社会福利制度和社会主义的社会福利制度;如果按照福利国家的标准来分类,则可采纳阿斯平-安德森的分类,他曾把西方发达资本主义国家的福利体制分为自由的福利国家、法团主义的福利国家和民主社会主义的福利国家三种主要类型①。其他对社会福利制度的分类还包括,成熟社会的福利制度和转型社会的福利制度;东亚福利模式、北欧福利模式等;贝弗里奇式的福利模式和俾斯麦式的福利模式等。

20 世纪 90 年代以来,随着经济全球化和区域一体化的发展,社会福利制度的类型越来越受到市场经济和民主政治模式的影响,在一些国家或地区,社会福利模式表现出了趋同的特征。但是,我们仍须看到,不同国家对自身社会问题的反应和对社会服务的安排还是保持了各自的特色与行动模式。2008 年金融危机以来,随着经济增长放缓和政府债务危机的影响,欧洲一些福利国家遭遇多年未见的社会运动和罢工浪潮,福利改革与经济增长的双重压力使政府在危机管理和发展经济上面临空前的挑战,它使资本主义市场经济制度和发展模式也在一定程度上受到人们的质疑。西方之外的发展经验与治国方略,成为欧美社会学习的鉴戒。因此,不同国家社会福利制度的发展模式与经验并不存在绝对完美的样本,而应在开放的世界体系中彼此相互学习和借鉴,以促进社会经济的发展与繁荣。

二、社会福利模式与社会服务的提供

社会福利模式是一个国家或地区制订和推行社会政策的方针与策略,在社

① Esping-Andersen G. Three Worlds of Welfare Capitalism. Cambridge:Polity Press,26-29.

会服务领域表现为政府与其他社会组织如何筹措资源并满足社会需要的方式。从发达国家和发展中国家的社会发展状况可以看出，社会福利制度越完备的国家或地区，社会服务体系也就越完善。社会福利资源的多寡和社会工作专业的发达程度，在很大程度上决定了社会服务的水平高低。

（一）社会福利模式

当今不同国家的社会福利模式基本上可以归类为三种，即普惠型的社会福利模式、剩余型的社会福利模式和混合型的社会福利模式。在福利津贴和社会服务种类及范围上，这三种社会福利模式都体现出不同的特点。

就普惠型的社会福利模式来说，它所强调的是福利津贴的统一费率和社会服务中的普遍主义原则。这种福利模式注重政府对社会福利和相关服务的公共责任，它建立在高税收和高度的政治共识之基础上。比如，北欧福利国家普遍实行的是普惠型的福利制度，在收入保障、医疗、教育、住房等领域，政府为所有公民提供了一系列保障，对那些社会弱势群体（如老年人、穷人、残疾人、单亲家庭的儿童和妇女）来说，全民性的社会保障体系为他们提供了稳定安全的生活环境。普惠型的社会福利模式，是以平等和公正为目标，通过国家全方位的干预来寻求福利扩张与经济增长之间的和谐，“瑞典模式”是这一社会理想的最佳体现。但是，巨大的政府开支和高额的税收负担给经济进一步增长带来了明显的阻力，这使得改革福利国家的呼声日益高涨。近年来针对福利危机，北欧多数福利国家都采取了一系列积极的措施，调整社会政策，刺激劳动力市场，协调经济发展同福利扩张之间的关系。

剩余型的社会福利模式的基本特征是国家在社会福利方面扮演有限的角色，政府除了在社会救助和基本的社会服务方面承担主要责任外，在其他社会服务或福利领域基本上依赖市场、非政府组织和就业者个人（家庭）。在资本主义发达国家，此种社会福利模式的理念是以自由主义和个人主义为基础的。它强调政府的最小作用和公民的工作价值，社会保障基本是建立在就业的前提下，政府只对社会中最不利群体担负基本的社会救助义务，提供最基本的社会福利津贴和相关服务，并且通常需要透过严格的家庭财产调查来完成。

混合型的社会福利模式则是上述两种模式的综合，它的社会政策路线是“中间道路”，其经济发展的方式是公私混合的模式。混合的社会福利模式既强调政府对公民的社会保障责任，又积极主张非政府部门、私营企业、社区和家庭在社会福利（服务）体系中发挥作用，在福利服务领域建立公共部门与私营部门的合作伙伴关系。在福利津贴和社会服务方面，混合的社会福利模式既采用剩余性的福利取向，为最弱势群体提供必要的社会保护，同时也在一些领域（比如教育）推行普遍主义的社会服务，以确保公民的社会平等。这种混合型的社会福利模式强调的是政府和市场在实施社会政策中的双重作用，既是为保证社会公平,也是保证经济本身的效率,它试图在经济发展与社会治理两者之间保持适当的平衡。

（二）社会服务的提供

社会福利本身是一个大系统,其中社会服务是其中核心的组成部分之一。在发达国家和地区,社会服务主要通过政府和非政府机构中的专业人员(社会工作者)来提供,而这一过程则是在政府相关的社会政策指导下进行的。

在社会福利体系内,社会服务包括直接的社会服务和间接的社会服务。前者主要是指那些直接面向受助者、以受助者利益为本的服务内容和体系,后者则主要是指社会福利行政、社会政策研究和社会服务评估。不同的社会福利制度(如资本主义和社会主义),其社会服务的提供方式和理念有很大的差别。全面理解社会服务的提供,要从以下几方面来分析:

第一,社会服务的基本理念。在不同国家,由于社会福利制度本身的差异,社会服务的基本理念是不同的。在资本主义福利国家或其他发达资本主义社会,社会服务是通过社会政策决策后由政府社会福利部门和非政府组织来实施的,它主要是通过专业人员(主要是社会工作者)去推行一系列专业服务,来满足社会中弱势人群的需要和一般公民的需要。此种社会服务的基本理念是人本主义和社会公正,它也是政府干预社会问题的重要价值观的体现。而在社会主义国家里,社会服务主要是通过政府的行政管理渠道和国家的职能部门来完成,社会服务被当做一种社会管理的方式来推行。在社会工作尚未成为一门职业的前提下,社会服务的专业化也相对比较低。

第二,社会服务的组织与结构。社会服务的推行必须通过相关的组织或机构,然后根据中央政府的政策规定,进行相应的资源调配和动员,根据不同的社会需要安排相应的服务。在权力结构和社会服务的安排上,地方政府更多考虑的是本地的社会问题和需要,然后根据资源的可获得性和政策的优先顺序来策划社会服务的推行。在资本主义和社会主义制度里,社会服务的组织和结构是不同的,前者比较强调社会问题和社会需要界定的民主过程,同时主张在专业化的层面来做出决策。而在社会主义社会里,社会服务的组织与结构更多的是在政府当前的政治—经济政策的范围内进行安排的,比较强调权威主义的方式和经验,强调由上至下的实践模式。

第三,社会服务的策划与推行。它是社会行政中的主要内容,包括社会问题的界定、社会需要的评估、服务受助者(受益者)的确认、服务计划的设计和具体执行与最终的评价。社会服务的策划和推行的质量与社会工作的专业化发展紧密联系在一起,在发达国家和地区,社会服务通过政府和非政府机构中专业的社会工作者来实施,针对不同的服务对象安排相应的服务。

第四,社会服务的评估。它是指对社会服务过程与结果进行的评价,其目的在于改善社会服务模式并提高其效率。一般而言,社会服务的评估包括内部评估和外部评估,前者有社会服务机构内的专业人员来完成,而后者主要是由独立于机构的外部专业人员来完成。

三、社会工作与社会福利制度的关系

社会工作作为一门改善个人和群体福利的助人专业,它是社会福利制度的一个重要组成部分。同时,社会工作专业是判定社会福利制度成熟与否的一个重要标准。与此同时,社会福利制度本身的完善与发展,对社会工作专业化的进步也有积极的影响。

(一) 社会工作在社会福利制度中的地位

社会工作的出现与专业化的发展,是现代社会福利制度进步的一个重要标志。社会工作专业存在于社会福利系统内部,作为一门助人专业,它通过有组织的和专业化的方式为社会中有需要的群体提供社会服务。对中国这样一个后发展国家而言,社会工作专业的出现与发展,是变革和推动传统的社会福利制度的一个契机。

在社会福利制度中,社会工作专业的地位不可忽视,其重要性主要体现在以下几方面:第一,社会福利服务的组织和推行,依赖于专业的社会工作来完成,而且只有通过这样一门成熟的专业,社会福利服务的诚信和效果才能得以保证。第二,社会工作专业是社会福利体系一个重要的知识基础,它的完善与发展对促进社会福利的进步至关重要。第三,社会工作是社会福利制度具体化的一个过程,它通过社会福利服务的策划、推行和评估等一系列专业活动保障整个福利制度功能的正常发挥,同时也有助于改善社会服务的管理。

现代社会的发展离不开社会工作专业,同时,社会福利制度的建立和进步更需要社会工作专业来完成具体的使命与任务。当今发达国家和地区的发展经验证明,社会工作专业在社会制度建构中是必不可少的。

(二) 社会工作是社会福利制度中的服务传递者

社会福利制度要发挥稳定社会秩序和促进社会发展的作用,必须依赖相应的支持系统,而社会工作专业正是担负着这一使命的行动者。在社会福利体系内,社会工作过程通过专业人员、社会福利行政管理和服务机构、福利资源、具体的服务实施计划和对象等来解决相应的个人、家庭与社会层面的问题。在社会福利制度中优先考虑的社会弱势群体,直接成为社会工作的主要服务对象,包括贫困人口、老年人、残疾人、失业者、有问题的家庭及其成员等。社会工作是整个社会福利体系的一个资源发送体系,它透过机构的行政安排和专业人员的努力,通过直接和间接的方式,社会工作专业人员将社会服务资源与受助者联系在一起。

社会工作作为社会福利制度中的服务传递者,主要体现在以下几方面:第一,社会工作作为一个对社会问题和需要作出反应的过程。社会工作专业首先要针对社会问题和社会需要作出反应,在福利系统中确定受助对象和服务的范围与种类。第二,社会工作作为一个问题解决的过程。社会工作专业本身是一个问题解决过程,它通过个案、小组和社区等方法来推行专业服务,其目的在于帮助受助对象提升社会功能。第三,社会工作作为一个提供资源和满足需要的过程。在确定问题和受助对象后,社会工作者需要确定干预计划并筹措资源,以满足受助对象的需要。第四,社会工作作为一个不断发展的专业,需要不断改善专业方法和服务管理模式,从而提高社会福利资源的利用效率和效果,保证福利体系能顺利发挥应有的功能。

(三)社会工作是社会变迁与社会政策改革的推动者

作为社会福利制度的一个核心组成部分,社会工作专业的使命是促进社会变迁,通过处理好人与环境的关系来提升服务对象的社会功能,通过平等和公正的社会福利服务安排来改善人类的福祉。因此,认识社会工作与社会福利制度的关系,不能仅仅将社会工作专业看做社会服务的传递者,而应将它放在社会变迁与社会改革的历史进程中来对待。

社会工作专业实践的双重目标或使命是满足个人需要,并帮助服务对象参与到社会变迁进程中来。作为解决社会问题和提供社会服务的专业,社会工作的主要功能虽然体现在满足需要和提升个人社会功能上,但仍可以通过专业工作者的社会变迁的推动者这一角色及其促进作用,改变社会发展的进程。在推进社会变迁进程中,社会工作主要通过以下几种方式来实现其目标:第一,社会工作通过对社会问题的界定和有效回应,会有利于改变公众对困难人群和社会问题的错误认知,从而增强社会大众对干预特定社会问题的共识;第二,社会工作通过设计、参与和提供社会服务,将有利于不断完善社会服务管理体制,从而不断改善社会政策的项目设计、实施与评估的政策;第三,社会工作从具体的社会服务实施与管理中可以认识到社会政策的制定与实施中存在的不足或局限,从而可以针对性地提出完善政策制定与实施的建议,进而促进社会政策的发展;第四,在社会工作在社会服务的实施与管理中,专业工作者可以通过与广大服务对象与公众的深入接触及互动,深入了解基层的需要与诉求,及时发现了解大众的社会心理与情绪以及存在的社会问题,从而有利于政府及时回应和解决社会问题,促进社会稳定,保持和谐和可持续发展的大局。从这个意义上讲,社会工作不仅仅是社会服务的提供者,还是社会政策改革的倡导者和有力推手。

第三节 中国社会福利制度与社会工作发展

基于历史、文化和政治经济制度的原因,中国的社会福利制度有着自身的特点。中华人民共和国成立后,中国的社会福利制度沿着计划经济和城乡二元模式的方向发展,形成了以剩余性福利为主的社会福利和以就业为基础的全民保障体系。在计划经济体制下,社会福利服务主要通过行政管理的渠道来完成,各级政府部门、企事业单位和社会团体承担着各种不同的社会服务的功能。20世纪80年代实行经济体制改革以来,中国的社会福利制度也发生了重大的变化,政府包揽社会福利服务的局面已经开始改变,社会福利社会化的局面逐渐形成,而专业社会工作在社会变迁日益加剧和社会需要日益增加的条件下开始形成并得到初步的发展。同时,随着社会发展的需要和现代化的要求,进一步推动和深化社会福利体制改革也离不开专业社会工作的发展。

一、中国社会福利制度的特征

(一) 中国社会的传统福利观念

探讨中国文化中的福利观念可以从影响我们社会极其深远的儒家传统文化入手,并在此基础上深入理解现代经济—政治制度同社会福利变迁之间的关联。

在中国的文化里,长期以来个人的需要主要是通过家庭(或家族)得以满足,而在非常时期(如遇到灾祸)则可以通过国家(或社会)的特别安排获得救助。中国自古以来实施的赈灾济贫就是一种典型的社会(或公共)福利。从这个意义上说,"福利"的基本特质是它的施—受双方并不存在相互的义务和责任关系,更多的是给予福利的一方(如国家或代表国家的地方政府)所承担的一种即时性的责任,而接受一方则由于其特殊的境遇受到国家(或地方政府)的照顾。同时接受福利的百姓也无须因为福利本身承担任何责任和义务,在特殊的时期,个人也无须接受任何财产调查。

无论在哪个社会,"福利"都是不可或缺的,差异只在于发展程度的不同。同时,福利观念的发展和演变,在东西方社会里有明显的差别。不同的文化形态和价值观念对福利观的生成都有着极大的影响。以中国社会为例,传统文化中的儒家伦理以及民间价值观念是福利理念的重要基础。中国作为一个有数千年历史的文明古国,由于幅员辽阔,地理条件复杂多变,历史上出现自然灾害颇为频繁,因此对救济的记载也早已出现在史书上。在众多的古籍中,学者们多认为《周礼》中的《司徒》和《礼运·大同》对社会福利的记载较为翔实。《司徒》中写道:“以保息养万民,一曰慈幼、二曰养老、三曰振穷,四曰恤贫,五曰宽疾,六曰安富。”①其目的是为实现一种理想式的大同社会状态。《礼记》则说:“大道之行也,天下为公,选贤与能,讲信修睦。故人不独亲其亲,不独子其子,使老有所终,壮有所用,幼有所长,矜、寡、孤、独、废疾者皆有所养;男有分,女有归,货恶其弃于地也,不必藏于己;力恶其不出于身也,不必为己;是故谋闭而不兴,盗窃乱贼而不作,故外户而不闭,是谓大同。”②

《周礼》中的社会思想,从政治方面而言是民本主义,其着重点是强调国家为全体国民而存在。对于那些有先天不幸、后天残障或因事而缺乏自治能力的国民,国家要施以非常性扶助,以保护其为人的权利,使尽其为人的天年。因为《周礼》作者相信为君王者应该有也必须有能力去推行民本主义,为全民谋福利,这亦明显有别于后来孟子的“民为贵,君为轻”的学说。孔子所描绘的是一种仁政惠及万民的理想蓝图,目的是用“仁爱”“仁政”的思想来告诫统治者,施民济众以达到有秩序的伦理正常关系,维持社会安定。孔子的“仁爱”思想有明显的个人血缘关系取向,他认为“爱”必须从“亲亲”开始,由亲及疏,由近及远,所以说“孝悌也者,其为仁之本也。”③孝悌,是《周礼》“亲亲”原则在父子兄弟关系中的具体化,“爱”是以血缘为基础的,此其一。除此之外,“爱人”还有等级之分,原则各异。孔子说:“君使臣以礼,臣事君以忠”④君臣关系不是对等的,这实际上是《周礼》的“尊尊”原则,此其二。

孔子还宣扬“天命”思想,把人事放在天道之上。他说:“道之将行也与,命也;道之将废也与,命也。”⑤这种宿命论思想对人民有很大的麻痹作用,对人权、自由思想的发展也是一种阻碍。孔子所提到的“畏天命”有了两层意思:一是对自然威力的惧慑;再就是对权力的惧慑。孔子的有关福利思想基本上是从统治者的立场和政治取向出发的,他主张减轻农民负担,发展生产,实行富于民的小康政策,最终目的是要稳定政治秩序。他对贫穷的态度是:“不患贫而患不均,不患穷而患不安”⑥。值得肯定的是,孔子在某种程度上也强调重视人民生活,他认为,要使百姓能够维持生活不致挨饿受冻,统治者就要“养民以惠”,实行惠民政策,即给老百姓以恩惠。孔子强调“德化”,重视“人治”,提倡“尊五美”“屏四恶”,主张“为仁由己”“修己以安人”“修己以安百姓。”⑦

---

① 《周礼·司徒》。

② 《礼记·礼运》。

③ 《论语·学而》。

④ 《论语·八佾》。

⑤ 《论语·宪问》。

⑥ 《论语·李氏》。

⑦ 《论语·宪问》。

除孔子以外,孟子的仁政思想也对历代统治者影响较大,其中一些有关福利的观念也直接渗透到文化传统中。孟子的"仁政思想"简单地说是要保民、重民从而维护统治,即所谓"保民而王"。他主张"以德行仁者王",仁政、王道是他阐释的中心问题。"以德行仁者王",就是行"德化",这是"仁政""王道"的核心问题,也就是"仁政"的伦理基础。孟子把"仁"的内容确定为"不忍人之心",即所谓恻隐之心,也就是同情心。他认为"仁政"就是根据人人皆有不忍之心而建立起来的。以"不忍人之心,行不忍人之政",就是"老吾老,以及人之老;幼吾幼,以及人之幼""推恩足以保四海,不推恩无以保妻子。古之人所以大过人者,无他焉,善推其所为而已"。① 可以说,孟子的"仁政"思想是孔子的"己欲立而立人,己欲达而达人"的发展。孟子的"仁政"的伦理关系,就是扶老慈幼的道德原则,由近及远,推广到全体成员身上,这就是推恩于百姓的过程。当然,其目的是为了调和阶级矛盾,稳定封建政治秩序。孟子还说,施政于民,就可以"得民心",就可以"得天下""亲亲,仁也";"敬长,义也""人人亲其亲长其表,则天下平"。他指出,"仁政"即是以政为德,其福利思想也同孔子一样,一是服从于政治统治的需要,另一个是个人之间的关怀照顾仍是本着由里到外,推己及人的原则。孟子认为人人皆有不忍人之心,他说"无恻隐之心,非人也"。② 从中可看出,中国传统的救济互助也是多从慈悲、同情的角度出发,因此民间的宗教实践(尤其是佛教的日常实践)特别强调对苦难者给予相应的救济。孟子对"贫困者"(穷人)的态度隐含着明显的阶级立场,他主张维系既有的阶级结构和统治关系,下层阶级必须忍受现存的不平等利益关系,认为贫者就该"辞尊居卑,辞富居贫""位卑言高,罪也"。③ 他认为不能在贫富的关系上破坏既有的阶级制度,贫富状态要维持。所以,用今天的观念来看,孟子的思想中也有明显的"反福利"(anti-welfare)倾向。

孔孟之道,在中国封建历代社会中对统治阶级都有深远的影响,除此之外,道家、法家等的思想也对中国文化传统有不同程度的影响。总的来说,在儒、道、法家中表现出来的有关福利、仁政思想,都是为了维持秩序,稳定天下。政府仅从"仁政"的角度履行一些道德上的义务,要实现惠及万民的福利仁政,但这些在资源缺乏、组织机构不完善、人权观念不发育的状态下根本不可能实现。国家仅仅能做到的也只是在特殊情形下(如发生天灾人祸时)为大众提供有限的救济。因此,个人的福利仍然要放到以家庭为中心的网络中去解决,依靠家庭伦理关系、血缘关系。所以,尊老爱幼、父慈子孝、养儿防老、老有所终等儒家学说在

① 《孟子·梁惠王上》。
② 《孟子·告子上》。
③ 《孟子·万章上》。

历代都受到政府的鼓励。可以说,在中国传统文化中,民间福利的扩展是一种迫不得已的选择。因为政府一方面可以减轻负担,另一方面也可以使既有的道德伦理观念深植于文化中,从而有利于对社会秩序的维系。

正如前面所提到的一样,中国政治哲学是以“仁”为本,认为救灾济贫是仁道互助主义的实践,是每一个人良知应尽之天职。中国自古以来,评论统治者常以仁政政绩为标准,而自唐尧开始的救济事业,也使救济贫民成为帝王的责任。中国历代王朝中都普遍设有救灾措施,救灾也成为政府的一项重要行政措施。

另外一项救济事业是恤贫。在一般在正常情形下,对穷人的救济主要是民间的事,政府没有设立专门措施来实施。由于中国幅员广大,贫穷者较为分散,因此恤贫主要由亲友、邻里、同乡等民间私人来办理。另外,寺庙制度也是对贫民救济的一种措施,通过宗教团体从事这种救济事业,收容孤、独、鳏、寡等社会中的不幸者。明朝以后,部分不幸人士也被收容于外来的基督教、天主教等宗教团体设置的救济机构。因此,民间推行的福利措施虽然没有达到制度化的地位,但其作用是不可忽视的。中国的传统福利观念与家庭、家族等有着十分密切的关系。中国人主张的是以家庭为中心而展开的福利理念,先照顾自己的亲人,尤其是父母、兄弟姊妹,然后才是别人。所谓“推己及人”的思想,有明显的亲疏远近之分别,詹火生在论述儒家伦理与现代社会福利发展问题时,曾从社会交换伦理角度来比较中西社会福利制度的分别之所在。他指出,在传统中国社会文化里,社会交换伦理是一种面对面的直接交换关系,而且是一种由上至下的具有权威结构的强弱对话的施予——接受关系,这种关系是在以家庭和邻里为中心展开的,涉及的是家庭成员和邻居成员。因此,在中国福利观念里,个人的权利、选择及自由很少顾及到。这与西方社会里中“非面对面”的社会伦理交换关系是不同的①。

(二) 中国当代社会变迁与社会福利制度的发展

新中国成立以后,国家在政治和经济制度方面几乎完全按照苏联的模式来设计,社会福利制度也就受到高度集中的计划经济体制的深刻影响。另外,城乡二元的格局和分割治理模式,也为城乡社会福利制度的差异奠定了基础。在城市,城市居民的社会保障形成了以单位制福利分配和社会服务为主体的制度,辅之以有限的救助型社会福利。企事业单位不仅成为城市公民就业和相应的福利服务的提供者,也成为政府对社会实行行政管理与控制的基本单位。而对社会中最不能自助人群的基本需要,国家则承担起码的责任和义务。在农村,农民的社会保障基本还是依靠家庭保障,地方政府和集体经济则承担着对社区内最弱势人群的照顾。只有在特殊情形下(如出现自然灾害或社会动荡),国家干预才

---

① 詹火生:《社会变迁与社会福利》,(台北)民主文教基金会1991年版。

会出现。1978 年随着农村率先实行联产承包制和 80 年代中期城市推行经济体制改革,中国的社会福利制度开始发生一系列重大的变革和调整。

1. 当代中国的社会变迁与社会问题

改革开放以来,国家在政治、经济制度等方面都发生了巨大变化。中国社会的变迁主要是体现在三个层面:一是从传统的农业社会向工业社会的过渡,二是从计划经济向市场经济的过渡,三是从相对封闭和单一的社会向开放和多元化社会的过渡。目前的中国正处在一个急剧的社会转型时期,其面临的社会问题与挑战也十分繁杂和艰巨。

自改革开放以来,中国取得了持续 30 多年经济快速增长的成绩,但是,在经济增长的同时,中国也面临一系列急剧社会转型带来的社会问题。这些问题包括国企改造、产业结构变化和转型引发失业问题,新增劳动力就业困难;城市新贫困和社会不平等问题加剧;日益扩大的城乡居民和地区之间的收入差距引发社会不稳定;家庭规模的缩小和严峻的人口老龄化趋势带来的养老问题;生态环境的破坏问题,等等。而家庭在过去 30 多年也发生了重大变化,传统意义上的"家庭保障"功能在城乡较以前都已弱化,而社会化的照顾机制尚未建立起来。

对社会福利(保障)制度而言,当前中国面临的直接的社会问题主要表现在:第一,城乡贫困人口和社会救助问题;第二,城镇失业人员的安置和新增劳动力的就业安排问题;第三,城市农民工的就业和权益保障问题;第四,城镇离退休职工和农村老年人口的养老保障问题;第五,新社会问题的涌现,诸如吸毒和艾滋病人群的蔓延、家庭暴力案件的增加、同性恋人数的上升等。对中国政府来说,既有的社会保障(福利)制度改革,不仅要解决因经济体制改革和市场经济本身导致的社会问题,也要应对因急剧社会变迁和文化生活方式变化带来的新的社会问题。

很显然,在改革和社会转型的背景下,很难再依赖传统的政府包办和行政主导的方式来应对并解决复杂多变的社会问题。要实现社会稳定和可持续发展,我国政府应从制度建设和专业发展的角度,重新认识并从实践上发展出解决社会问题的可行模式。

2. 当代中国社会福利制度的发展

中国当代社会福利制度的发展是同国家的政治经济环境和不同时期经济建设的主导方针紧密联系在一起的。值得指出的是,中国在过去 30 多年经历的经济改革对社会福利制度的变迁产生了深远的影响。在社会福利领域,国家相继出台一系列重大的社会保障政策、立法和社会福利服务的改革措施。在社会保障和社会福利服务的各个领域,政府部门和相关行动者的责任、角色和彼此关系都已发生深刻的转变。针对国有企业改革和产业结构调整引发的职工下岗与失业问题,政府、企业和社区都在保障下岗职工的基本生活、失业群体的社会保险以及他们的再就业问题等方面发挥了主导作用,各级政府通过完善最低生活保障和失业保险制度来对城镇失业职工与贫困人口提供基本生活的保障，这对维护社会稳定起到了重要作用。在社会服务领域，传统的由企事业单位办社会的局面已经逐步改变，社会化服务的模式已经开始形成，通过市场化运作和政府购买的方式，社会服务逐渐演变成强调以质量和效率为基本保证的模式。同时，城镇基层政府和居民自治组织在推行社会化的服务方面也发挥了重要作用，城镇建立的社区网络服务中心和社区服务中心在老人与儿童照顾、残疾人服务等领域都产生了一定的影响和积极的作用。需要指出的是，中国的社会团体（民间组织和非营利机构）也在推动社会福利服务和解决社会问题方面扮演了积极的角色，它们与政府之间的相互合作和相互信任的伙伴关系正在逐步形成。这些变化和发展，都显示着中国的社会福利制度正在形成一种政府与企事业单位等社会组织、市场、社区等责任共担的局面。

当代中国社会福利制度的发展主要表现在以下几个方面：第一，由计划经济体制下的政府和单位办社会福利转向政府、单位、社会团体和社区等多方共同举办的责任共担模式；第二，社会保障和社会福利服务的责任归属进一步明确，政府部门在现行的社会福利制度框架里扮演着核心的作用；第三，同居民需要相关的社区服务已经逐步发展成社会化的模式，改变了过去单一由基层政府行政主导的工作模式；第四，在社会福利体制内，专业社会工作已经开始进入社会福利服务的范围，一些地区社会工作职业化已初现端倪。20 世纪 90 年代以来，全国人民代表大会加强了与社会保障与社会福利相关的立法工作，先后通过了《残疾人保障法》《妇女权益保障法》《老年人权益保障法》《劳动法》《公益事业捐赠法》《社会保险法》。同时，中国政府继 1991 年发布《关于企业职工养老保险制度改革的决定》后，不仅制定了失业保险条例、农村五保户供养工作条例、城镇最低生活保障条例等法规，还制定了下岗职工基本生活保障制度及深化养老保险、医疗保险、城镇住房福利制度改革政策，制定并实施了大规模的“八七”扶贫攻坚计划等。从此，我国社会保障制度的改革走上了一条新的发展道路。

进入 21 世纪以来，中国政府进一步加快了完善市场经济、法律体系和社会管理制度的改革进程，提出经济与社会协调发展的科学发展观。尤其是自党的十六大以来，政府积极强调并努力推行“以人为本”的政府行政管理体制和新型的社会公共服务体制，强调要关注人民生活（民生问题），注重解决与公民生活相关的实际问题，在解决城市贫困、改善公共服务模式和促进就业发展等方面，制定了一系列积极的社会政策。自 2003 年“非典”事件以来，中国政府加强了在医疗、社会救助、就业、教育、住房等各个领域的政策干预，通过了一系列新的社会立法，全方位实施了新的社会政策。比如中国政府在近年实施社会救助政策与措施的时候，强调了“以人为本”“执政为民”“权为民用”等政治原则，突出强调了在治理实践中实现社会主义正义与公平的价值观的重要性。同时，在救助政策落实中，政府注重落实公开、公正与效率的原则的重要性，强调社会救助对困难群众与边缘人群的帮扶解困的作用，体现了救助工作中贯彻人性与注重实效的核心理念①。

2007年10月自党的十七大召开以来，着力保障和改善民生加快建设中国特色社会保障体系成为我国新时期及未来相当长一段时期社会经济发展的核心主题。从1978年实行改革开放，在经历了30多年的快速经济增长后，中国的发展进入了一个新的历史时期。在中国经济发展模式转变与社会变迁不断加快的背景下，平衡经济与社会发展的关系、改善经济增长的质量与结构、促进人民生活水平的普遍提高，从而实现社会主义的和谐稳定、平等正义和可持续发展，成为未来中国发展道路的重要战略选择，也是新时期社会政策应着重解决的主要问题②。

二、当代中国社会福利制度中社会工作的发展

（一）计划经济时期中国特色的社会工作的发展

由于体制和意识形态等的原因，中国社会福利的内涵及制度推行同西方福利国家有很明显的差异，这些差异不仅表现为国家权力结构和政府治理社会方式的不同，也表现为福利领域国家与市场的运作模式的差别。在推行计划经济的年代里，中国社会福利形成的是以城镇和就业为基础的"单位制福利"，其本质上是一种身份制待遇。在政府管理社会事务的方式上，由于权力高度集中和中央—地方的利益关系，基本上形成了政府大包大揽和"单位办社会"的社会福利服务的基本模式，其基本特质是行政主导和自上而下的推行方式。在计划经济时期，除政府部门、企事业单位主办社会福利服务外，附属于国家权力部门的各大社会团体也在社会服务中发挥着重要的作用。社会团体通过筹措资源、动员公民社会参与以及提供相应的社会服务等方面（如扶贫、教育、社区服务等）发挥着积极的作用。

在计划经济时期，中国社会里并未出现专业的社会工作，社会工作也未成为职业。社会问题的解决主要靠政府各部门、各级行政组织、企事业单位和社会团体共同发挥作用。在满足公民需要和解决社会问题的制度与策略方面，中国发展出一种特有的"本土性的社会工作"，基于文化和政治经济环境的因素，受助者与工作者之间的关系同西方社会工作的专业关系有很明显的差异。在行政架构和责任归属的层面上，由于政府（国家）在组织社会生活和治理社会问题上发

① 熊跃根：《福利的理念与中国社会政策的限制：一种历史制度主义的分析》，载王思斌主编：《中国社会工作研究》（第8辑），社会科学文献出版社2012年版。

② 熊跃根：《论转型时期我国福利体制的改革与社会政策的发展》，《学习与实践》2010年第1期。

挥了主导的作用,各级政府和企事业单位针对出现的社会问题(如城乡社会弱势人群的生活困难、残疾人的就业安置、青少年越轨、刑满释放人员回归社会等)采取了单位化和社区为本的解决模式,其目的是尽力在受助群体与帮教对象所在社区将社会矛盾和不稳定因素消除到最低程度,而使用的工作方法主要是行政模式和政治思想教育。在问题解决的策略上,政府基本上发展出的是一种依赖单位、街道和居民委员会的相互合作模式。此种以行政为主导的问题解决模式,在理念上是强调政治思想上的统一和政治目标的优先性,在政策推行上主要是采取自上而下的方式来保证上级政府的行政命令与相关措施的执行。

“单位办社会”与政府主导型的剩余福利模式对计划经济时期中国的社会服务模式产生了至关重要的影响,强调政治和社会稳定的政府治理实践环境,又使得专业化的组织和服务模式难以产生。在一定时期内,居民的社会需要和社会问题在某种程度上被“隐匿”起来,从而也影响了社会福利服务领域内制度化的改革。

（二）转型时期中国社会工作专业教育的发展与专业社会工作的出现

自 1978 年以来,中国在城乡都实行了全面的经济改革,而 90 年代以来市场经济成为主导的经济发展战略。与此同时,中国政府也在行政管理体制和法制建设等方面进行了一系列改革,“小政府大社会”和“依法治国”成为基本的政策主张。中国社会在经济、政治、文化、观念等各个方面都发生了重大变化,改革的中国处于急剧的社会转型时期。

德国著名社会政策学者克劳斯·奥菲(Claus Offe)指出,转型社会是以转型经济为前提,而转型经济则主要表现为三方面:第一,产权的变革;第二,政府对价格管制的放松;第三,市场在经济发展中主导作用的增强①。对中国而言,社会的转型也是随着市场经济的发展和政府行政管理体制的改革进程变化的,国有企业的改革、农村剩余劳动力的大规模流动、家庭和社区结构等的变化所引发的一系列社会问题,对政府传统的行政管理体制和相对落后的民政福利模式提出了挑战。为适应社会转型的要求,20 世纪 80 年代,国家教委批准北京大学、吉林大学、中国人民大学等几所高校开办社会工作本科专业,同时民政部也提出“社会福利社会化”的政策倡导,这些都对以后社会工作专业化的发展产生了明显影响。面对日益增加的社会需要和不断涌现的社会问题,各级政府也积极关注以更为科学和有效的方式来促进社会稳定和推动社会福利的发展。同时,香港和台湾地区等华人社区社会工作教育和实践的成功模式也逐渐被介绍到中国大陆,社会工作教育和实务界的交流互动又进一步推动了中国大陆社会工作专

① Offe C. The Politics of Social Policy in East European Transitions: Antecedents, Agents and Agenda of Reform. Social Research, 1993, 60(4).

业的产生与发展。

转型时期中国社会工作专业的发端不是偶然的,其原因包括以下几方面:第一,社会转型和社会问题的基本背景;第二,政府在社会政策领域的理念变化,强调责任共担和社会力量的参与,民政部的社会福利社会化的政策倡导即是典型的例子;第三,高等教育的扩张和专业化教育的发展,使得社会工作教育出现契机;第四,国际交流和海外对中国社会工作专业教育的支持。同时,与发达国家相比,中国社会工作出现也有自身的特征,具体体现在:第一,专业教育先于专业实践;第二,本土社会工作与专业社会工作在理念和实践模式上的衔接还存在制度上的制约;第三,同中国社会文化相适应的社会工作知识体系的建立尚未成熟;第四,社会工作职业化同现行政府行政管理体制的冲突。随着中国市场经济发展和社会变迁的加速,公民的社会诉求、困难人群的疾苦与社会问题都促使政府在应对社会需要方面作出更为积极的回应。从 20 世纪 90 年代末期以来,社会保障制度的改革与随后社会政策的实施,促进了社会工作职业化的发展进程。在先行先试的实践基础上,中央政府逐步认识到作为专业实践的社会工作在解决社会问题、维护社会稳定和促进社会和谐方面可以发挥重要的作用。

新时期,中国政府在社会治理方面的经验与能力建构都有了明显提高。同时,中国政府务实和开明的政策方针与理念对推动社会福利制度改革和专业社会工作的发展也是一个新的契机。中国半专业、半成熟的社会工作应逐步向成熟和专业化的社会工作方向发展,社会工作专业团体和从业人员任重道远。面对新的历史时期和挑战,我们认为,应尝试从不同的角度来探索转型时期中国专业社会工作的可行道路:第一,进一步学习和借鉴发达国家与地区的先进经验、理论和实务模式,加强国际间社会工作教育与实务界的交流和合作;第二,以中国本土社会为重,逐步推动专业社会工作理念与实务模式同中国社会文化和制度的融合;第三,通过专业协会和政府主管部门的共同努力,进一步规范和加强社会工作教育不同层次的专业水平,缩小专业教育与社会需求之间的差距;第四,推动社会工作职业化和专业化在制度层面的改革,利用当前我国政府"以人为本"的经济社会发展的基本政策环境,进一步倡导在社会工作职业化和专业上进行制度化的改革。

（三）新时期中国社会政策的发展对社会工作的促进

2006 年中共十六届六中全会作出了《中共中央关于构建社会主义和谐社会若干重大问题的决定》,提出了建立一支宏大的社会工作人才队伍的战略任务;培养和使用社会工作专业人才,充实到公共服务和社会管理部门中去,从而不断提高专业化社会服务水平。自 2007 年党的十七大召开以来,中国加快了建设和谐社会与实践科学发展观的进程,在此背景下社会福利体制与社会政策得到长足的发展。新时期的社会政策理念与目标主要体现在:第一,协调经济发展与社会发展二者关系，让人民从经济发展中受益；第二，保持可持续发展的势头必须建立一套完备的社会政策与社会保障制度；第三、建立城乡统筹的、适度的普惠型社会福利是实现富裕、平等与公正的社会的先决条件。在上述目标指引下，中国政府从2008年开始加快推进社会保障制度的改革与民生建设的进程，尤其是中央提出了加快转变经济发展方式、促进包容性增长和让全体人民享受改革开放的成果的重要策略。在此基础上，中国推进了新一轮民生保障政策的实施，在社会救助、教育、医疗、养老保障等领域加大了政府投入力度，促进了适度普惠型福利制度的建立。总体来看，新时期和谐社会建设背景下中国社会福利发展的方向与政策路径体现在：第一，经济发展是为了实现社会的总体发展和人民生活的普遍改善，经济发展与社会发展并重；第二，由残补型向普惠型过渡，城乡分散转向城乡统一；第三，社会福利体制和内涵的总体变化，逐步迈向适度普惠型的福利制度。2010年3月第十一届全国人大第三次全体会议后出版的《政府工作报告》中涉及保障、民生和社会事业的主要内容，报告明确指出："改善民生是经济发展的根本目的。只有着力保障和改善民生，经济发展才有持久的动力，社会进步才有牢固的基础，国家才能长治久安。"2010年10月中共十七届五中全会审议通过了《中共中央关于制定国民经济和社会发展第十二个五年规划的建议》，根据会议精神，"十二五"时期是我国全面建设小康社会的关键时期，是深化改革开放、加快转变经济发展方式的攻坚时期。新时期我国的社会经济发展与社会政策的实施，将继续围绕坚持科学发展，更加注重以人为本，更加注重全面协调可持续发展，更加注重统筹兼顾，更加注重保障和改善民生，促进社会公平正义的大方向发展。

随着中国社会发展进程不断加快，城市化、家庭小型化、人口流动等社会变迁日益加速，人口老龄化形势越来越严峻，中国的社会工作在当前和未来将面临诸多的机遇和挑战。社会工作人才队伍建设的任务日益紧迫，社会工作职业化和专业化将通过科学、系统、精细和深入的实践，有效地应对和解决社会问题，并通过专业化的社会服务，来满足众多老年人、残疾人和特殊家庭及困难人群的社会需要。因此，从长远来看，社会工作在中国的未来经济与社会发展中将扮演更积极和更重要的角色，在维护社会稳定和促进社会和谐进程中发挥不可或缺的核心作用。

推荐阅读文献

鲍威尔. 理解福利混合经济. 北京：北京大学出版社，2011

迪肯. 福利视角：思潮、意识形态及政策争论. 上海：上海人民出版社，2011

多吉才让. 社会福利. 北京：中国社会出版社，1996

南茜·弗雷泽，阿克塞尔·霍耐特. 再分配，还是承认?. 上海：上海人民出版社，2009

黄黎若莲.中国社会主义福利——民政福利工作研究.北京:中国社会科学出版社,1995

吉登斯. 超越左与右.北京:社会科学文献出版社,1998

雷洁琼.中国社会保障体系的建构.太原:山西人民出版社,1999

王思斌,等.中国社会福利.香港:中华书局,1998

王思斌.中国社会的求—助关系.社会学研究,2001(4)

熊跃根.论国家、市场和福利之间的关系:西方社会政策理念发展及其反思.社会学研究,1999(5)

熊跃根.社会政策:理论与分析方法.北京:中国人民大学出版社,2009

熊跃根.论转型时期我国福利体制的改革与社会政策的发展.学习与实践,2010(1)

熊跃根.福利的理念与中国社会政策的限制:一种历史制度主义的分析.载王思斌主编:中国社会工作研究(第八辑).北京:社会科学文献出版社,2012

詹火生.社会变迁与社会福利.台北:民主文教基金会,1991

周永新.中西福利观念的比较.现代化与中国文化研讨会论文汇编.香港:香港中文大学出版社,1985

周弘.福利的解析.上海:上海远东出版社,1998

朱瑞铃.中国人的慈善观念.民族学研究集刊,1993(75)

Barker G. The social work dictionary. 3rd ed. Washington, DC: NASW Press,1995

Barry N. Welfare. Minneapolis: University of Minnesota Press,1990

Xiong Y G. Social change and social policy in China: National adaptation to global challenge. International Journal of Japanese Sociology,2009,Vol. 18, Issue 1, pp. 33-44

Xiong Y G. Social inequality and inclusive growth in China: Significance of social policy in a new era. Journal of Poverty and Social Justice, 2012,Vol. 20, No. 3, pp. 279-292

第四章

社会工作的哲学基础与价值观

社会工作是一门助人自助的专业,也是一项服务于人的专业活动,其目的在于改善个人和群体的社会功能与福利,解决并预防社会问题,维护社会正义并促进社会的和谐与发展。作为一门以实践为核心的专业,社会工作一方面要注重助人的方法与技巧,另一方面也非常强调培养工作者的价值观与伦理操守。英国社会工作先驱扬哈斯本曾说,价值在社会工作专业实践中无所不在①。本章探讨社会工作专业的一般哲学基础和价值观,探讨社会工作专业伦理的内涵、意义,以及社会工作实践过程中的伦理决定过程,分析西方社会工作价值观同中国文化之间的关系,进而探索本土化的专业助人方法与模式所需要的伦理基础。

第一节　哲学基础与价值体系在社会工作中的重要性与意义

从本质上来说,社会工作是一门"理性"与"情感"并重的实践学科,它不仅要求专业工作者能科学地解决问题,更要求他们能在哲学和道德的原则指导下实践。

一、社会工作哲学基础的重要性与意义

任何一门学科或专业的发展都离不开哲学思想的指导。社会工作是一门应用社会科学,其主要目的是为有问题和需要的人提供专业服务和其他实际的帮助,从而提升个人和团体的社会功能,促进社会的整合,改善社会福利水平。社

---

① Younghusband E. Social Work and Social Values. Readings in Social Work. London: NISW/George Allen and Unwin,1967.

会工作的实践需要透过有智慧、有效率和有策略的行动，在不同的环境下为不同的服务对象提供切实可行的帮助。因此，哲学基础对社会工作专业来说至关重要，缺乏这一基础，社会工作专业的实践就会失去正确的方向。同时，对社会工作者来说，懂得应用正确的指导原则和方法，对解决实践过程中遇到的各种问题十分有帮助。

（一）社会工作哲学基础的重要性

长期以来，社会工作专业的发展以明显的价值倾向为基础，逐渐形成了一系列核心的价值观和伦理原则。因此，理解社会工作专业的哲学基础和价值观并将这些准则付诸实践至关重要。

哲学基础与价值体系是社会工作实践的重要思想基础，它们决定了这门专业注重科学与道德的双重特征。前者强调的是科学推理（scientific reasoning），而后者强调的是道德推理（moral reasoning）。哲学是“对智慧之爱”，其功用在于为人类的行动提供指南，并解答人类在认识世界和解决社会问题的过程中遇到的疑难问题。然而哲学并不是一种一成不变的规定，它是一系列不断发展的系统观点。社会工作专业的哲学基础不仅来源于科学技术发展和人类知识的积累，也来源于专业工作者长期以来形成的对人及其价值的看法。道德原则及其职业伦理是规约人类实践的重要前提，也是确定人类行动正确与否的重要法则。社会工作专业的价值观体系从根本上要求专业工作者在实践中要思考清楚：什么是对的？什么是错的？什么是符合道德的？什么是邪恶的？同时这些道德原则和伦理规定也使社会工作者在实践中对“如何做”做出道德上正确的决定。

哲学基础与价值观体系是社会工作专业实践理性的基础。作为一门具有反思性的实践学科，社会工作专业要不断面对社会和政治经济制度的变迁，同时保持文化上的敏感性，从而确保专业实践符合道德标准。

社会工作既是一门以实践为基础的社会科学，同时又是一个强调伦理约束和道德准则的专门职业。作为科学，它必须依赖一整套基于观察、证据、真理探究的行动规则和方法；作为专业，它又不得不去思考在实践过程中人的价值和行动（问题干预）背后的意义。简单地讲，作为一门助人自助的科学与专业，社会工作者要不断地思考并反省这样的问题：指导我们实践的准则是否符合科学的精神？帮助我们做出结论的证据是否来源于真实的生活世界？近年来社会工作领域在不断强调建立于经验事实基础上的助人方法和实践模式，即“以证据为基础的实践”（evidence-based practice，EBP），主张治疗方法、服务模式和政策干预必须以客观的证据为前提，以提高助人的效果，改善社会福利的管理与决策水平。因此，社会工作者必须要考虑自身的实践或行动是否最大限度地保护了受助者的权益？要考虑我们的干预是否真正符合“善”的目的？值得注意的是，社会工作者在行动中，不断地尝试诠释受助者的生活世界和每段痛苦记忆的真实意义，然而我们是否考虑这种诠释带有强烈个人化的情感因素？由于制度和资源的限制，或者由于语言、风俗习惯、行为模式等的差异性，在伦理决定的层面上社会工作者常常陷于痛苦的两难处境。社会工作者时常在内心深处质问和反思自己；作为受助者家庭外部的专业人员（另一种陌生人），我们如何才可能真正介入他人的生活？不仅如此，一旦我们介入了受助者的生活，责任、义务以及道德伦理等已紧紧地将我们与受助者联系在一起，只要受助者不能自立并自愿地结束这种助人的专业关系，社会工作者就有必要坚持专业的信念与守则，努力实现助人自助的目标。

社会工作者在理性与情感相互交织的状态中，在资源与制度的限制下，要努力去完成一桩又一桩看似“不可能的任务”，要做到这一点，仅仅靠“爱”是不够的，还必须有足够的“智慧”。“爱”在这里绝不是个人情感的宣泄，它是一种有所克制的激情，凭借“爱”社会工作者对受助者保持一种持续的热情、理解与尊重，而“智慧”却使社会工作者可以理性地把握行动和介入实践的效度和精准，从而提高治疗和干预的效果，达到助人自助的目的。从这种意义上来说，社会工作者除了实践之外，仍须时时不忘培养这种对行动“智慧”的“爱”，而对“智慧之爱”正好成为人类生存的重要目的之一。哲学考虑人类生活世界中的重大问题，社会工作思考的是专业实践中的重大基本问题。

社会工作专业哲学包括两部分：一个是道德上的考虑，思考的问题包括专业行动的目的和手段是否正确？为什么要这样做？另一个是实践上的考虑，面对问题如何开展专业行动？社会工作专业哲学最基本的宗旨是要符合道德的、科学的行动，社会工作的实践本身是一种符合科学意义的探索①。社会工作实践的道德要素的意义，绝不只是一种规劝，而是内化于实践中的自觉。而科学的意义在于客观、理性地观察、分析和诠释人类生活的世界。由于社会工作是一门以价值为基础（value-based）、自我觉悟极强和强调规范性的实践科学，它须不断地反省科学知识学说（主要是社会科学）和实践经验的道德与政治的正确性，也须思考认识论本身的合理性。从思维、行动到内心深处的反省，专业社会工作者一直都在不断地检视来自外部世界和心灵世界的有关真理、善、正确、正义等命题或主张。

（二）社会工作哲学基础的意义

社会工作作为一门专业，其主要目的是通过治疗和政策来改善个人和社群的福祉，从本质上来说它是一种关爱活动（caring activity）。社会工作的哲学基础包括道德哲学与政治哲学两部分，它们思考着社会工作专业领域内的重大问题，对社会工作专业有着不可忽视的意义。社会工作专业在长期的发展历史过

---

① Orcutt B. Science and Inquiry in Social Work Practice. New York：Columbia University Press，1990.

程中，逐渐形成了一套对“是什么?”“为什么?”和“如何?”等哲学命题的基本主张，它们指导着专业工作者正确地履行责任和义务。

社会工作的哲学基础不仅在于为工作者提供理性与系统的思考指南，还在于它为工作者解决不同的问题提供了方法论知识。对社会工作者而言，专业哲学基础的意义在于:第一，它确定专业人员对世界总体的看法，并由此产生人与世界关系建构的一般策略;第二，它确定专业人员对人性的基本看法，从而认识人的能动性和创造性，了解人作为行动主体的局限性;第三，它确定专业人员对真理的认识途径，并由此产生科学的方法论，促使人思考知识增长的一般规律;第四，它确定专业人员对实践的总体看法，从而帮助人们发展出解决问题的策略与技巧。

总之，社会工作的哲学基础是对专业活动目的和方法的总体陈述，它通过对专业行为使命、方法和概念的意义探讨，来帮助社会工作者澄清认识并促使他们尽可能找到解决问题的最优办法。一个合格的社会工作者不仅应学会如何正确思考和批判，更重要的是应该学会擅长辨别各种争论并从中找到一种最可取的实践策略。

二、社会工作价值体系的重要性与意义

(一) 社会工作价值体系的重要性

同社会中其他专业一样，社会工作专业也具有自身的价值理念，它们形成于专业工作者长期的实践与反思。我们知道社会工作专业建立于西方社会的文化背景之下，与早期的工业革命及后来的现代化进程有着不可分割的联系，社会工作者在此基础上形成了一整套对人、对社会和对专业的成熟看法。社会工作实践的效果和社会正义的实现，不仅依赖于社会制度的完善，也同社会工作专业人员的价值观紧密联系在一起。

在助人活动的各个领域里，社会工作者必须以专业共同体所遵循的守则为基本指引，坚持相信人的价值和尊严，积极维护个体的尊严与社会正义，使人的潜力得到最大程度的发挥，并促成个人与环境之间的关系得到平衡发展。社会工作者是有着高度责任感的专业人员，担负着帮助个人、服务社群和改善总体社会福利的崇高理想与使命，道德准则和职业伦理要求专业工作者在助人过程中负责任地思考与行动。

社会工作专业主张个人的价值和权利不可忽视，而社会工作者相信人在社会中的重要性，也相信个人提升自我潜能的能力。社会工作者的信念和价值判断，不仅影响着这个专业群体解决社会问题的态度与实践，也影响着受助者生活的信心与战胜困难的勇气。因此，社会工作实践背后所隐含的价值观念对实现助人自助的专业目标有着非常重要的意义。

（二）社会工作价值体系的意义

作为一门以实践为核心的学科，社会工作离不开方法论的指导。同时，由于社会工作是同人类福利相关的活动，它又受到一定的道德限制。因此，社会工作不仅要注重完善助人的方法与技巧，而且也必须强调工作者的价值观和道德操守。从本质上讲，社会工作是一种道德实践。社会工作专业的重要特质在于，它有一套严格的职业伦理和道德操守，这些构成其价值体系的核心内容。

社会工作价值体系是专业范围内一整套对人、对社会和对专业等的总体判断与目标偏好，它对树立专业使命、规范专业行为和保护受助者利益发挥着很重要的作用。社会工作价值体系的意义在于它的规定性和功效性，前者是对专业使命和目标的一般规定，后者是对专业具体行动的标准和执行步骤进行勾画。具体来说，社会工作价值体系的意义表现在如下几方面：第一，社会工作价值体系确定专业的使命和核心关怀所在，从而确立了社会工作专业本身的专业特质，使得它同其他社会科学表现出明显的区别；第二，社会工作价值体系对专业人员的职责和行为规范给出了指引，从而有可能确保专业行动在最大程度上保护受助者利益，减少对受助者的意外伤害；第三，社会工作价值体系通过对专业共同体的社会责任和道德义务进行明确规定，确保社会工作专业为维护社会正义和公平发挥应有的作用。

社会工作价值体系不是一套空洞的伦理规定而是对专业人员行为的道德警示，它对维护专业形象、改善专业活动效果和保护受助者利益等都具有重要的作用，对维护、推动专业的发展和改善总体的社会福利都具有重要的意义。

第二节　社会工作的哲学基础

哲学是一套有关人类对世界总的看法与态度。布特雷姆（Z. T. Butrym）在《社会工作本质》一书中指出，社会工作的哲学思想主要来源于三个假设：第一，对人的尊重；第二，相信人有独特的个性；第三，坚守人有自我改变、成长和不断进步的潜能。社会工作的哲学基础主要包括五个方面：第一，宗教理念；第二，人文主义和人道主义；第三，实证主义和实用主义；第四，理想主义；第五，集体主义。但是，总体来看，影响社会工作哲学思想最重要的来源有两方面，一是道德哲学，另一个就是政治哲学。社会工作的哲学思想从根本上可以归结为一套促使专业人员在实践中理解和解决各种问题的智慧和经验总结。从历史发展经验可以看出，人类的宗教信仰、科学技术的进步以及国家的发展等对社会工作哲学思想的奠定与发展起到了重要的决定作用。

一、宗教理念

西方早期慈善事业的发展有很明显的宗教背景,今日的专业社会工作最早起源于宗教实践。而自19世纪工业革命以来,慈善事业逐渐成为一种有组织的助人活动,那些志愿工作人员具有强烈的宗教使命感,认为帮助穷人和有困难人士是服膺上帝的一种荣耀。基督教文化对西方社会的影响无处不在,加上很多从事福利事业的人士本身就是教徒,因此早期的福利工作者和后来的许多社会工作专业人员都信奉上帝,坚持相信人是神所创造的,人生来平等。与此同时,在社会福利领域,有很多非政府机构都有宗教背景,尤其是以基督教和天主教为基础的慈善组织为众,比如明爱(Caritas),基督教男青年会(YMCA),基督教女青年会(YWCA)等。宗教信仰不仅影响了上述组织的构成和管理,也影响了在机构内部从事社会工作专业的工作人员的价值理念。

宗教理念对社会工作的影响表现在工作者和机构的一些基本判断与道德陈述上,这些对专业行为和组织发展都产生了重要作用。这些宗教理念中有三个方面的内容最为明显,即爱、给予和人性。

(一) 爱

在基督教和天主教里,爱是一个有着显著特征的词语。在《圣经》里,“爱”被描述为caritas或agapae,前者的意思是“献身于他人的福利”,它是一种“倾听、反应的、传导性的爱”,后者强调的是一种爱的无条件本质,基督教中的爱可以延伸到邻居甚至陌生人。人因其需要而被(他人)服务,并非他因为值得这么对待。基督教除宣扬服务众生的利他主义精神外,还主张用谦逊的人生态度、方式去服务他人。在基督教的教义里上帝强烈地感受到穷人、弱者、病人的需要,他与这些人在一起,服务于受难受苦的众生,并为他们虔诚地祈祷。信仰和行动紧密相连,社会工作专业实践倡导“利他主义”,强调无私地、不求回报地关心他人的疾苦和需要。尽管社会工作已成为一种专门职业,但在一些西方国家,基督教对它的影响至今仍很明显,这从工作者的宗教背景和机构的宗教性质即可做出此判断。社会工作早期的实践具有很强的宗教色彩,除了教会组织积极参与的济贫活动外,来自富裕家庭的上层社会的“慷慨淑女”(the Lady Bountiful)也基本上是教徒,她们对穷人和其他弱势群体充满了关爱,主动通过捐赠和自己的利他行为来帮助贫困人士。19世纪那个充满对人性践踏和极端个人主义的时代里,因为宗教信仰的存在,更是由于“爱”的观念在有识之士中的根植,社会工作的出现和发展才充满了希望。

(二) 给予

社会工作是一种利他主义的活动,它从本质上强调的是对受助者的给予。在西方的宗教信仰里,教义反复强调并推崇“施”比“受”更有福,不求回报地奉献，致力于他人的福利。在基督教义里，捐赠是一种自我拯救，而帮助陌生人是一种善举和美德。社会工作作为一种专业的助人活动，其本质是一种给予，它透过社会工作者的理解、关怀、治疗和其他社会救助活动，来帮助有需要的社会弱势人群，从而完善他们的社会功能与自立能力。在社会工作实践中，专业人员的"给予"行为是一种在特定伦理原则指导下的行动，它必须满足专业团体对道德伦理的要求。同时，必须指出的是，社会工作的助人活动并不是单方面给予的行为，实际上这一助人活动是一个互惠的过程。在助人过程中，社会工作者同受助者一起经历和成长，并获得对人类经验新的体验和认识，改善对环境和人类不同际遇的认识。在某种程度上，"给予"是一种馈赠礼物行为，社会工作者通过利他主义的专业行为，也使自身的价值得以确立，并获得新的知识和能力。

（三）人性

按照基督教的教义，人是按照上帝的形象来创造的，人性也是由上帝来塑造的。因此，人具有主观能动性，能进行创造和控制。人被理解为相互依赖的存在，人与人之间的相互支持和团结是必要的。从本质上讲，人的生活世界是一种关系建构，人们是相互联系的存在，人类最基本的道德要求就是"爱人如己"。在人被上帝创造出来后，人与其他人，与自然万物，与上帝要和谐相处。同时，创建一个和谐、公正和有序的世界不仅是上帝的工作，也是一切爱上帝的人的工作。

基督教传统也认识到人的基本需要，并把他们视为人性结构的一部分。由于《圣经》肯定人的身体健康的重要性，在世俗世界里，这种认识被转化为建立救助弱势人群的医院和医疗机构。除此以外，《圣经》还强调了人们之间相互照顾和相互支持的心理需要，并把它置于中心地位。在基督教的发展过程中，精神发展一直都被看做人性全面发展的组成部分。

二、人文主义和人道主义

发端于15世纪的欧洲文艺复兴运动的人文主义和人道主义思想，对社会工作的哲学思想和实践模式产生了不可忽视的影响，当今社会工作者所秉持的使命和信念都与这两种思想有着深刻的关联。

（一）人文主义

人文主义起源于14世纪下半叶的意大利，从那里逐步传播到其他国家。它是欧洲文艺复兴时期的指导思想，也是现代文明的重要组成部分。人文主义的发展是一场世俗的运动，是科学反对神学、人性对抗神道的思想和实践运动，其目的在于为人类行动提供一种哲学基础，主张放弃经院哲学的空谈和形而上学思考，鼓励人们接近人的现实生活，热爱生命并崇尚自由。人文主义从本质上是主张人性的解放，主张人回归到真实的生活世界中去。

人文主义的主要内容包括:第一,强调人的价值和尊严;第二,人应主宰这个世界;第三,对人的本质持乐观态度;第四,人是理性的存在,拥有真理的内在来源;第五,个人的自由在自然界和社会中享有崇高地位。人文主义思想有强烈的个人主义倾向性,它主张培养个性,有明显的自由主义色彩。同时,人文主义思想中也包含一种利己主义的倾向性。除此以外,人文主义强调感性主义的幸福观,主张以享乐主义来对抗经院哲学所主张的禁欲主义。人文主义坚持相信科学和技术的作用,认为知识就是力量。因此,人类可以通过自己的行动去创造和改变,人的潜能也得到发挥。人文主义思想对社会工作的影响体现在很多方面,它不仅表现在社会工作者的精神境界上,也表现在专业工作者一贯的待人处事的态度与方式上。

（二）人道主义

人道主义也起源于欧洲早期的文艺复兴运动,它是人文主义思想发展的结果。人道主义最重要的价值在于提出“人权”和“人道”(针对神道而言)的观念,它关注人的生命价值,与社会工作关注人的基本权利和推动社会进步的目标紧密联系在一起。当社会工作专业逐渐在西方发达国家和先进社会成熟时,关注生命价值、不平等、暴力和贫困等同人道主义相关的基本问题就成为这一专业共同体的重要关注内容。1996 年在香港举行的国际社会福利联盟世界大会上,通过了《国际人权政策》,其目的是反对世界范围内违反人权的活动。这一政策宣言指出,社会工作的价值基础在于强调每个人的独特性,而这与人权理论的观点正好契合。

社会工作是在一个充满变化、冲突甚至暴力的环境下来开展专业实践的,因此,它关注的不仅是一个国家或地区的社会经济发展水平,更重要的是关注个人和群体获得基本权利的状况,关注个体有充分的权利、机会和自由去参与并分享社会经济发展带来的种种好处。人道主义中的人权思想和观念对国际层面的社会工作实践有积极的意义,对发展中国家维护和保障弱势群体的基本权利有着重要的意义。

三、实证主义和实用主义

实证主义和实用主义是哲学领域中的两种核心思想,二者之间有联系但又明显不同。它们都对社会工作的实践产生了重要影响。前者的思想资源主要是欧洲的传统,而后者则主要是来自美国思想家的影响。

（一）实证主义

实证主义虽然是一场 19 世纪下半叶至 20 世纪初的哲学运动,但它却较早起源于 17 世纪英国唯物主义哲学家洛克的“经验主义”传统,即“洛克派”的哲学思想,它与康德的“心理认知”学派思想正好对立。经验主义强调科学方法,并将其延伸到哲学中来。在洛克看来,人类的认知起源于外界可见的事物,每一事物包含深浅不同层次,在相同层次存在相同的性质与意义,它们可以被测量和被计算。复杂的事物可以被分解为多个单元去加以了解,这种哲学理念体现在方法上就是人们常说的“定量研究法”,其研究重点在于可观察的同时可以被测量的事物。这种经验主义思想受到了孔德实证哲学的影响,其直接来源是牛顿经典物理学的影响,他强调科学是唯一有效的知识。在本体论方面,实证主义强调世界是客观的、单一静止的和可测量的事实,事物可以被分解。在认识论方面,实证主义认为认识的本质范围及可靠性在于研究者与研究客体之间的关系,即研究客体的本质不受研究者主观立场的影响。在价值论方面,实证主义指出研究者在探究事物的时候应该采取价值中立的立场,避免个人的价值观和情感影响研究者的判断。在方法论方面,实证主义主张认识和研究事物应该用计量性的方法,研究过程是一种严格的演绎过程。

实证主义对社会工作实务和研究影响深远,尤其是在临床社会工作方面,这种经验主义方法对个案工作、家庭治疗和小组治疗实践等都有明显的影响。在19世纪末20世纪初欧美社会工作专业化发展的早期阶段,其主要的实践理论和方法直接受到实证主义医学模式的影响。社会工作的开山鼻祖玛丽·里士满在其著作《社会诊断》一书中就使用了社会调查的方法,并反复强调经验资料对诊断治疗的重要性。当今社会工作中的临床实践,基本上采纳的仍是实证主义的方法,主张以经验的证据来确定受助者的需要并制订相应的治疗干预模式。

除此之外,实证主义还深刻影响了社会工作研究。定量方法在社会工作研究中仍然是一个重要方法,它强调调查和经验资料的重要性。在注重验证和预测推断原则的指导下,社会工作的实证研究把解决治疗和政策干预的目标放在第一位。

(二)实用主义

在西方(尤其是在美国),实用主义思想不仅影响人的思维,也对人的行为方式产生了重大影响。简单说来,实用主义是有关事物意义的学说,这一术语由哲学家皮尔斯(Peirce)创立,后来由詹姆斯、杜威和席勒借用并按照各自的方式发展成为一种哲学理论。实用主义关注人类行动的实际效果与意义,认为只有与实际世界中的经验发生联系的观念才是有意义的。因此,实用主义比较注重实践本身的价值,而不主张形而上学的争辩。在社会工作专业领域,这种思想的影响也表现得很明显,即工作者更多关注的是助人的干预模式的效果,而并不在意模式背后的理论争论。

实用主义强调的是事物的实在性和方法的有效性,它对社会工作实践的知识获取有着积极的意义。社会工作是一门以实践为核心的专业,它注重的是解决受助者的问题并透过服务满足他们的需要。社会工作强调服务的实际效果,使用的思想对其有重要影响。

四、理想主义

社会工作者是一群有信念和理想的专业人员，他们相信人类社会的美好前景，他们主张社会的公平和正义。乌托邦主义或理想主义深刻地影响了社会工作专业人员的行为，认为在政治的、经济的和社会理想的指导下，社会可以变得完美，因此，乌托邦主义也可以说是一种理想主义或完美主义。乌托邦主义使社会工作专业从一个广阔的层面去关心社会公正、社会平等、自由、幸福等重大问题，然而，社会工作者绝不只是简单的理想主义分子，他们是将理想付诸实践的实干家，追求理想使社会工作者增强了改善社会状况，致力人类福祉的助人动机。

（一）乌托邦主义

"乌托邦"（Utopia）这一个词本身是从古希腊语中虚构出来的，其意指"无有之乡"，意思是不存在于客观世界的一种社会形态或状态。现在，人们把乌托邦当做理想国的代名词，也就是意指一个完美社会。乌托邦主义宣扬的是一种不分阶级、人人平等和社会富足的社会图景，在这个社会里，财产公有，公民为促进公共福利而劳作。托马斯·莫尔在《乌托邦》一书中所宣扬的就是要建立一个以公有制为基础的国家，在保障全体公民富裕的基础上，促进社会正义的实现。

乌托邦主义作为对一种理想社会的描述和展望，对早期社会工作者的实践和后来的专业理念都产生了不可忽视的影响。作为一门解决社会问题和促进弱势群体福利的专业，社会工作就是在这些基本理念的指导下，通过积极的社会改良和倡导，改变不公平的社会制度，促成社会平等和社会正义。

（二）理想主义

理想主义同乌托邦主义有着密切的关联，它也是乌托邦主义的继续发展。理想主义是对事物发展目标或状态的一种最佳描述，它宣扬的是一种最好的选择或生活方式。理想主义积极倡导正义、平等、自由和民主的原则，这种平等与正义的原则主张社会工作者以平等的方式待人。正义从狭义上可理解为一种法律上的公正；从广义上说则是一种社会正义。社会工作领域里比较关注"分配性正义"，主张以公平的原则将福利资源分配给社会成员。同时，社会正义应该满足两个基本的原则：第一，公民的基本需要和资源分配的平等；第二，对社会中最不利的阶层给予某种利益补偿。自由的思想也深刻地影响了社会工作者的信念，他主张个人可以决定自我的行动，个人应该对自我的行动负责。同时，这种自由原则也强调社会工作专业人员要尊重受助者的观念和行为方式，主张他们去开发自身的潜力并对自己的行为负责。

理想主义对社会工作专业的价值观和实践都产生了深刻的影响,从某种程度上来说,社会工作者都是理想主义者,他们对美好的社会和正义目标都怀有持久的热诚,并相信通过人们的努力可以解决社会中的不同问题,透过积极的社会制度安排和专业实践,可以满足不同的社会需要。纵观20世纪社会工作专业的发展,也可以看出,强调国家责任和政策干预,追求高素质的社会服务成为一种理想化的趋势和前景。

五、集体主义

集体主义认为个人与群体的关系必须建立在共同体的利益基础之上,主张群体的利益重于个人利益。集体主义思想不仅成为社会主义国家的重要福利理念,也同西方国家福利的主张不谋而合。在社会主义制度下,集体主义成为处理个人与国家关系的基本原则,它也是社会福利和社会服务推行的重要理念。集体主义的福利制度强调国家和国家代理人对个人福利的责任,同时也推行个人利益服从集体利益的基本原则。而在西方福利国家内部,集体主义思想来源于费边社会主义和民主社会主义思想,它反对强调以个人自由和市场价值为核心的功利主义福利观,主张政府或国家对公民的福利负有不可推卸的责任,福利国家作为一种制度设置在政治经济生活中应该发挥积极的作用。

(一)反个人主义

集体主义是针对个人主义而言的,从本质上说,它是一种反个人主义的思潮和理念。19世纪以功利主义和利己主义为主要表现形式的个人主义在英美等西方社会盛行,并成为政府推行社会福利的主要思想基础。这种个人主义思想强调个人对自我的福祉负责,认为穷人的贫困根源在于品德的堕落,而救济穷人会损害社会的总体利益,主张个人必须通过劳动(工作)来改善福利。在带有强烈偏见的个人主义的社会伦理指导下,19世纪的慈善事业也基本上是以个别化的方法来推行济贫,以强调治疗和品德重建为主要内容,社会政策和大规模的社会干预并未出现,因为流行的思潮认为政府干预社会问题(尤其是大规模的济贫和社会福利)会损害公民的自由。与此同时,社会是一种自组织的体系,个人的理性选择会最终促成社会和谐。

然而,20世纪初,英国国内社会问题的进一步恶化和自由思潮运动的兴起(1906—1914),使得部分有识之士(如英国皇家济贫委员会中坚持社会改革的少数派,最著名的是卫伯夫妇)在社会改革中起到了重要的作用。他们强烈反对忽视社会问题根源和缺乏社会正义感的济贫政策,在理念上也同个人主义和社会达尔文主义有着本质分野。反个人主义在某种程度上肯定了国家或政府的集体干预的作用,它成为以后福利国家政策主张的一个基本价值理念。

(二)费边社会主义

同马克思社会主义一样,费边社会主义是社会主义意识形态中的一个重要分支,它的主要理念是对民主过程一贯承诺,同时毫不含糊地支持社会福利服务。费边社会主义的社会价值观同资本主义的理念有本质的区别,其强调的核心价值观有三个方面:平等、自由和合作关系。在此基础上,费边社会主义又衍生出民主参与和人道主义的理念。

费边社会主义之所以强调"平等",是基于这些理由:社会整合、经济效率、自然正义和个人的自我实现。费边社会主义者坚持认为,缩小社会不平等是必要的,是实现社会整合和社会和谐的必要条件。在费边社会主义者看来,一个国家的经济繁荣不仅取决于统治精英,也取决于管理和劳动者的素质,因此,只有充分发挥社会中各个阶层的能力和智慧,社会的进步和和谐才能最终实现。就自由而言,费边社会主义认为,它是指工人(或就业者)在经济生产和分配中的权利,而且在解决不平等的问题上,这种自由最终要通过政府的干预来解决,通过法律来实现。费边社会主义还十分强调利他主义和给予精神在社会中的作用,它通过社会主义的社会服务来实现。在费边社会主义的理念里,所有公民至少能享受最低的生活标准,社会问题应该得以解决,尤其是对少数被剥夺群体的福利考虑应该放在政策的优先位置。对费边社会主义者来说,政府的角色之一就是通过有目的的行动来修正私人市场系统的不公平,同时,通过福利国家的相应政策和社会服务安排,来减少不平等和保证公民的生活素质。费边社会主义也注意到了福利国家本身的局限性,认为它只能部分实现社会主义的目标,但对其积极影响仍持乐观的态度。费边社会主义思想深刻影响了20世纪40年代以来英国等福利国家的社会政策,对社会工作专业实践和理念也产生了不可忽视的作用。

第三节　社会工作的价值体系

社会工作是充满价值的专业活动,它以帮助有困难的人群、促进社会公正和社会进步为己任。社会工作的专业实践必须遵循自己的价值体系。

一、价值观与专业价值观

(一)价值与价值观的内涵

"价值"一词来源于拉丁语"valere",意思是"强壮的、流行的或值得的"。价值观是对事物的欲求和偏好,它是由个体或群体所持有的一套行为偏好的准则,包括对目的、手段、生活状况等产生的强烈情感。价值观是社会工作实践的根基,社会工作是一门充满价值判断的专业,包括一系列的"应该做和怎样做"的取向与偏好。在社会工作的方方面面都包含着价值观和伦理层面的内容，它体现在对人对事的判断里，体现在工作者的行动取向和机构的专业目标上。

（二）专业价值观的界定

所谓“专业价值”就是针对“个人价值”而言，它是指一整套指导专业行为和认知活动的思想、观念和基本原则。专业价值不仅受到一个社会的传统观念的影响，也受到科学技术发展和社会变迁等因素的影响。社会工作的专业价值就是指社会工作者长期奉行和遵守的一整套指导其实践的原则与理念。

社会工作专业的价值体系形成于它的产生和发展的百年历史过程，不过它们的成熟却是在近些年完成的。20 世纪 70 年代中期，社会工作者对这一主题曾有广泛而深入的讨论，社会工作者一直都在强调专业实践中价值观的重要性，因此多年来，社会工作者也坚守这些价值理念并付诸专业实践中。正如在介绍社会工作的历史发展时所指出的，它最初的使命一直是致力于建立这样一些信念：什么是公正的？什么是不公正的？社会中个人是否有权利帮助他人以及获得他人的帮助？资源如何分配？社会工作专业实践从操作上讲就是要从意识形态的层面出发，通过一系列专业活动和服务，改善受助者和社区的福利状况，提高弱势群体的自信心和自立能力，从而不断强化自身的专业形象，形成专业内在的自主性。

社会工作专业价值观不同于个体的价值观，它代表整个专业团体和社区对社会正义、服务、个人价值与尊严、人类关系重要性、社会团结等的一般看法与专业活动的标准。专业价值观的建立与履行是社会工作专业化的重要前提，也是社会工作专业区别于其他专业的一个标志。在社会工作领域，专业价值目标包括终极目标和工具性目标。前者主要是关注人类社会的总体福利、正义制度的安排与社会工作者的重要任务，而后者是有关通过专业行动实现的具体事务目标。对社会工作来说，重要的专业价值包括正义、平等、责任、自我实现、自我决定、知会同意、诚信等。

二、社会工作专业价值与实践过程中的伦理决定

社会工作专业价值形成于这门专业的历史发展过程。按照雷默（Reamer）的观点，社会工作的专业价值观由最初关注个人的道德发展到今天对专业行为的道德反省。

（一）社会工作专业价值的历史演变

社会工作专业价值观从 19 世纪末慈善组织会社的助人实践发展到 21 世纪社会工作专业化的多元助人方法，其价值理念经历了一系列变化。早期社会工作专业价值观强调个人的道德层面，主张个体的品德重于社会救济，认为个人的改变胜于社会正义。到 20 世纪初社会工作专业由于受到睦邻组织运动的影响，

主张社会变迁和社会改革比个人改变更重要,因此,这一段时期社会工作的价值观强调更多的是社会公平和社会正义。1929 年美国慈善与矫治预防协会(美国社会工作者协会前身)在米尔福德召开了年会,即历史上著名的米尔福德会议(Milford Conference),在此次会议上与会者着重探讨了社会工作专业的价值观,指出社会个案工作者要全面检讨专业活动中的价值观,不仅要针对受助对象个人,而且也包括对社会系统的判断。这些讨论包括:受助对象的权利是什么?其责任在哪里?社会个案工作中的强制性应该如何制约?个人的依赖与公共责任的关系是什么?20 世纪 40 年代以后,社会工作价值观更加关注专业实践的道德层面,尤其是社会工作者本身的道德操守。到 20 世纪 60 年代,社会工作价值观更多地转向关注社会正义、权利和改革的道德建设,同时公众和政府也开始对社会平等、福利权利、歧视和种族压迫等问题进行关注。1955 年美国社会工作者协会成立,同年美国学者格林伍德发表论文讨论了判定社会工作专业的五个标准,其中伦理守则是其中重要一条,而 1960 年美国社会工作者协会颁布了第一部社会工作者职业守则。20 世纪 70 年代以后社会工作专业开始全面深入探讨价值观和伦理问题,尤其是深入讨论应用专业伦理问题,提出社会工作专业同其他相关学科间的伦理联系,如医学、法学和工程技术学科等之间的联系。在医疗领域出现的一系列新的技术变革,引发了社会工作临床实践伦理上的争议,如器官移植、安乐死、生物工程的应用、试管婴儿的出现、实验医学具体操作范围的限制、将动物器官引入人体内等颇具争议的伦理问题。其次,公众对政府的信任产生了怀疑,美国 20 世纪 70 年代早期的"水门事件"所引发的丑闻使公众和传媒都开始全面关注政府的权力滥用和信用问题,因此,公民个人也对自身的权利进行深刻的反省。

近年来,社会工作专业价值的发展与"风险社会"这一词联系在一起。越来越多的社会工作者认识到,助人实践在组织与环境的限制下存在很多风险。社会工作者对服务对象信息的泄露和处理、对服务对象服务的评估与安排都可能导致意想不到的负面后果。因此,社会工作者要时刻警惕自身和机构的局限性,并随时评估可能的道德风险与后果。

在中国,社会工作是一门新的学科和专业,专业实践发展的历史不长。同时,社会工作专业发展也是在中国社会、政治、经济和文化的脉络里逐步发展的结果,形成了既有行政性色彩浓厚的政府主导的社会工作与本土性的助人实践,也有强调专业方法与理念的学院派的社会工作。因此,社会工作专业价值观的形成与发展就是在专业教育、政府行政体制、外部专业影响与社会组织互动的结果。中国的社会工作专业价值观的形成与发展,一方面要借鉴和吸收国际社会工作的发展经验与基础,另一方面也要符合本土社会文化与制度要求。

(二) 社会工作应用伦理的出现与职业伦理问题

社会工作实践包含特定的价值观和信念，它们成为社会工作者进行专业实践的原则和指南，这些就是专业的应用伦理。对社会工作专业团体而言，职业伦理就是一整套指导从事该专业的工作人员正确履行责任和义务并预防道德风险的行为规范。

在社会工作领域，长期以来通过工作者的努力，早已形成了一套专门实践的共同价值观，包括有关专业人员对人、对社会和对专业行为的系统的看法，它成为社会工作者实践的具体指南。这些共同价值观包括以下原则：第一，个人应受到社会的关怀；第二，个人与社会是相互依赖的；第三，个人对他人负有社会责任；第四，个人有共同的人类需要，但每个人都是独特的；第五，个人潜能应得到最大限度发挥；第六，理想的社会应尽其职责与能力，保证社会中每个人都有机会解决并预防问题①。

作为一套有关社会工作专业人员的行为规范或约束，社会工作专业价值观所形成的职业伦理包括实际工作步骤的一般规则与标准，也就是说，它规定社会工作者“应该做什么？”和“不应该做什么？”社会工作的专业伦理在现实中就是以社会工作者的职业守则为准。归纳各国社会工作专业人员守则，应包含以下十二项指标：(1) 尊重服务对象的权益；(2) 严守服务对象的秘密；(3) 公平服务大众；(4) 重视同事的工作；(5) 恪守公私分明；(6) 维护社会正义；(7) 信守机构政策；(8) 充实社会工作知识和能力；(9) 促进专业发展；(10) 约束不当行为；(11) 增进公众福利；(12) 共同执行守则。

在 20 世纪 70 年代，美国社会工作界曾就社会工作的共同价值观进行过深入的讨论，在这场大讨论中，美国社会工作者协会委托巴特利特(H. M. Bartlett)草拟了有关价值观/道德操守的细则。这些细则包括以下几方面：第一，社会工作者对人的态度与看法，包括如何看待与对待服务对象(系统)以及如何看待与对待同事，它强调指出，社会工作者应相信受助者的潜力，并对其能力有一个正确估计。在工作过程中，专业人员应积极主动调动受助者的积极性，应热情谦虚地和服务对象进行有效沟通。同时，社会工作者应与自己的同事保持合作和坦诚的态度，欣赏并给予同事必要的支持。第二，社会工作者对社会的态度与看法。它指出社会是不断向前发展的，专业工作者应积极认识到社会的变迁，并保持对社会进步与发展的信心和期望。社会工作专业能促进社会的稳定与和谐，社会工作者应积极参与到社会发展中去，促进人的社会功能的完善与社会改革的实现。第三，社会工作者对专业的态度与看法。它强调指出，相信社会工作专业会不断强大，知识会不断更新，其潜能巨大。同时，专业人员也必须思考，社会

---

① Bartlett H M. The Common Base of Social Work Practice. Washington, DC: National Association of Social Workers, 1970.

工作者应该如何对机构保持忠诚,而又确保个人自由不受损害。在一个公正的社会里,个人应该受到社会关怀,相信每个人的潜能都能得到最大的发挥。可以看出,以上的准则相互之间是存在矛盾的。而这些伦理上的矛盾主要是个人价值与专业价值、机构伦理与个人价值、受助者价值观同专业人员价值观以及社会价值观同专业价值观之间所产生的冲突。

在社会工作领域,专业人员必须在实践中考虑并履行一些基本的义务,从而减少伦理上的问题。作为一名专业工作者,他必须遵守以下准则:第一,履行专业行为的一般规定;第二,以服务对象利益考虑为第一,任何时候都不能剥削服务对象的利益;第三,不得夸大专业资格和能力,不得盗用组织的名义;第四,在有关服务对象个人的信息使用和处理上,要知会服务对象并获得其同意,同时要严格履行保密原则,确保服务对象的隐私不受侵犯,以及保护服务对象及相关者的利益不受损害;第五,严格专业标准,避免渎职和失职的行为。

然而,我们也务必意识到,专业伦理是在一个特定的社会制度和特定的环境下来推行的,专业行为的操作必然会受到个人、机构和环境等因素的种种制约,绝对保证专业实践按照伦理规定来执行是有一定困难的。社会工作实践在很大程度上也只可以描述成一个“可能的”助人专业,伦理或道德上的绝对主义在现实中是不存在的。社会工作专业实践是在充分考虑到各种伦理要素和环境条件的前提下做出的最可能和最符合现实要求的选择,但其宗旨仍是要保护服务对象利益和维护社会正义。正如美国教育学家、行动研究的代表人物舍恩所说,社会工作是一门在“行动中思考”的职业,它要求专业工作者不断在检视自身实践和变化的环境中反思行动的合法性与正确性。在舍恩看来,社会工作作为一门讲究助人技巧的专业,诸多成熟理论与实践效率相距甚远,因此社会工作专业行动的有效性在很大程度上取决于在情景中的事实性知识和即刻的行动能力,而非刻板的知识教条①。

(三)社会工作实践过程中的伦理决定及其困境

正如我们在前面提到过的那样,社会工作过程本身是一种道德实践,它不可避免地涉及诸多的伦理决定,牵涉专业工作者和受助者的价值观和伦理选择。所谓伦理决定,就是指人们必须在行动或实践过程中决定哪一种行为是好的或正确的,必须判断行动或实践本身对服务对象的影响,以符合专业行为的道德要求。而伦理困境,则是指社会工作者在实践中遇到的一种在道德上难以取舍的模糊和难以找到满意方案的境地。在当代世界,不仅是社会工作专业,其实任何专业都存在类似的伦理困境。如何面对并妥当地解决伦理困境,是社会工作专

---

① 舍恩:《反映的实践者》,教育科学出版社2007年版。

业面临的一个重大挑战。对社会工作者来说，解决实践中的伦理冲突，并不存在一套固定的程式和方案，但是这并不等于说，社会工作者不能解决这些伦理困境。恰恰相反，社会工作者要遵循一定的道德和伦理规定，并在特定的环境下对伦理问题进行充分分析，在尽力减少伤害和风险的基础上，找到一个可能的最佳方案。因此，社会工作者在实践中首先要清楚如何做一个正确的伦理决定，然后再仔细分析如何解决相应的伦理困境问题。

1. 社会工作实践中的伦理决定

虽然在本质上不存在一种社会工作实践的道德现象，但是因为社会工作是一个反思性的专业活动，专业共同体和专业工作者自身必须对实践过程中各种道德或伦理决定进行解释，对存在的伦理问题进行清晰的分析，并尽力减少可能的风险。就社会工作者而言，经常要面对的一些伦理问题包括隐私与保密性、自我决定、知会同意、利益冲突和服务的中断与终止等。这些伦理决定通常是和个人价值观、专业人员的价值观、机构价值观和社会价值观联系在一起的。在社会工作实践过程中，有关价值的一些基本理念是专业人员务必清楚的。1965 年戈登（W. E. Gordon）提出以价值为本的六个方面应引起社会工作者的注意，尤其是在专业实践中遇到相应的伦理冲突时要首先考虑这些基本的原则：第一，个人是社会主要的关怀所在；第二，在任何社会里，人与人之间的关系必须是相互支持、相互依赖的；第三，个人应该对他人负责；第四，人类有共同的需要，但是个人又与其他人不同；第五，民主社会最主要的特征是个人充分实现其潜能，个人通过积极参与可以实现其社会责任；第六，社会有责任为个人的自我实现扫除障碍①。

社会工作实践中的决定（或决策）是在一个价值情景中作出的，而专业的伦理是建立在一些最根本的价值观基础上的。对社会工作者来说，在伦理决定过程中，两个核心的价值观是必须考虑的：第一，尊重服务对象的尊严和独特性；第二，努力促成受助者的自我决定，在专业实践中鼓励服务对象对自己负责并作出适当的决定，同时工作者在某种程度上也要尊重他人的选择。由于伦理或价值情景本身的复杂性，社会工作实践中的伦理决定远非是一种简单的"如何做"的问题解决模式②。但是，对社会工作者来说，一些基本的原则和步骤可供专业人员参照，用于实践过程中的伦理决定。必须指出的是，社会工作实践中的伦理决定绝不是一蹴而就的，很多时候是循序渐进的过程。社会工作的伦理过程涉及不同的人，甚至不同的制度环境和机构，因此，对决策的专业人员来说，应该尽力收集更多的信息，同时列出可能的选择方案，最后统一作出抉择。就社会工作实

① Gordon W E. Knowledge and Value: Their Distinction and Relationship in Clarifying Social Work Practice. Social Work, 1965, 10(3): 32-39.

② Lownberg F, Dolgoff R. Ethical Decisions for Social Work Practice. Itasca, Ill: F. E. Peacock, 1982.

践中的伦理决定来说，有学者提出了一个简单的决策模式供专业人员参考，这一模式主要包括以下几方面：第一，首先要认识清楚问题、涉及的人和机构以及形成这一问题的因素；第二，澄清在特定情景下发挥影响的社会价值、服务对象的价值观和个人的价值观；第三，确定解决这一伦理问题的目标；第四，寻求替代的干预目标和策略；第五，评估和权衡实现目标的每一行动选择之后的可能结果；第六，就每一行动选择清楚地认识并排列出伦理原则；第七，充分利用客观和翔实的决策指引，选择最适当的行动方案；第八，执行选择的行动方案并对其进行监测，一旦出现偏差立刻进行纠正；第九，评估决策和后续干预活动的后果。

在中国社会和文化情境里，考虑政治、机构文化个人情社会的特征等，社会工作实践的伦理决定也是一个复杂的过程。

2. 社会工作实践中的伦理困境

直到20世纪70年代中期，对伦理困境这一主题的学术关注和相应的伦理培训才逐渐增加。我们知道，伦理理论和原则同专业实践中最后作出的伦理决定往往是不同的。而且，同哲学家一样，社会工作者也对伦理原则本身的客观性持怀疑态度。对伦理守则或伦理原则的执行，专业人员基本上有两种截然不同的态度，一是绝对主义的观点，认为一套既有的伦理守则应该是普遍适用的。另一种是相对主义的观点，认为伦理标准取决于不同的文化实践、政治制度和当代的价值观与社会规范，不存在一套可以普遍推行的伦理规定①。

实际上，价值观或伦理对社会工作实践的重要影响，表现在专业人员要努力将诸如平等、正义、尊严、个人自我实现、自我决定等终极价值和追求好的生活等中介价值，转化为具体的操作价值（或工具价值）。在这一过程中，社会工作者要不断面临在不同环境下不同的价值观之间的冲击和挑战。社会工作实践中的伦理困境主要是指由个人价值观与专业价值观、专业价值观与机构价值观、个人价值观与机构价值观之间产生的冲突所导致的伦理决定困难，它也是价值观的绝对性与相对性、个体与群体、个别与一般、革新（或变迁）与传统之间冲突的具体体现。国际社会工作者联盟（International Federation of Social Workers，IFSW）最近指出，社会工作专业实践的伦理困境产生的原因主要是：第一，社会工作者的忠诚时常处于利益冲突之中；第二，社会工作者既是助人者也是控制者，这一功能是相互矛盾的；第三，社会工作者既有责任保护服务对象的利益，也有义务按照社会的要求来提升效率和功用；第四，一个社会中的资源总是有限的，要满足所有有需要的人实际上很难做到。因此，社会工作专业实践经常要在一个充满矛盾和变化的情境下处理好各种利害关系，正确处理好专业工作者、服务对

---

① Reamer F G. Social Work Values and Ethics. New York：Columbia University Press，1995：48.

象、同事、专业机构、专业社群和社会的关系。

面对价值或伦理上的两难困境,尽管在实践中并不存在标准的公式可以套用来解决问题,但是,作为一名理性和负责任的社会工作者,他应该系统和谨慎地思考并做出价值上的抉择,在行动上遵循一些基本的步骤以确保自身了解伦理上的问题,同时最大程度上保护受助者的利益。美国社会工作学者和伦理专家雷默于1995年提出一般步骤:第一,认识案件的伦理问题,包括分析社会工作者自身的价值观、责任和义务;第二,清楚识别任何个人、团体或组织影响伦理决定的境况;第三,正确认识伦理行动的各个过程和参与其中的人,分析可能存在的利益和风险;第四,深入了解支持或反对作出有关伦理决定的理由;第五,与同事和适当的专家进行咨询;第六,作出伦理决定并记录决定过程;第七,监督和评估伦理决定。

在社会工作实践中,社会工作者往往会因为信息、沟通环境、权力与人际关系等遇到了明显的伦理问题,这些问题主要涉及的议题是:第一,尊重服务对象的权利问题;第二,在心理辅导过程中服务对象透露的资料的保密性问题;第三,服务对象行为的法律性质。在社会工作实践中面临伦理困境的情形下,专业社会工作者首先面临的任务就是必须按照专业伦理行事,即要维护"保密性"原则,同时又要避免服务对象受到进一步的伤害。但是,专业社会工作者又必须清楚地意识到服务对象的行为可能产生的法律或其他社会后果。社会工作者必须在这种伦理冲突中作出选择。涉及伦理冲突的社会工作实践涉及多个行动者的利益和权利,同时又跨越社会工作和法律两个专业体系,牵涉不同部门的专业准则和制度规定。因此,伦理冲突的情境十分复杂。正如罗斯(W. D. Ross)所指出的那样,在有关伦理过程中的义务选择方面存在两种形式,第一种是"假定义务"(prima facie duties),另一种是"实际义务"(actual duties)。在现实中,社会工作者的专业承诺应保护服务对象的个人隐私和在心理咨询过程中的信息不应向外泄露,是一个基本的伦理规定,这同时也是社会工作者的义务,他自己不能自行解除这一义务。但是,我们也清楚地看到,社会工作者有责任和义务维护公共福利不受损害,若服务对象违犯法律损害公共福利,那必须接受相应的法律裁定,服务对象必须为他自己的法律行为负责。因此,就现实的情形来看,社会工作者的伦理决定并不是那样简单,专业工作者不仅要考虑专业伦理上的一般规定,还要充分考虑服务对象个人的情境和需要,同时也不能忽视这一案例同法律系统的联系。就此案例来说,最妥当的解决办法是在服务对象、专业人员(机构)和法律系统(第三个利益相关者)利益冲突之间取得一种平衡。

很多时候,社会工作者在直接服务过程中面临伦理困境,而实际上,道德或伦理判断上的难题同样也会出现在社会工作间接服务中,如社会行政管理、社会政策和社会工作研究中。比如资源的有限性和分配的正义问题、专业工作人员同机构的政策立场分歧、保护研究对象资料的隐秘性和帮助解决服务对象的实际需要问题等,都会在一定程度上困扰着社会工作者。但是,无论如何,就伦理困境这一问题而言,最基本的原则不是去寻求一个完美的解决方案,而是要时刻牢记,社会工作者应该尽力做到无私和客观公正,努力确保服务对象的利益为第一考虑,并在此基础上履行专业操守和准则。

然而,社会工作价值观和伦理并不是一成不变的,在一个不断变迁的时代里,它受到诸多因素的影响。英国学者班克斯指出,社会工作在组织和实践上出现的一系列变化,对专业伦理产生了深刻的影响,这些变化包括:实践领域的碎片化、政府和服务机构指引和程序的发展、社会工作者角色的变化、服务对象参与的重要性以及消费主义意识的提升。专业伦理和守则不仅要反映社会变迁,还要在一定程度上维系专业自身的认同,而这对不同国家或地区的社会工作专业的发展而言是至关重要的①。

三、社会工作价值观与中国文化及社会情境的融合

社会工作专业是源于西方宗教实践并从工业社会中发展起来的,它同西方社会的文化和价值理念有着不可分割的联系。经过一个多世纪的发展和变迁,社会工作专业已经跨越了国界,成为不少非西方的发展中国家和地区的一个专业。社会工作专业在非西方国家或地区(如东南亚国家和地区),尤其是在华人社会(如香港、台湾等社会)的本土化发展,也是检验这门专业的价值伦理同当地社会文化与价值观契合的过程。对中国这样一个大的发展中国家而言,发展社会工作专业是十分必要的,但是,我们也必须清楚地认识到,在文化和价值观的层面上中国社会同西方的差异。而另一方面,中国社会也处在现代化和全球化的发展过程中,中国的文化精华也是世界文化精髓的一部分,中国人的价值观和伦理要素并非同西方社会的价值体系完全对立或冲突,找到二者之间相互融通的地方,是推动社会工作专业本土化的可行策略。

(一) 社会工作价值观的文化根基

社会工作价值观源于西方宗教理念和工业主义文明发展的结果,它注重个人的价值与尊严,强调受助者个人价值的独立性和重要性,主张个人自决,具有强烈的个人主义色彩,同时也明显受到了功利主义哲学思想的影响。西方社会工作价值观是发展变化的,它不仅反映了历史层面的影响,也反映现时代的制度和文化层面的理念变化。

社会工作价值观也强烈受到了西方社会中哲学思想的影响,它同中国文化

---

① Banks S. Professional Ethics in Social Work-What Future?. British Journal of Social Work,1998(28):213-231.

所强调的哲学思维有着明显的差异。西方社会是以分析哲学为基础的,它认为事物是静止的,强调功能、差异与是非的界限,因此发展出了一种计算的理性。西方社会发展起来的个人主义思想主张以个人为核心,强调个人的价值,主张尊重个人的独立性和权利,人与人之间的关系以利益交换为重。而基于基督教伦理的爱、关怀和责任三个重要要素则成为社会工作专业实践的基本价值。在社会工作专业化的发展过程中,从 19 世纪到 20 世纪的一系列社会变迁和文化价值观的生成,都对不同时期的专业伦理的塑造产生了深远的影响。必须注意到的是,专业实践的伦理同法律制度也紧密联系在一起。在崇尚法治和民主的环境里,社会工作专业通过自身的实践发展出一整套制度约束。这些约束体现在专业工作者、机构和政策的使命、目标和责任中,通过专业共同体来约束个人的行为,确保专业人员的行动在最大程度上保护服务对象的利益,从而减少对服务对象的可能伤害。

西方社会是以法治为中心,它建立了一套以法律为约束的规范机制,对个人的行为进行必要的约束,比如专业人员和服务对象都要受现行法律制度的制约,任何行动不能超越法律的尺度。由于西方社会政治结构以民主的方式为基础,它强调公民自下而上参与,强调个人的自由平等与价值理念的多元化。因此,社会工作专业实践强调服务对象参与和个人自决的伦理原则。

(二) 社会工作专业价值观与中国文化的融合

社会工作的价值观和专业伦理深受西方社会的文化体系的影响,但这并不等于这些价值观和专业伦理同中国社会水火不相容。而实际上,社会工作专业的价值观和伦理同中国文化在一定程度上仍可以进行融合,而现代化和国际化的趋势则促成了东西方国家的跨文化交流。这些都将有利于社会工作专业实践在中国社会中的推行。

西方社会工作价值观同中国文化的融合具体表现在以下几方面:第一,在社会工作专业本质的目标上,中国文化观念所强调的社会和人与人关系的和谐,与西方社会工作价值观中促进社会整合的观念二者是契合的。第二,在人与社会关系的问题上,中国文化主张个人是社会的一分子,个人的发展应和社会总体利益联系在一起。中国文化虽然非常强调个人的伦理修养和家庭观念,但是近年来社会的急剧变化也使得政府和公众日益认识到社会对个人的重要性,即社会应对个人发展出一种照顾责任,在个人与社会关系的问题上,中国文化与西方社会工作的价值观上也可存在相互弥合之处。第三,个人对他人的责任和互助的理念。中国文化里十分强调个人对家庭成员(尤其是父母和亲属成员)的责任,并由此产生的“推己及人”观念也逐渐会发展出一种公民的责任意识。另外,中国的政治文化十分强调社区内的互助和个人对单位(集体)和国家的责任感,在某种程度上也强化了个人对社会的责任。虽然它不是直接强调个人对社会的责任,但是,作为社会的组成部分,社区、集体或单位仍是社会中的重要组成部分。因此,西方社会工作价值观所强调的个人对社会的责任这一判断,同中国文化中的个人对集体(或国家)的责任并非是冲突的。第四,在面对人类共同需要的问题上,也就是说在如何判定社会需要的问题上,虽然西方的价值观同中国社会存在差异,但就人类而言,基本的社会需要(生存、归属感和爱、发展和自我实现的需要等)在东西方社会里还是十分一致的。不同之处在于,中国社会在界定需要的内涵和方式、处理人际关系的实践模式上与西方社会存在一些差别。第五,关于个人的权利和民主观念。西方是一个高度注重个人主义的社会,人与人之间比较独立,个人非常在意自我的权利意识,而法制化的制度和民主政治环境又强化了个人参与和维护个人权利的意识。中国文化里虽然十分强调个人(小我)对国家(大我)的忠诚与奉献,但这并不等于中国社会里不注重个人权利的保护和公民民主的参与精神。实际上,中国在过去三十多年的改革开放进程中,政府颁布了一系列法律和规章制度来保护公民的权利和社会、政治生活参与,它恰恰说明了在中国文化里个人权利和民主参与有明显的空间。第六,在理想社会的价值观上,中国传统文化强调的“大同”和当今政府所强调的“共同富裕”“和谐与发展”等理念,同西方社会工作价值观中所主张的推进总体福利进步和实现个人潜能的提升不谋而合。因此,中国文化的很多元素同西方社会工作价值观并非是对立的,相反二者之间可以进行有效的对话,彼此取长补短,从而促成先进专业文化的生成。

第四节 社会工作的道德操守和伦理守则

同其他专业比较而言,社会工作是一种将价值观内化为实践准则的道德实践。社会工作专业从产生、成熟并发展到今天,在道德和伦理层面上经历了诸多的变化,但是其根本的使命和专业目标仍是围绕社会正义、个人的独立性与尊严、服务素质和个人能力的提升等核心要素展开的。作为一门日益成熟和专业化的职业,社会工作已经通过专业共同体来建立与推行系统和缜密的道德规定和伦理守则,来严格约束专业人员的实践,从而保护受助者的利益,维护社会公平和正义。

一、道德操守

(一)社会工作专业的道德要求

社会工作的道德要求是指在实践中,专业人员必须对自身的价值观和行为进行约束,同时通过符合道德规定的专业活动来最大限度地保护受助者的利益,完成专业活动的各个目标。社会工作专业共同体和社会公众等对以利他主义为主要特征的社会工作者有一定的道德要求,这些道德要求是有关“应该做什么”和“不应该做什么”的伦理规定。

在实践中,社会工作专业的道德要求具体包括以下几方面:第一,在专业实践范围内,社会工作者应该以受助者的利益为优先考虑,他们的专业决定必须是在充分考虑了受助者的利益前提下作出的;第二,社会工作者应充分尊重受助者的个人决定,同时极力保护受助者个人隐私;第三,社会工作者任何时候都不应该利用受助者达到个人的目的,社会工作者也不能利用职务之便剥削受助对象;第四,在实践过程中,社会工作者应该将专业决定的任何信息充分告知受助者,受助者应享受充分的知情权,专业人员还须耐心为受助者解释专业决定所产生的后果;第五,社会工作者对机构和专业本身都应该有一种负责的道德承诺,即对机构的忠诚和对专业的风险精神,努力完善专业知识,推动专业的发展;第六,对总体社会福利和社会发展的道德使命,社会工作者不应该只考虑个人专业的成就与发展,而是应站在更高的层面上将自己的专业发展同社会正义和社会发展这些崇高的道德目标联系在一起。作为助人的专业人员,社会工作者必须清楚一点:真正的专业成就不是个人的,而是属于专业知识共同体和人类道德共同体的一种进步。

(二)社会工作作为一种道德实践的发展

社会工作专业是通过专业的助人手法,利用可用的资源,来帮助受助者个人和群体完善社会功能,促进他们与环境之间关系的协调发展。社会工作专业从过去到今天,其道德和价值观内涵也经历了显著的变化。社会工作专业的发展,在一定程度上可以看做社会和专业团体道德实践的发展。社会工作专业的使命、目标和专业手法的变化与兴衰,也反映了这一道德实践的特征变化。社会工作专业实践是在一个特定的政治、经济制度和国际化的大环境下推行的,国家社会政策和意识形态理念会对社会工作的专业活动产生重大影响。

作为一种道德实践的发展,近年来社会工作专业共同体主要关注的议题是:第一,社会工作的专业本质究竟是满足于个人治疗(微观层面)还是积极推进社会正义和社会改革的进程?社会工作专业在西方的两极化倾向引起了众多专业人员的高度警惕和质疑,过度追求专业化和个人利益的动机损害了专业服务于不利社会群体的目标,也在一定程度上侵蚀了利他主义的专业形象。第二,社会工作专业对人权问题的关注,社会工作者已经不满足于解决当地社会和社区的社会问题,而是要把视野扩展到其他不发达和发展中国家和地区的有关公民的基本权利和生活保障问题,在国际层面上建立一个统一的和有效的人权对话体系与实践模式,是诸多专业人员积极努力的工作目标。第三,社会工作专业对工作者从政问题的看法也是一个有争议的道德话题,社会工作者如何参与政治和社会生活的方式是否同专业立场和伦理规定相互冲突,对专业共同体来说是必须作出清晰说明的,而专业人员本身也务必清楚个人的政治选择不应该损害专业行动的目标。

二、伦理守则

建立和发展伦理守则,是推进社会工作专业化的基本目标。西方社会工作专业的伦理守则是以专业团体的建立为前提的,由于历史、文化和社会制度安排的差异,各国(或地区)社会工作专业的伦理守则的内涵也不尽相同。但是,作为一种对专业行为和专业人员的制度约束,社会工作专业的伦理守则却具有一些共通性。中国是一个发展中的国家,社会工作尚处于半专业和不成熟阶段,因此,建立和发展其自身特有的专业伦理守则对专业化的发展是十分重要的。

(一)伦理作为行为的约束

伦理是指人与人之间的关系及其相互约束,不同的文化中的伦理同特定的社会规范和价值观联系在一起。一般的伦理主要是对普通人行为的约束,比如"尊老爱幼""不破坏公共财产"等。但是,就社会工作而言,伦理是指一种专业范围内的价值观和道德约束,这些伦理包括保密性、隐私、受助者的自我决定、对机构的忠诚等。因此,社会工作专业范围内的伦理约束,主要是指通过专业价值观和专业共同体制订出的伦理守则来约束工作者正确处理实践中的价值观问题。

社会工作伦理主要是以专业的价值观来体现,它们是对某种专业行为进行判断的是非依据。对社会工作专业来说,伦理观的影响主要受到个别化和集体化的两种观点的影响,前者是心理学的,而后者则是社会学的。对社会工作的两个主要的焦点,个案工作和社会政策(也包括社会行政与社区工作等),社会工作者在处理问题时的工作手法是不同的,受到的伦理约束也不一样。在个人治疗或心理辅导的层面,社会工作者更多受到直接服务的伦理守则影响,考虑更多的是受助者的感受和个人权利及选择,其工作方法是尽力排除受助者的心理困扰,提升其信心和自立能力。而在社会政策或社会改革的层面,社会工作者受到的伦理约束则是如何在专业目标和维护社会正义目标之间保持恰当的平衡,同时社会工作者也应考虑专业行为对社会稳定和社会秩序的可能影响。无论是哪一种专业活动,作为助人的专业,其理念都是推动社会福利的发展和社会的总体进步。从这个意义上说,社会工作的伦理约束是对偏离道德要求的行为进行纠正,同时对处于伦理困境的专业人员提供一般的指引。

(二)社会工作专业的伦理守则

社会工作专业的伦理守则(code of ethics),简单讲是一套指导专业人员从事专业活动的道德指引,它通常是由专业共同体(如专业协会)来制订的,并要求所有会员遵照执行。对社会工作者来说,伦理守则就是将专业价值观念和职业信念加以条理化和详细地明确，以倡导的积极方式和强制的消极方式来规约专业人员的行为。在社会工作专业发达和已经成熟的社会里，比如美国、英国以及其他一些国家和地区，都已颁布了社会工作者的伦理守则。同时，必须指出的是，社会工作专业的伦理守则不是一成不变的，不同的历史背景和社会发展情境都会对伦理守则提出新的要求，因此，对社会工作专业伦理守则进行适当的修改也是十分正常的。美国社会工作者协会 1960 年采用了第一套伦理守则，1980 年实施了第二套伦理守则，而在 1993 年美国社会工作者协会再次对伦理守则进行修改，使其进一步完善。1996 年美国社会工作者协会再次对伦理守则进行了修改并在 2008 年协会全体大会上获得通过，在新修改的《伦理守则》中，美国社会工作者协会主要从四个方面对相关内容做了修订：第一，文化能力和社会多元性。社会工作者应获得相关教育培训，理解社会多元性的本质以及社会中存在的针对性别、年龄、种族、身体状况、性取向、婚姻状况等的不同压迫与歧视。第二，尊重。社会工作者应尊重同事，应准确和合适地代表同事的资格、观点和责任。第三，歧视。社会工作者应避免任何形式的、针对任何内容的歧视。第四，社会和政治行动。社会工作者应通过参与社会和政治行动确保所有的人平等地获得资源、就业、服务和机会，从而满足人类需要和得到全面发展。同时，社会工作者应预防和根除基于任何原因的、针对任何个人和群体的剥削与歧视。在全球化和社会工作专业实践日益国际化的今天，社会工作专业伦理守则尽管各有特色，但基本内容和原则还是保持了高度的一致性，这可以说是专业伦理上普世主义的一个特征。纵观各国（或地区）的社会工作专业守则，其主要的内容包括了以下 12 项指标：第一，尊重受助者利益；第二，严守受助者秘密；第三，公平服务大众；第四，重视同僚工作；第五，恪守公私界限；第六，维护社会正义；第七，信守机构政策；第八，充实社会工作知识和能力；第九，促进专业发展；第十，约束不当行为；第十一，增进公共福利；第十二，共同执行守则。

社会工作专业伦理守则的建立与发展是同该专业的发展联系在一起的，我国目前的社会工作专业发展还处在发展阶段，相关制度和配套措施也需不断完善，正向职业化和专业化迈进。因此，在未来通过专业共同体（中国社会工作协会、中国社会工作教育协会）的努力，颁布一个系统的、可操作的和明细化的伦理守则是十分必要的。按照国际惯例，这一伦理守则应该包含以下几个方面的内容：第一，社会工作者符合专业实践的基本行为规范和态度；第二，社会工作者对服务对象的义务和道德责任；第三，社会工作者对同事的道德责任；第四，社会工作者对专业的义务和道德责任；第五，社会工作者对机构的义务和道德责任；第六，社会工作者对社会的道德责任。在确定守则的具体细节内容时，作为社会工作专业共同体和专业人员则应该充分考虑中国的具体历史、文化和政治、经济制度等特殊性，从而使这一专业伦理守则和实践规范更具文化敏感特征，更贴近中国人的思维与生活方式，同时也更具有可操作性。

推荐阅读文献

安东尼·弗卢.新哲学辞典.上海:上海译文出版社,1992

查尔斯·L. 坎默.基督教伦理学.北京:中国社会科学出版社,1994

大卫·戈伊科奇等.人道主义问题.杜丽艳,译.北京:东方出版社,1997

大卫·休谟.道德原理探究.王淑芹,译.北京:中国社会科学出版社,1999

戴维·米勒.社会正义原则.应奇,译.南京:江苏人民出版社,2001

江畅,戴茂堂.西方价值观念与当代中国.武汉:湖北人民出版社,1997

李增禄.社会工作概论(增订版).台北:巨流图书公司,1989

徐震,林万亿.当代社会工作.台北:五南图书出版公司,1996

罗纳德·德沃金.认真对待权利.北京:中国大百科全书出版社,1998

邱仁宗.价值与社会.北京:中国社会科学出版社, 1997

舍恩.反映的实践者.北京:教育科学出版社,2007

托马斯·莫尔.乌托邦.北京:商务印书馆,1999

王思斌.社会工作导论.北京:北京大学出版社,2011

王思斌.社会工作概论.北京:高等教育出版社,2006

威廉·詹姆斯.实用主义.北京:商务印书馆, 1996

约翰·罗尔斯.正义论.何怀宏,何包钢,廖白申,译.北京:中国社会科学出版社,1988

周永新.社会工作学新论.香港:商务印书馆,1994

Abbott A. The system of professions: an essay on the division of expert labor. Chicago: University of Chicago Press,1988

Abbott A. Measuring social work values. International Social Work,1999(42): 455-470

Banks S. Professional ethics in social work—What future?. British Journal of Social Work,1998(28): 213-231

Bartlett H M. The common base of social work practice. Washington,D C: Nation Association of Social Workers,1970

Gordon W E. Knowledge and value: Their distinction and relationship in clarifying social work practice. Social Work,1965,10(3):32-39

Gray M. Moral theory for social work. Journal of Social Work,1996,32(4)

Hugman R. Professional values and ethics in social work: Reconsidering postmodernism?. British Journal of Social Work,2003(33): 1025-1041.

Lownberg F, Dolgoff R. Ethical decisions for social work practice. Itasca,Ill.: F. E. Peacock, 1982.

Marsh J C. Editorial: To thine own ethics code be true. Social Work,2003, Vol. 48, No. 1: 5-7.

Orcutt B. Science and inquiry in social work practice. New York: Columbia University Press, 1990.

Parton N. Rethinking professional practice: The contributions of social constructionism and the feminist'ethics of care'. British Journal of Social Work,2003(33): 1-16

Reamer F G. The philosophical foundation of social work practice. New York: Sage,1993

Reamer F G. Social work values and ethics. New York: Columbia University Press,1995.

Reamer F G. Ethics education in social work. Alexandria,Virginia: Council on Social Work Education,2001

Timms N. Social work values: An enquiry. London: Routledge and Kegan Paul,1983.

第五章

人类行为与社会环境

人类行为与社会环境的知识旨在介绍个体生理、心理、社会发展的特征以及人与环境的互动关系。这是社会工作的价值观、理论和实务的基础。有关人类行为与社会环境二者关系的论著最初见之于20世纪60至70年代,其特征是注重对理论的说明。20世纪80年代以后,不同年龄段中人类行为与社会环境的关系进入了学者们研讨的领域,描述两者关系的“人在环境中”的概念甚至被称为真正属于社会工作的独特理论①。在推进社会工作实务的过程中,社会工作者在各个阶段无论承担何种角色,把握人类行为、社会环境及其关系都是保证服务质量和效率的前提。

第一节　人类行为、社会环境及其关系

人是社会的基本元素,其成长离不开社会。人的发展既受内部各因素的作用,也受外部多系统的影响,人的生命周期正是一个不断整合自身发展和外在影响的动态过程。把握人类发展不同阶段的多方面特性及其与社会环境因素的关系,对于社会工作而言是一个复杂且有意义的议题。

一、人类行为

(一) 人类行为的定义

人类行为是满足其日常需要的重要载体,也是社会工作的基础议题。何谓人类行为,学术界对之众说纷纭。布鲁诺(F. J. Bruno)指出:行为是有机体的作

---

① Karls J M, Wandrei K E. Person-in-environment. In Edwards R L(ed). Encyclopedia of Social Work (19th ed). Washington, DC: NASW Press, 1995: 1818-1827.

为及其行动。行为可以分为内在的、秘密的和可观察到的行为①。贝雷尔森(B. Berelson)指出,行为是人类动作的适应性方法,以适应环境的要求,并满足自己的要求。龙冠海认为,行为应该是一个更广泛的概念,因为外在行为是其价值观和态度的体现②。勒温(Lewin)提出,人类行为(B)是个体(P)与环境(E)交互作用的产物。社会工作从综合观点看待人类行为,认为人类需要会引起行为动机,然后通过一系列手段确定要达到的行为目标。因此,社会工作通常这样界定:人类行为是由生理、价值、态度、感受、行动等内外要素合成的整体,以适应环境与满足需要,是遗传、生理、心理、社会过程等内外因素相互作用的结果。

人类行为有如下基本特点:一是适应性,即适应环境以维持和发展个体,并在与环境互动中不断改变环境。二是指向性,人类行为有起因且指向特定目标。三是多样性,行为有外显的和内隐的、遗传的和习得的、生理的和社会的、攻击性的和利他的等不同侧面。四是整合性,人类行为是个体许多方面与环境诸多因素的集体产品。五是可控性,人类能控制和调节自身行为,从而走向目标。六是发展性,人类行为无时无刻不处于变化之中,也是连续不断的纵向发展过程。

(二)正常与异常的人类行为

人类行为有正常和异常之分,体现在生理、认知、心理社会、精神等各个方面。个人行为的每个阶段都是上述多个方面特性的组合。其中,生理指身体系统、营养、肌肉方面的发展等,如体重与身高相比过重者就被视为肥胖。认知包括语言、记忆、智力、逻辑思维、解决问题等方面,如智商测评分值在 100 分左右属于普通人士,低于 70 分常被归入弱智,高于 130 分多被视为高智商。心理社会涉及情感、人格、人际行为等领域,是社会工作者最感兴趣的领域之一,如遇到负面人生事件后,在短时期内有焦虑感是一种正常现象,但如果长期焦虑就显得异常。精神包括生活意义、信仰等,如虐待妻子在某些文化中是可接受的家庭事务,在其他社会中就可能是一种犯罪行为。虽然大众普遍接受人的行为有正常和异常之别,但是对两者进行绝对区分是极其困难的。

划分正常和异常的相对标准有统计规律、社会规范、行为适应性、个人主观感受等。(1)如果某人行为与大多数人相似,在统计上就可以视为常态的、正常的行为;反之,则被认为异常行为。如人到一定年龄要上学读书,如果某人到了该年龄还不读书,就会被视为异常行为。(2)如果个人行为符合当地的社会规矩,该行为就是正常的,否则就是偏差的。如人类学家贝内迪克特(Benedict)研究北美印第安人的祖尼部落时发现,该部落重视中庸、抑制和和平,反对过度的战争,因此,好竞争而不合作就被当地视为偏差行为。(3)如果某人无法适应社

① Bruno F J. Behavior and Life. New York:John Wiley & Sons,1980.

② 龙冠海:《社会学》(第 5 版),(台北)三民书局 1971 年版。

会,就会出现社会化不足的问题,体现为异常行为。如母亲缺乏抚养和教养孩子的能力,就表现为适应不良。(4) 个人内在的主观感受也可以判断自身行为是否正常。如面对家人去世的情况,一般人都会难过,但如因此很长时间茶饭不思,极度郁闷,难以入眠,那就也表现为异常。

关于人类行为的正常和异常,有几点值得说明。其一,正常与异常的划分标准是相对的,在某些个人、地域和时段发生的正常行为,在其他场境中就可能被视为异常行为。原先认为异常的行为,随着社会变迁和认识深化,可能被视为正常行为。因此,采用单一标准可能会产生模糊结果,最好综合使用上述几个标准,并结合具体场境,还要留意相关的伦理和价值问题。其二,所谓异常,有优于常人和劣于常人两种,社会工作中较多关注劣于常人的异常。其三,按照社会工作视角,任何人都是独特的,异常只是体现为与众不同,并不表示该个体有问题。因此,正常和异常之分很大程度上是一种类型划分,不应该成为一种价值判断。

二、社会环境

(一) 社会环境的含义

社会环境是极其复杂的庞大系统。沃伦(R. Warren)指出,环境“较少指特殊的地理区域,而较多关注进行分析所在的系统关系,在此关系中的不同人在相同地点被连接在一起”①。卡尔斯和温德雷(Karls & Wandrei)认为,社会环境涉及日常活动的互动系统和影响社会功能的环境系统等领域,这些系统可能影响个人的福利和发展。本书认为,社会环境是影响人类生物遗传、心理状态及社会过程的外在系统,家庭、学校、团体、组织、社区、社会、文化等是其重要组成部分。

(二) 社会环境的多样性

多样性是社会环境的重要特点。人不可以只依靠自身完成各项人生发展任务;作为社会系统的元素,人总是处于家庭、群体、学校、组织、社区、社会、文化的单系统或多系统的交叉场境之中。家庭是个人所处的最早社会系统,是以婚姻和血缘关系或收养关系为基础的、以直接面对面的互动方式结合的基本群体。家庭具有横向和纵向两类关系,并体现经济生活、生育、教育、精神生活、抚养赡养等诸多社会功能。家庭教养模式是影响子女行为的关键因素之一,权威型、专制型、纵容型、疏离型等不同模式对子女行为有相应的影响。朋辈群体对个体的认知发展、行为塑造、情绪表达、精神追求及支持系统均有直接影响,在不同年龄段,在不同社会系统中,扮演不同角色。与家庭主要依赖婚姻和血缘关系有所不同,学校、组织、社区和社会则分别是依托学缘、业缘、地缘等而成的社会系统。

① Warren R. The Community in America. Chicago:Rand McNally,1963.

而文化则是人类创造出来的一切物质产品和非物质产品的总和,语言、文字等是文化的符号形态,哲学、科学、宗教、艺术、法律、习俗、社会规范、价值观、意识形态和后天习得的经验和技能都是文化的精神形态。它对人类心理有无形的影响,并最终通过群体行为表现出来。在人类所处的环境中,他人是最重要和最活跃的元素。人的生物发展、心理和人格发展、社会化过程一般在由他人组成的特定社会场境中进行。家人、同学、邻居、同事、朋友等是家庭、学校、社区、组织和网络中的不同类型他人。上述他人中,不同人士的角色和功能存在差异,这些他人会对作为主体的个人行为产生多种复杂影响。

社会环境还体现为静态和动态的统一。社会环境是相对稳定的,如文化、制度、组织等都是相对稳定的。与此同时,社会环境始终动态变化着。

三、人类行为与社会环境的关系

(一) 关于人类行为与社会环境关系的分析视角

不少宏观和微观理论对人类行为、社会环境及其关系进行了说明。在宏观方面,伯塔兰菲(Bertalanffy)的一般系统理论、勒温的场论、杰曼(Germain)的生态模型、帕森斯的结构功能论、马克思的冲突论、米德的符号互动论、布劳的交换理论、高菲克的民俗方法论等,都对人类行为与社会环境的关系作了别具特色的说明。

在微观方面,有些理论在解释人类行为、行为与环境的关系方面是很有见地的。它们包括埃里克森(Erikson)的生命周期理论、弗洛伊德的心理与性理论及人格发展理论、皮亚杰的认知理论、马斯洛的需要理论、柯尔伯格的道德发展理论、鲍尔比的依恋理论等。

在社会工作中,"人在环境中"是描述人类行为和社会环境之间关系的重要概念。"人在环境中"就是利用组织结构提供关于服务对象的人际、环境、心理和生理健康问题的简明一致的描述,主要用于说明成年受助者所面临的问题;但这些描述也可以推论到其他受助者。鉴于人和环境关系的重要性,"人在环境中"已被称为真正属于社会工作的特殊概念和理论。

(二) 人类行为和社会环境的基本关系

个人行为与社会环境的关系相当复杂,这种关系常常依具体问题、具体情景的差异而有所不同。大致说来,个人行为与社会环境的关系体现在如下几个方面:(1) 个人必须适应环境,处于一定社会环境中的人有能力改变自己的行为和学习社会环境所赞许的行为。(2) 社会环境影响个人行为。各年龄段人士所受社会环境的影响不同。一般而言,人格未充分定型、社会化未完成者受社会环境的影响较大;反之,个人行为受社会环境影响较小。社会环境变化越大,对个人行为的影响越大,反之则反。良好的遗传特性需要依托良好的社会环境才可以发挥出来。环境导致的幼年期行为偏差会影响其良好人格的形成;即使成年后社会环境较好,其情绪和行为的偏差依然存在。许多人长期受相同环境影响,会形成相似的行为和人格特征。(3) 个人会对社会环境有一定影响。个人受环境影响会有所行为,各类领袖的个人行为或许多人的一致行为也都会影响环境。(4) 人类行为与社会环境相互影响的力度并不对等,相对而言,社会环境对人类行为的影响要大得多①。

(三) 社会工作者要科学地分析人类行为和社会环境的关系

人类行为与社会环境的关系涉及社会学、心理学等多个学科的知识。社会学比较宏观,关注社会环境及其变化;心理学比较微观,注重人类行为的诸多方面。两者关系在不同年龄段也有所不同。真正领悟该关系,需要把握不同阶段的正常发展信息和特殊行为表现,摸索社会环境中对此发挥作用的影响因素。

如何看待和把握人类行为与社会环境的关系对社会工作有关键影响。人类行为和社会环境的知识是社会工作价值观、理论和实践的基础,社会工作者及其服务对象都是上述两个因素互动的产物。由于个体有自己的行为与环境,社会工作强调个体的独特性也就有了合理性。在社会工作实务中,服务双方与环境的各自状态和相互关系不断变化,社会工作者能否根据当时当地场境而体现实践智慧也就成为判断其实力的重要标志。

社会工作从整体角度看待人类行为。人类行为是在生物进化过程中旨在适应环境而形成的,同时,它也与社会环境时有互动。社会环境对于人类行为有着至关重要的影响乃至决定力。因此,社会工作认为,遗传和环境是人类行为的两个相互依赖的影响源,也就是说,不是简单认为人的困境来自个人还是环境,而认为该困境源于上述两者的不恰当互动。因此,改变个人、改变环境和改变两者互动都是重新达成人和环境间适应性平衡的专业手法。

人由出生到死亡的生命周期可以划分为儿童、青少年、成人和老年四个阶段。儿童阶段由出生开始到性成熟前,青少年阶段由性成熟到 20 岁,成人阶段由 21 岁到 65 岁前,老年阶段指 65 岁以后的生命历程。其中,成人阶段占人生一半以上,与工作年龄段大部分交叉,属于奉献阶段;其他阶段则需要得到抚养或赡养。每个阶段都表现出相应的行为特征,与社会环境的关系也各不相同。

第二节 儿童行为与社会环境

儿童阶段指由出生到性成熟前的人生阶段,可以分为 0—6 岁和 7 岁至性成

① 沙依仁:《人类行为与社会环境》,(台北)五南图书出版公司 2001 年版。

熟前两阶段。根据人类行为与社会环境的关系,儿童的正常和异常行为体现在生物、心理和人格、社会化等方面,社会环境对此有重大影响。

一、儿童发展理论

儿童发展理论是实务工作者的必备知识。有关儿童发展的理论众多,有些涉及儿童本人的心理发展,有些言及社会环境的作用,有些则说明两者的关系。

鲍尔比(Bowlby)的依恋理论认为,婴幼儿对母爱的需求十分强烈;同时,婴幼儿对父母分离会产生焦虑,他们不仅接受父母之爱,也会诱导双亲来爱他。如果在0—3岁期间缺乏母亲的抚育和照顾,儿童的生理、智力及社会发展均极其缓慢,可能发生生理和心理的病态。

皮亚杰的认知理论把个体行为背后的过程用信息处理来表达,研究个体获得、储存、转换和运用符号来作出智力活动的过程。该理论指出,0—2岁是感觉动作期,必须将视觉、听觉、嗅觉、味觉、触觉与动作结合,才能辨认物质,并基此逐渐了解世界。2—7岁是准备运作期,可以从概念前期思考到形成概念,进行直觉思考,将事物的主要特征拟人化,并以自我为中心。7—11岁是具体运作期,可以不经接触或掌握某事物就能想起该事物及其关系,并学会运算思维。11岁以上为正式运作期,已经学会用思想考虑任何事情,学会推理、分析、回想等,并能作许多假设。该阶段儿童已经与成人具有同样能力,但是知识不如成人丰富。上述每个阶段都是以前阶段为基础的,其发展是持续适应环境并对外界不断形成新认识的过程;该阶段也因此成为下阶段发展的重要基础。

弗洛伊德的心理和性理论在心理治疗方面影响深远。该理论认为,欲望是人类活动的重要基础,是一种心理和性的能力。人从出生到18个月是口欲期,快乐主要来自刺激嘴部的经验,如吮吸奶瓶;18个月到3岁是肛欲期,主要快乐来自刺激肛门的经验,他们可以在控制便溺中得到满足;3—6岁是性器期,快乐来自刺激性器官的经验,爱恋异性父母而仇恨同性父母;6—12岁是潜伏期,压抑或否认性方面的要求,男女儿童壁垒分明;最后一个时期为生殖期,压抑的性欲开始释放,对异性的兴趣得以恢复。在不同时期,儿童的各种需要都应该得到恰当满足,满足太多太少都会使人格发展受到影响,并可能导致其人格变异。

弗洛伊德的人格发展理论对社会工作的影响也相当大。该理论认为,人格发展经历本我、自我和超我三阶段。婴儿最早是本我,是与生俱来的欲望,旨在满足基本生理需求。幼儿期逐渐在父母教导下,可以区分他人与自己,3岁开始发展自我。本我遭遇挫折,欲望在现实中被粉碎,就产生自我。自我是现实取向的,常常为本我服务。到6岁才发展超我,超我是道德取向的,规定了个体应怎样和不应怎样,是对良知、是非、对错的判断。本我主要满足个人欲望,但往往被超我视为不道德,这样两者会发生矛盾,自我是其中的调停者。

埃里克森运用弗洛伊德的人格发展理论，同时强调社会环境的作用，提出了生命周期八阶段理论，该理论对社会工作的发展极具启发。该理论认为，人生各阶段都有任务，人要在其中的正反经验中发展出特定品质，完成任务后就会体现良好特征，否则就面临心理社会危机。婴儿的爱的需求和满足得以实现，就会形成信任意识，否则就会对他人产生不信任，影响以后的人格发展；2—3 岁时如果允许其探测环境或做力所能及的事，就会发展出独立意识；否则，就会感到羞耻疑虑，对自己的能力失去信心；3—5 岁时应该让孩子独立策划做游戏，这样他就会发展创造力和主动性，否则就会使孩子有罪恶感；此后直到性成熟前，孩子主要是从事学校学习，勤奋学习是其积极发展的需要；如果动机不强、学习能力差，就会形成自卑意识。

柯尔伯格（Kohlberg）的道德发展理论认为，人类道德发展可以分为前道德期、习惯期和原则期。前者为 7 岁前，分不清是非，这时的行为通过奖励和惩罚予以控制。中者需要遵守成人或他人的意见，实现社会期望的行为。

二、儿童阶段的特性

（一）儿童生理的发展

儿童的生物特性发展有一定规律。出生前，已经形成基本的身体结构和组织系统，生理成长极其快速；出生后到 3 岁是婴儿期和学步期，所有器官开始运作，身体和肌肉技能迅速成长；3—6 岁阶段，肌肉技术良好发展。就动作而言，儿童最早的活动由手开始，逐步过渡到脚和头可以活动，再进一步就是爬、坐、站、跑、跳等活动。6 岁到性成熟前，儿童的身体成长相对缓慢，但是力量和运动技能提高。在儿童成长过程中，环境因素有一定影响。良好的环境能促进儿童的动作发展，不良环境则反之；情况愈偏离正常，动作发展所受到限制越大。

（二）儿童心理和人格的发展

心理和人格是儿童行为的重要组成。出生到 3 岁期间，儿童已能学习、记忆、快速理解，其语言和自我意识得以发展。2—3 岁的儿童动作得到较好发展，可以做力所能及的事情，并逐渐形成独立意识。对于 3—6 岁的儿童，可以训练他们自己做游戏，发展其创造力和主动性。在此期间，儿童已由以自我为中心的行为转为对世界存在非逻辑的看法、享受玩乐、创造和想象。一般而言，0—6 岁儿童需要良性刺激，成人经常与他们说话、让他们观察可动之物会使他变得聪明。0—6 岁是重要的人格形成期，其动作、语言已逐渐成熟，认知、社会化、道德、家庭关系初步形成，人格基础已经奠定。在 6 岁到性成熟前的阶段，自我中心主义开始减弱，逻辑思维、语言和记忆功能有所增加，自我概念、自尊发展和朋友变得重要；他们已学会用符号。到 12 岁，思考及推理能力增加，开始有自我实现的能力。

社会化是儿童的重要任务。（1）0—6 岁儿童最早通过哭和笑表示情感，随后逐渐对亲近者有依恋行为,并开始与同伴和其他成人交往。正是在社会化过程中,他们逐渐发展了自我。在此期间,主要由家庭承担教化任务,父母训练儿童适当的行为规范,以使之逐渐合乎社会标准。后期,虽然家庭依然是生活的中心,但是托儿所或幼儿园老师、同伴等也有影响。作为照顾者,家庭成员和幼儿园老师的教养方式对儿童的语言发展具有重要影响。婴儿期末,儿童的语言逐渐发展,他们虽不能说完整句子,但其表达含义已经可以理解。在此期间,照顾者对儿童的理解及一些特别沟通技巧对儿童具有重要作用。(2) 学校和朋友开始成为6岁到性成熟前儿童的主要活动领域和交往对象。课程学习成为他们的主要活动。"在此阶段,游戏也已变得与课程同等重要"①,并会对儿童的身心发展、教育、道德形成、社会化发展等产生积极影响。9岁以后,儿童会有几位要好的同学和朋友,其关系甚至超过家人。对6岁到性成熟前的儿童,家庭经济和父母期望会对其学习认真程度和勤奋程度有一定影响,学校的规范和环境、同学和朋友则对其人格和发展产生相当大的影响。

三、儿童问题及对策

(一) 儿童成长中遇到的问题及成因

不同年龄儿童的行为问题有所不同。0—3岁儿童主要存在拒食、吮吸手指或咬指甲、心理自闭等行为问题;3—6岁儿童主要存在口吃、攻击性行为、沉迷电视等行为问题;6岁到性成熟前儿童的行为问题主要体现在多动症、强迫症、学习障碍等方面。社会学家、教育学家、心理学家对我国少年儿童的某项综合调查表明:当今少年儿童80%以上存在性格和气质缺陷。许多孩子存在娇气、骄横、任性、自私、懒惰、冷漠等不良性格,缺乏勇敢、刚强、大度、坚韧等优良性格。老师和家长也普遍反映,如今的不少学生都经不起挫折,受到挫折,轻则哭闹一场,重则不辞而别离家出走。可见,儿童行为问题确实已成为值得社会工作者关注的重要议题。

儿童问题行为离不开环境因素的影响。不同年龄段儿童所处的场境有所不同,但是都与家庭、学校、朋辈、社区、社会等系统有关。

家庭对儿童行为的影响表现在家庭形态变化和家庭教育等方面。当前,独生子女家庭和核心家庭越来越多。由于竞争激烈,父母为维持工作需要投入相当精力,亲自关爱、抚育、管教和照顾子女的时间比上一代减少,老人和幼儿园、学校则发挥着越来越大的作用。与此同时,大多数儿童是独生子女,是几个家庭和几代人的中心,缺乏与同伴竞争、合作从而共同成长的客观环境。再如,离婚

---

① 沙依仁:《人类行为与社会环境》,载李增禄主编:《社会工作概论》,(台北)巨流图书公司1999年版。

家庭对孩子也有相当大的负面影响。父母离婚会使得子女震惊、失落、紧张、愤怒及烦恼,导致他们出现学习成效下降或违规犯错的倾向。

家庭教育两极化值得关注。一是责任两极化。某些家长因忙于生计而无暇照顾子女,某些家长则连孩子的生活细节也事必躬亲,这些都一定程度上形成了儿童的无责任感、退缩、胆小害羞等特性,可能导致儿童不适应学校环境的严重后果。二是期望两极化。某些小康之家望子成龙,要求子女什么都学以实现全面发展。一些贫寒家庭则为维持生计整日操劳,没有时间为子女策划未来,子女自由发展是不得已的唯一选择。

培养后天超常儿童的现象比较盛行。当今社会,父母基于害怕孩子输在起跑线及期望孩子未来成就的动机,喜欢“超常”,被动跟风,将儿童的后天“超常”发展作为追求目标,并将学习成绩作为核心标准。其基本特征是拔苗助长,过度注重知识学习,而忽视或荒废其他方面的正常发展。这些都磨灭了孩子的创造力,带来了其他方面的行为问题,还牺牲了孩子的幸福;与此同时,这种现象还带来大多数不参与和“不超常”儿童的挫败感,从而给整个社会带来了巨大的负面影响。

虐待儿童现象时有发生。由于子女早产、性别不理想、智力落后、精神异常、不会回应父母之爱、表现差、婆媳斗争等方面的原因,某些儿童往往在身体和精神上得不到爱护和良好照顾,权利及地位被剥夺,甚至可能受到性伤害。这种行为都可能进一步导致儿童的智力不足、学习无能、自我概念不佳、无快乐、不信任他人和行为改变。

除了家庭之外,学校也是提供儿童学习知识、技术并且训练其社会化的重要场所,也对儿童行为有较大影响。通过学校生活,儿童由家庭为主的生活进入了家庭与学校并存的社会系统,老师和同学成为重要的交往对象。每个学校有不同的人员、规范、训练方法及校风,每个班级又有其次文化,每个同学也都有自己接受的观念和行为方式,这些都一定程度上塑造了学生的价值观和行为。学生的次文化一般与社会赞许的行为有很大差异,其行为偏差也会导致危及社会治安等后果。在我国,学校教育往往以知识传授为主,体育、德育和技能教育还没有取得应有的重要地位,很多学校尚未真正注重学生的全面发展,对儿童偏差行为也缺乏专门的咨询和辅导机构。因此,目前的学校教育并没有弥补家庭教育的某些不足,也没有在家庭教育的基础上有所提高。

儿童行为还受社会环境中其他因素的影响。某些人坚强奋发、刻苦耐劳、追求卓越,某些人无所事事、得过且过。不少人追求个人发展,而缺乏对家庭和社会的责任。住房拥挤,缺乏运动和休闲场所,缺乏休闲和娱乐的宏观指引;而学校周围和其他地方的各种不良场所不断出现,传媒也频频发送各种积极和消极的社会信息。由于儿童缺乏正确的价值和道德判断,模仿学习的能力又很强,因此，各种不良习惯和行为对其正常发展和社会化产生一定的消极影响。

（二）舒缓或解决儿童问题的策略

儿童面临的不少问题是其与社会环境的互动结果。根据社会工作的基本思路，社会工作者既应该努力依托专业技术修正儿童的偏差行为，也应该针对影响儿童正常和健康成长的社会系统采用合适的干预手段。

社会工作要把握不同阶段儿童的基本特性，剖析其行为问题的微观机制。如果问题源于认知偏差，则可以采用认知疗法，修订其认识。如果儿童问题是行为学习不当导致的，则可以采用行为治疗法指导其领悟正确技术。总之，如果问题源于儿童本人，那么，利用专业手法改变其本人，就成为社会工作的重要策略。

社会工作者也应该领悟儿童行为问题的宏观原因，并采取相应策略。社会工作者可以在协助儿童积极改变的同时，协助其所在家庭的环境改善，协助父母成长，为儿童提供直接、良性的学习对象。社会工作者可以推动教育系统的改变，把学校社会工作作为学校的重要部分，设计有利于儿童正常发展的课程模式，营造良好的校风、教风和学风。社会工作者可以推动和协助社区净化学校周边环境，促进学校和社区的双向交流。社会工作者可以倡导政府出台有利于儿童发展，促进家庭、学校、社区良性互动和资源整合的政策，鼓励儿童服务机构的成立与发展，不断优化儿童发展的外在环境。

第三节　青少年行为与社会环境

青少年阶段由性成熟开始到20岁，是个体身心发展的关键时期。由于性发育成熟，青少年在生理、心理、人格、社会化等方面都体现出不稳定发展的特性。作为一个承上启下的重要阶段，本阶段也常常被称为成长期、混沌期、危险期和反抗期。

一、青少年发展理论

青少年发展理论是不少学者关注的重要领域。皮亚杰的认知理论、埃里克森的生命周期理论、柯尔伯格的道德发展理论等对青少年的发展特性都有所涉及。

皮亚杰的认知理论认为，青少年年龄段属于正式运作期。他们已经学会用思想考虑任何事情，学会推理、分析、回想等，并能作许多假设，并会运用一些创造性的思考。

埃里克森的生命周期理论特别强调青少年时期的认同发展，并认为这是自我发展的关键环节。该理论指出，青少年时期的特色在于身份意识，需要将许多成分整合起来。如果整合不好就会发生身份与角色的混淆,导致身份危机。该阶段青少年有关身份和角色的困难在于:(1) 原有角色是否需要继续?他们难于分辨哪些角色需要继续而哪些角色可以放弃,有迷茫感。(2) 社会认同其延缓承担责任,因为他们尚未真正选择某种行为方式。(3) 如果其积极性未予发挥,其消极性就会产生。

柯尔伯格的道德发展理论认为,青少年处于习惯期,需要遵守成人或他人的命令,实现社会期望的行为。他们认为,良好行为可取悦他人,从而有强烈动机去获得他人赞赏。他们对于法律有强烈信念,行为服从较高权威,认为社会秩序重要。

二、青少年阶段的特性

(一) 生理及心理特征

青少年时期需要完成相应的人生任务。他们需要接受发展成熟的体格特征,扮演性别角色,建立与同性和异性的新关系,在感情和生活上逐渐自立,发展人格所需的智能和概念,面对升学、就业、婚姻的选择并进行必要准备。

青少年在性成熟后,生长迅速,生理机能逐步加强。女孩的身高增加大约先于男孩 2 年左右;无论男孩、女孩,他们的身高每年增长 6 ~ 8 厘米;到 14 岁左右,男孩的身高又将超过女孩。与此相应,他们的体重也稳步增加,女孩 13 岁前和男孩 15 岁前,体重每年增幅为 5 ~ 6 公斤。其中,女孩体重和身高同时开始,男孩的体重增加大约晚于身高增加 2 年。与此同时,青少年的骨骼、肌肉、皮下脂肪及神经系统等也逐步发展,出现第二性征并开始具有生殖能力。17 岁以后,青少年的生理继续发展,并逐步走向成熟。

由性成熟到 17 岁被称为青少年前期,他们在一定程度上能够了解自己是什么样的人,将来可做什么事情。在面临健康、生理、学业、友情、发展等问题时,他们拥有想象能力,好争辩,期望不受权威人士管制,能在所处各个社会系统中处理好相互关系。由于其能力与期望存在差异,他们要求独立但本身能力尚不足,从而导致内心矛盾。他们还没有完全了解自己的长处及不足,无法准确制定学习志向、职业选择及其他发展计划。该年龄段青少年的情绪和行为不太稳定,转瞬之间可以由一个极端转向另一个极端。在对许多事情尚存迷惑的同时,同辈团体是青少年的一个重要支持源,青少年可以从同辈团体那里获得感情、同情与谅解;也比较容易接受同辈团体的行为标准,而无论其是否符合社会规范。该阶段的特征往往被学者们渲染为反社会的、敌对的、不服从的,社会对十几岁的青少年是不欣赏的甚至敌对的。

18—20 岁被称为青少年后期,青少年的很多方面逐步成熟,其人格发展逐渐独立于父母。他们比较关注个人外表、学习成绩、升学、职业、经济状况、异性朋友等人生议题,解决问题的方法逐步老练。随着年龄增长,不少人开始离开父母而独立生活,能独立作一些决定。他们通过部分人生事件增长了阅历,其自由、地位和权利有一定增加,意见也较受父母及其他权威人士重视。其心理和经验发展使得他们已经逐步控制情绪,行为比较稳定成熟。与此同时,父母则给他们许多压力,他们一方面希望孩子独立,另一方面又希望孩子继续依赖他们,因此,他们向孩子输出的信息比较混乱。

总体而言,由性成熟到20岁,青少年的抽象思维和科学推理能力不断提升,自我中心继续发展,并努力寻求自我的身份,他们在同辈群体帮助下快速发展。

（二）社会关系方面的特征

青少年时期的家庭、学校、同伴和社会等方面呈现出各自的特征。首先,少年和青年与家庭的关系有所不同。沙依仁认为,多数少年与家庭关系良好,冲突或敌对情况较少出现。其中,中上阶层的家庭比较关注孩子的表现,父母对子女的不良行为比较焦虑,但是也可能因失望而对孩子不加爱护。与此同时,贫寒家庭则由于忙于谋生而对子女教育不足和不当,使子女缺乏应有的父爱和母爱,他们的许多其他需求也没有得到满足。一般而言,越轨少年多出现在家庭管教不严的家庭。与少年不同,青年与朋友的关系要好于少年,他们经常与朋友沟通,真正的私人信息不愿告诉父母,但与父母依然保持比较良好的关系。作为青少年生长的传统系统,正常的家庭尊重青少年的独立性,在发现其学习、就业、交往中的异常行为后,会进行积极沟通,并提出建设性对策。但是,不少家庭或者对青少年管得过松,听之任之;或者反之,不给孩子自由。这两种极端倾向都不利于孩子健康成长。

其次,学校是青少年社会化的重要机构。目前,国内的学校依然以升学率为主要目标,价值观、技能、职业道德等得不到多数学校的重视,成绩依然是评判学生优劣的核心标准。在各级学校中,基本没有体现教学双方的平等关系,学生是学校的弱者,对学生的体罚甚至侵犯也时有耳闻。在本年龄段,青少年与双亲和教师关系疏远,与同伴极其亲密。与儿童阶段不同,青少年的同学和朋友已成为社会支持网络的重要部分,并会对其人生产生重大影响。

宏观环境对青少年的影响扩大。青少年的学习、模仿等能力比儿童有了长足进步,而社会环境对他们的信息输入也越来越多。传统传媒和宣传载体的功能日益强大,互联网等新兴媒体又不断发展,信息爆炸成为不可扭转的社会现实。在此社会背景下,部分青少年过早了解社会,少数青少年受到社会负面信息的不良影响;少数青少年则沉迷于虚拟空间,疏离社会,对在社会上独立生活准备不足。

三、青少年问题及对策

(一) 青少年问题及其解释

青少年行为问题的表现形式很多。逃学、早恋、婚前性行为、适应不良、心理失调、精神病态、人际关系紧张、吸烟、吸毒、酗酒、沉迷网吧、少女怀孕、亚健康、暴力行为乃至犯罪等都是青少年行为问题的重要表现。家庭不完整、不和谐或陷入经济困境的青少年更有可能出现行为问题乃至不良行为①。

学术界主要有以下理论说明青少年的行为问题。(1) 社会控制理论认为,如果文化规范、道德信仰和相关人物不足以规范青少年行为,那么他们就可能出现越轨行为。青少年的多种行为问题显然与追求享乐、注重短期利益等风气,转型时期的社会失范有关。如不少青少年就是因为追求及时行乐但自身实力不足而走上犯罪道路的。家庭关系不完整或不和谐的青少年更有可能出现不良行为,则是相关人物无法控制青少年行为的一个例证。(2) 社会学习理论认为,观察学习是获得知识的重要途径,而朋友就是学习的重要对象。如果自己的想法或行为得到朋友认同或者认知奖励,则其本人就学习到新的规范。青少年喜欢与同类人交往,吸烟、吸毒、酗酒、沉迷网吧等可能就是学习朋友的结果。(3) 拉力理论认为,边缘化、挫折、脱离学习与工作、低成就、社会不平等感等会引发青少年的越轨行为。如果害怕孤独,青少年就喜欢集群。如果不良行为者在努力改正的过程中,依然受到社会的歧视,他们就会受到同伴的拉力,累犯的可能性就相对较高。(4) 认知发展理论认为,早期行为影响后期行为,并可能是后期行为的前兆;认知偏差可能会导致行为方面的后果,"一朝被蛇咬,十年怕井绳"体现的就是这个道理。幼时对事情是否有信心、把握信息是否理性、自我控制感如何,都会一定程度上影响他们在青少年时期的行为。如当青少年在网吧聚会感到快乐时,他的自我保护意识就会削弱,继续其行为。事实上,解释青少年行为问题的理论不少,整合多个理论对此进行分析是把握青少年特性、舒缓行为问题的有效手段。

(二) 疏解问题的社会工作对策

社会工作是舒缓和解决青少年问题的手段之一。根据社会工作的视角,青少年的行为问题主要在于其人与环境的不适当互动,表现为个人原因和环境原因两大类;其中,有些原因不可改变或很难改变,另一些可以改变。推动可变的个人或环境因素积极变化,是帮助青少年与社会环境达成平衡的根本手段。

针对个人方面的原因,一般可以采用微观或临床的社会工作手法。如心理失调问题就可以采用肌肉松弛法、系统消敏法来解决。针对越轨问题,如果是因

① 顾东辉、桂勇:《上海社区青少年调查报告》,上海市团市委专题研究报告,2002 年。

为青少年没有认识到行为是否越轨，那就可以采用认知治疗法；如果是因为青少年不懂如何进行规范行为，那就可以采用行为治疗法。

针对社会环境方面的原因，社会工作应该根据具体原因分析采用相应对策。如人际关系不佳如果源于青少年缺乏交往技巧，那就可采用社区工作手法，出台针对性的教育项目，进行交往知识的教育。再如，青少年犯罪增多可能有教育不力、打击不力的原因，也有媒体的副作用，那就可以在加强教育的同时，制订相应的惩治政策，并对媒体宣传制订相应操作规则。由于青少年行为问题的原因机制极其复杂，而青少年又以学校为主阵地，因此，针对可能的多个原因采用整合手法，以学校为基本依托，整合家庭、社区、社会的多方面资源提供专业服务，是舒缓、解决和预防青少年行为问题的重要方法。

第四节　成人行为与社会环境

成人期为 21 岁到 65 岁前，需要完成学业、就业、结婚、生育、退休等重要人生任务。在本阶段，个人可以积蓄生活和发展资源，开始承担抚育儿童青少年及赡养老人的责任，并开始对社会有所贡献。本阶段所占的时间比例大，完成的人生任务多，面临的问题也多，是人生的核心时段。

一、成人的行为理论

成人行为有其固有特性，斯通(Stone)和邱尔奇(Church)的健全成人特性理论、埃里克森的生命周期理论、柯尔伯格的道德发展理论、荣格的分析理论等对此都有相应的说明。

根据斯通和邱尔奇的健全成人特性理论，本阶段的人格发展分为理想的成熟类型和问题/病态类型。理想的成熟类型特征如下：能记住过去但并不深陷其中，能适应也能改变；能自决并在无法回避的框架内操纵自己的命运；不仅能学习知识而且能运用所学知识明智地解决生活问题；熟悉现实，感悟并容忍许多模糊或矛盾的事情；贵在自知，了解和容忍自己的长处和不足；重视人际关系，进行爱的施受；有责任心，关心社会问题及其舒缓办法；民主，有自己的意识观念并能坚持；容人，并有一定程度的独立思考；企图提高行为水平努力使自己不被社会排斥，但并非不经思考就接受现成价值观念；展望未来，能珍视自己的生命及机会，同时注意自己的安危。

埃里克森的生命周期理论认为，本阶段属于生命周期的第六期和第七期，有两项任务：其一，进一步社会化以促进人际关系，寻求与异性建立亲密的互爱关系。如果没有成功完成上述任务，就会有一种孤独感。其二，事业发展。人格健全的人士已经成家立业、事业有成,并身有余力帮助他人,有相当强烈的利他情结。而自利的人通常只顾自己,不顾他人,因为他觉得“我最重要”。

柯尔伯格的道德发展理论认为,本阶段处于原则期,有基于思考和分析而得的内部行为守则,能自控自己的行为。其道德观念包括个人人权和民主可接受的法律。他们认为法律是必需的,同时必须是合理的、经过思考的。他们也认同,道德观念具有个人的守则和良知,伦理可以超越法律。

荣格的分析理论认为,自我是个人与外界妥协的结果,必须到40岁才发展完全。40岁至老年开始前,会发展内在的和特殊的目标,追求自我实现。青少年和成年初期需完成自我身份,而自我整合和自我了解需在人生后半阶段完成。

二、成人阶段的特性

成年期大致以40岁为分界,40岁前后的生理特性存在不少差异。人的身体发育一般在22岁左右基本完成;22~35岁期间,生理器官状况良好、生理机能优良、抗病能力强劲、体力精力充沛、生殖能力旺盛,是生理发展的黄金时期。此后,随着年龄增长,身体机能逐步下降。40岁以后,生理状况开始衰退。不少人开始发胖,腰部、腹部和臀部的脂肪增加;少数人则出现干瘦,头发稀疏或变白的生理特征。与此同时,人的生理机能也开始减退。感觉、视觉和听觉衰退,运动能力和速度下降。由于更年期出现,两性的性功能都有所下降。在机能下降的同时,身体疾病也开始出现。骨折、骨质增生、心血管疾病、糖尿病等发生率随着年龄增加而有所上升。因此,成年期的生理状态大致呈曲线分布;35岁前的身体各方面状况大致表现出较高水平,此后,生理指标逐步衰退并逐渐向老年特性靠拢。

40岁前,他们进行了多个角色的转型。他们逐步完成学业、从学生转变为工作者,并拥有了新的身份和地位。通过学习和训练,他们的认识能力和实际操作能力上升,个人特长在工作中得以体现。他们开始真正承担公民的责任和义务,并体现出符合其身份的社会行为。他们中绝大部分人会在35岁前结婚。在选择伴侣并结婚成家后,他们学习与配偶共同生活的技巧,生育抚育儿女,家庭管理和子女教育已成为他们的重要责任。进入成年期,人的心理发展比此前有所进步,性心理已成为其价值体系的有机组成部分。他们心智活动活跃,社会关系不断发展。他们需要与同性朋友、亲戚、主管、同事维持和谐关系,否则就会孤独无依。夫妻关系在40岁前具有重要地位。如何在夫妻之爱中使精神、性和手足实现三爱一体是追求婚姻美满必须面对的重要课题。

40岁后,他们的诸多方面发生了变化。其一,情感趋于深沉稳定。他们的兴趣较多地体现个性,持久性也加强。由于家庭角色、工作角色、社会角色的长期并存,他们的人际关系多元化,加上长期的学习、反思和积累,他们在流体智力下降的同时，晶体智力上升①，会熟练处理各种社会关系，解决问题更加充满智慧。在此阶段，人的性格完全定型，意志成熟坚毅，情感控制力加强，道德感和理智感上升，比较关注生活的意义。其二，婚姻更加务实。婚姻中责任已超越情感，成为维系夫妻和家庭稳定的关键因素。随着孩子长大，家庭结构发生改变。子女住校使得家庭由热闹到冷清，多数子女成家后另安新居，很多成年人生活在空巢家庭，家庭逐渐变得冷清，寂寞无趣是面临的新问题。因此，信任沟通是保持婚姻稳定的法宝。其三，本阶段是事业成败的关键期。由于年资、经验、人脉的多年累积，不少优秀人士的才华和潜能得到发挥，在事业、地位和财富上达到巅峰，其自我实现需要得到满足。而大部分普通人士，在事业、收入、地位等方面则缺少如此体验。其四，更年期综合征是本年龄段人士的特有体验。一般而言，女性在 45 ~ 55 岁会出现更年期。生理变化导致了情绪波动、性格改变、烦躁易怒、消沉抑郁、焦虑恐惧等一系列行为问题；男性更年期比女性稍晚，其反应虽没有女性明显，但情绪低落、自信下降、健忘、注意力不集中等也是不可回避的客观事实。

三、成人问题及对策

（一）成人阶段的主要问题

成年期需要完成诸多人生任务，如果某些任务完成得不圆满，就可能引发成年人的各种各样的行为问题，其中，最值得关注的是婚姻、压力、就业等问题。

成年人的婚姻生活面临不少新议题。不婚、晚婚、不育是现代社会尤其城市社区的客观现象之一。男女决定结婚还是独身是推力和拉力斗争的结果。② 父母赞成、成家欲望、同事的榜样作用、婚姻浪漫化设想、生理吸引、情感的依附和爱恋、希望获得安全和社会地位等是拉动结婚的重要变量；而事业发展的机会多、可以扮演多种角色、自给自足、可获得性生活、拥有机动性与变化的自由、心理及社交上自主等则是把人推向独身的关键因素。婚姻危机是不少家庭面临的客观现象之二。一般而言，婚后第 6 年是危险期；其环境原因在于双薪家庭压力大、都市中不良场所多、负面文化影响等方面，个人要素在于婚后沟通不良、调适不佳、一方专注事业而对家人或家务疏忽、一方或双方有外遇等。一般而言，中年男子由于经济宽裕和性能力尚可，而妻子又有冷淡表现，相比而言，他们的外遇相对于女性较多。沙依仁认为，夫妻应注重关系调适：双方应该具有成熟的个

---

①　流体智力是一种以生理为基础的认知能力，如知觉、记忆、运算速度、推理能力等。晶体智力主要指通过社会文化经验而获得的智力，如语言文字能力、判断力、联想力等。流体智力随年龄的老化而减退，而晶体智力则并不随年龄的老化而减退。

②　德勒格、简达著：《心理卫生：现代生活的心理适应》，林彦好、郭利百加等译，（台北）桂冠图书公司 1991 年版。

性,有传统道德规范和勤奋进取之心,婚前应有深厚感情,婚后更要良好沟通和长期稳定的调适,注意夫妻分工和家庭多功能运作,不断学习和担当家庭责任,注意生活情趣的培养,保持新鲜感或制造惊喜,多注意对方优点而谅解其缺点,不同意见夫妻进行商议。

生活压力是成年人不得不面对的现实议题。他们承上启下,既要抚育独生子女,又要赡养多位老人。具有独生子女身份的成年人面临较上代人更大的整体压力,但因缺乏上代人的人生体验而只能在面对压力中学习应对压力。随着中国经济进入新阶段,当今的成年人也需要比上代人面对更多的发展副产品,需要在工作阶段兼顾照顾他人和参与社会等具体任务。此外,有两种压力特别值得关注。一是"失独"问题。由于实行独生子女政策,某些成年人一旦失去其独生孩子,其人生很可能会走下坡路,生活也会失去希望,从而不得不面临比其他人更大的压力和问题。二是"融入"问题。目前,许多来自农村的成年人已生活在城市。在物质层面上,他们正逐步适应城市;在精神层面上,他们还没有融入城市和被城市人接纳。凡此种种,新发展和新阶段都会给成年人带来新问题,如何协助他们应对压力,就成为社会工作者必须直面的现实任务。

失业在中国尤其是城市地区已成为成年人的重要负面事件。产业布局的重组、产业结构的调整和技术设备的进入,使得人力资源结构与产业结构的错位,高层次人才的短缺和低层次人力的过剩,不少成年人面临结构性失业。与此同时,不少人在就业意识、劳动技能等方面也存在欠缺。他们对就业形势判断存在偏差,过高估计自己能力,就业信心不足。在成功就业者群体中,就业不足也是一个客观现实。部分人士大材小用,能力高于岗位要求,从而造成人力资源浪费;部分人士的劳动时间不足,收入不足,从而无法体现应有的社会功能。失业使得人与环境失去适应性平衡,可以从促进劳动者自身权能和推动其所在环境改变两方面开展社会工作:前者包括获得更多非正式支持、加强自信等,后者包括服务部门自身强化权能、政府出台相关就业促进政策、社会舆论进行良性导向等①。

(二) 社会工作对成人阶段的应对

社会工作者应该针对成年人问题和需要,开展相应专业服务。其一,剖析成年人面临的问题和需要的原因机制。这些原因可能来自成年人自身的行为和其他特征,也可能来自社会环境中的家庭、学校、组织、社区、社会、文化等系统。其二,提出若干候选工作方案。其三,综合考虑人力、物力、财力、时间等诸多因素,在候选方案中选择最合适的方案。其四,制订相应的工作计划,背景、问题分析、

① 顾东辉:《下岗职工的非正式社会支持与求职行为——以上海为例》,载王思斌主编:《中国社会工作研究》(第一辑),社会科学文献出版社 2002 年版。

工作目标、实务模式、工作内容等都应该成为该计划的重要组成部分。其五，推行工作计划，提供专业服务，并在工作过程中根据实际情况进行恰当应变。其六，在达成预期目标后，逐步结束与服务对象的工作关系，并对项目执行的结果和过程进行评估。

鉴于成人行为问题的多元性和复杂性，社会工作者应该兼顾积极预防和消极治疗，注重事情的轻重缓急，激发工作对象的自身能力，助人自助，帮助其解决问题，满足需要，从而努力促成最大程度的社会公正，实现社会工作的工作目标。

第五节　老年行为与社会环境

老年期为 65 岁以后。除时间年龄外，判断是否进入老年期还有生理年龄、心理年龄、社会年龄等指标。生理年龄指实际生理指标达到老人的平均水平，心理年龄以个人的心理健康状况为标准，社会年龄则以某些社会指标为参照。有人在 50 岁就已成为生理意义上的老人，有人可能在 70 岁尚未如此；就心理指标而言，有人人未老心先老，有人则鹤颜童心；就社会指标而言，退休、孙辈出生等都是其重要信号。上述四种老年指标并不一致，时间年龄由于简单可比而成为一种最常用的判断标准。

一、老年行为和社会理论

老年是人生的最后阶段，有关其生理老化、行为变化、社会角色、生命终结等方面的理论众多。埃里克森的生命周期理论、伯克莱（Berkeley）的成长研究、卡明和亨利（Cumming & Henry）的老年撤退理论、伯基斯（Burgess）和哈维格斯特（Havighurst）的活动理论从不同视角对老年行为和特性作了说明。

埃里克森的生命周期理论认为，老年期主要对一生成就进行反思。具有整合意识的老人，会觉得生命十分美好，过去没有虚度，有相当的成就感。具有绝望特性的老人会觉得人生失败，一事无成，机会不再。老人面对的任务，不是以整合意识来战胜绝望观念，而是在完整的体验中达成两者的平衡。

伯克莱的成长研究发现，老人人格和适应情况可分为如下类型：(1) 成熟型：前半生顺利成功，平稳进入老年，客观接受退休和老化，不悲不弃，不过于进取也不过于防卫。(2) 摇椅型：不拘小节，胸无大志。认为退休正好可以安享晚年，放弃责任。得过且过，对年老无恐惧感。(3) 防卫型：防卫心强，固执刻板。守规负责，退而不休以保持活力和消除对衰老的恐惧。(4) 愤怒型：有失意经历，非常伤感，将失败归于他人，藐视他人，满腹牢骚，与人敌对，最后以悲剧结束。(5) 自怨自艾型：有不得志经历，但将之归咎于自己，因此意志消沉，认为人老无用等。

卡明和亨利的撤退理论认为,老人不一定是中年期的延长,而是从现存社会角色、人际关系及价值体系中撤离。这种撤退并非社会力量压迫的结果,而是老化现象中一种内在的成长过程,使老人形成自我中心、自我满足的现象。脱离了社会,就可以避免许多社会规范的束缚,安养天年。这对个人和社会都有积极意义。

伯基斯、哈维格斯特等人的活动理论强调,社会互动对每个人都有同等价值。个人的角色建立在工作、婚姻和与社会联系及社团参与的基础上。如果老年人失去工作和社交活动,又不能在其他地方找到替代角色或建立新角色,就会成为"没有角色的角色"。这种情况无论是自愿的还是所迫的,最终将导致其放弃身份,其社会价值及自我形象也就变得模糊。因此,老年人在精神上和心理上与外界保持接触,有活跃的社交生活,积极开辟新的生活形式,才能获得维持开朗的心境,获得快乐与健康。

二、老年阶段的特性

生理衰退越来越显著。进入老年期后,各项生理功能和认知能力发生较大退化。他们的皮肤老化加剧,毛发脱落增加。由于脊椎弯曲、骨质疏松等原因,他们的身高有所降低,肌肉灵敏度下降,心血管运行效率降低,味、听、触觉等弱化,记忆力下降,性趣和能力减弱。与此同时,各类老年疾病也开始出现,身体逐渐依赖他人。

角色发生多角度改变。老人会经历退休、儿女离家、丧偶等重大人生事件,他们的角色由在职者变为退休者、由照顾者变成被照顾者、由有配偶者变为鳏夫或寡妇。虽然退休使得闲暇时间增加,部分人尤其健康不佳者感到高兴,但是,多数人对此有失落感,心理上抗拒退休,因为他们觉得,失去工作就是失去自我观念的核心和失去社会的尊重,经济收入也会减少。因此,老人的社会撤退和责任解除,使得他们的智力逐渐衰退和吸收新知识能力下降,社会参与少,越来越封闭,从而社会地位减退,社会化功能越来越差。积极参与社会活动就成为减少老人衰退或贬值的积极应变手法。

认知和心理变化也是老年人的重要行为特性。进入老年期后,他们的流体智力和晶体智力都下降,但是后者的下降幅度较小。他们的思维内容偏重对角色改变、过去生活和余热发挥的认知。一般而言,老年人的自我中心思维比较严重,较少从客观角度看问题。他们对过去生活的表现有不同看法,有些人感到比较平衡,有些人感到绝望,埋怨自己或愤恨别人。在心态上,他们对自己、他人和工作态度不积极,没有新的兴趣和动机,对新角色也调适不当。与此同时,老年人的自我意识也表现出特殊性。何时认定自己开始进入老年期,体现了他们的生物性自我;个人的幸福观、未来观和生活观体现了他们的社会性自我。他们的人际交往范围一般会减小,但是,已有人际感情会更加深刻,已有人际结构会在长期考验后更加稳定,人际交往内容也会与原来相比发生许多变化。

社会环境对老人行为具有重要影响。老年人的行为特性会受到自身因素的作用,遗传、家庭社会经济地位、教育程度和生活方式等都在一定程度上会影响老人行为;同时,社会场境也对他们的行为产生一定制约。如赫洛克(Hurlock)认为,在富裕社会中老人的地位和权势一般较高,在贫穷社会中老人受到厌弃。如果社会主流意识形态认为老人希望摆脱要求他们具有生产能力和竞争能力的社会期待,愿意摆脱社会和扮演比较次要的社会角色,从而志愿脱离社会,那么,该社会可能就较少给老人予发展机会,老人就会较快地成为依赖人口,并体现出消极的行为特性。如果社会政策只为老人提供基本的身体保障需要,老人的消极行为特性就会在心理需求和社会需求无法满足的情况下而得到加强。

三、老人问题及对策

(一)老人的主要问题

老龄化是当代的普遍社会现象。由于生产中人力消耗的减少、医疗条件的改善、营养的保证,人口的人均预期寿命逐渐上升。在上海、北京等经济发达城市,人均预期寿命已达到发达国家和地区的水平。与此同时,独生子女政策的推行,育龄人士的不婚、晚婚、不育的客观现象,使得老年人在总人口中比例不断上升。老龄化、高龄化已成为当代中国尤其城市中值得关注的社会现象。由于角色转型和行为特性,老年人会面临诸多问题和困扰。

其一,经济收入减少。在城市社区,65 岁以上的老人一般已离开工作岗位,退休金是绝大部分老人的唯一收入,其收入水平比在职期间有一定下降。在农村社区,随着年龄增大,老人的劳动能力下降,直接参加劳动获得的收入也会下降,某些人甚至无法参加劳动而需要子女抚养。因此,收入减少是老人面临的普遍困境,与子女同住的老人,其经济大权也逐渐旁落,安养问题开始成为家庭负担。这使得他们的权力下降,并不得不精打细算,这些都相当程度上影响了他们的其他生活。

其二,情感生活弱化。退休使他们与工作伙伴的联络减少,子女结婚离家使他们与子女的沟通方式改变、联络密度减弱,配偶疾病更使得他们失去相依为命的生活伴侣,城市化加剧使得生活在都市且感到孤独的老人越来越多。由于年龄增长,老人出外参与社会活动和与其他人士接触的机会也逐渐减少。所有这些都会使得老人的情感生活日益单调,孤独感越来越强。

其三,各类疾病增加。随着生理的老化,老人不可避免会出现越来越多长期病和其他生理疾病,抑郁症、老年痴呆等情绪、精神偏差发生的比例也有所提高。

由于收入减少和社会资源不足，不少患有长期病的老人得不到疗养机构和医疗机构的护理，缺少照顾者，其许多生理和心理需求无法得到满足。

其四，社会排斥严重。由于老年人的整体老化和弱化、社会过分注重经济、物质以及功利主义加剧等因素，老年人的社会参与下降，被其他群体的接受度不高，所得到的他人尊重较低。因此，老年人的总体参与较低，很多老年人往往被直接排斥在政治、经济、文化和社会生活之外。

（二）加强老人服务的对策

老人是社会的贡献者和建设者，是青少年和成人未来必经的人生阶段。无论是按照权利原则还是按照贡献效益呼应的公平原则，老年人的需求都应得到社会的保障。

社会工作应该维护老人权益、促进老人功能。社会服务人员要积极了解老人的根本需要和主要需要，协助恢复其社会关系，避免社会隔离；对不可恢复的功能，防止其恶化；整合资源，解决他们的问题与满足他们的生活需求。社会工作人员要通过各种手段，鼓励老人在力所能及的情况下积极参与社会生活，扩大老人的社交圈，丰富与社会的联系，充实晚年生活。社会工作人员要积极鼓励子女与父母共同生活，充满孝心地奉养父母，使得他们享受天伦之乐。社会工作人员要在举行针对性的个别服务和小组服务的同时，多开拓适合老年的教学训练项目和其他社区服务项目，训练老人的社会适应技巧，强化老人的自我权能。

政府作为强大的资源拥有者和分配者，要在动态预测老人各方面信息的基础上，逐步完善各项老人社会保障政策，确保其基本生活和健康，维护其各项合法权利，推动其积极的社会参与，并适时进行动态修订，保证他们同步享受社会发展的成果。只要社会工作者及相关机构和部门不懈努力，老人应该会有更好的晚年生活。

儿童、青少年、成人和老人是人生的不同阶段。各阶段人士的生理、心理、人格和社会化等方面体现出各自的一般特征。在同一年龄阶段，不同个体的特征也存在不少区别。这些区别一方面与遗传等个人因素有关，另一方面也离不开社会环境的影响。个人生活的社会环境主要有家庭、社区、学校、就业单位、群体、社会、文化等系统，人在不同年龄段会受到其中一个或多个系统的影响。事实上，不同个体的行为特性正是个人因素与社会环境因素综合作用的结果。

儿童、青少年、成人和老人都是社会的有机组成。在发展过程中，上述年龄段的人士会在生理、行为等方面体现出各自的一般特性，也会面临该年龄段的特有问题。把握问题、分析原因、提出思路是社会工作理论工作者和实务工作者的责任。本土工作者需要整合外来工作技术和本土文化，形成合理合法的、有针对性和可行性的服务思路，在一定程度上舒缓和解决各类人士的困境。达成如此目标正是以社会工作者对人类行为、社会环境及其关系的把握为基础的。

推荐阅读文献

阿什福德,雷克劳尔,洛蒂.人类行为与社会环境(2版).王宏亮,等,译.北京:中国人民大学出版社,2005

德勒格,简达.心理卫生:现代生活的心理适应.林彦好,郭利百加,等,译.台北:桂冠图书公司,1991

沙依仁.人类行为与社会环境.台北:五南图书出版公司,2001

夏菲.发展心理学(6版).邹泓,等,译.北京:中国轻工业出版社,2005

张春兴.现代心理学.上海:上海人民出版社,1994

Karls J M, Wandrei K E. Person-in-Environment. In Edwards R L(ed). Encyclopedia of Social Work(19th ed). Washington, DC: NASW Press, 1995

Papalia D E, Olds S W, Feldman R D. Human Development. 7th ed. Boston: McGraw Hill, 1998

Piaget J. in Brouno F J. Behavior and life. New York: John Wiley & Sons, 1980

Queralt M. The social environment and human behavior: A diversity perspective. Boston: Allyn and Bacon, 1996

Schriver J M. Human behavior and the social environment: Shifying paradigms in essential knowledge for social work practice. 3rd ed. Boston: Allyn and Bacon, 2001

第六章

社会工作的理论基础和知识体系

自19世纪末20世纪初以来,社会工作作为一门学科,其知识体系吸收并融合了社会科学中不同的理论,同时也在实践中发展出独特的概念和理论模式。自1915年弗莱克斯纳(A. Flexner)提出“社会工作是一门专业吗?”这一问题以来,是否具有系统的理论和知识基础就成为判定社会工作专业发展与成熟的重要标志。社会工作专业的先驱人物玛丽·里士满在其代表作《社会诊断》(1917)一书中明确提出了要以科学的方式助人,从而推进社会工作的专业化,促使其成为真正意义上的“科学”。社会工作经过一百多年的发展,其理论基础与知识体系不断完善和更新。我们认为,社会工作的理论大致可以概括为,从哲学思维、伦理操守和实践应用三个层面上,帮助社会工作者澄清服务对象问题、协助其科学评估服务对象需要和引导专业工作者对问题进行正确干预的一整套概念、理论和实践模式。本章着重阐述社会工作的理论基础,并对社会工作知识体系的框架与内涵进行说明。

第一节 理论与社会工作实践的关系

任何一门学科与专业的产生和发展,理论依据是必不可少的。对社会工作专业而言,理论对专业人员的工作理念和实践方法具有重要影响。虽然社会工作是一种以实践为核心的专业,但是理论对这门专业来说也并非可有可无。社会工作专业理论的建立与发展将促进实践的发展。同时,离开科学理论的指导,社会工作的实践不仅会失去方向,也会因缺乏内在的养分而失去生命力。从这个意义上说,理论在社会工作专业中的地位十分重要。

一、理论的含义

（一）理论的界定

根据韦氏辞典的定义，理论是一系列概念之间的内在联系，它们是用来解释某些原理，并由相关的假设构成的。理论最早是由一种猜想、假设发生，经观察、推理证明、归纳为一般化的原则，演绎和归纳是任何理论必经的途径。

理论是我们人类社会思维和行动的有用工具，它指导人类了解自然和人类自身活动的一些规律，帮助人们解决认识论和实践中的困难。毫无疑问，理论的意义绝不仅仅在于形而上学的层面，更重要的是在于它的能动性，使人类从自身的实践困境中摆脱出来。理论是思想的科学方式，同时又是实践的事后总结。它既是人类经验的积淀，同时又是发展中的实践原则。将理论视为静止的教条，不仅是错误的，而且也是危险的，因为人们对理论的不同看法和判断影响着理论本身的认知和发展。

（二）理论的类型和功能

理论作为一种概念之间内在关系的陈述，其种类是多样的。但是，大致上来说，理论可以分为四种，即描述性的理论、解释性的理论、预测性的理论和提供解决方案的理论。之所以将理论划分成不同类型，是为了帮助人们了解既有理论的不同特征和功能。在不同的社会科学学科内部，理论的分类基本上也采取上述分类的标准。但是，就社会工作专业而言，理论的主要类型则通常分为外借理论（或主体理论）和实务理论（或助人模式）。也有学者将社会工作理论分为三种，即宏观的、中观的和微观的理论，有的学者则把社会工作理论按照理论的特征与功用分为功能主义的、解释性的、激进人文主义的和激进结构主义的理论①。

一般来说，理论的功用在于对事物的描述、解释、预测和解决问题，理论是人类具体行动的指南。在社会工作领域，专业人员必须清楚地界定“理论”的含义，从而更有效地开展专业实践。由于专业本身的发展历史和特征，社会工作者通常比较倾向于认同实务模式和实务技巧，而有可能忽视理论的价值。在现实中也很容易听到这样的说法，社会工作是务实的专业，可以不需要太多理论或者这一专业就根本不存在理论。毫无疑问，这样的说法是站不住脚的，因为，从社会工作一个多世纪的发展来看，主体理论和实务模式的多元化发展，已经证明了理论对社会工作实践的具体价值。理论作为一种对行动意义和方法的探究与争辩，有助于人们澄清对问题的认识以及帮助人们在解决问题的方法上寻求可能

① Howe D. An Introduction to Social Work Theory: Making Sense in Practice. Aldershot, Hants, England: Wildwood House, 1987.

的突破。对社会工作这门专业来说，我们应该形成这样的专业习惯，即在实践中学会理论地思考，而在理论探究中学会注重实践的价值。

二、理论与社会工作实践的关系

（一）社会工作需要理论

早在社会工作发展初期，学者就指出理论对专业建构的重要性，理论基础是社会工作专业必不可少的特质之一。社会工作专业实践中的理论及其应用是帮助社会工作者解决助人问题过程中出现困难的必然要素，它能有效地帮助社会工作者澄清社会问题和受助者个人的困境，在分析问题的基础上，发展出解决问题的相关技巧和策略。英国社会工作学者戴维·豪把社会工作理论分为"为实践服务的理论"（theory for practice）和"实践理论"（practice theory），这是最常见的一种分类。由于社会工作的理论基础受到了其他社会科学发展的强大影响，这表现于它频繁借用和吸收了社会科学诸多理论的丰富养料，因此，本章我们虽然也采用理论的二分法，但是更认同将社会工作理论分为"外借理论"（Borrowed theory）和"实务理论"，其中实务理论包括评估理论和干预理论。这些理论帮助社会工作者认识和掌握解决不同问题的应用程序和技巧，并确定相应的治疗方案和政策干预模式。社会工作专业经过长期的发展，逐步从规范理论和实践经验中总结出自身的理论框架。在我们讨论社会工作专业理论基础的时候，尤其是讨论那些借用理论的时候，它的领域主要是指来自其他社会科学的相关理论。

20 世纪 20 年代以前，社会工作专业的理论影响几乎完全来自于社会学或政治经济学，二三十年代则主要受到精神分析理论的强烈影响，30 年代以后，人类学、社会学、心理学理论再度介入社会工作领域，使它的基础多元化。四五十年代功能主义学派影响了社会工作实践的发展，而 60 年代以后，政治学、经济学、公共行政理论广泛应用于社会工作领域。进入 70 年代以来，系统论、生态学理论又不断繁荣影响着社会工作专业知识体系。八九十年代以后，西方马克思主义学说、女性主义思潮、后现代主义学说、社会建构理论等成为社会工作专业重要的理论分析工具。社会工作的理论基础长期以来受到了来自不同学科、不同知识领域的知识冲击，它广泛地借用和吸收社会科学不同专业的理论，同时也发展出与实践密切相关的实务理论。

同其他社会科学一样，社会工作这门应用社会科学更需要理论的养分来丰富专业的实践智慧，而从长期的实践中总结和发展出理论模式，也是这一学科和专业的重要任务。但是对社会工作还处于发展中阶段的国家和地区的专业社会工作者来说，首先是学习、借鉴并批判吸收从西方发展起来的理论和知识体系，然后才是运用和发展这些理论。对发展中国家（包括中国在内）的专业社会工作者来说，在学习、借鉴和吸收外来理论的过程中，要清醒地注意到本国的历史、文化和政治经济背景与西方的差异，批判地吸收西方发达国家的社会工作的理论和知识体系，并在此基础上创造性地发展出符合本土文化的概念与理论模式，而这才是社会工作本土化的成熟标志。

（二）理论对社会工作实践的意义

理论与实践之间相辅相成，彼此关系密切。然而，就社会工作而言，人们对是否需要系统的理论以及需要何种理论来指导实践是有不同意见的。有人认为，社会工作是一个只需要爱心和热情的助人活动，凭长期的经验和个人的反思就可以摸索出一些可用的操作模式。也有人认为，社会工作的理论是基于操作实践经验的基础上建立起来的，同其他社会科学理论相比具有一定的特殊性。而事实证明，上述两种看法都有失偏颇。社会工作专业和学科长期发展的经验证明，理论对社会工作者处理复杂多变的个人和社会问题有十分明显的帮助，它不仅可以帮助工作人员正确地分析和解释受助者及其系统的问题，也可以帮助工作者发展出有效的实务模式。

从社会工作的历史发展可以看出，其理论素材一方面来源于工作者的实际操作经验，另一方面也直接来源于医学这一强调实务的、科学的概念和方法，玛丽·里士满更是直接使用医学的术语和概念（如诊断、治疗等）来指导社会个案工作的调查、分析和问题解决的各个阶段。建立和发展社会工作理论的目的在于：第一，发展出社会工作领域独有的概念，从而使它们能更精准地描述和分析助人实践中的“问题域”（problem domain）；第二，有助于弥补其他外借理论解释和分析功能的不足。理论对社会工作实践的价值绝不是可有可无的，它的建立和发展对推动该学科及其实践模式的发展都具有十分重要的意义。理论虽然不是万能的，但是理论的功用却是不可忽视的。有学者曾经总结出理论对社会工作者的主要贡献为：第一，理论可以帮助专业人员认识不同的情境并分析经验的异同之处；第二，理论可用来解释专业活动，从而使社会工作的知识和技术被验证和评估；第三，理论本身可以反映出社会工作者在特定情形下的知识状况；第四，理论的储备使专业人员对实践更具信心，并对其他的理论有自己的判断。在中国开展社会工作或专业化的社会服务，专业工作者也需要掌握社会工作理论，因为掌握这些理论不仅可以帮助人们澄清对现实世界中人的问题与需要、人与环境关系的理解，还可以深化专业工作者对本土社会工作以及其他助人实践的价值与意义的认识、提升工作者的分析和解决问题的能力，而且还能从总体上改善人们对事物的判断，提高专业工作者在社会行政与社会服务管理中的效率。同时，作为职业体系中的一种，社会工作专业也需要处理好与其他专业实践之间的关系，确保专业实践相互促进，实现人类行为与社会环境的良性互动。

总而言之，社会工作是集知识、价值观和技巧三个要素为一体的专业，它们彼此之间是互相影响的，而三者都需要理论的支持。从这个意义上说，社会工作者掌握必要的理论基础是十分有益的。

（三）社会工作理论的类型

从某种程度上说，社会工作理论的类型学反映了该专业或学科的特质，即这些理论既要具有解释人类心理与社会行为的功能，又要为以实践为取向的专业活动提供具体的策略或技术。因此，社会工作理论的类型基本上采用的是二分法，即支持实证主义实践的理论和怀疑实证主义实践的理论，或解释社会工作实践的理论与用于社会工作实践的理论。戴维·豪（David Howe）在其著作中把社会工作理论分为"为实践服务的理论"与"实践理论"；而另一位英国学者马尔科姆·佩恩（ Malcom Payne ）则根据方法论与知识论，把社会工作理论区分为实证主义理论（客观、普遍性、一般化）与后现代（批判）理论。如何区分社会工作理论、如何看待社会工作理论自身的价值与处境，实际上已经变成社会工作学科与专业内部的知识观、价值观与本体论等的核心争论。

实际上同其他社会科学一样，社会工作的理论也具有多样性。不同的是，社会工作理论自身要不断反思其目的性、有效性、精确性和可及性等要素。作为一门专业和学科，由于其助人实践中的表现性、相互性与反思性，社会工作始终处在科学与艺术二者关系的论辩中。有学者指出，从后现代知识观来看，社会工作的理论与实践的有效整合应该将科学、艺术与直觉，将系统和非系统知识结合在一起，从而解决社会工作专业处于社会科学中的边缘处境的问题。

第二节　社会工作的理论基础

社会工作是一门助人的专业，这一点决定了其学科特点和理论导向同其他社会科学有明显的区别。社会工作的理论并不是一种"纯理论"，而是要将理论用于实践中，或利用理论来解释、分析乃至指导助人过程中的问题、需要和情境。社会工作的理论基础，一方面包括来自其他社会科学的理论，它们被频繁吸收进社会工作专业的实践中，另一方面也包括社会工作者在长期的实践中总结发展起来的系统的工作方法和干预模式，即"实务理论"，它们是专业人员的行动指南，同时促成了社会工作目标的实现。本节主要阐释社会学经典理论家的相关学说和现代理论的影响趋势、精神分析理论、西方马克思主义学说、女性主义理论和后现代主义学说。而实务理论则是在长期的专业实践中形成了工作模式总结，它包括评估的理念、技巧、方法和干预的具体策略。

一、外借理论

首先我们将介绍影响社会工作实践发展的外部理论，也就是来自于其他社会科学领域的理论，即“外借理论”。这些理论包括社会学、心理学、经济学、政治学、人类学以及其他一些社会理论，长期以来它们一直影响着社会工作的实践和研究。本书主要介绍并解释的外借理论是社会学理论的相关学说、精神分析理论、西方马克思主义学说、女性主义和后现代主义学说。这里首先讨论经典社会学家对社会福利的论述，其中包括涂尔干、斯宾塞和韦伯对福利的理论观点。随后介绍当代社会学理论的发展对社会工作专业领域的主要影响及其表现。

（一）经典社会学家有关福利的思想

社会工作专业的发展历史背景是19世纪下半叶的欧美工业革命时期，这一历史时期也是社会学的产生与发展的初期阶段。早期同哲学或社会哲学保持密切关联的社会学思想的发展，对当时的社会思潮和实践产生了重要影响。因此，对经典社会学家在19世纪的相关论述进行介绍和分析，对理解社会工作早期的实践理念和国家干预社会问题的方式等有着重要的意义。这里选择了三位经典社会学家涂尔干、斯宾塞和韦伯的社会福利的相关论述作一介绍。

1. 涂尔干和道德福利

涂尔干在他的著作中提出道德福利的学说，这些学说同他阐述的“社会团结”“失范”等概念联系在一起。涂尔干指出，当社会事实特别是道德规范继续独立于个人存在时，它们只有在转变成个人的内在意识之后才能有效地指导和控制个人行为。他指出，个人的需求只能受外界即社会的控制，社会对个人的限制使维护共同的社会目标成为可能。如果打乱了社会秩序，社会对个人意愿的控制就会失效，涂尔干把这种现象称之为“失范”。涂尔干指出，社会变迁会引发社会成员的失范行为，贫困就是（穷人）失范的一个明显例子。在涂尔干看来，任何动摇以往生活方式赖以生存的社会结构的急剧变革，都会为失范创造条件。他认为经济繁荣刺激了人们的欲望，从而引起失范的危险，其原因在于经济繁荣会使人误认为可以自行其是；而贫困本身对穷人也具有一定的约束作用，它在某种程度上降低了穷人的欲望，因此，贫困可以防止穷人自杀。因为在涂尔干看来，人越贫困，追求无限需求的欲望就越小。关于“幸福”本身，涂尔干曾在其著作《社会分工论》中给出令人惊讶的结论：“根据人类的经验，只有千金难买的中庸才能算是幸福的条件”①。

在《社会分工论》一书中，涂尔干主要关心的是社会团结的形式和在现代工业社会中保持并增强道德秩序的手段。涂尔干意识到19世纪末西方社会经历的结构变迁弱化并摧毁了由技工和工人组成的传统法团式协会，大规模的工业生产使社会团结的精神摇摇欲坠。涂尔干对社会契约论提出了批评，他指出经

① 埃米尔·涂尔干：《社会分工论》，生活·读书·新知三联书店2000年版，第193页。

济市场的伦理不足以成为社会团结的新形式。相反，在他看来，鼓励竞争和获取利润的经济行为是反社会的，它代表着一种超强力的“集体纪律”形式。为适应大规模的工业社会结构，涂尔干提出应建立一种职业行会体系，它可以发展出比家庭更持久和更有效的互助功能，而由于贸易的需要，这些福利的职业体系在某种程度上会替代家庭。因此，家庭生活的互惠方式将重新被界定，因为它们受到新的社会契约规定和法律的影响。涂尔干指出，在工业社会中，关心年轻人的教育问题和保护公众的健康、发展公共卫生服务、对社会救助进行管理和发展交通通信事业等成为核心领域。工业化过程使个人和社会之间的相互联系、相互依赖、合作及利他主义被创造出来。

对于福利的发展，涂尔干不同意国家控制作用的扩张。在他看来，基于职业的“中介协会”应取代地方机构，同时限制中央权威的权力。涂尔干认为，国家太远离个人而无法承担诸如社会保障、工业卫生和雇用妇女及儿童的重要福利功能。涂尔干将犯罪、自杀、精神病等一般性的社会问题视为社会越轨的症状和对社会道德凝聚力的威胁。因此，他认为应该靠道德教育而不是改变社会服务的方式来解决这些社会问题，应建立职业协会而不是实施平等性的社会政策（如再分配项目）来解决社会问题。在贫困问题上，涂尔干认为个人应接纳自己的贫穷处境，这被视作“道德上的守卫者”（个人对自己的处境负责）。

涂尔干对待福利发展的取向是极其谨慎和保守的，在他看来，利他主义虽然是“有机团结”的本质，但是社会义务应存在限制，而道德不可能超越工业、商业的功能，社会福利需要同经济市场共同存在。对涂尔干而言，社会问题绝不是钱的问题而是道德问题，因此，他不主张以福利立法的社会改革来解决社会问题，因为这仅仅涉及了道德问题的经济表层，而不足以解决道德问题本身。

2. 斯宾塞和社会福利

斯宾塞不仅从个人主义和功能主义的角度来认识社会的起源，而且把社会看做实现个人目的的工具。他反对政府的强制干预，因此主张采取不干涉主义。在斯宾塞看来，国家可能被赋予的唯一权利是保护个人的权利和抵御外部侵略。国家的义务不仅要保护每一个公民不受邻居的欺侮，而且要保护每一个公民和整个共同体不受外部的侵略。其他的事情则应留给公众，让他们发挥各自的创造力，使之配合默契达成协议（“最弱意义的国家”）。斯宾塞反对集体主义的观点产生于“适者生存”的信条，他的思想受到马尔萨斯的影响。在他看来，不管出自社会福利或其他什么理由，国家一旦干预契约式的协议，就会破坏社会秩序，或者导致工业社会退化到专制和军事社会。因此，他反对《济贫法》对穷人的慷慨施舍和救济。

他极力反对政府行政管理范围的扩张，特别是社会福利的扩展，他对“国家干预”有着天然的敌意，他认为政府的济贫措施违背了人的本性。他相信道德教育的作用，并声称对社会福利而言，好的品德比知识更重要，而好的品德就是通过个人的努力实现自身的福利。对斯宾塞而言,个人主义和集体主义的救助形式的关键区别在于,后者同社会主义的思想如出一辙。它使个人自由受到损害,而自由正是斯宾塞所高度赞扬的。因此,他害怕社会福利的集体形式会在捐助者和接受者之间产生一种距离,这种距离的效果是贫困使得穷人对救济产生依赖。斯宾塞极力陈述社会福利的种种不利之处,极力反对"情感脆弱的慈善"。他认为帮助穷人和弱者是以牺牲强者和自律的社会成员的利益为代价的,这样做的后果会使社会的道德水平每况愈下。提高社会福利的成本,其后果则只能是使劳动者更不情愿成为纳税者。

在那个时代,斯宾塞强调自助的个人主义理念深刻影响了当时英美的"慈善组织会社"的实践哲学,对早期社会工作实务的发展产生了重要影响。慈善组织会社也极力反对国家以立法形式来推行社会福利的做法,它的成员都极力支持《济贫法》中反映的原则——穷人要得到救助则要付出代价,即自食其力,过度慷慨的福利服务只会摧毁一个社会的道德体系。

斯宾塞的思想无论在过去还是在今天都受到了批评,其中主要一点是他忽视了社会作为一个道德群体的重要性,因为个人不可能脱离社会而存在。他主张的个人追求利益、幸福最大化,强调通过竞争实现个人自由是将生物学原理进行错误模拟的结果。斯宾塞的规范理论侧重于修辞和教条的建构而忽视对社会事实的直接观察,这正好与深入民间、深入社区进行调查的"蓝皮书"社会学形成鲜明的对比。因此,在社会政策领域里,斯宾塞的影响已微乎其微。

3. 韦伯和国家福利

韦伯对社会学与社会政策(社会福利)关系问题的关注,(部分)是由于他对社会科学中价值问题的兴趣。韦伯认为社会学的一个任务是为实践活动提供规范和理想,他坚持认为社会学家应将他们的价值取向明确,但反对他们在政策制定过程中赞助或支持某个利益团体或政府部门,即要坚持"学者的独立性"。在韦伯所处的时代恰巧遇上俾斯麦大力推行福利主张,作为激进的左派,他针对社会福利项目(面向病人、老人和失业者)的批评主要表现为对家长式统治和官僚化(科层化)组织过度扩张的不满,韦伯对科层化过程十分悲观,在他看来,科层化和福利的扩张二者相互联系在一起。

韦伯认为,科层制度的权力虽然要在大众民主体制下发挥作用,但它的扩张会对个人自由产生威胁。作为权力社会化关系的一种工具,科层化自身成为那些控制科层组织的人的一种权力工具,因此,要防止科层权力的扩张就要加强议会权威在政策决定过程中的作用。韦伯对社会主义取代资本主义的看法持保留态度,他反对的理由是社会主义可能会产生科层化的独裁。在韦伯眼里,科层化对社会主义和资本主义而言都是一种威胁。在他的社会分析中,社会福利政策的重要性只是辅助性的,韦伯对国家福利扩张的担忧在于,正规组织的统治会损害个人自由，并影响到人类精神本身。在1909年维也纳社会政策会议上，韦伯对科层化提出了严肃的批评。他批评了法国腐败的市政服务、美国腐败的市政服务以及英国被滥用的守夜人政府。在他看来，世界上民主统治的国家虽然存在科层腐败，但其成功远胜于道德制度本身。韦伯认为，政治经济学的任务应建立在利他主义的基础上，伦理的考虑是这一学科与政策实践的基石。他指出，政治经济学是服从于政治目的的（“政治的仆人”）。因此，在思考有关民族国家的经济政策的价值问题上，韦伯提出判定政策的终极标准是国家意志（“国家理由”）。

韦伯最系统地阐述对社会政策问题看法的文献主要体现在发表于1904年的《社会科学方法论》第二篇论文，即为《社会科学与社会政策杂志》撰写的“新发刊词”，论文题目为《社会科学与社会政策的“客观性”》。韦伯指出，该刊物的宗旨就是“训练人们对社会生活的实际问题作出判断”，进而“对社会政策的实践工作作出批判，甚至扩展到社会政策的立法上”。在其著述中，韦伯阐述了社会政策作为社会行动的目的与使命，以及社会政策作为一门学科与专业的价值中立与客观性。从19世纪末欧洲大陆社会政策学科和实践传统发展来看，韦伯的有关社会政策和价值中立的看法无疑与德国乃至欧洲大陆的社会政策学科发展有着重要的联系，理解这一点不仅要将韦伯所处时代的政治、经济与社会环境同社会科学的重要发展紧密联系起来，同时还要充分认识到在其中占支配地位的韦伯的社会学和政治社会学思想所产生的重要影响。

（二）当代社会学理论对社会工作的影响

当代社会学理论及学说的发展也对社会工作的理论与实践产生了重要影响。这些影响包括最早的功能主义理论，到后来盛行的社会冲突理论，再到被广泛应用的社会交换理论和符号互动学说，现在流行的结构化理论以及社会建构理论等。

以帕森斯为主要代表的功能主义理论，对20世纪四五十年代的社会工作实践产生了明显影响，它使社会工作者重新看待社会系统各部分的功能与社会问题之间存在的联系，其中个体人格的建构同社会秩序之间的关联、个人利益与社会化目标之间关系的协调等都为社会工作者解决问题提供了新的视角。同时，帕森斯融合社会科学各个学科知识旨在建立一种普遍的理论体系的努力，也或多或少影响了日后社会工作发展整合理论与实务的趋向。而且，功能主义的思想也在很长一段时期对社会工作研究者如何看待家庭、社区与国家之间在承担个人照顾的义务与责任的问题上产生了影响。现在普遍的一种观点是，发挥不同功能的社会系统的各部分应该为实现同一社会目标相互支持，共同担当社会福利服务的责任。

社会普遍存在的利益矛盾与权力关系，引发了人们对社会系统及各部分之间相互作用的探讨。在社会学领域，一种新的解释社会变迁的理论诞生了，它就是社会冲突论。虽然不少人会轻易地将这种理论同马克思主义学说联系在一起，但是一些社会学家比如刘易斯·科塞和达伦多夫等坚持认为他们的很多看法有自己独特的视角，其概念和分析方法同传统的马克思主义思想保持了清晰的区别。社会冲突理论对社会工作的影响表现在左派社会政策批评学者和旨在促进社会进步与改良的社区工作的实践运动中。在 20 世纪 60 年代，社会冲突理论的观点与学说不仅成为社会工作专业人员进行社会批判的工具，也一度成为社区工作者实践的思想武器。社会冲突论的思想影响了社会工作者如何看待权力关系、资源分配中的国家与个人之间的利益冲突以及社会不同阶层之间存在的紧张关系，社会工作者在西方社区工作实践领域正确引导和使用冲突的策略在过去乃至现在亦不属鲜见。

社会学与社会工作之间的相互影响历史悠久，很长一段时间它们被当做同一学科来对待。乔治·米德（George H. Mead）和约翰·杜威（John Dewey）思想的符号互动主义理论也是社会工作理论基础中的一个重要组成部分。由于社会工作实务的一个基本特点是专业工作者与受助者之间关系的建立，因此，强化工作者与受助者之间关系建立和帮助人们适应环境的理论无疑会有利于改善社会工作的实务。在社会工作实践尤其是微观层面的治疗实践中，一个核心的内容是治疗“协议”的建立，它是以专业人员与受助者之间沟通和理解达成一致为前提的。专业人员在提供服务之前和提供服务过程中，都必须与受助者保持有效与频繁的交流，对受助者的认知与行为方式应作详细探索，从而在彼此信任的互动过程中建立有效的工作模式，提高解决问题的效率。

除上述社会学理论外，近年来，福柯的权力—知识理论、吉登斯的结构化理论、布迪厄的实践理论、加芬克尔的常人方法学（ethnomethodology）等也都对社会工作的理论发展与实践产生了一定的影响，这些影响在社会工作实践与社会政策中体现得尤为明显。限于篇幅，这里不再做具体介绍。

（三）弗洛伊德的精神分析学说

弗洛伊德在 19 世纪末创立精神分析说，对西方世界文化领域的各个层面都产生了深远的影响。弗洛伊德对人类动机的研究通过心理分析的方式弥补了传统实验心理学的不足。弗洛伊德通过精神病患者的自述或叙述方式来获取心理分析的素材，从而解释和分析病人的心理动机。弗洛伊德的心理分析理论成为 20 世纪二三十年代社会工作实务的基础，并从此奠定了临床治疗的主导方向。

弗洛伊德的理论和思想观点长期以来一直影响着社会工作和心理治疗的实践，弗洛伊德的许多概念，如潜意识、焦虑、情绪、压抑、移情等成为不同流派心理治疗理论的基础，在这些概念基础上人们进一步拓展了精神分析的模式。概括而言，弗洛伊德的精神分析体系是有关“人格发展”的一种模式，也是人类本质的哲学,同时还是心理治疗的一种方法。精神分析的主要贡献表现在:它认为,第一,个人的精神健康是可以被了解的,而人类的知识可以用来减轻人类的痛苦;第二,人类的行为经常会被无意识的因素所控制;第三,童年成长的经验,对成年人的性格、生活有深远的影响;第四,有助于人们深入了解“人如何焦虑”这一问题;第五,透过梦的分析,抗拒和移情作用等,我们可量度出人的无意识功能。心理分析是第一个研究心理过程中感受和情绪所扮演的角色的理论。

弗洛伊德开创的精神分析学说是20世纪人类思想史上的一笔重要遗产。弗洛伊德精神分析学说主要内容包括以下几方面:第一,用于解释个人与社会之间关系的理论;第二,人格建构理论;第三,有关俄狄浦斯情结与童年早期经验的理论;第四,梦的分析学说。

弗洛伊德认为,成人力比多的执着,是精神病的体质成因,它同个人偶然的创伤经验共同形成了精神病的原因。精神病人的力比多是附着于他们的幼时性经验之上的,这些经验在成人的生活和疾病中占据一个很重要的地位。弗洛伊德认为,在分析治疗过程中,应重视幼时(儿童期)的性经验。另外,弗洛伊德还指出,儿童时期的创伤经验是导致精神病的一个重要原因。他认为,儿童过分地压抑自己的性欲,结果是害多利少。弗洛伊德的《梦的解析》证实了无意识心理的重要性和解析梦的方式。弗洛伊德认为所有的梦都是有其特别含义的,都可用来进行分析病人的心理历程和精神症状,他认为,第一,梦有原因;第二,梦的部分内容被记忆;第三,潜伏的内容是梦的原因(压抑部分);第四,记住的与潜伏的部分之间存在某种联系,通过自由联想来揭示无意识的冰山。在弗洛伊德看来,所有的梦都是愿望的实现。

1. 对人性的看法

弗洛伊德认为人的行为是由非理性的力量、无意识动机、生物和本能的冲动以及六岁以前某些心理性事件来决定的。弗洛伊德将人类的所有快乐行为都涵盖在生命本能这一概念中,他对人性的看法是功利主义的,即生命的目标在于获取快乐和避免痛苦。弗洛伊德从人的本能冲突中甚至感到人类潜在的一种灾难,他指出人类族群最大的挑战是自身如何控制好自己的侵略冲动。这是因为人类的不安和焦虑同他们认识到人类族群可能灭绝的知识有关。

2. 关于人格的建构

弗洛伊德的精神分析理论认为人格包括三方面:本我、自我和超我。三者中“本我”代表人最原始的一面,它是个体的生物属性,潜存着人的各种欲望和动机,它是一种原动力并以“享乐原则”行事,驱使人朝向某一目标。弗洛伊德强调“本我”在自我服务过程中的支持生命的本能。

“自我”是自己可以意识到的“我”的一部分,是性格的核心部分。“自我”的主要特征在于同外部世界现实的联系与接触,它是统治、控制和指导人格发展的“执行者”，是维系“本我”“超我”和外部世界秩序的“交通警察”。“自我”在本能和环境之间起着一种协调中介的功能，它受“现实原则”支配，指导人进行合乎实际和逻辑的思考，并在此基础上确定满足需要的行动规划。

“超我”可以说是人格的一个司法部门，它代表着人类的道德规定，它表现的是一种理想而非现实的原则。“超我”是人性格中社会性的我，受环境因素、父母的教导、社会习俗、伦理、道德和文化等陶冶而成。它可以被视为一个学习的过程，在其中人们学到善恶之分、是非之别、社会价值，并作规范和自律的标准，从而成为个人行为的指南。

在临床心理学家看来，一个人的健康与人格三部分的均衡发展有密切关系。“本我”的主要作用在于保存自己；“超我”的作用是配合社会常规和道德标准等原则，控制和监督自己的行为，以适应社会生活；“自我”一方面要处理人的本能欲望，另一方面又要符合“超我”的标准，以期发挥自己的功能。倘若“本我”或“超我”任何一方占优势，就很可能产生不正常的功能，如形成“神经官能症”或“精神病”。

3．无意识和梦的分析

“无意识”是弗洛伊德精神分析理论的一个重要概念，也是他的最大贡献。在弗洛伊德看来，无意识对理解人的行为和人格问题十分关键。无意识并不能被直接加以研究，只能从人的行为和语言来推断。在临床心理治疗实践中，治疗者须对无意识的证据进行收集，弗洛伊德认为这些证据包括以下几个元素：梦、口误、遗忘催眠后的语言、自由联想、投射技术的产物（用参照物本身的价值影射自身行为）以及病人的症状。弗洛伊德认为，无意识成为神经官能症的基础是因为个体意识到自身的动机并能使其选择一种行为方式。理解无意识的作用成为精神分析的关键，后来弗洛伊德在此基础上又发展对梦的分析，他对梦的系统阐释上升到理论层次，进一步升华了精神分析的内容。

弗洛伊德相信，人在睡眠中自我的控制会比较小，因此潜意识的内驱力就会在梦中出现。在弗洛伊德眼里，梦本身的内容就是一把钥匙。治疗师可以通过梦寻找人的无意识，在自由联想的状态下，治疗师往往会利用梦境中的资料与病人（受助者）进行分析讨论，从而促进病人（受助者）对自身问题的探讨。弗洛伊德认为，所有的梦都是具有特别含义的，都可以用来进行分析病人的心理历程和精神症状。弗洛伊德非常强调梦与病人在儿童时期的经验之间的关联，这一点同他的精神分析的基本起点，人的精神症状同早期经验联系在一起的观点是一脉相承的。

4．焦虑与人的心理防卫机制

在弗洛伊德的精神分析学说里，“焦虑”是一个基本概念。简单说来，焦虑指的是人在精神上处于一种紧张状态，其发展结果是个体会选择一种行动适应或试图解除这种状态。焦虑从本我、自我和超我三者之间的冲突发展而来，其功能是为即将来临的危险提出警报。焦虑分为三种，即现实焦虑、神经焦虑和道德焦虑。现实焦虑是指一种对外部世界危险的恐惧，焦虑程度同现实的威胁有关。神经焦虑和道德焦虑由人内部权力平衡的威胁引发，它们对“自我”发出信号。如果不采取相应的措施，危险就有可能将“自我”推翻，比如人在极度神经焦虑或道德焦虑时，有时候会选择铤而走险（比如犯罪）或自我毁灭（比如自杀），这是焦虑发展的极端后果。而个案工作或心理治疗实践一个重要目标就是要处理并预防人在生活中的此类行为。如“自我”不能通过理性和直接的方式来控制焦虑带来的威胁或危险，它有时就要依赖于不现实的方式，如自我防卫行为。神经焦虑是害怕本能不受控制，引发受惩戒的行为。道德焦虑是对良知的恐惧，人们通常会在具有品德的前提下，对违背道德的行为感到内疚。

在现实生活中，人难免经历挫折和失意的境遇，这些负面的经验常常会对个人的心理产生影响，使人的心理需要得不到满足，其结果是人为此感到烦恼、痛苦和不安。人对待痛苦和不顺利的境遇的方式会受到环境、资源状况和个人的性格等因素影响而产生差异，但是人除了以积极的方式面对问题外，通常还会发展出一套消极的方法来逃避道德的困境或摆脱神经焦虑，从而解脱情绪的暂时困扰以达到心理上的平衡，这种应对问题的策略或方式在精神分析理论中被称为“心理防卫机制”，这些机制主要包括否定、抑郁、解脱、认同、合理化、转移、理想化等。这些机制的适当使用可以帮助个人在某个时候减轻心理压力，舒缓人际关系，促进个体适应社会环境。但是，如果防卫机制使用过度，也会引发进一步的焦虑，从而增加人的心理压力。

随着时代的发展和社会变迁的发展，晚年的弗洛伊德和后弗洛伊德主义者都认识到了精神分析理论所存在的缺陷和不足。在批评者看来，弗洛伊德将人的早期经验的作用过分放大，而忽视了环境和人的人格变化之间的内在关联。同时，弗洛伊德所创立的释梦理论，在很多人看来仍然缺乏基本的科学依据。而在女性主义者看来，弗洛伊德的理论不仅是男权主义思维模式的产物，而且有关女性的特征和社会价值的观点也是根本错误的。

（四）西方马克思主义学说

作为一种社会分析和批判工具，西方马克思主义学说在思想界占据重要地位，它同传统的马克思主义学说有着不同的特质。传统的马克思主义学说认为，资本主义社会中的根本矛盾在于生产资料的私有制，而决定资本主义制度性质的生产关系必将面临不可克服的矛盾和危机，资本家和无产阶级之间的矛盾是不可调和的，社会发展的前景是资本主义被社会主义代替，帝国主义和资本主义必将消亡，社会主义或共产主义将取得全面胜利。在西方马克思主义者看来，传统马克思主义对资本主义矛盾及其发展趋势的看法过于简单化，忽视了对资本主义体制内部本质特征的认识。

1. 哈贝马斯的批判学说

作为西方马克思主义最著名的代表人物之一,哈贝马斯认为,进入晚期资本主义阶段以后,自由竞争、劳动—资本平等交换的意识形态陷入了崩溃边缘,而资本主义却没有为新的发展找到一种可以信赖的思想武器,在意识形态上出现了危机,这使资本主义制度的"合法性"面临深刻的挑战。在哈贝马斯看来,资本主义"合法性危机"是由于以下原因造成的:第一,资本主义社会已经进入了一种有组织的发展阶段,其表现是市场作用被逐渐削弱,资本集中和跨国公司正在兴起,使资本主义进入了一种"组织市场、商品和劳务"的发展过程,国家机构不能只像过去那样仅限于维持资本主义再生产所需的一般条件,而是必须积极介入资本主义的各项生产活动。但是目前的资本主义意识形态已不能满足这种新形势的要求。第二,资本主义社会大量失业的出现和"滞胀"的长期存在,使国家的正义作用受到质疑。

在其代表作《公共领域的结构转型》中,哈贝马斯指出,在自由主义宪法国家向社会福利国家转型过程中,公共领域的功能与私人领域的功能二者之间关系变得不平衡了。同时,这一转型并未使自由主义传统中断,反而表现出延续性。同时,社会福利国家必须在延续自由主义传统基础上对社会关系进行改造,通过国家对公民的基本权利进行严格规定,以确保正义得以实现,而这正是资本主义国家作为税收国家所面临的最大挑战。①

2. 马尔库塞的批判学说

西方马克思主义另一个有影响的代表人物马尔库塞也建立了一套对资本主义制度的批判学说,他在其名著《单向度的人》中对资本主义社会进行了深刻的批判和富有创建力的分析。马尔库塞认为,在现在的资本主义里,虽然工人的生活和福利待遇大大得到改善,但是危机却频繁出现。其根本原因是因为个人批判力和个人自主性的丧失,传统上具有批判力的工人阶级被同化,他们失去了抵抗能力,不再具备解放力量。资本使劳动异化,劳动成为商品,人成为劳动的工具承担着无意义的工作,而福利制度成为资本主义内部的一种"安抚"机制。马尔库塞认为,资本主义的根本缺陷在于,资本家对利润要求不断扩大,而生产资料和生活资料都是有限的。无止境的扩大再生产需求所引发的生产过剩同工人阶级购买力的缩减形成了巨大反差,进而造成深刻的经济危机。与此同时,资本主义的再生产也引发了一系列的生态危机,追求利润的贪欲极端忽视了对环境的保护,造成了环境的巨大破坏。在意识形态领域,人的爱的本能与攻击本能之

---

① 哈贝马斯:《公共领域的结构转型》,学林出版社 1999 年版,第 255～266 页。

间的矛盾重重,使得人与人之间关系变得尔虞我诈、争权夺利,社会道德丧失、人性沦丧。在物质、商品和服务生产极大化的福利国家里,个人的生活成为强制性的资本主义社会管理的牺牲品。资本主义社会的资本与劳动之间的冲突、有产者与无产者之间的冲突使边缘人士生活在社会底层,社会冲突不可避免。马尔库塞对资本主义制度的批判,不仅在于他对社会问题的深刻揭示,更重要的在于他启发了人们对资本主义制度本身同个人批判能力和自主性之间的关联的认识。

3. 奥菲的批判学说

西方马克思主义的另外一个代表人物奥菲(Claus Offe)对资本主义的分析和批判形成了一套观点鲜明和具有独特视角的理论学说,他针对资本主义的矛盾和危机提出许多创见。他的思想的最大特点是多元性和复杂性,很难简单地加以归纳,其著作的主要内容表现在以下几个方面:第一,发达资本主义作为一种制度是通过经济、管理和规范亚系统的自组织复合体来实现的;第二,资本主义制度是不稳定的并呈现危机的趋势;第三,社会政策试图通过调节劳动力和促进商品生产来解决制度的危机;第四,福利国家趋向于使资本主义面临瘫痪;第五,在社会福利资源由国家扮演支撑角色的过程中,资本主义将逐渐变得松散,走向解体。他的论述中最常被引用的一个陈述是:资本主义的矛盾在于它既不能与福利国家共存,也不能没有它。在奥菲看来,福利国家是一个核心,它既支撑也威胁着资本主义的存在。所以,奥菲关心的是福利国家的极限问题。他认为,福利国家既不是不平等阶级斗争的一种模棱两可的产品,也不是完全发展的社会公民权的结果。奥菲的观点部分受到功能主义的影响,同时也受到卢曼(Niklas Luhmann)系统理论的影响。在奥菲看来,就资本主义与福利体系的关系而言,福利国家仅仅是一种技术制度,而作为一种政治现象福利国家时常处于官僚化和制度理性之间的不可解决的冲突中。最明显的结果是福利国家使公民政治化,而国家的命令和干预功能需要个人主体的协同或参与。

最使奥菲震惊的是福利国家的出现成为了资本主义的普遍的特征。与马克思不同的是,奥菲认为福利国家不是意识形态斗争的结果,而是对发达资本主义社会中出现的新问题的某种补偿。奥菲从四个方面直接或间接地在福利国家理论方面作出了贡献:政治经济学、合法化危机、社会法团主义和"市民社会社会主义"。在20世纪70年代之前,很少有人对资本主义福利国家进行马克思主义的分析和批判,马克思主义的复苏,新马克思主义在60年代的出现(学术左派)是唯一的显著代表。那时在对资本主义本质的批判和争议中,以米利本德(Miliband)和普兰扎斯(Poulanzas)的争论最为有名(工具主义/结构主义之争)。奥菲的贡献在于他试图超越工具主义/结构主义的二分法。除此之外,奥菲抓住了福利国家的两重性:一方面它要为资本家的利益服务,另一方面它又要为工资劳动者带来真实和永久的利益。奥菲和奥康纳(James O'Connor)一起发展了资本主义福利理论中传统的政治经济基础分析方法。他们认为,资本主义福利服务通过资源和利益的流动及逆流动,再生产出不同质和量的社会关系。它们表现为不同社会利益群体和政治团体之间的角力关系。在奥菲看来,在资本主义福利国家内部,个人需求是外部强加的。他指出,资本主义社会正处于解组(disorganized)的过程中,其合法性受到挑战,因为它不能满足个人的需要。奥菲把资本主义当做整体制度来加以批判,认为资本主义是从经济、管理、规范三个层面进行自组织的体系,但是其自身是不稳定的,内部存在阶级斗争。资本主义国家透过社会政策来调整社会关系和劳动力的再生产(不同代际的劳动力的继承),但是福利国家本身却使资本主义国家走向瘫痪。奥菲认为,福利国家是资本主义国家建构的核心,它既不是不平等的阶级斗争的产物,也不是公民权发展的问题。福利国家作为一种独特的政治现象,作为官僚化与制度理性之间持续的张力存在,它使公民日趋政治化。国家的命令和干预需要个人的协同和参与,需要公民达成高度的共识,这已经成为资本主义国家的普遍现象。它不是意识形态斗争的结果,而是高度发达的资本主义国家从技术和权威两个层面对资本主义的修补。

4. 奥康纳的批判学说

美国的詹姆斯·奥康纳是西方马克思主义的有影响的代表人物,他在其名著《国家财政危机》(1973)一书中指出,资本主义国家必须试图完成两项基本但又相互矛盾的功能:积累和合法化,即资本主义必须为资本的利润积累维持和创造条件,而同时又要保持社会和谐的条件。为满足这两项功能,就要涉及两类国家支出:一是社会资本,它对私人资本起间接作用;二是国家费用,它对私人资本不起生产作用。福利消费包括上述两种支出。尽管平衡会变化,在垄断资本阶段,如政府支出增加,会引发国家的财政危机。同时,一旦政府开支超出政府的税收,就演变成一个两难的境地,如需解决此问题,政府或福利国家将面临着挑战,而现代资本主义国家都面临这样一个财政危机。这不再是一个简单的经济问题,而是一个包含经济、社会、政治多元素的难题。奥康纳的《财政政治学》一书回答了两个问题:第一,是什么决定了美国在20世纪国家经济的增长?第二,这一增长的财政和政治后果是什么?在奥康纳看来,在资本主义制度内部,完成财富的积累和使意识形态合法化之间是存在根本矛盾的。资本主义国家一方面要实现财富的积累,另一方面又需要社会的和谐,这就需要福利国家的制度设置来完成。但是,这一制度又不可避免地造成了紧张,使社会开支急剧上升,国家预算不断增加。最终的后果是国家预算失去平衡,从而导致经济危机,其结果是政府只有通过税收来解决,于是又加重了经济发展的困难并埋下了新的危机的种子。

自2008年金融危机以来,诸多西方资本主义国家陷入经济增长不振和社会动荡的困境，而当今欧洲福利国家面临的经济发展低迷与社会开支紧缩的双重挑战，更加深了人们对国家财政危机深刻根源的认识。作为一位生态学马克思主义者，奥康纳指出，资本主义危机的根源在于其现代性和启蒙。同时，当代的诸多社会问题都与对"自然"的概念化有关。资本主义的生产过剩使得一方面对自然过度掠夺，另一方面它将生产过程的外部成本转嫁给其他社会的人民，这也是资本主义经济全球化过程最具欺骗性的特征之一。

（五）女性主义学说

女性主义（Feminism）的思想在几个世纪以前就已出现，但是作为一种社会运动和明显的意识形态的历史并不很长，它出现于20世纪40年代，而在60年代成为西方工业社会广泛出现的社会运动。女性主义思想可以分为三大类：自由女性主义（Liberal Feminism）、社会主义的女性主义（Socialism Feminism）和激进女性主义（Radical Feminism）。上述三种女性主义都具有共同的信念：福利国家是满足男性的需要和利益的建构，社会中妇女被男性剥削和压迫，女性成为依附品并且在劳动领域被排斥。在私人领域（家庭）中，男性占主导，家庭劳动主要由女性承担却不被承认；在经济领域里，男女同工不同酬；在政治领域里，男女的权利受到不平等对待；在个人生活领域中，女性被视作工具，受到歧视，社会中存在对妇女角色不公平的界定。

1. 自由女性主义

自由女性主义发展历史悠久，它主要关心的是妇女平等权利问题，尤其是关心妇女在教育、职业等领域中的权利和地位。它认为，在历史上妇女被剥夺了受教育和工作的权利，公共空间以男人为主导，女性成为男性统治世界里的边缘群体。文盲、家庭妇女成为女性的代名词，其基本假设来源于传统的家庭分工和女性的照顾角色，"个人的也是政治的"成为女权主义运动的口号。

虽然自由女性主义成为早期妇女运动的政治指南，并对女性的社会地位的提高有着积极的作用，但是这一思潮也存在明显的局限性，主要表现在：第一，它对国家的看法是简单化的，认为国家由资本家和男性统治；第二，它忽视了女性自身的生活，而只关注她们在公共领域的位置；第三，它按照男性的方式来确保女性平等的权利，而忽视了女性本身的特点和需要（将男性和女性视为对立的双方）；第四，它所使用的策略仅仅使受过良好教育的中产阶级妇女受益，而未能使广大的妇女从中得到帮助。

2. 社会主义的女性主义

社会主义的女性主义认为，在父权制的资本主义制度框架下，女性担当着一种特殊的生物、社会再生产角色。家庭劳动（无工资）是资本主义的一种补充，它减轻了产出下一代生产者和服务生产者的成本。女性在劳动力市场中的低工资强化了女性在婚姻中的依赖性。社会主义女权主义的可取之处在于它将资本主义社会的经济过程和性别关系同妇女的从属地位联系在一起加以考虑;不足之处在于它的分析具有某种程度的决定主义的色彩,它认为是由于资本剥夺劳动而贬低了女性的社会地位。社会主义女权主义倡导改革和政策上的变化,主张将女性视为总体的社会成员而非男性的依附品来对待。

3. 激进女性主义

激进女性主义把妇女看做在社会中被男性压迫的角色,这种压迫以两性的生物差异为根基。在婚姻中两性是相互对立的个体,女性被男性支配。它的理论贡献主要表现在以下几个方面:第一,引起其他女性主义群体对强奸、家庭暴力等重大社会问题的关注;第二,由对男性的敌对性批判引发出由女性自身为妇女提供特定的社会服务;第三,对女性是资本主义生产形式下的依附品这种简单判断的矫正,认为其忽视了两性间的本质差异,认为理解女性的位置要从女性同男性的家庭关系和性关系方面入手。尽管激进女性主义作出了自己的贡献,但是针对它的批评也十分明显。这些批评主要包括:第一,它忽视了女性间的差异,过于一般化;第二,它将男女两性的不平等关系简单地归结于生理上的因素;第三,它将男女两性的位置推向一个难以设想的境地,因为人们很难设想去改变生物学的基础及其导致的后果。

上述不同的女性主义思潮对福利国家的看法也是不同的。自由女性主义认为,福利国家是组织经济和社会关系的一种方式,妇女通过使用福利国家的社会服务从而减少社会不平等。同时,福利国家本身也发展出一种更具同情心的社会舆论方式。性别歧视立法、社会保障机制的建立和对同工同酬的推动成为对妇女需要做出反应的一种信号,福利国家为扩展妇女的经济和社会权利提供了可能性的位置。社会主义女权主义认为,福利国家明显地在采取政策支持家庭模式、性别关系模式并维护资本主义自身的功能。福利国家满足的是男性的舒适、权利和优越性。国家的社会政策强化了家庭的模式,而且出发点也是这样。激进的女权主义认为资本主义福利国家不断发展是为了维护一种基于男性统治的性别关系模式,它更关注的是两性的性别关系而非统治的社会背景。它认为,整个国家是由男性主导的,福利国家只是一种维护男性优势的机制。

女性主义对福利国家总体的态度表现为:第一,认为福利国家本质是模棱两可的,出发点是试图将女性纳入公共空间去平权、扩大社会活动的范围,但结果反而强化了女性的家庭角色,这从福利国家的家庭政策即可看出。北欧给妇女的福利加强了妇女要做一个好母亲的社会意识,英国的政策则一直把妇女的地位界定在家庭领域,它是男权主导社会的产物,强化了女性对男性的依赖,因为女性在社会保障方面的权利经常依赖于丈夫的贡献。而与此同时,福利国家又为广大妇女提供了工作机会,这使女性取得了一种相对独立的地位。福利国家在给妇女带来了很多利益的同时也增强了以往的两性不平等关系和特殊的性别角色。第二,未能考虑妇女的特殊需要,女性的低收入状况难以使很多妇女不受贫苦的侵扰,国家未能考虑妇女在家庭和工作之间的平衡需要,认为照顾是女性的天分和责任,国家对女性照顾者的关照是不够的,而把它视为个人的私人事务。正是由于它们被视为女性的责任,所以女权主义者倡导在公共政策中反映出女性的声音。第三,福利国家成为一种福利控制的力量,社会政策的目的在于强化传统的家庭形式和性别角色。第四,福利国家对不平等的关注有限,未能提供足够的帮助。

女性主义对西方福利国家的社会政策提出了严肃的批评,这些批评主要涉及两个主题:第一,大众忽视了社会实践和制度建构中的性别特质,社会政策采取的是一种"性别中立"的取向;第二,妇女一直被边缘化,她们被排斥在福利议事日程之外。针对这些问题,女性主义者表达了她们对社会政策改良的期望,认为好的社会政策应该是:给妇女选择的权利和自由;强化平等的社会机制;使所有阶层的妇女受益;考虑两性的差异,社会政策应有所区别;将妇女视为完整的公民而非一种可利用资源来对付;家务劳动同有薪工作一样重要;做家务劳动的女性应视为工作着的公民。上述女性主义思潮主要是从欧陆的传统及其历史分野来分析的,而从社会工作专业发展历史的角度看,女性主义与美国社会工作的形成及发展有着紧密的关联,其时间也大致同步。这一学说的发展同欧洲最显著的差异在于女性主义与种族的不可分割的联系。要理解当代社会工作的理论与实践,还应将女性主义的美国源流纳入视野。对不同历史时期女性主义的实践与思想发展如何影响美国社会工作专业的发展进程,学者不仅做了区分还进行了深刻的分析,提出了美国女性主义社会工作的变迁与延续性①。

(六) 后现代主义学说

社会科学的核心是对有关日常生活如何通过个人—社会、结构—功能的方式来建构的经典辩论,而社会变迁与现代性的不同形式保持着紧密联系。作为当代社会思潮之一,后现代主义对人类社会的发展及其现代性提出了质疑。20世纪90年代以来,后现代思潮或理论叙述对社会工作专业内部的学理和实践讨论都产生了明显的影响。在欧洲社会变迁与民族—国家福利改革的背景下,学者指出,社会工作专业也面临着一次后现代的转向,即该专业所追求的平等与身份也将遭遇日益明显的挑战②。这些思潮一方面对社会工作的理论基础和实务模式提出了质疑,另一方面对社会工作专业的知识和专业建构本身也提出了新

① Kemp S P, Brandwein R. Feminism and Social Work in the Vnited States: An intertwined history. Journal of Women and Social Work, 2010, 25(4): 341-364.

② Dominelli L. Social Work: Theory and Practice for a Changing Profession. Cambridge: Polity Press, 2004.

的看法。了解并从本质上认识后现代主义思潮,对我们不同时期社会工作领域内价值理念与理论要素的变化及其对实践模式的影响是十分有帮助的。

1. 现代性与后现代的内涵

从学理上讲,真正在现代性和后现代的知识传统之间进行明显的区分是极其困难的一件事。其一,现代性的知识体系仍在发展;其二,后现代主义的论述可被视为现代性的一个置换或变种。但是,何谓"现代性"呢?从字面上理解,它是指事物的一种既存和变化着的状态。现代性很自然地会让人想到科学和人类文明的近期起源,如工业革命的兴起与自然科学合法地位的确立。

有学者认为,"现代现象"的含义是指传统的社会制度的理念在现实性力量的冲击下,影响到个人和社会的生活形态及品质并发生某种转变①。然而,现代现象的本质又是什么呢?社会学家齐美尔提出一种近乎悖论的说明,他认为,现代性现象之本质是它根本就没有本质。20 世纪 90 年代哈桑曾论述后现代主义有两个本质倾向,即"不确定性"和"内在性",而这些早在齐美尔那里已经得到预先的展示。

人类现代文明的启蒙叙述可以理解为某种理性精神及其价值的论述在说者和听者之间达成的共识。在这种叙述中,具有哲学意味的元叙述使知识本身合法化,并有可能成为人们信奉的真理。因此,从这种意义上来说,后现代是对现代性、合法性确立的挑战和反驳,是对"确定性""公理"和一切主导话语体系的解构、分化和重组。在这一主张下,知识与科学的必然逻辑受到质疑,理性的规则也同样受到审查,自由主义、怀疑主义和追求透明性、开放性的意志,迫使人们重新思考既已建立的知识传统。

现代性现象主要发生在三个领域:第一,政治层面;第二,经济层面;第三,文化层面。法国当代著名哲学家利奥塔认为,后现代主义的论述始于 19 世纪末,它是出现于西欧的一种知识类型,在形式上不仅表现为一种情绪的宣泄、标新立异、愤世嫉俗,而且还成为一种社会批判的工具,通过启蒙运动,通过征服自然,通过把自身从陌生的强制和监护下解放出来将上帝杀死。德国著名哲学家尼采在其著作中表现了充分的反现代性的批判意识,他曾在《权利意志》一书中说过,道德即是偏见,应该重估一切道德的价值。现代性是指一种生活状态,它是对当下知识状态的总结,是一种诠释与总结。这种现代性同工业文明与启蒙理性有关。而后现代则强调对现代性的反省和批判,它具有某种颠覆性与反叛性。沃·威尔什指出,后现代具有五个主要特征:第一,后现代是人们看待世界的观念发生了根本变化的时代,其标志是机械论世界观已经陷入了不可克服的危机;

---

① 刘小枫:《现代性社会理论绪论》,(上海)生活·读书·新知三联书店 1998 年版。

第二,后现代是一个告别了整体性和统一性的时代;第三,后现代是一个彻底的多元化已经成为普遍的基本观念的历史时期;第四,后现代的基本经验,是完全不同的知识形态、生活设计、思维和行为方式;第五,反对任何统一化的企图。

利奥塔认为,现代性依靠了哲学的元话语来获得合法性,而人类启蒙叙述可以理解为理性精神与价值论述,在说话者与听者之间达成协议或默契。后现代便是对现代确定的传统的批驳,对既已确定的公理和主导话语体系的挑战、解构、分化和重组。经过后现代思想的洗礼,人类既有的知识和逻辑受到质疑,人们对现有的规则进行批判,自由和怀疑主义意识盛行,倡导追求透明和开放性的意志,迫使人们反思已经建立的知识体系。后现代的主要贡献表现在以下几方面,第一,倡导多元化的思维方式,主张开放,倾听一切人的声音;第二,倡导创造性;第三,倡导对世界的关心和爱护,包括怎样建立自己与他人的关系,反对绝对的二元;第四,推崇生态主义和绿色主义;第五,重建人与自然的关系。

2. 后现代主义思潮对社会工作的影响

后现代主义思潮对社会工作理论与实践产生了明显的影响,社会工作者开始重新审视传统的工作理念和方法。社会工作专业是建构于一个复杂的社会、政治和经济架构之中的,工作者只有透过建构或解释才能了解它们的世界。而在实践过程中,由于专业人员和受助者之间存在着不平衡的权力关系,代表权威的一方总是趋向于控制话语,并对知识本身进行界定。社会工作专业的理论和实践知识的不确定性、不同方法和不同服务对象都会使专业人员的关注点发生变化,从而影响价值预设和治疗结果。社会工作是一门价值主导的专业,这一点也影响了专业工作者对问题的界定。因此,社会工作者必须对"问题是什么""是谁的问题"和"如何界定问题"保持清醒的意识。后现代主义思潮对社会工作者如何诠释问题富有启发,它提醒专业人员在澄清和分析受助者的叙述时,应该注重说者(服务对象)的权利,并肯定服务对象自身的解释权。在分析过程中,专业人员要注重对服务对象日常生活的解释,注重个人的经验,反对一般化的理论解释。在实践过程中,后现代主义还告诫专业人员,应该试图在工作中解构"专家—病人(服务对象)"的权力依附关系,主张社会工作者倾听服务对象的声音。但是,我们也必须注意到,作为一个专业人员要随时注意到这些从服务对象口中传达出来的言词所具有的局限性,避免照单全收。

后现代主义作为一种思潮进入社会科学话语体系内,也在一定程度上影响了社会工作研究的实践。作为一种认识论和方法论,后现代主义对最近三十多年来的主流社会科学的基本假设和所取得的研究成果提出了质疑,对权威的理论体系也提出了严峻的挑战。它的出发点在于抛弃陈规性的假说,批驳方法论上的俗套以及排斥结论性的知识断言。它关注的是情境,展现的是背景,而对问题的解决保持一种若即若离的冷静态度,以避免任何可能的实践误区。这种思潮一方面使社会科学不得不迎接新的挑战,而同时又不得不成为其观点的受害者。如何澄清可能建立社会科学与后现代主义思潮的建设性对话,避免认识论和方法论上的“虚无主义”和“无政府主义”,是社会科学理论及实践要反思的问题。社会研究的主要问题在于,如何体验和解释周围的世界及问题?如何判定社会问题的本质?如何看待社会构成的本身?后现代主义主张解构现已建立起来的范式和标准,强调的不是重新确立,而是重新认识思考,强调发展出一切可能的新的批评观念,强调认识非主流的理论、事物和社会现象,强调重新设置既已定论的文本,倒置读者的文本关系,主张非决定的、多元的理论系统,破除一切可能的陈规俗套。从本质上讲,后现代主义对社会科学的客观性、科学性特质提出了挑战,并将相对主义、主观性作为发展社会科学事业的一个基本点,同时反对将自然科学的模式普遍扩散于社会科学领域内,主张科学发展的文化多元主义,反对西方在知识系统上的垄断专职。在某种程度上,后现代主义思潮给缺乏自我批判和陷入自我表现陶醉状态的社会科学注入了一针催醒剂,但有时它似乎又是一种迷幻剂,因为它使现代人的选择无所适从。后现代主义学说及其观点同西方后工业社会发展有着密切的关系,作为发展中国家的社会工作者应该清醒地认识到,发展社会工作专业化是一条渐进和不断积累知识的过程,科学和理性在建立和推动社会工作专业化中有着不可忽视的重要作用,因此,我们不可盲目地祛除或解构社会工作实践中的科学方法与助人模式的有效性。

二、实务理论

在社会工作专业发展的历史过程中,社会工作者经过长期的经验积累,形成了一套系统的实务理论。实务理论是用来直接实现社会工作目标的理论与行动模式,又叫“助人模式”(或助人的理论架构)。社会工作的实务理论包括一系列的助人理念、评估、计划、干预和事后评价的方法,这些实务主要致力于两个目标:社会系统的变迁和人格系统(人际关系)的变迁。格林伍德曾指出,科学理论是描述的,而实务理论则是规定性的。社会工作的实务理论有两种亚理论,即评估理论(assessment theory)和干预理论(intervention theory)。

(一)评估理论

社会工作是一门助人的专业和学科,它的目的在于解决人的问题、满足人的需要和促进人的社会功能完善。同时,社会工作作为一门科学,它必须依赖可信服的证据,来确定解决问题的方法和方案。作为一个完整和系统的助人过程,社会工作者在为受助者提供专业服务(尤其是临床社会工作)之前,必须依赖科学的方法和工具,掌握足够的有关受助者、环境、组织及其相关社会政策等资料和信息,尤其是要对受助者的问题和需要进行科学和细致地澄清与分析,对相应的问题应该进行科学的研究,其重点是发现受助者的人格系统与环境变迁之间的联系，或是发现社区内的问题对居民的影响及其居民需要的满足状况等，这就是社会工作实践中的评估过程。

早在20世纪70年代，巴特利特就指出，在日益变化和扩展的专业实践领域内，社会工作者至少应该能在一个初步的范围内掌握对不同情境的评估，而要完成这一评估必须依赖专业判断。进行社会工作专业评估，首先应该有一定的条件，它们是：第一，专业核心关怀的共同概念，它们使社会工作者能在一个全面的范围内思考和分析问题；第二，由于干预是建立在有效和正确理解问题的基础之上，因此，评估必须能保持一致性地用于对现象、条件和情境的认识；第三，评估必须依赖一套一般化和前提性的知识体系，以帮助实践者来从事这一专业活动。

社会工作实践中的评估理论主要包括：问题的界定和分析、受助者的人格系统的评估分析、受助者的需要分析以及对受助者所在环境的分析的相关理论和概念等。在临床社会工作领域，评估理论的基础来自心理学、精神病学及其分支学科，社会工作者要借助这些理论对受助者的健康状况、精神症状和人格状况等做出科学的判断，从而对受助者的人格和情绪问题有一个完整和系统的认识，为后阶段的心理咨询或治疗奠定基础。在社区工作等宏观社会工作领域，评估理论主要是对社区、居民、组织（或机构）以及社会政策的分析，这些涉及不同社会科学知识和理论的应用，达成对社区的环境、居民的问题和需要、居民与组织之间的互动关系模式、机构（或组织）的特点及其内部权力关系模式、社会政策的制订、推行及其影响的分析，并在此基础上制订相应的社区发展或社会政策方案。社会工作者运用一系列的概念、方法、工具和指针，来科学和准确地评价受助者的问题与需要，确定恰当的工作方法，应用适当的助人技巧，在个案、小组和社区等层面上协助受助者解决相关问题。

（二）干预理论

社会工作领域里的干预理论主要是指社会工作者如何透过行动来影响受助者的人格、环境和社会系统，从而实现社会工作治疗和社会改良的双重目标。这一理论综合了治疗原则、项目（计划）发展、变迁（或改变）过程及结果评估。社会工作的干预致力于两个系统的改变：一是微观体系的改变，包括个体行为如何改变、家庭的重建、小组（或团体）生活的促进等；二是宏观体系的改变，包括复杂组织机构的改变，如社区组织、福利机构的制度改良、社会改革、经济与社会福利体系的整合发展等。

干预理论的核心是“问题解决”的方法和模式，其重点是如何运用一系列概念和工具来面对不同的系统和问题，将人与资源联系起来，从而制订并有效推行相关的行动计划，具体的干预过程则包括项目（计划）的制定、推行、监督和结果的评价等一系列相互联系的工作。我们知道社会工作是一门以实践为基础的学科，同时它又是一个以助人为核心的专业，因此，掌握并运用干预理论对社会工作者来说十分必要。这些理论为社会工作的行动提供了具体的指南,它们形成了社会工作实践的科学基础。运用这些理论,社会工作保证了治疗和社会改革的有效性,促进了个体社会功能的完善和社会的发展。

社会工作领域的干预理论或实践模式主要包括:(1)心理—社会治疗模式(the psychosocial therapeutic model),它形成于20世纪20年代末的美国,主要特点是将心理学应用于个案工作中,揭示受助者的精神状况和社会环境之间的关联。20世纪30年代后又在此基础上发展出了心理—社会治疗派的个案工作,到40年代,该派强调"人在环境中"的观点,着重指出个人的行为是同时由心理和外在的社会因素造成的。心理—社会治疗派的个案工作是当代个案工作的主流,其中戈登·汉密尔顿(Gordon Hamilton)和夏洛特.·托尔(Charlotte Towle)是该流派的佼佼者。(2)功能派个案工作(the functional casework),它由奥托·兰克教授在1930年首创,其主要观点是认为个体的行为是其冲动力、理智、感受和意志平衡作用的结果,其中意志是主要原动力,功能派社会工作强调"能动性功能"(agency function),其理论基础包括心理、社会和过程三个方面。功能学派个案工作是社会个案工作的传统四大学派之一,其影响后来扩展至小组和社区领域。(3)问题解决模式个案工作(the problem-solving casework)1950年由美国的海伦·皮尔曼(Helen H. Perlman)创立,该派的主导思想是:第一,人的一生是解决问题的过程,人从生到死都必须面对不同的问题并尝试去解决它们;第二,人生的目标是在寻求和获取。社会工作者的职责是帮助受助者消除心理焦虑,进而增强自我功能,针对受助者过去和现在的状况对未来生活的影响,专业工作者为其提供适当的服务。(4)行为修正模式(the behavioral modification casework),由A.施瓦茨(A. Schwartz)和弗朗西斯·特纳(F. Turner)在20世纪70年代提出。行为修正学说的基本观点是,人或动物都期望特定的令人满意的行为,而反对造成不适的行为。因此,行为会经常改变,行为在这里被假设成习得的经验。行为修正的对象不仅是行为失调者,还对正常行为者发挥作用,使其改变行为以符合环境的需要。除这四种主要的干预模式外,其他还包括任务中心治疗模式(the task-centered treatment model)、危机干预模式(the crisis intervention model)、一般系统模式(the general systems model)、存在主义模式(the existentialism model)、完型治疗模式(the gestalt treatment model)、生命模式(the life model)和交流互动分析模式(the transational analysis model)等。

在社会工作过程中,评估和干预是两个紧密联系在一起的工作过程,彼此相互融合在一起,对工作目标的实现来说,这两个过程缺一不可。干预理论除了依靠一系列的科学理论外,还要借助社会工作领域的研究成果(尤其是经验研究的成果)来改善工作模式和方法。理解受助者及其系统的问题、需要和所在环境及文化的含义,是社会工作者在不同层面上进行有效干预的前提,而干预的过程又为改善未来的评估工具和方法提供了素材。因此,对社会工作者来说,不能简单地将干预和评估分割为两个独立的过程,而是应将它们统一起来,整合地应用于实践中。

第三节 社会工作知识体系的建构

人们常说,社会工作是一门科学,同时又是一门艺术,这其实是在强调,作为一门独特的专业和学科,社会工作的知识体系具有自身的特性和侧重点。同其他社会科学不同,社会工作直接面对的是人的问题和需要,其本质目的是通过助人来实现人与环境关系的和谐发展。因此,社会工作的知识体系,既包含基于科学和实证的概念与理论,也包含建立在人的实践基础上的经验与技巧,前者是客观知识,后者是主观知识。客观知识是一系列由事实、概念、假设和理论建立起来的系统和富于逻辑的陈述,它们是可以被传输和交流的,可以不断得到检验和被后人加以发展,具有某种内在的一致性。而主观知识则是主要依靠人们的工作经验甚至个人生活经验总结出来的一套具体的工作理念和技巧,它们更多的是基于个人和直觉的经验,并不一定具有传输性和内在的一致性。社会工作的知识体系的建构,一方面取决于社会工作专业甚至是社会科学知识体系的发展,另一方面它也取决于社会工作者本身对人与社会的理解和洞察力。

一、社会工作知识体系的特性

社会工作最初是一般性的民间慈善行为,后来逐渐转变为科学的慈善救助行动,然后发展为一门系统的学科和专业,社会工作者也由一般志愿者转变为需要经过专门训练的专业人士。社会工作的知识体系融合了自身的实践经验模式和理论基础,也广泛地吸收了其他社会科学的知识。由于社会工作专业的知识基础,既包括助人的理念和价值观系统(专业伦理和道德操守),也包括系统的分析和解决问题的概念、理论、方法和具体的技巧,因此,社会工作专业的知识体系具有其自身的特性。这些知识体系不仅依赖于社会工作专业自身的知识增长,也受到社会科学其他学科和专业知识的发展的影响,而且社会工作者自身的实践经验也会在不同程度上影响着专业知识体系的发展。因此,在某种程度上,这一专业的知识体系的建立和发展具有客观和主观双重色彩。社会工作专业要面对不同的问题,接触不同的受助者,工作者要在不同的机构内实施助人计划,因此,社会工作专业要求工作人员在具备本专业独立的知识基础的同时,也应该具有不同的社会科学的知识基础,社会工作者应该成为通才式的专业人员。实际上,通才取向一直被社会工作专业所强调,在专业化发展日益精细的今天,强调通才式的教育和实践取向对社会工作专业的发展十分有利。

（一）社会工作专业对知识基础的要求

社会工作是一门助人的科学和艺术，工作者要面对复杂社会环境下有不同需要的人群，并应对和解决不同类型的问题，因此，对专业工作者有较高的知识基础要求。社会工作专业从19世纪出现发展到今天，它的知识基础不断得到拓宽和加强，不仅吸收了众多学科领域的知识，专业人员也通过长期的实践总结出了一系列工作方法和模式。总体而言，社会工作专业的知识基础主要由三部分组成：即价值理念、理论与实践知识系统和问题解决技巧。

首先，对专业工作者而言，他们必须培养和建立专业价值观与职业伦理，即在“助人”之前也必须先学习“做人”。社会工作者同社会中其他专业人员不同，他们要面对人类社会中的种种苦难和不平等，要接触不同的工作对象，要倾听不同的声音和生活叙述，并在此基础上努力解决个人、群体、社区乃至社会的问题。虽然社会工作者可以借助专业团体和其他专业人士的力量，但是，更多时候社会工作者要面对和承担解决个人和群体问题的种种压力与挑战。社会工作助人实践的一个重要前提，是专业人员对人和人性有比较全面和深刻的理解，同时对待人的价值和潜能持肯定的看法。而社会工作的实践过程就是社会工作者与受助对象一起感同身受、共同面对困难并制订适当的策略去解决问题，从而舒缓内心情绪与压力，协调个人与环境之间的关系。另一方面，社会工作的专业价值观和职业伦理，要求专业人员对其专业行为负责，对“应该做什么”和“不应该做什么”保持清醒的头脑，以不伤害和保护受助者利益为第一原则。社会工作者的价值观和专业伦理的培养与建立，不是一朝一夕就可以完成的，须经过长期的磨炼与反思。社会工作者的合格的专业言行，应该由最初的一种受过训练而养成的职业习惯，最终变成一种自觉的行动。

其次，社会工作者还应掌握一般的社会科学的理论与方法，即对社会科学中不同学科的知识内容有一定的了解与认识，对心理学、社会学、经济学、政治学、法学等学科的知识有不同程度的掌握，从而能善用跨学科的视野去认识复杂社会环境下的个体、群体和社区等的问题，能对人的需要做出正确的评估，这将有利于确定适当的解决问题的方法。不同的社会科学知识，有助于专业人员正确理解和认识政治经济制度对社会福利系统的影响与作用，也有助于专业人员深入理解和认识不同的受助对象其问题与需要的独特性与一般性，从而为建立通才式的社会工作模式奠定基础。

最后，社会工作者的知识基础还依赖于自身对实践经验的总结，作为一门以实践为核心的助人专业，专业人员要不断从实践经验中发现并吸收那些一般性的模式与方法，同时注意个别经验和模式的独特性。通过实践和反思，社会工作者可以发展出新的概念与方法，从而改良过去建立起来的知识系统，促成社会工作专业知识体系的发展。

(二) 社会工作专业知识体系的特性

社会工作专业知识体系基本涵盖了社会科学中不同学科的理论与方法,同时也包括了依赖经验的实践模式与技巧,它们还必须以助人的价值观与职业伦理为准则。同其他社会科学相比,社会工作专业知识体系具有自身鲜明的特性,主要包括以下几方面:第一,科学性。社会工作专业的知识体系是以各门社会科学的理论与方法为基础,它们都强调概念与事实之间的内在关系,不仅强调逻辑与实证,也强调叙述的真实。社会工作专业的知识体系其目的是为解决受助者问题并满足其需要提供可能的途径,因此,科学的知识将为这些解决方案提供基本的思路。第二,实务性。社会工作是一门以助人实践为基础的专业,其知识体系必须围绕助人的理论、价值观、技巧与方法,强调工作模式与方法的实用性。第三,整合取向。社会工作专业知识体系广泛吸收各门社会科学的概念、理论与方法,注重多角度理解与分析问题,强调社会工作者能综合运用社会科学中不同领域的理论和概念,从而在制定解决问题的模式与方法上可以找到适当的方案。第四,文化敏感的视角。由于今日的社会工作专业是在全球化背景下推行专业服务的,因此,社会工作者必须理解与认识当今多元文化和政治经济体系的基本内涵和特点,对不同的种族、民族、语言、宗教、生活方式等有一定的认识,从而提高社会工作实践的有效性,促成对受助者问题的理解和问题的最终解决。

二、社会工作知识体系的建构

社会工作是一门必须经过专门训练的职业,因此,社会工作者知识体系的建构首先必须通过系统的专业教育与实践才能达到这一目标。在当代社会工作教育训练课程计划里,专业的知识基础体系主要包括以下几方面:第一,解释人与社会环境关系相关理论和知识;第二,有关社会问题和社会政策的理论;第三,社会工作专业的价值观和职业伦理;第四,社会工作的理论与实践模式。对一名合格的社会工作者来说,完备的知识体系不仅应掌握一般的社会科学理论和社会工作的实践知识,而且还应深入地了解社会服务体系的运行机制和社会政策过程本身。社会工作者不仅要学会熟练地应用解决问题的技巧,更应懂得如何应用理论与实践模式去预防问题。完成社会工作知识体系的建构不是一蹴而就的事情,它需要通过不断学习、实践和反思等一系列过程来实现。

(一) 解释人与社会环境关系的理论和知识

人与社会环境关系的理论和知识是社会工作知识体系中的一个基石,社会工作者通过学习与掌握心理学、社会学和社会工作等相关的理论,应对人类的认知和行为模式有一个比较全面的了解,同时对人的行为和环境之间的关系能进行比较深入的解释与分析。这一领域的理论与知识可以帮助社会工作者清晰地认识受助者(系统)的问题及成因,同时对他们的需要作出科学的评估,这些对后来的服务十分重要。

（二）有关社会问题与社会政策的理论

社会工作的目标是解决社会问题，促进社会发展和改善人类的福利状况。因此，作为社会工作者来说，应该懂得运用不同学科的理论去分析和解释社会问题，如对贫困等社会问题的成因和后果不仅能进行客观的描述，还要懂得进行科学的解释。社会工作者还须深入理解社会问题对不同受助者系统产生的负面影响，包括心理、身体、经济、社会等方面的影响。社会工作专业是在一个政治系统内发挥作用的专业，社会政策是其中重要的部分，因此，社会工作者还必须掌握相应的理论与知识，掌握如何分析社会政策的制订和推行过程，懂得评估社会政策产生的影响与后果。

（三）社会工作专业的价值观与职业伦理

价值观和职业伦理是社会工作专业的灵魂，缺乏这一必要的基础，社会工作者也将名不副实。社会工作者应对专业价值观的本质、历史演变和应用有比较全面和深入的了解，对社会工作实践过程中有关权利、责任、权力、民主等道德概念有深刻的体会和认识。社会工作是在一个复杂的环境下开展工作的，涉及的道德和伦理层面的因素也很多，包括如何维护社会福利分配的正义，如何避免歧视，如何应用法律来保护受助者的合法利益等。由于社会制度本身的缺陷和资源的不足，社会工作价值观的预设与社会事实之间是存在差距的，因此，社会工作者在实践过程中将不断遇到价值困境的难题。专业工作者应该懂得理解这些价值观上的冲突与困境，同时能够从实际出发，找到适合的问题解决办法，学会恰当处理专业价值观、专业操守和管理规则等诸多环节的复杂关系。

（四）社会工作的理论与实践模式

社会工作在本质上是透过实践来改善个人与群体福利或福祉的一门应用社会科学，它要求专业工作者能够在不同环境下针对不同的受助者提供有效的服务。因此，专业工作者首先应掌握社会工作专业的理论，懂得如何应用理论去解释与分析受助者的问题。其次，社会工作者还应掌握不同的实践模式去解决问题，这些实践模式主要指干预和评估过程的一些具体做法，它们都是受社会工作的基本理念和价值观指导的。最后，社会工作者还须懂得善用工作技巧去解决问题，这些社会工作实践的技巧主要是指分析思考的技巧、沟通技巧、人际关系建立的技巧、个人与组织建立关系的技巧、团队工作技巧、组织技巧、解决问题的技巧、研究技巧、评估技巧等。

社会工作的知识体系是一个以价值观、理论—实践模式和技巧三者组成的完整系统，彼此之间相互联系在一起，缺一不可。社会工作者的知识体系建构是一个连续和不断完善的过程，因此，社会工作者本身必须意识到学习和实践是两个必要的过程。在社会工作者的训练过程中，上述三方面的知识应该平衡地发展。奥克特（Orcutt）指出，一个优秀的社会工作者应尽可能掌握下列三方面的知识：第一，社会和行为科学的基础理论；第二，社会工作领域的实务理论、原理和价值观;第三,定量和定性的科学研究方法与成果。在社会工作者的职业生涯中,专业工作者要不断反思自身的专业行为与工作得失,要敏锐地认识到自身知识建构的不足,通过积极的学习和思考,将主观和客观的知识融合在一起,为社会中有需要的人服务。

推荐阅读文献

阿伦·布洛克.西方人文主义.北京:生活·读书·新知三联书店,1998

波林·罗斯诺.后现代主义与社会科学.上海:上海译文出版社,1998

弗洛伊德.精神分析引论.北京:商务印书馆,1996

哈贝马斯.公共领域的结构转型.南京:学林出版社,1999

廖荣利.社会工作理论与模式.台北:五南图书出版公司,1987

刘小枫.现代性社会理论绪论.上海:生活·读书·新知三联书店,1998

罗尔斯.正义论.北京:中国社会科学出版社,1988

马尔库塞.单向度的人.重庆:重庆出版社,1990

帕特里克·贝尔特. 二十世纪的社会理论.上海:上海译文出版社,1998

埃米尔·涂尔干.社会分工论.北京:生活·读书·新知三联书店,2000

王思斌.社会工作概论.北京:高等教育出版社,1999

马克斯·韦伯.社会科学方法论.北京:中国人民大学出版社,1999

熊跃根.后现代主义与社会工作:理论与实践反思.载王思斌.中国社会工作研究(第六辑).北京:社会科学文献出版社,2006

熊跃根.从社会诊断迈向社会干预:社会工作理论发展的反思.江海学刊,2012(4)

徐震,林万亿.当代社会工作.台北:五南图书出版公司,1996

周永新.社会工作学新论.香港:商务印书馆,1996

Bartlett H M. The common base of social work practice. Washington,D C:NASW,1970

Bourdieu P. Practical Reason:On the theory of action. Cambridge:Polity Press,1998

Dominelli L. Social Work:Theory and practice for a changing profession. Cambridge:Polity Press,2004

Kemp S P,Brandwein R. Feminism and social work in the United States:An intertwined history. Affilia:Journal of Women and Social Work,2010,25(4):341-364.

Litwak E. Helping the Elderly:The complementary roles of informal networks and formal systems. New York:Guilford Press,1985

Martinez-Brawley E E,Zorita P M. At the edge of the frame:Beyond science and art in social work. British Journal of Social Work,1998,(28):197-212.

Parton N. The nature of social work under conditions of (post)modernity. Social Work and Social Sciences Review,1994,5(2):93-112.

Pinker R. Social theory and social policy. London:Heimann,1979.

Reamer F G. The foundations of social work knowledge. New York:Columbia University Press,1994.

第七章

社会工作过程

社会工作的目标在于帮助服务对象提升社会功能,解决或预防问题,满足需要,最终促进社会公正。而这个目标的实现,需要经过结构化的操作实施,需要通过一系列有计划、有步骤的阶段。因此,社会工作的助人活动必然是一个过程。

第一节　社会工作过程的基本要素

在社会工作过程中,有一些基本的构成要素:社会工作者、求助者、社会资源系统与环境。也有学者从系统论的角度分析社会工作过程,认为社会工作过程中包含改变媒介系统、服务对象系统、目标系统和行动系统等四个基本系统。本节将分别介绍这两种观点。

一、社会工作过程的基本要素

人是在社会环境中生活的,人的生存和发展离不开社会资源。当由于各种原因,社会环境或社会资源无法满足人们的需要,或人与环境不能良好互动时,便会使人产生困难或问题,影响人们社会功能的正常发挥,甚至影响人的正常生活。在个人无法用自身的力量解决困难和问题时,就需要求助于社会上其他的人或组织机构,帮助其解决问题、克服困难,恢复和提升社会功能,恢复正常的状态。社会工作者是现代社会中专业的助人者。

(一) 社会工作者

1. 谁是社会工作者

社会工作者是从英文 social worker 翻译而来。该词最初由西蒙·伯顿(S. N. Patten)于 1900 年提出。在他的原意中,“社会工作者”一词包括当时正在英美等国家中开展的慈善组织会社工作中的“友善访问员”和睦邻组织运动中的“社区睦邻工作员”,他们是一批对社会弱势人群有爱心、有热情的自愿工作人员,前者的工作是走访申请救济的家庭,了解情况,以保证社会救济物品分发到真正需要的家庭;后者与落后社区的居民生活在一起,帮助他们重建了解与合作,解决生活难题。很显然,这时的社会工作者并不能被称为专业的工作人员。

随着社会的变迁和社会工作教育的出现、社会工作专业化的发展,社会工作者逐渐成为社会中不可或缺的专业的工作人员,需要具备一定的条件才能胜任。因此,许多国家对社会工作者这种专业人员的任职资格有了一定的规定,例如美国社会工作者协会就明确规定:社会工作者是毕业于社会工作学院(包括学士和硕士学位),运用他们的知识和技巧为服务对象(一般包括个人、家庭、团体、社区、组织和社会)提供社会服务的人员。社会工作者帮助人们提高解决问题的能力,帮助他们获得所需要的资源,促进个体与他人及其环境的互动,促使组织负起对人们的责任,影响社会政策。英国国家社会工作协会(National Institute Social Work)出版的《社会工作者:他们的角色与任务》(Social Worker:Their Role & Tasks)一书指出,社会工作者是由地方社会服务当局或有关的自愿组织雇用的,在他们的雇佣契约中明确规定他们为社会工作者的,或者在社会工作居支配地位的实务领域范围内执行他们的任务,不论是在日间或居民服务领域,还是在医院或其他相关机构中的工作人员。

一般而言,国际社会工作界认可的社会工作者应符合这样的条件:第一,具有社会工作执业证照;第二,具有社会工作的专业教育背景;第三,受社会工作伦理的制约;第四,是社会工作专业组织的成员;第五,以社会工作为一种职业生涯。

在许多西方国家,除了社会工作者外,还有社会服务人员(social service worker)、社会福利人员(social welfare worker)。严格地说,社会服务人员、社会福利人员与社会工作者是有区别的,社会服务人员、社会福利人员一般是指受雇于社会工作机构或社会福利机构的工作人员,包括专业和非专业人员;而社会工作者只是社会服务人员中的专业人员。

在我国,自20世纪90年代后,“社会工作者”的概念被越来越多地使用。有学者认为社会工作者是特指受雇于公、私立社会福利服务机构或设施中、从事专业的助人者,即以助人为职业的人。他有别于一般利用工余和业余时间从事社会公益事业或社会服务意义上的自愿工作人员。有学者认为社会工作者是以社会工作专业理论为指导,运用专业方法和技巧为人们提供专业服务的专业工作者。

随着社会的发展,我国对社会工作的需求越来越显著,党的十六届六中全会通过的《中共中央关于构建社会主义和谐社会若干重大问题的决定》,明确提出

“建立宏大的社会工作人才队伍，造就一支结构合理、素质优良的社会工作人才队伍，是构建社会主义和谐社会的迫切需要”。2010年6月《国家中长期人才发展规划纲要(2010—2020年)》中明确提出，我国“到2015年，社会工作人才总量达到200万人，到2020年，社会工作人才总量达到300万人”。

谁是社会工作者的问题也日益明确。2006年国家人事部、民政部联合颁发的《社会工作者职业水平评价暂行规定》，对社会工作者做了如下的界定：社会工作者特指专业社会工作者，是指拥有职业资格、具备专业教育背景，在“社会福利、社会救助、社会慈善、残障康复、优抚安置、卫生服务、青少年服务、司法矫治等社会服务机构中，从事专门性社会服务工作的专业技术人员”，包括“助理社会工作师、社会工作师和高级社会工作师”。在2011年11月中央组织部、中央政法委、民政部等18个部门和组织联合发布的《关于加强社会工作专业人才队伍建设的意见》(以下简称《意见》)中，进一步明确指出：“社会工作专业人才是具有一定社会工作专业知识和技能，在社会福利、社会救助、慈善事业、社区建设、婚姻家庭、精神卫生、残障康复、教育辅导、就业援助、职工帮扶、犯罪预防、禁毒戒毒、矫治帮教、人口计生、纠纷调解、应急处置等领域直接提供社会服务的专门人员。”

毫无疑问，在我国现阶段，社会工作专业人才主要指专业社会工作者，它包括三个方面人员：一是长期从事社会工作实践，并作出突出贡献的社会工作者。二是通过社会工作者职业资格评定，取得助理社会工作师、社会工作师、高级社会工作师的专业技术人员。三是专门从事社会工作管理、教学和研究，且具有初级以上专业技术职务的其他人员。

2. 社会工作者是助人者

社会工作者作为一个职业群体，区别于其他职业群体的主要特征在于：社会工作者是助人者。这是社会工作专业的本质特征在社会工作者身上的体现。社会工作是一个助人的专业，专业的宗旨是为有需要的人提供帮助，即通过社会工作者的帮助，使服务对象恢复和提升社会功能，解决问题，克服困难，满足需要，获得自我实现。卢卡斯(Alan Keith-Lucas)将助人定义为由一个人或一个团体向另外的人提供的实质性的或非实质性的东西，所采取的方式是让受助人或群体能用来获得不同程度的自我实现。

一些学者讨论了作为助人者怎样才能更好地为工作对象提供服务，完成助人职责。例如姆勒(Edward Mullen)坚持认为助人者更多的是发挥个人的影响力而不是运用技术。他指出，助人者自身是决定助人成功与否的关键因素。对助人者而言，技巧和方法只是社会工作者的工具，他如何运用这些技巧和方法更为重要。这些工具是否能与工作者个人的影响力结合到一起运用，是决定助人有效性的最关键因素。卢卡斯则认为助人者必须具备三个因素才能实现社会工作者助人的职业要求。这三个因素是:第一,关心。所谓关心是指不管喜欢或不喜欢服务对象都能照顾他们,“关心”是比“喜欢”或“不喜欢”更加持久和稳定的一种情感。第二,勇气。所谓勇气是说助人者必须分担个人可能不熟悉的他人的世界和问题,助人者应该有勇气,在助人过程中要承担风险,要承受成功或失败。第三,谦恭。谦恭是说有效的助人者应该不自傲,承认自己只是助人者中的一员,是助人过程的媒介而不是助人过程的创造者。

(二)受助者

1. 受助者的定义

受助者(client),也称当事人、服务对象等,许多社会工作文献将受助者称为案主。这主要是由于西方社会工作专业首先是由个案工作发展而来的,在个案工作中往往将受助者称为个案的案主的原因。近年来,不少境外学者建议用更具有主动性的“受助者”“服务对象”来代替看似较为被动的“案主”的称呼。又由于社会工作与社会福利有密切的关联,被认为是社会服务的发送器,因此,社会工作的服务对象也被称为福利受益者或福利使用者。

受助者是指社会工作专业实践活动直接的工作对象、社会工作的服务对象、社会工作的直接受益者。受助者通常有不同种类的问题与不同层次的需求,需要社会工作加以帮助。一些受助者可以成为社会工作的协同工作者。

2. 受助者的分类

按是否接受了服务,可将受助者分为现有服务对象和潜在服务对象。现有服务对象是指已经在使用或正在接受社会工作服务的人们;潜在服务对象是指可能需要社会工作服务或有权接受社会福利、接受社会工作服务而尚未提出要求的人员,潜在服务对象可以是全体社会成员。

由于服务对象的来源不同,受助者有自动求助或自荐的服务对象、转介的服务对象和外展的服务对象之别。自动求助或自荐的服务对象,是指意识到需要社会工作服务而主动要求接受服务的人员;转介的服务对象,指由他人或其他机构介绍来接受社会工作服务的人员;外展的服务对象,一般指经由社会工作者主动接触在社会上发展获得的服务对象。

按服务对象的类型,受助者可分为自愿的服务对象、非自愿的服务对象和强制接受服务的服务对象。很显然,自愿的服务对象是指主动求助、自愿接受社会工作服务的人员;非自愿的服务对象指自身并不完全主动,在一些相关人员的要求或安排下而接受社会工作服务的人员;强制接受服务的服务对象,也称“强迫的服务对象”“不自愿的服务对象”,他们是那些基于法律要求不得不接受心理治疗或社会工作服务的人员,例如被法院判服社会服务令的人员(我国上海已经从2003年开始试行社会服务令)。

3. 几种主要的受助者

个人、家庭、小组、团体、组织机构和社区等是社会工作中主要的几种受助者。随着社会工作领域的变化,社会工作受助者的概念也在扩大。由于西方社会工作专业是由个案工作发展起来的,因此在早期的社会工作文献中,将受助者称为服务对象,指个人及家庭。随着社会工作专业的发展、新的社会工作方法的出现、社会工作领域的扩大,小组和社区被包括在服务对象的概念中。到 20 世纪 70 年代,随着综合社会工作(generalist social work)的兴起,宏观的社会系统也成为社会工作的对象。

以个人或家庭为服务对象的社会工作方法,被称为个案工作;也有些学者将以家庭为服务对象的社会工作称为家庭社会工作;以小组、团体为工作对象的社会工作被称为小组工作;而社区工作的服务对象是社区;社会福利行政、社会政策等则是以宏观的社会系统为工作对象。

(三) 资源系统

1. 基本的资源系统

人在社会环境中生活,总要与他人结成一定的社会关系,生活在一定的社会网络之中,需要在社会中获得物质、精神等社会资源。社会资源系统自然成为社会工作实践过程的基本要素之一。

平卡斯和米纳汉(Allen Pincus & Anne Minahan)将有助于人们的社会资源系统划分为三类:第一,非正式的或自然的资源系统。它主要包括家庭、朋友、邻居、同事、亲戚等。它能够提供物质与精神的帮助,同时还能提供具体的服务和资源。非正式资源系统还常常通过帮助填写表格及与有关部门、机构联系来获取和使用正式的社会资源。例如由邻居在暑期中帮助照看双职工家庭中的孩子在许多地区是较为普遍的情况,亲戚朋友帮助填写申请使孤老得到最低生活保障。

第二,正式资源系统。它包括党派、专业团体、群众组织及各种协会等。这些组织致力于提升成员的福利和利益,直接提供资源给成员,并帮助他们与各种社会系统打交道。例如这些年随着城市流动人口越来越多,“打工妹之家”等组织的成立为众多城市中的外来人口提供学习新知识、心理疏解、情感支持、权益维护等帮助。

第三,社会性资源系统。这是为适应社会公共生活与活动建立起来的、满足人们短期的特别需要的机构,是人们社会生活的重要支持系统,包括学校、医院、各种社会服务机构、派出所等。在现代社会中,人们越来越多地与社会资源系统联系起来,以获得暂时或长期的帮助。

在平卡斯和米纳汉对社会资源系统的划分之外,人们常常将社会资源系统简单地区别为正式的与非正式的两种。所谓非正式的社会资源系统,即平卡斯和米纳汉所说的非正式的或自然的资源系统,它是人们生活、成长过程中首要的和重要的社会资源,也往往是当人们遇到困难时首先求助的资源系统。所谓正式的社会资源系统,即平卡斯和米纳汉观点中的正式资源系统和社会性资源系统。它包括非正式资源系统之外的所有社会资源系统,在现代社会中,它已经成为个人生存及社会发展不可或缺的重要的资源系统。社会工作专业是正式的社会资源系统的重要组成部分,对社会及其成员尤其是社会弱势群体起着越来越重要的作用。

2. 社会支持与社会资本

从20世纪70年代开始,学者们开始研究人们的社会网络,发现在人们的社会网络中有一部分是可以给予人们支持作用的,并将之称为社会支持。可以将社会支持笼统地表述为:各种社会形态对社会脆弱群体及社会生活困难者所提供的无偿救助和服务,从一般意义上说,社会支持指人们从社会中所得到的、来自他人的各种帮助。

近年来,社会资本的概念被越来越多地提及。社会资本的概念首先由法国社会学家布迪厄(P. Bourdieu)提出,他认为资本有经济资本、文化资本和社会资本三种形式,社会资本是实际或潜在资源的集合,这些资源与相互默认或承认的关系所组成的持久网络有关,而且这些关系或多或少是制度化的。资源与对某种持久性的网络的占有密不可分,这种网络从集体性拥有的资本的角度为各成员提供支持。不同的资本是可以转换的,社会资本不能简化为与之有联系的所有行动者占有的经济资本和文化资本,但社会资本从不完全独立于这些资本,社会资本能够使占有者产生收益、增值效益,社会资本可以转变为经济资本,经济资本也可以转变为社会资本。武考克(Woolcock)认为拥有较多社会资本的人更容易获取物质资源以面对各种危机。

可见,社会支持与社会资本是与社会资源系统相关的两个概念,是人们的生存和发展不可或缺的重要因素,是社会资源重要的组成部分。一个人或家庭的社会网络中具有强大的社会支持力量或众多的社会资本,就可以较好地解决面对的问题,战胜困难。因此,社会支持与社会资本是社会工作过程中应该考虑的内容。可以说在一定意义上,社会工作专业的任务就是为人们提供积极的社会支持,帮助有需要的人们充分认识和使用社会资源系统,不断运用和扩大社会资本。

3. 服务对象与资源

在社会工作过程中,服务对象的问题或困难常常与其所处的环境、环境中的资源有密切关系,是由于缺乏相应的资源造成的。服务对象的问题或困难基本上是由三种情况造成的:其一,在服务对象所处的社会环境中没有其所需要的资源;其二,在服务对象所处的社会环境中虽然有其所需要的资源,但服务对象并不知道而没有使用;其三,在服务对象所处的社会环境中有其所需要的资源、服务对象亦了解,但因某些原因服务对象无法获得这种资源。在以上三种情况中,无论何种情况,都会给服务对象带来困难和问题,影响服务对象及其家人的正常生活和发展。

(四)环境

1. 社会环境

环境是指与人的活动、与人的生存和发展有关的外在实物的总和。虽然人的生存环境包括自然环境和社会环境,但在社会工作者的视野中,环境一般指个人生活于其中的社会环境,或者说在自然环境和社会环境之间,社会工作更关注的是社会环境。

社会环境是与人的生存和发展有关的所有的外部社会因素的总和。有学者将一个个体或群体的社会环境划分为:第一,社会小生境。社会小生境是某一个体、群体生活于其中的直接的生存小环境,是那些与人们的生活直接相关、关系密切的环境,如家庭、邻里、工作单位、学校、同辈群体等。第二,人际关系环境。人际关系环境是指与人们的生活、工作有较密切关系的人际关系的总和,如邻居关系、同事关系、朋友关系等。人际关系虽然不具有法律意义上的责任、义务关系,但对人的生活、工作具有直接的重要影响。人际关系网络实际上是一个人的社会支持网络的一部分,是一种重要的社会资源、社会资本,其优劣及其强弱对人的成长特别是对处于困境中的人走出困境具有重要作用。第三,社会生态环境。社会生态环境是指社会中的人们在环境中的生活、生存状态,如社会结构就是社会生态环境状况的一种具体表现。社会、社区成员或群体的共生关系和竞争关系是人们的生存环境,这种关系会直接影响人的生存与发展。第四,社会文化环境。人们总是生活在某种文化之中,这种文化也就成为人们的生活环境。文化是由知识、价值观念、行为规范、法律、风俗等形成的体系。社会的风俗习惯、价值观念、法律法规体制就成为人们生活的基础和背景,成为人们生存发展的一种特殊环境。

2. 社会环境的功能

社会环境是人类生存和发展的必要的外部条件,它对人的成长具有以下重要功能:第一,提供资源。社会环境向个体和群体提供生存和发展的资源。对个体而言,这种资源表现为物质和精神的支持。这种支持可以帮助个体或群体渡过人生困难,获得成长。社会环境不同,社会环境所拥有或提供的资源不同,对人的成长的促进作用必然不同。第二,资源竞争。社会环境并不都是积极地或直接促进人们的生存和发展,环境中包含有生存与发展资源的竞争者,在资源短缺的情况下,这种竞争关系尤为明显。在一定程度上竞争可以对个人、群体的发展起激励作用。但是资源竞争也往往使社会生态结构中的弱势群体遭遇困难,并影响他们的生存和发展。第三,资源获取中介。个体和群体有时不能直接获取生存与发展的资源,需要通过生存环境(直接生活环境、生活共同体等)去获取资源。第四,资源分配。人们从社会环境中获取资源,社会环境也就扮演着资源分配的角色。社会资源分配既包括分配主体(社会中掌握和向社会或成员分配资源的实体性机构,如国家、政府、社会组织等),也包括分配机制(资源分配的指导思想和标准,资源分配的方式及其传送渠道或方式,如社会制度、社会政策、社会工作等)。社会资源的分配有时靠制度、社会政策进行,有时是非制度化进行的。社会环境在资源分配方面对个体、群体的生存和发展具有积极的作用,但是,如果社会结构不合理、社会制度不公正,人们也不可能得到公正的资源分配,这时社会环境在资源分配方面发挥着反功能。

二、社会工作过程的基本系统

关于社会工作过程的基本系统的另一种分类是由平卡斯和米纳汉概括的。他们认为社会工作过程是社会工作者运用各种知识与资源,与各要素共同努力,通过一系列具体的工作,达到工作目标的改变过程。在这个过程中包含了改变媒介系统、受助者系统、目标系统和行动系统四个基本的系统,这四个基本系统不断地互动,从而实现社会工作助人的目的。

(一) 改变媒介系统

所谓改变媒介系统,指受雇于公立、志愿、非营利机构、组织或社区中的社会工作者,是促使受助者发生改变的媒介,是专业的助人者,可促进个人完成生命任务及系统应对问题的能力的提高,促进受助者与资源系统之间的良性互动,达到改变的目的。在具体的帮助受助者的社会工作过程中,改变媒介往往不是由社会工作者单独行动就能奏效的,而是由具有不同专长的助人者组成,形成共同工作的团队。在这个团队中,社会工作者往往是协调者,协调不同的助人系统进行合作,以更好地帮助受助者。

(二) 受助者系统

受助者系统即社会工作服务的对象,是社会工作服务的直接受益者。受助者系统可以是个人、家庭、小组、团体,也可以是社区、组织。人们在求助社会工作之前,通常有自己或使用非正式社会资源系统解决问题的经历。受助者系统有不同的问题、不同的需要,也有不同的类型,需要社会工作者区别对待。

(三) 目标系统

所谓目标系统,是指为了达到改变受助者系统的目的所需要改变和影响的系统。由于受助者的问题及其解决是与其生活的环境及其资源密切相关的,所以在工作中,为了逐步达到社会工作服务和改变受助者的目的,社会工作者要与有关的人与系统一起工作,将其作为工作的目标系统去加以改变和影响,从而为解决受助者的问题与满足需要创造条件。

在一般情况下，受助者系统是社会工作的目标系统，受助者系统发生相应的改变，就可以帮助受助者、实现社会工作的目标。但是受助者系统也可以不是社会工作的目标系统。在有些情况下，受助者系统并不总是为达到社会工作目标而要改变的系统，而需要将受助者生活环境中的相关人与系统作为目标系统去加以影响和改变。例如在学校社会工作中，为了更好地帮助学生，有时会将学生的家长作为目标系统。随着家长与学生沟通状况或教育方式的改善，会促进学生的健康成长。可见，受助者系统并不一定就等于目标系统，一般情况下，目标系统大于受助者系统，并具有时效性。有时受助者系统与目标系统一致，有时不一致，有时可以是交叉的。

（四）行动系统

所谓行动系统是指那些与社会工作者一起工作，实现改变目标的人。它是与社会工作者一起努力，试图实现改变的系统。为了实现社会工作目标，帮助受助者达到改变的目标，社会工作者要进行各种努力，调动各种资源，同与受助者有关的人与系统一起工作，形成行动系统。社会工作者可以根据需要，与一个行动系统一起工作，也可以同时与多个行动系统一起工作，以完成不同的改变任务。例如为了帮助家庭暴力的受害妇女，社会工作者往往要联合公安司法部门、社区居委会或当事人亲属及工作单位一起工作，共同为制止家庭暴力而行动。这时，公安司法部门、社区居委会、当事人亲属或工作单位就是社会工作过程的行动系统。

第二节　社会工作过程中工作者与受助者的关系

一、工作者与受助者的关系

社会工作者和受助者都是社会工作的主体，两者之间的关系是一种人与人之间的关系。人与人之间的社会关系是多种多样的，社会工作者与受助者之间应是怎样的关系才有助于社会工作过程和社会工作目标的实现？这是社会工作界讨论的基本问题之一。

（一）什么是专业关系

社会工作者与受助者之间的关系，在社会工作实践中历来受到重视。为了完成社会工作目标，社会专业活动要求社会工作者与受助者之间应当建立起专业关系。关于专业关系，有许多不同的定义。例如：廖荣利认为，专业关系是指专业人员和服务对象的内心感受和态度表现的动态、交互反应关系，工作人员通过交互作用以协调服务对象社会生活适应能力的改善和增强。黄维宪将专业关系定义为：专业关系是社会工作者与服务对象之间的一种态度与情绪交互反应的动态过程，借以有效协助服务对象解决问题，使其对环境有最好的适应。卢卡斯认为专业关系是社会工作者提供的一种媒介物，受助者可以通过这种媒介作出某种选择，决定是否及如何接受帮助。

可以简单地说，所谓专业关系是指社会工作者以一个专业人员的身份与受助者之间所建立的一种专业协助关系。

（二）专业关系的重要性

社会工作者和受助者之间的专业关系在社会工作中占有重要地位，是其他一切工作的基础，甚至被认为是社会工作的灵魂或基石。台湾学者廖荣利将社会工作专业关系比喻为人身体中的血液、人的精神和灵魂力量，而将社会工作技术本身比喻为人的肉体部分，认为没有血液、精神和灵魂，就无法成为一个活生生的人；缺乏专业关系的服务，也就难以成为专业服务，并且很难达到专业服务的目标。

良好的专业关系对于社会工作而言是极为重要的，它可以深化、增强工作的效果，增强社会工作者的影响力，使工作者提出的意见建议更容易为受助者所采纳，使工作者的工作技巧更易于见效。良好的专业关系可以为受助者提供安全、有利的环境，使受助者能有机会更好地审视自己，分析问题的原因，学习和寻找解决问题的方法。在一定意义上，良好的专业关系本身对受助者的情绪和心理具有治疗作用。可以说，社会工作者与受助者之间的关系，在一定程度上影响到整个社会工作服务的成败，社会工作者必须慎重对待。

二、专业关系的基本特点

专业关系与一般的人与人之间的关系的最大区别，在于专业关系具有一些特点。波尔曼（H. H. Perlman）指出：专业协助关系具有双方同意的目的，它有特定的时间范畴。工作者尽力为当事人的利益着想。它带有专门知识的权威、行业本身的专业守则，还有专门技巧。此外，专业关系是受控制的，因为工作者尝试对眼前的工作保持客观，并能觉察及控制自己的感受、反应和冲动。平卡斯和米纳汉提出专业关系的三个基本特征分别是：第一，社会工作的专业关系是社会工作者为了实现专业目的而建立起来的，依据专业目的和工作计划建立与终止；第二，在专业关系中，服务对象的利益高于社会工作者的利益，社会工作者要为实现服务对象的利益、满足服务对象的需要而工作；第三，建立专业关系的基础是客观的，社会工作者必须有明确的摆脱个人烦恼和情感需求的自我意识，对他人的需求有敏锐地感知能力。

综合学者们的观点，可以将专业关系的基本特点概括为如下几个方面：

（一）目的性

目的性是社会工作过程中专业关系最显著的特点之一。专业关系是为专业的目的而建立，它的建立是为了协助受助者，即通过工作者与受助者的工作要能解决或防止个人、家庭或社区的问题，或发展受助者的潜能。当社会工作的目的实现后，专业关系就应该终止。所以，专业关系具有一定的时间限制，是一种暂时性的工作关系，当受助者的问题得到解决以后，双方关系建立的前提消失，关系必须结束。专业关系与人际关系不同。在大多数情况下，一般的人际关系的建立是没有一定目的的，在关系的维持上也没有明确的时间界限。

（二）受助者为本

从本质上说，建立专业关系不是为了工作者的需求，不以社会工作者自身的利益为前提，而是为了满足受助者的需求，在专业服务的范围内，受助者的利益高于工作者的利益。因此，工作者在专业助人关系中的取向应以受助者为本，把受助者的需求和利益放在首位，绝不允许工作者因自身的利益需要而损害受助者的利益。而一般人际关系的建立与维持，往往照顾到关系双方的利益，关系双方互惠互利。此外，一般人际关系的建立有时也可以以一己私利为出发点，虽然依此为出发点的人际关系较难长期维持。

（三）非平等性

虽然社会工作强调平等、民主，但由于社会工作者是受过专业训练的，具有一定的专业技能、专业地位和专业权威，是代表社会工作机构向受助者提供协助的，所以在专业关系中，社会工作者与受助者的地位并非完全平等。双方的互动以受助者为重点，受助者一般要提供必要的个人资料让社会工作者能够多方面地了解，从而使社会工作者的协助是有效的，而社会工作者则不必这样做。但是，只有社会工作者持平等态度，才能帮助受助者克服由于专业关系非平等性可能带来的不利影响，建立对社会工作者的信任。而一般的朋友关系是关系平等和相互依存，关系双方越是平等就越能持久地发展关系，关系双方的获益也越大。

（四）受制约性

专业关系不仅要以所要达到的社会工作目标为指导，也是受到本专业明确而详尽的伦理道德守则制约的。在社会工作专业服务中，社会工作者应遵守社会工作专业的基本价值原则，去除个人的偏好，控制自己的情绪，做到既与受助者一道又不失客观公正，以保证受助者的利益，保证社会工作者与受助者的关系能正常地建立。然而，一般的人际关系则涉及较多的主观情绪与偏好。

（五）代表性

在社会工作者和受助者的专业关系中，社会工作者并不是代表自己，而是既代表着自己所工作的社会工作机构，也代表着所从事的社会工作专业。因此，社会工作者在与受助者建立关系时必须树立专业理念，认真对待工作，任何失误都不仅会有损社会工作者自身的形象,也有损社会工作机构和整个社会工作专业的形象。而人们在一般的人际关系中,往往只代表自己。

（六）兼容性

专业关系是兼具工具性和情感性的关系。良好的专业关系是双方信任的基础,专业关系是带有目的的,即通过良好关系的建立来实现工作目标,这是其工具性之所在;同时良好的关系本身离不开双方情感的交流和表达,这就使专业关系具有了情感性的色彩。因此,它是一种兼容性的专业关系,兼有工具性和情感性两方面的特征。

第三节 社会工作过程模式

社会工作助人是一个过程,为了给社会工作者在助人过程中提供思考和行动指引,使社会工作更有效、更科学,人们较早就开始探讨社会工作过程,不同的学者提出了不同的助人模式。例如平卡斯和米纳汉将助人过程划分为接触、订立契约和结案三个阶段;西伯龄(Max Siporlin)提出的一般助人过程包括了约定、评估、介入、修正和结案;舒尔曼(Lawrence Shullman)提出的助人过程模式包括初步接触、开始、工作、结案四个阶段。本节中将介绍社会工作通用过程模式。

社会工作发展的不同阶段受主要的理论影响不同。20 世纪六七十年代,社会工作深受系统理论的影响,社会工作通用过程模式(general process model)就是由系统理论发展而来。该理论由于吸取了各种助人模式的共性和优点,而称为是通用的。该理论同样认为社会工作助人是一个过程,由一系列朝向既定目标的系统化行动组成,大体可以将这个过程划分为五个阶段。而这几个基本阶段之间是相互联系的,不断循环的。

一、订立关系阶段(the engagement phase)

这是社会工作过程的开始阶段,如果能与服务对象订立良好的关系,可以为以后的阶段、为实现社会工作目标奠定基础。当一个人想接受社会工作服务还未与社会工作者订立关系时,他还不是社会工作的服务对象。在这个阶段,社会工作者首先要与其建立起良好的工作关系,使双方对各自的角色期望达成共识。所以说,订立关系实际上是社会工作者帮助求助者逐渐成为受助者并接受受助者角色的过程。这一阶段要做的工作主要有:

（一）了解受助者的来源

受助者有“自动求助或自荐的”“转介的”和“外展的”差别,与之相应,就有“自愿的受助者”“非自愿的受助者”和“不自愿或强迫的受助者”之分。受助者不同的来源和类型,使得他们对助人和受助会有不同的看法、态度和感受。一般而言,自愿的受助者对自己与社会工作者之间的求助与助人角色较为认同,愿意将自己的情况与社会工作者分享,愿意接受社会工作者的帮助,也有改变的动机;而非自愿的受助者或不自愿的受助者在这些方面都会有不同的看法、态度和感受,有时甚至有或多或少的抵触、不合作等。对此,社会工作者要有充分的准备,并能加以区别对待。

(二)初步评估

初步评估的任务主要是界定并确认对方的问题,对照机构的功能确立是否接受其为服务对象或转介。如果对方的需要与服务机构所能提供的服务相适应,机构有能力、有资源满足他的需要、解决他的问题,那么,社会工作者与求助者就可以进入下一阶段,继续为他提供服务。如果机构不能满足对方的需要,社会工作者要作出不提供服务或转介的决定。转介是社会工作方法之一,是指对本机构不能提供服务的个案,必须寻找另外的服务机构,经过一连串的专业服务机构,将其转送到其他服务机构,使他能够获得适宜的社会工作专业服务的一种社会工作过程。初步评估可以围绕以下方面进行:是什么使得对方来寻求帮助?对方希望从与社会工作者的接触中获得什么?他希望产生什么后果?

(三)建立专业关系

在社会工作的实务过程中,与受助者建立起良好的专业助人关系是实现助人目标的重要一环。社会工作者与受助者之间的这种关系,为受助者和社会工作者之间提供了一种有意义的连接,会激发受助者的学习动机,使其愿意利用社会工作者的协助,自觉接受社会工作者的影响。因此,不论受助者是个人、家庭,或小组、社区,社会工作者均有必要与之建立良好的专业助人关系。同理心、积极关注、尊重、亲切感、真诚等要素可以帮助社会工作者与受助者建立良好的专业关系。

(四)促使受助者进入角色

在与受助者建立专业关系的同时,社会工作者要和受助者相互澄清并讨论各自对对方的角色期望,使双方有一致的目标,避免因工作过程中的不如意放弃责任。社会工作者还要帮助及引导受助者逐渐接受自己的受助者角色,以便双方配合。

(五)与受助者以外的其他系统订立关系

社会工作者如果忽视了受助者以外的其他系统在助人过程中的重要作用,就不能有效地完成任务,实现社会工作目标。因此,社会工作者应根据需要,积极同受助者以外的有关系统和人员建立关系,共同合作。例如,学校社会工作者面对有不良行为的小学生时,不仅要与他订立关系,还应与他的家庭、学校老师和同学等订立关系,才可能对其进行有效的帮助。

二、预估问题阶段(the assessment phase)

在接受求助者并与之建立专业关系后,社会工作进入预估问题阶段。预估问题阶段应清楚而又具体地了解受助者的问题和需要介入的时间,它的工作成果将成为今后工作、行动的依据。

(一) 预估及其目的

1. 什么是预估

预估是收集与受助者有关的详细资料、了解其问题形成的过程,是依据既定情境中的事实与特点推论出有关受助者问题含义的暂时性结论的逻辑过程。简单地说,预估是认识、了解受助者问题的过程,包括收集与问题有关的详细资料、初步制定社会工作介入的目标和策略。正如希波林(Sipiron)所说,评估既是了解的过程,又是了解的产物,是介入行动的基础。

2. 预估的目的

社会工作预估的目的主要是:第一,识别、发现受助者问题产生的客观因素,包括其背景资料、资源系统、问题存在的时间及曾经使用过的解决方法等;第二,识别、发现受助者问题的主观因素,即其对问题的主观实际感受;第三,识别、发现造成和延续受助者问题的因素;第四,识别、发现受助者及其生存环境中的积极因素,包括受助者自身及其所处环境的积极方面和长处,受助者自身及其环境中的资源、受助者的动机与能力等;第五,决定适合受助者的服务类型,通过评估可以提出解决问题的建议。用一句话加以概括,预估的目的是为了了解受助者本人和他的问题及受助者所处环境,建构一个计划帮助受助者去解决或消除问题。

3. 预估的任务

根据预估的目的划分,评估的任务主要在于:第一,了解受助者存在的问题,问题的性质、成因、程度及对受助者的影响;第二,了解受助者个人生活经历及行为特征,包括受助者的人格特征、能力、优势和弱点等;第三,了解受助者与环境的互动状况及其对自身问题的认识和改变的动力与能力;第四,了解受助者所处的环境系统的状况,包括家庭、朋友、工作单位、邻里及社区的情况,从中找出有利和不利于受助者改变的因素。

(二) 预估的特点与原则

1. 预估的特点

约翰逊(Johnson)在《社会工作实践:多面手入门》(*Social Work Practice:A Generalist Approach*)中指出,社会工作预估的特点在于:第一,社会工作预估是持续性的,不能一次完成。预估不仅仅局限于社会工作过程这一阶段的工作,随着受助者与社会工作者关系的深化、社会工作者对受助者情况的了解,在社会工作过程的其他阶段中都有必要继续、不断地进行预估。第二,预估的重点是人的问题和需要。受助者是社会中的人,因此应始终将人的问题及其需要作为社会工作预估的重点。第三,社会工作预估为以后制定计划和采取行动奠定基础,而不仅仅是了解情况。社会工作预估是社会工作过程的重要一环,它影响到社会工作目标的制定、介入手段的选择。第四,社会工作预估应有社会工作者和受助者双方的参与,鼓励受助者参与可使预估更加准确。第五,社会工作预估是有计划、有步骤的过程。第六,社会工作预估是广泛而深入的,应进行横向和纵向的探索。在进行预估的初期,应尽可能多进行横向了解,而后多进行纵向深入了解,以使预估更加全面。第七,社会工作预估应是个别化、有针对性的。第八,社会工作预估需要坚实的知识基础为指导。如果社会工作者没有坚实的社会工作知识基础,就很难使预估较为准确地进行。第九,社会工作预估渗透了专业判断与决策。

2. 预估的原则

社会工作者在进行预估时要坚持以下原则:第一,个别化原则。每个人都是独特的,都具有各自不同的长处和弱点,预估要准确反映受助者的特点及其问题的特殊性,才能使介入计划和介入工作是符合特定的受助者的,保证介入工作是有效的。第二,合作原则。预估需要受助者一同参与,决定探索问题的领域和探索的方式,使预估更加全面和准确。第三,避免片面。为确保资料的准确性,社会工作者要采用多种方式收集资料,以防止在片面的资料基础上作出片面的认识,保证资料的可信性。第四,避免简单归因。预估要尽量全面,避免对问题做简单归因。只有这样,才能识别出问题与环境、与其他因素之间的关系,识别出问题的产生、演变与发展的过程,使预估为科学的介入提供坚实的事实依据。第五,兼顾受助者的弱点与长处。预估要采用优势视角,既要找出受助者的弱点,也要发掘他的长处。发现弱点和不足,能够帮助社会工作者认识受助者的问题所在;发掘优点和长处,可以为社会工作者提供解决问题和满足需要的资源。

(三)预估的步骤

社会工作者在预估问题阶段有以下主要工作要做:

1. 收集资料

收集的资料有以下两大类:第一,有关受助者个人的资料。具体包括受助者个人基本资料,如年龄、简历、社会经济地位、生活中重要的人物、相关的社会系统等;受助者个人的主观经验,如受助者如何看待自己的问题,自己觉得问题出在什么地方,原因是什么,问题持续的时间、频率和强度,问题的后果,为解决问题所做的努力,使用的方法等;解决问题的动机,如受助者是否有不适感,受助者对解决问题的希望等;生理、情感和智力方面的功能发挥,如健康状况、活力水平等生理方面情况,处理情绪、挫折、愤怒等的情感能力状况,认知、抽象思考、作决定等智力方面的能力。第二,有关环境(即受助者生活中重要的社会系统、环境)的资料。具体包括家庭状况,如家庭成员的基本情况,家庭的收入状况、居住环境、家庭成员的健康状况等家庭基本情况,家庭成员的角色和互动情况,解决分歧、冲突及其家庭的权威等家庭规则情况,家庭成员的沟通方式,家庭关系,家庭的决策和分工方式等;社会环境,如社会支持系统及其功能发挥,物理环境,受助者对环境资源的主观认知,案主的社会网络环境,社会的体制和组织环境。

2. 分析和解释资料

对资料进行整理,找出它们之间的逻辑关系,进而进行分析和解释,才能使其具有意义。分析资料是将整体分解为部分,以发现整体的性质、目的或作用;解释资料是努力阐明事物的含义或使之更容易理解,以更好地了解受助者的处境。具体方法是:第一,排列次序。即按顺序和重要性对资料进行排列,将其排列成为在时间上有先后次序的、在逻辑上有因果联系或有其自身脉络的事件图。第二,发现。即识别资料相互之间的关系或形态,发现资料各部分之间的逻辑关系,能够将零散的资料组合成为一个完整的整体,对受助者的需要和问题有完整的了解。第三,识别。即找出形成问题或者可以缓解问题的因素,确定各因素之间的关系和形态,确定形成问题的原因。这是一项由表及里,通过探查问题内在深层的因素,找出问题形成的本质原因的方法。第四,对受助者的问题与需要作出解释。即将所获得的有关受助者系统的资料、受助者和社会工作者对需要与问题的认识加以整理和组织,形成概念性的认识,以解释问题。

3. 认定受助者的问题

以下几方面可以帮助社会工作者较好地认定受助者的问题:第一,描述受助者的问题与需要。受助者的问题和需要是什么,问题的范围、原因、严重程度及持续时间如何。第二,描述受助者的问题是如何发生的,问题的成因是什么。他的问题是在什么情况下产生的,产生的时间与先后次序是怎样的,受助者及其重要系统的反应及应对措施是怎样的。第三,描述受助者的处境及其社会系统的情况。确定受助者系统、目标系统和行动系统,描述受助者各系统之间的关系。第四,探究受助者问题得不到解决的原因。受助者对问题的看法、对问题的处理方法、受助者与资源系统的联系和关系形态、政府对资源系统的政策协调等都可能是受助者问题得不到解决的原因。第五,描述受助者系统的发展阶段。了解受助者系统的发展阶段与状况,有助于社会工作者加深对问题与需要的认识和理解。第六,描述并鉴定受助者系统的资源状况。评估受助者参与解决问题的动机,学习的能力,资源和时间等情况。

4. 做出预估报告

做出预估报告是预估工作的最后一步。预估报告要清楚表达对问题的认识,为社会工作者和受助者、社会工作机构以及与受助者有关的系统提供受助者的需要、问题等准确和详细的信息,为制定下一步计划提供依据。预估报告没有固定样式,但一般应包括两部分:一是资料和事实,二是专业判断。资料和事实部分主要是对问题的呈现,包括问题的时间,问题涉及的人和系统,受助者的家庭背景、教育背景、就业情况等。专业判断部分主要包括社会工作者对资料的理解;对受助者问题的评估;对形成问题的原因的分析,对问题原因的理解和解释;对改变的可能性和益处的判断。

三、计划、签订服务协议阶段(the planning & contracting phase)

这一时期是在分析评估的基础上制订社会工作目标和计划,并以合约的形式与受助者取得共识,明确社会工作者和受助者同意的目标和责任。这是前两个阶段和后面阶段的桥梁,包括计划(指导介入行动的整体计划)和订立合约(社会工作者与受助者达成协议,以便计划的实施互有承诺)两个部分。

计划是一个理性思考与作决定的过程,包括制定目标、选择为了达到目标而采取的行动。计划的制订应是社会工作者和受助者一起工作的过程。如果没有受助者参与,无法就计划达成共识,再好的计划也难以落实。因此,受助者与社会工作者共同制订计划的过程,也是受助者与社会工作者认同一致的合约过程。

(一) 计划的内容

1. 确定目的和目标

目的和目标是社会工作介入要达到的成果。所谓目的,是期望介入工作总体要达到的方向和最后的结果;目标是较为具体的、近期的结果和指标,即具体的工作指标,是为实现最终结果而做工作的过程和中间阶段要获得的、具体的、近期的、阶段性的成果。具体的目标逐个实现了,也就达到了总体目的。确定的目的和目标应该是:第一,清楚、明白、易懂的;第二,现实可行的;第三,详细、具体而不空泛,太空泛的目标是无法实现的;第四,有完成任务的时间限制;第五,与受助者的能力、机构的职能相一致。

2. 关注的问题和对象

所谓社会工作介入时所关注的问题,是指在预估阶段社会工作者和受助者共同认定的,介入工作要加以处理以便改善受助者社会功能的问题。所谓关注对象,即介入行动中要加以改变的系统,即目标系统。它是介入工作的核心焦点。由于具体情况不同,工作的目标不同,关注对象也是不同的。社会工作的关注对象主要有以下几类:

第一,个人。当受助者的问题成因归结为个人,或当受助者的需要和问题可以通过对其个人的介入而解决时,可以把个人作为关注对象。例如存在社交障碍的青年希望改变现状时,应以该青年本人作为关注对象。

第二,家庭。当受助者的需要和问题主要与家庭有关时,可以选择家庭为关注对象。例如某小学生经常逃学的原因是与其父母关系紧张,担心自己上学期间父母离婚,这时可以将其家庭作为关注对象。

第三,群体或小组。当事实表明某个群体对受助者个人有明显影响或群体面对类似的问题时,可以选择这个群体作为关注对象或工作焦点。例如某小学生逃学是受到迷恋网络游戏的朋辈群体的影响,就可以将这个朋辈群体作为关注对象;又如进城务工人员面临共同的适应问题,就可以将他们作为关注对象。

第四,组织。虽然组织、机构是为满足人的需要而存在的,但有时组织、机构的政策、结构或工作不能满足其成员的需要,这时组织便成为关注的对象。例如某适应居民需要而扩建的社区活动中心,虽设备齐全,但鲜有居民到社区活动中心享受服务和使用设施,这时,社区活动中心就成为关注的对象。

第五,社区。当社区的资源、服务出现问题,或缺乏适当的资源和服务,不能满足居民时,社区也会成为关注对象。例如某城乡结合社区,社区环境恶劣无法满足居民的基本需求,这时社区及其环境的改善成为社会工作关注的重要对象。

3. 介入的策略

所谓介入的策略,是指社会工作介入受助者的需要和问题的整体方案,是改变受助者态度和行为的一套方法。社会工作的介入策略包括:第一,解决问题使用的方法、技巧;第二,为实现计划的目的和目标,社会工作者要承担的角色、需完成的任务;第三,受助者要承担的任务。介入的策略应是多层次的,包括直接提供服务给受助者解决他们的问题,满足他们的需要,改变他们的观念和解决问题的方法;也包括间接介入策略。

4. 协同工作的合作者

为了实现计划目标,社会工作者要运用不同系统的资源,与他们一起工作。这些系统有受助者的家庭、朋友、邻居、同辈群体、团体和社区等。

5. 明确社会工作者与受助者各自的角色

为实现设定的社会工作目的与目标,社会工作者和受助者各自应是什么样的角色,也是计划的内容。

6. 具体工作程序和时间表

计划要对介入工作的程序和具体的工作时间进度作出相应的规定,以约束社会工作者和受助者,更好地为实现介入目的和目标而共同努力。

(二) 制定计划的原则

制定计划时,应遵循以下基本原则:

1. 受助者参与

介入计划制订要以受助者为中心,注重发挥他的长处和优势,尊重他的意愿。

2. 尽可能详细和具体

只有详细、具体的计划，才能为社会工作者和受助者提供行动的指南，促进改变过程的进行；只有详细、具体的计划，才可以进行测量，使社会工作者和受助者了解目标是否实现。

3．与工作目的相符

计划的具体目标不能偏离工作的目的，选择的介入策略应与工作的目的、目标相一致。

4．能够总结和度量

计划还应能够进行量化的测量评估，能够清晰地呈现改变的成果。因此，应将评估介入行动的方法纳入计划。

（三）签订服务协议

1．什么是服务协议

服务协议也称服务合约，是社会工作者与受助者经过讨论协商达成的、满足受助者需要和解决问题的工作方案，是社会工作者和受助者为解决问题而共同工作投入努力的承诺。它体现了工作者与受助者之间的互动合作关系，具体地标明了社会工作者和受助者对问题的认识与界定，工作的目标及双方相互的责任。在本质上，服务协议是社会工作者与受助者间明确的协议，是一种约束机制，将参与各方约束到一起，直至目标的实现。

2．服务协议的内容

服务协议的内容一般包括：第一，计划的目的与目标；第二，社会工作者和受助者各自的角色和任务；第三，为达到目的和目标所要采取的步骤、方法、技巧；第四，期望达到的结果及总结、测量的方法等。

3．服务协议的制订原则

制订服务协议应遵循这样的原则：

（1）明确性。服务协议的内容应该是明确的，文字应清楚、精简、具体，避免使用过多的专业术语，没有隐含的意思。

（2）双方认可。服务协议必须是社会工作者和受助者双方合作、共同参与制订的，是社会工作者和受助者双方对问题界定、工作目标、介入策略、参与者各自角色与任务的共识，是双方完全同意的。

（3）具有弹性。服务协议不应是一成不变的，而应具有一定的弹性，可以根据受助者的变化进行调整，根据受助者的新需求重新商定。

（四）服务协议的形式

社会工作服务协议可以是书面的协议，也可以是口头的协议。书面协议要列明各项工作目标，社会工作者和受助者双方各自的义务和责任。口头协议的效用与书面协议的效用没有明显的区别，是受助者不习惯签订协议的变通。

四、工作介入阶段(the intervention phase)

工作介入阶段也称行动阶段、执行阶段或改变阶段。这是社会工作者运用专业知识、方法和技巧,协助受助者按照前一阶段达成的社会服务计划与合约开展工作和采取行动的阶段,是助人过程的重要阶段。

社会工作介入是社会工作者的旨在恢复和加强受助者整体的社会功能的有计划、有目的的行动。介入的目的是为了解决问题、促进受助者的成长、提高人们的生活质量。

(一)社会工作介入的特点

社会工作介入具有三方面特点:

1. 社会工作介入是有目的、有计划的行动

社会工作介入是一个有计划、有步骤、有目标的行动,目的是实现各方共同制订的服务协议中确定的目标,提升受助者的社会功能。

2. 干预是社会工作介入的核心

社会工作介入的核心是要按照工作计划采取行动对受助者及其所处环境进行干预,它可以是采取行动的,也可以是不采取行动的。大多数介入需要采取行动,有时社会工作者可以不采取行动也是一种介入,例如社会工作者运用沉默技巧给受助者提供思考空间,促使他们回应社会工作者的沉默。

3. 社会工作介入可以是实质性的,也可以是非实质性的

多数社会工作介入是一种实质性的帮助,为受助者提供具体的经济援助、物质支持、安排活动与照顾等,如为孤老联系敬老院。但社会工作介入也可以是非实质性的服务,对受助者表示理解和支持、调解问题、进行技巧训练、帮助他改变行为等,如为受助者建立支持网络。

(二)社会工作介入的策略

社会工作介入的策略可以分为直接接入和间接介入两种。

1. 直接介入

直接介入即与受助者一起行动。它是指以个人、家庭和群体为关注对象,针对个人、家庭和群体采取行动,重点在于改变家庭或群体内的人际互动,改变个人、家庭和小群体与其环境中的个人、社会系统的关系和互动方式。

直接介入的策略包括:第一,帮助受助者认识和运用现有资源。在许多情况下,受助者的问题是与他缺乏所需资源相关的。在这种情况下,使受助者能运用现有资源就成为恰当的介入策略。第二,对受助者进行危机干预、危机调适。当受助者处于危机状态时,帮助其尽量将危机的时间缩短、减轻危机的严重影响的危机干预是最有效的介入策略。第三,运用活动帮助受助者。组织活动可以更好地帮助不善于语言表达的受助者,可以帮助他增强自信、发展能力。

2. 间接介入

间接介入即代表受助者采取行动,也称为改变环境的工作,是中观和宏观的社会工作实务。它是指以个人、家庭、小组、组织和社区或更大的社会系统为关注对象,由社会工作者代表受助者采取行动,通过介入受助者以外的其他系统,间接帮助受助者的行动。

代表受助者采取行动的策略包括:第一,争取有影响力的人士参与工作,共同为实现社会工作目标而努力。第二,协调各种服务资源与系统,将它们连接起来,以达到服务的目标。第三,发展、创新资源,满足受助者的需要。第四,改变受助者所处的环境,从而达到服务的目标。第五,改变组织与机构,更好地为受助者服务。第六,集体倡导。社会工作者的倡导可为受助者争取所需的资源,改变社会不公正的现象,促进社会公平公正。

(三) 选择介入行动的原则

1. 个别化

只有针对受助者系统的特点采取介入行动,才有助于问题的解决。因此,社会工作者要根据不同的受助者采取个别化的介入行动。

2. 考虑受助者的发展阶段

社会工作者介入行动的选择,应充分考虑受助者的发展阶段。对于个人,社会工作介入行动应集中于帮助其完成个人生命发展相关阶段的生命任务上;对于家庭或群体,社会工作介入行动要考虑家庭和群体发展特殊阶段的特殊任务。

3. 受助者参与

社会工作者在采取行动时,要依靠受助者,与他们紧密配合,共同参与介入行动,最大限度地发挥受助者系统的积极性和能动性。

4. 考虑经济效益

社会工作介入行动要量力而行,优先考虑投入时间和精力最少的行动,以最小的成本投入获得最有效的改变结果。

五、评估、结束阶段(the evaluation & termination phase)

评估、结束被看做社会工作实践过程的最后阶段。这时,介入的目标已经达到,受助者的问题已解决、需要已满足,受助者不再需要社会工作者的专业服务了。

如果受助者与社会工作者之间形成了比较密切的关系,结束常常是痛苦的过程,尤其对受助者而言,社会工作者也常常难以避免。在整个社会工作过程中,受助者与社会工作者常常共同讨论敏感性的问题,共同付出巨大的努力并作出积极的改变,受助者也许形成了对社会工作者的依赖,所以,在结束的时候,受助者往往会若有所失,有些受助者甚至会愤怒和拒绝结束。因此,社会工作者要非常重视这一阶段的工作,巩固社会工作的效果。

(一) 评估的目的与内容

1. 评估的含义

评估是指运用科学的研究方法和技术,系统地评价社会工作的介入效果,总结整个介入过程,考查社会工作的介入是否有效、是否达到了预期目的与目标的过程。社会工作评估具有持续性、互动性、逐步深入等特点。

2. 评估的目的

第一,考查社会工作介入效果、受助者进步情况和介入目标的实现程度;第二,帮助社会工作者反思工作过程,总结工作经验,改善工作技巧,提高工作质量;第三,验证社会工作方法的有效性;第四,进行社会工作研究,发展本土社会工作理论和方法;第五,社会问责,向受助者、社会和服务机构交代。

3. 评估的内容

总结评估的内容主要有:第一,制订的目的、目标是否恰当,是否有效地达成。第二,工作方法和技巧是否运用得当。第三,社会工作者的角色和任务完成情况。

4. 评估的类型

社会工作评估通常使用过程评估和结果评估两种类型。过程评估是对整个介入过程的监测,对工作过程的每一个步骤、每一个阶段分别作出评估,重点关注工作中的各种步骤和程序怎样促成了最终的介入效果。结果评估是在工作过程的最终阶段进行的评估,包括目标结果和理想结果。

(二) 巩固受助者已有的改变

社会工作的实质是助人自助。因此,受助者在社会工作助人过程中获得的经验能够保留,并运用于日常生活是极为重要的。在总结评估阶段,社会工作者有责任努力巩固受助者已有的改变努力。社会工作者可以通过以下途径帮助受助者巩固已有的成果:第一,帮助他回顾工作过程。这样做可以进一步帮助受助者学会如何解决问题。第二,强调他已经取得的成绩。这样可以进一步增强受助者的自信。第三,有必要可以假设一些问题,同受助者讨论解决方法,给予必要的指导。

(三) 解除工作关系

正式与受助者解除工作关系,并不是社会工作者绝对不再与他有任何接触,而是不再继续提供服务。解除工作关系的基本方法包括转介(即将受助者转往其他机构接受服务)、转移(即转由本机构内的其他工作者为受助者提供帮助)、终止(即不再为受助者提供服务)。

第四节 社会工作者的角色

社会角色是一个社会学的概念,它是指与人们在社会关系体系中所处位置相适应的一整套的行为规范,是反映社会位置的一套行为模式。它指出了处于社会某一位置上的人应该如何去做,它反映了处于该地位的社会成员的责任、权利、义务和行为方式,是社会对处于特定地位上的人们行为的期待。随着社会工作专业的发展以及社会工作专业在社会中作用的发挥,社会工作者具有了众多的角色,英国学者贝克(Ron Baker)把社会工作者的角色分为三类,认为社会工作者有十三种角色模式。在本节中,将结合贝克和其他学者的观点,综合性地介绍社会工作者在社会工作过程中的角色。

一、直接服务角色

直接服务是指社会工作者面对面地接触处在情境中的服务对象,提供直接服务,以帮助服务对象解决困难和问题的社会工作服务的方式。在直接服务中,社会工作者的角色有:

(一)支持者

在社会工作中,社会工作者常常要扮演支持者的角色,为处于困境中的服务对象提供心理上的支持,用一种恰当的方式表达对服务对象的理解和支持,让服务对象感觉到社会工作者愿意与他一起面对和解决问题。但社会工作者应注意自己的态度,使服务对象感受不到威胁与贬抑。

(二)指导者

给予服务对象指导和忠告是社会工作者经常性的角色。忠告是一种建议、一种提议,给服务对象提示思考与解决问题的方向与思路,并不是代替服务对象作决定与行动。但是,社会工作者要在表现出对服务对象的关心及非常审慎地对待他的处境,并作出充分的预估后,才能提出指导和忠告。

(三)治疗者或辅导者

社会工作者作为治疗者或辅导者的角色有很长的历史,在某些时期它是社会工作者的主要角色,是回应某一时期社会问题的主要表现形式。传统的治疗对象集中于问题中的个人,现在已经发展到团体和社区。

治疗的目的是为了有系统地影响服务对象的人际互动或内在心理功能,直接同个人、团体、家庭进行工作,以便对那些发展性的、人际互动或环境方面的问题加以解决,控制或减轻症状,从而促进那些在发展、人际互动或环境方面有困难的个人、团体成员及家庭的成长。作为辅导治疗者,社会工作者的任务是帮助服务对象将其困难和需要加以分类分析；协助服务对象消除情绪困扰；帮助服务对象实现他们所追求的改变。

（四）照顾者

社会工作者对因生理或社会原因而处于特殊情境中的弱势群体（如受虐待的儿童、家庭暴力的受害妇女、残疾人、老年人等）经常给予照顾。照顾者的角色一是提供关怀和保护易受伤害的个人与团体，二是变成社会控制力量。从法律、社会、心理、政治、医疗和社会工作的观点看，一个人有可能受到社会给予的合法限制，这样当一个人的行为对他人和社会秩序有影响时，社会工作即成为社会控制的力量，社会工作者有义务以符合社会工作主要价值的方式表现其行为。如在照顾与保护青少年、有精神疾病的服务对象等，可能都在社会工作者的直接督导与控制下。社会工作者对这些人群进行保护，是为了维护他们的生存权与正常生活，有义务在可能的范围内，尽可能地创造条件，保障这些人的自我发展与实践。社会工作者也有义务通过宣传使社会公众正确认识弱势群体及其权利。

二、间接服务角色

间接服务是社会工作者作为服务对象的代表去争取资源，改进服务的输送方式，或创造新的服务，以满足服务对象的社会需要。社会工作者的间接服务角色包括：

（一）行政者

社会工作者在工作中经常以行政者的身份出现，目的在于在一个人群服务项目内计划、发展与执行政策、制订服务和工作方案。在行政角色中，社会工作者承担贯彻一个社会机构的政策和工作方案的职责。行政层面的角色包括实务工作的行政和福利行政。

（二）研究者

从某种意义上说，每一个社会工作者都是研究人员。社会工作实务研究包括研究相关的文献资料，评估实务工作的成效，诊断某具体项目的优点与不足，研究社区的需要等。社会工作者作为研究者的目的和功能有两个：第一，为了提高专业服务水准，达到专业服务的目标以及发展社会工作专业知识与理论；第二，作为决策影响者，为社会政策的制定提供研究依据。

（三）咨询者

社会工作者作为咨询者的角色，是指向有关政府部门、社会团体、公众及其他专业提供关于社会工作专业的资料。此外，社会工作者还经常以专家身份参与各种委员会，作为专家提供咨询意见，如房屋政策委员会、扶贫政策小组、地区发展规划组等。这要求社会工作者具有极其丰富的专业知识与实务经验，并具有政策眼光与敏锐的思想，更要有对社会的献身与对人类福利理想的追求。

三、合并服务角色

合并服务角色指那些无法清楚地区分为直接服务或间接服务的角色，主要有：

（一）促进者

促进者也称增强能力者、使能者、机能者、促成者等。促进者的角色在于使服务对象得知本身改变的潜力，有能力去解决自己的问题，可以对自己的前途负起责任，并促进他能与各种资源连接起来。在这个意义上，社会工作者是服务对象能力的促进和增强者。社会工作者的任务是帮助服务对象发现他们内在的能力和资源，以使他们的社会功能有所增强。使服务对象置身困境，能用自己的力量或内在资源去应对遇到的情况。

（二）经纪人

经纪人也称中间人。经纪人的角色是认为服务对象的需要可以通过社会服务机构、制度、资源与机会的分配更有效地得到满足。角色的目标是将需要接受服务而又不知道到哪里去寻找资源的人与提供资源、服务和机会的系统联系起来，引导人们发现和使用这些资源、服务和机会，以满足服务对象的需要或处理服务对象的问题。经纪人的角色基于社会工作的信念，即资源是人们生存的必要条件。这些生存需要具有公平和社会责任的特征，社会有责任去满足这些生存需要。

（三）调解者

这一角色是以最具建设性的方法和途径去化解纷争。目的是帮助处于冲突中的系统对于冲突的问题达成共识。社会工作者出于中立的立场，站在第三者的角度，而对于冲突的各方及达成的共识没有任何既得利益。社会工作者的任务是帮助冲突双方认识对方利益的合法性和共同利益所在，竭力把冲突局限在具体的问题上、一定的时间和场所内，调停争执，消除误会，化解分歧，达成一致的认识。作为调解者，一定要清楚矛盾双方的立场，并帮助矛盾双方明确各自的立场与观点。

（四）管理与协调者

社会工作者的管理与协调者角色，就是通过将服务对象与适当的服务不断联结的过程，达到为个人或家庭提供持续性的服务，以系统的方式把相关的因素组织起来，协调这些服务，以确保服务对象获得所需服务的目的。例如在为具有多种问题的家庭服务时，通常有好几个机构同时工作，以满足该家庭在经济、情感、法律、健康、社会、教育、娱乐以及家庭成员之间互动的需要。因此，社会工作者常常作为协调人协调不同机构的工作，避免重复和冲突。随着社会工作服务输送方法与整合性服务的提供,社会工作作为管理者去组织与协调各种服务以满足服务对象需要的工作越来越重要。

(五) 倡导者

社会工作发展的历史始终关注着违反人类尊严与非正义的社会现象。社会工作者与社会中其他人士,共同致力于改变和消除社会结构或规范对人的歧视或贬低人的价值的负面影响,并对社会中的弱势群体特别加以关注。倡导者的角色就是矫正社会问题,建立一个保证所有成员尊严的公正的社会。具体而言,倡导者的角色是社会工作者与服务对象一起或作为他们的代表抵制或增进一个有目的的行为,为有需要的个人与群体争取权益和尊严,通过改进社会制度、社会规范来保护和促进这些新的权利。

倡导有两种,既可以通过倡导的工作来促进社会稳定,也可以通过倡导工作促进社会变迁。社会工作的倡导有三个层次:第一,对个人或家庭的直接服务,着重于个人或家庭的需要,引导他们争取所需要的资源和改变负向态度。第二,倡导建立或改变组织。倡导的主要工作是要建立一个推力,以改变机构中对服务对象没有益处的组织结构、政策或服务的输送方式。第三,对宏观社会政策目标的倡导。通过协商、冲突等策略论证弱势群体的需要与要求的合理性,对现存制度和政策提出批评和改进意见,寻求社会政策的改变、重新分配权利和资源。

(六) 增权者

社会工作的一项主要目的是增权——通过改变服务对象的情况,帮助个人、家庭、群体、组织和社区增强其经济、社会和政治的力量与影响。增权者致力于提高服务对象以下的能力:理解自己生活于其中的环境,做出适当的选择,承受所作选择可能带来的结果,通过呼吁和有组织的活动改善自己的生活环境。增权者还致力于在不同的群体之间公平地分配资源与权利,而这正是社会工作的鲜明特色。

(七) 教育者

教育者的角色是提供机会,让服务对象学习特定的社会技能;供给信息,使其更有效地扮演与发挥角色功能;并预防问题与困难生活情境的发生。作为教育者的社会工作者,主要任务是向服务对象提供必要的信息,给予意见或建议,帮助服务对象获得并实践新的行为模式,教授解决问题的技术及澄清观念。

推荐阅读文献

白秀雄. 社会工作. 台北:三民书局,1976

库少雄. 社会工作实务. 北京:社会科学文献出版社,2002

李增禄. 社会工作概论. 台北:巨流图书公司,1996

李惠斌,杨雪冬. 社会资本与社会发展. 北京:社会科学文献出版社,2000

廖荣利.社会工作理论与模式.台北:五南图书出版公司,1987

秦炳杰,陈沃聪,钟剑华.社会工作实践:基础理论.香港:香港理工大学出版,2002

王思斌.社会工作导论.北京:高等教育出版社,2004

王思斌.社会工作概论(2 版).北京:高等教育出版社,2006

王思斌.中国社会工作研究.北京:社会科学文献出版社,2002

全国社会工作者职业水平考试教材编写组.社会工作实务(中级).北京:中国社会出版社,2007

Dean H. Hepworth,等.社会工作直接服务——理论与技巧.台北:洪叶文化事业有限公司,1999

第八章

微观社会工作方法

由于不同国家和地区社会文化的差异,人们解决问题的方法亦有所不同。社会工作专业在其百余年的发展中,形成了一系列的工作方法,其中个案工作、小组工作、社区工作等被认为是经典的社会工作方法。由于这些方法介入的层面不同,我们将它们划分为微观层面的方法和宏观层面的方法。所谓微观社会工作方法是指主要以个人、家庭或小组为工作对象的社会工作方法,主要有个案工作方法和小组工作方法。

第一节　个 案 工 作

个案工作是社会工作专业最早形成的一种工作方法,也是社会工作专业传统的、经典的工作方法之一。

一、个案工作方法的起源与发展

(一) 个案工作方法的起源

谈及个案工作方法的起源,可以追溯到 19 世纪末 20 世纪初出现并盛行于英美等国的慈善组织会社中的“友善访问员”对贫民家庭的探访。鉴于当时各种不同目标的慈善组织之间缺乏联系协调,步伐不一,各自为政,互相冲突,重复浪费等形成的混乱现象,英美等国于 19 世纪末开始成立后易名为“慈善组织会社”的组织。慈善组织会社的许多思想观念和做法对社会工作专业化的发展有重要贡献,其中“友善访问员”的做法就是一项。

慈善组织会社认为个人应对其贫穷负责,接受公共援助会摧毁贫民的自尊心、进取心及道德意识,最终会使他们依赖救济,因此主张贫民应尽其所能维持本人的生活。在具体做法上,慈善组织会社聘用友善访问员探访申请救济者,对申请者个人或家庭的情况和需要进行调查,并依据调查情况将申请救济的贫民加以区别,给予包括道德说教、强迫工作、改变生活方式、鼓励案主(即受助者)自立自助等不同的救助,以保证提供的经济救助给予值得救济的贫民。这种依据不同情况分别处理的"个别化"方法,可以说是原始的个案工作方法,它促进了专业个案社会工作方法的产生。

(二)个案工作方法的发展

19世纪末至20世纪初的慈善组织会社时期,是个案工作的萌芽期。慈善组织会社后期至第一次世界大战结束,是个案工作初步专业化的时期。在一定的意义上,社会工作专业化首先是伴随着个案工作方法的发展进行的。与慈善组织会社不同,这一时期的社会工作者认识到受助者出现问题的原因不在于个人而在于社会,认为个人遇到问题是由于这些人不适应社会环境,或是由于社会环境不良而导致个人与社会之间的关系失调。因此,这一时期的个案工作不仅重视问题的个人方面,而且更加重视问题的社会环境方面。

第一次世界大战结束至1929年世界范围的经济危机,是个案工作专业化与学科化时期。这一阶段出现了《什么是社会个案工作》(玛丽·里士满)、《个案社会工作——其一般性与特殊性》(米尔福特)等学术著作和论文,一些个案工作的经验被提升为学术理论,个案工作开始形成独特的知识与理论体系。此外,这一时期个案工作最重要的特点是深受弗洛伊德精神分析心理学的强烈影响。一方面由于弗洛伊德精神病学和心理分析学的发展影响了许多学科,另一方面社会工作者在处理退伍军人和儿童问题时发现,许多受助者的问题主要属于心理或精神方面的问题,改善社会环境未必能解决这些问题,而必须针对受助者本身做深入探讨才能有所助益。因此,个案工作开始运用精神心理分析的方法来帮助受助者解决问题,形成了重视个人心理因素强于重视社会环境的特点。

第二次世界大战后,个案工作进入以综合为特征的发展阶段,呈现出多元化发展的局面。这一时期的个案工作综合了前两个时期的工作取向,对受助者个人的心理和社会环境给予同样的重视,把重点放在人与环境的互动之上,认为个人问题的产生是社会环境和个人心理因素共同作用以及两者相互作用的结果,解决问题必须同时注意两种因素对服务对象的影响,做到环境改善与心理治疗并重。汉密尔顿(Gordon Hamilton)在《个案社会工作的理论与实务》中阐述的思想逐渐成为心理—社会型个案工作理论与实务的主导;霍利斯(F. Hollis)的《个案社会工作——社会心理治疗法》对社会心理治疗和其他治疗模式产生重要的影响;波尔曼等人的《个案工作:问题解决程序》标志着问题解决学派的创立。

20世纪70年代,个案工作又出现了行为修正模式、任务中心模式、危机调适模式、家庭治疗模式等新的工作方法。20世纪80年代,个案工作发展出综合性的个案管理模式,使个案工作形成了专门化与综合化相结合的趋势。

在中国大陆地区,长期以来,许多社会机构如妇联、工会、共青团、人民调解委员会、残疾人联合会、老年人协会等根据情况作了大量帮助个人和家庭的工作,积累了许多具有中国特色的类似于个案社会工作的经验。20 世纪 90 年代专业社会工作起步以来,专业的个案工作理论和方法越来越多地在实践中被加以运用。在中国港台地区,随着社会工作专业化的发展,专业的个案工作亦得到很大的发展。

二、什么是个案工作

(一) 个案工作的定义

个案工作(casework)是个案社会工作或社会个案工作(social casework)的简称。在个案工作百年的发展历程中,有着许多模式与流派,这形成了对个案工作不同的理解与定义。

最早的个案工作定义是由社会个案工作的先驱玛丽·里士满提出的。她在《什么是社会个案工作》(What is Social Casework)一书中指出,社会个案工作是在人与环境相互适应的过程中,通过个人(社会工作者)对个人(服务对象)的有意识的影响,推动其人格发展的过程。可见,她强调个案工作是一个过程。

鲍尔斯(S. Bowers)对个案工作的定义是具有代表性的,他强调个案工作是一种艺术与科学。他认为,个案工作是一种艺术,这种艺术以人际关系的科学知识与改善人际关系的专业技术为依据,启发与运用个人的潜能和社区的资源,促使服务对象与其所处环境(全体或部分)之间有较佳的调适关系。

斯莫利(Smalley)从功能派个案社会工作的角度认为个案工作是一种一对一的(社会工作)方法,这种方法通过建立关系及运用专业关系,促使受助者运用各种社会服务,以增进个人和一般(社会)的福利。

霍利斯(Hollis)强调个案工作是一种心理和社会治疗方法。他认为个人社会功能不良或丧失,是同时受到受助者本身内在心理因素和外在社会环境因素的影响的,因此,个案社会工作的目标在于促使个人内在需要更充分地满足和个人社会关系更充分的功能表现。

美国社会工作者协会出版的《社会工作百科全书》将个案工作界定为:个案社会工作所注重的不是社会问题本身,而是“个案”,尤其注重为社会问题所困或无法较好适应社会环境的个体或家庭。个案社会工作的目的是对人与人或人与环境的适应遭遇困难的个人及家庭,恢复、加强或改造其社会功能。而该协会出版的《社会工作词典》将个案工作界定为:社会工作者所使用的实践的方向、价值体系和形式,社会工作者将社会、行为和一系列概念翻译成技巧符号,面对面地帮助个人及家庭解决内心的、人际的、经济的和环境问题。

港台地区的学者们认为，个案工作是一种助人自助的工作历程，它以个人或个别家庭为服务对象，其目的是帮助人们解决本身能力和资源无法解决的问题。在协助过程中，个案工作者与受助者之间维持着面对面或一对一的专业关系，运用专业知识、理论、方法与技巧，协助失调的个人，改善环境，增进实际生活适应能力；调适社会关系，建立良性互动网络；调适自我功能，促进人格发展；以健康、成熟的心态来认识和面对问题，充分发挥自己的潜能，善用社会资源和机会来解决问题，以及提升自我信心和生活质量。

国内学者对个案工作的定义也有所不同，例如许莉娅主编的《个案工作》（2004）将个案工作定义为：个案工作是专业工作者遵循基本的价值理念、运用科学的专业知识和技巧，以个别化的方式为感受困难的个人或家庭提供物质和心理方面的支持与服务，以帮助个人或家庭减低压力、解决问题、挖掘生命的潜能，不断提高个人和社会的福利水平。全国社会工作者职业水平考试指导教材《社会工作综合能力（中级）》（2007）将个案工作定义为：个案工作是指运用专业的知识、方法和技巧，通过一连串的专业工作，帮助遭遇困难的单个个人或者家庭发掘和运用自身及其周围的资源，改善个人与社会环境之间的适应状况，实现对人的尊重和肯定的过程。

综合学者们对个案工作的界定，可以将个案工作定义为：个案工作是专业工作者在利他主义的价值理念指导下，运用科学的专业知识和技巧，以个别化的方式为感受困难的个人及家庭提供物质和心理方面的支持，以帮助个人和家庭减低压力、解决问题、挖掘潜能，不断提高个人、家庭和社会的生活质量与福利水平的一种社会工作方法。

（二）个案工作的含义

从不同学者专家对个案工作的不同理解中，可以看到他们强调个案工作应包含以下内容：第一，个案工作是一种专业的工作方法。它拥有自己的专业知识、专业方法和专业技能，与一般的志愿者的公益活动根本不同，具有很强的专业性。第二，个案工作是一连串的工作过程。它包括社会工作者与服务对象一对一的相互影响、相互作用的过程，也是社会工作者运用自己的专业方法影响服务对象的过程。第三，个案工作是帮助遇到困难的个人或家庭调动自身及其周围的资源改善个人与社会环境之间的适应状况。个案工作非常注重发掘和运用服务对象自身及其周围环境的资源和能力，以增进服务对象个人与社会环境之间的适应。第四，对人的尊重和肯定是个案工作的基本价值观，表现在个案工作的整个服务活动过程中。

（三）个案工作的基本特点

个案工作作为社会工作的一种方法，与小组工作、社区工作等其他的社会工作方法相比，具有自身鲜明的特点。这些特点主要表现在：第一，个案工作是一种从个人或家庭入手,社会工作者与受助者个人或家庭面对面、一对一的社会工作助人方法;第二,个案工作以感受到困难、适应不良或有问题的个人及家庭为工作对象;第三,个案工作的工作人员必须具有个案工作的专业知识及人际关系调整的专门技术;第四,个案工作的目的是通过社会工作者的介入,协助社会功能失调的个人或家庭,改善生活,增进幸福。

三、个案工作的理论基础

个案工作的形成与发展,经历了没有理论指导到有理论指导、指导理论的单一化到多元化的过程。个案工作的理论、知识基础主要有以下几种:

(一) 心理分析学

这是以弗洛伊德学说为基础形成和发展的一种理论,它认为人的行为由本能驱使,由人格结构中的"自我"与"超我"所控制。人的不良行为的产生是由于有各种本能集合而成的"本我"(生物的我,总是冲破一切障碍获得满足,从而获得生存空间;它根据快乐原则行事,属潜意识层面)同"自我"(在本我和超我之间起平衡作用,调和内部生物本能与外部现实环境,满足需要;它根据现实原则行事,是理性的我)、"超我"(社会提供楷模的内化,对本我的破坏性冲动起制约作用,它根据道德原则行事)之间关系的失衡("本我"受到过度压抑,或"自我"、"超我"发育不全等)造成的。

心理分析学理论对个案工作尤其是其中的社会心理治疗模式有很大影响。个案社会工作者应用心理分析理论来对不健全的人格进行治疗,帮助受助者恢复本我、自我和超我的平衡。

(二) 社会系统理论

这是以系统理论及其社会学中的结构功能主义等为基础形成的理论。它把人与生活环境看做由功能上相互依靠的子系统或各种元素所组成的系统整体,协调或均衡是该系统运行与维持的基本条件,也是个体生存与发展所必需的基本条件。当这个条件得不到满足,即系统内部的各个子系统或各个元素之间不能有效配合、相互协调时,系统均衡就会受到破坏,个体的生存与发展就会出现问题。个案工作中的社会心理治疗模式吸收了这一理论,该模式一方面关注服务对象本身的心理问题,另一方面致力于帮助服务对象改善社会环境,恢复各个子系统或元素之间的均衡关系,使它们能够重新有效配合、相互协调。

(三) 沟通理论

这是以社会心理学、人类学和社会语言学中有关人际沟通的一些理论为基础而形成的一种理论。这种理论强调人际沟通在人际关系中的重要性,认为许多人的行为问题都是出在人际沟通方面,例如不能恰当地接受、选择与评估信息,不能很好地给予或接受信息反馈等。几乎所有的个案工作的理论模式都受到沟通理论的影响,都强调沟通与人的行为的关系。霍利斯的观点极具有代表性,认为沟通是个人和他人互动的媒介,个人的自我强度、自我防卫机能和知觉等因素,对个人的沟通技术的优劣有决定性的影响。个案工作者就是通过帮助案主学习正确的沟通,从而实现个案工作的目标。

(四)行为主义理论

这是以实验行为心理学为基础而形成和发展起来的理论,是个案社会工作理论流派之一,并成为行为修正理论的知识基础。行为主义理论是应用行为心理学的理论(如条件反射、条件运算、学习理论等)与方法(如试验)来对受助者的不适当行为进行治疗或矫治。这种理论认为相对于人的心理,人的行为是一种外在的、能观察到的行为,因此主张应关心受助者的外在行为,帮助他学习和掌握适当的反映模式。

(五)认知理论

这是以认知心理学为基础形成和发展起来的一种理论。与心理分析学不同,它认为人的行为主要受制于理性思考,而不是潜意识中的本能。人由于认知上的错误或理性思维能力的缺乏,往往容易产生不良行为。基于这样一种理论,个案工作实施理论中出现了现实治疗法和理性情绪治疗法,试图帮助服务对象获得对世界的正确认知或完善理性思考的能力,从而使服务对象的行为能得到正确的、理性的指引。

(六)人文主义理论

这是以马斯洛的人本主义心理学、萨特的存在主义、胡塞尔与舒茨的现象学、布卢默的符号互动主义等为基础而形成的一种理论。个案工作中的人本治疗模式、任务中心模式、现实治疗法、理性情绪治疗法等具体理论模式的理论前提大多出于这些理论观点。

人文主义理论认为每个人都有自我实现的需要和潜能,人的问题产生于人不能接受自我,所以应当帮助服务对象形成正确的自我概念,充分发挥服务对象本身的能动性,同时人也是有自由意志的,人有责任也有能力去改变自己的非理性的信念。另外,符号互动理论认为每一个人都生活在“意义世界”中,而每一个人的“意义世界”都是通过自己对这个世界的“理解”或“解释”建立起来的。当人们的“理解”或“解释”过程发生困难时(如现在与过去的理解不一致,自己与他人的理解不一致),问题便出现了。社会工作者的任务就是要去努力“理解”服务对象的“意义世界”及其内在矛盾,帮助他们顺利重构自己的“意义世界”。

四、个案工作的模式

个案工作经过近百年的实践和发展,不仅有了一般性的指导理论,也逐渐形成了众多流派的实践理论,形成了不同的个案工作理论模式。以下介绍几种主要的个案工作模式。

（一）心理社会学派个案工作

“心理社会”的概念由汉金斯(Frank Hankins)于1930年首次使用,汉密尔顿在1937年出版的《个案工作基本概念》中系统阐述了心理社会治疗模式的有关理论,霍利斯在20世纪60年代发展了心理社会治疗模式,使之成为个案工作的一种重要的服务模式。心理社会学派个案工作向服务对象提供一个长期的、支持性关系,在减低服务对象外部压力的同时,又增加服务对象的自我认识,是一种将服务对象的心理状态、心理过程同他生活的社会环境结合起来考虑并进行工作的工作模式。

1. 心理社会学派个案工作的主要理论

心理社会学派个案工作的理论体系主要包括以下几方面:第一,受心理分析的影响,认为人的行为失调或行为障碍,往往是其内在的人格缺乏与自我不完善的外在表现。因此,个案工作必须理解人的内部心理机制及其产生的原因,并以此作为治疗的出发点。

第二,认为人作为其生活于其中的社会环境整体的一部分,整体中任何一个部分的改变都会影响个体。人的内在心理机制、人格特征与自我是在特定社会环境中形成的,也必须在社会环境中才能治疗。因此,考察人的行为的内在心理机制,探索人的问题或病态的原因以及选择解决问题的方法,都不能离开人所处的特定的环境,应注重人所生活的环境的作用。该学派在诊断时,注重对个人过去经历和生活环境的了解,在治疗中强调使用生理、人际关系或情绪等中介来影响服务对象的行为。

第三,提出并强调“人在环境中”的理论。心理社会学派个案工作认为人生活在特定的生活环境中,包括生理、心理和社会三个层面,应将服务对象的心理状态、心理过程同其生活的社会环境结合起来,提出人与环境是一个互动的体系,一起推动个人的成长和发展。只有将遭遇问题的人放在其特定的环境中去考察,才能真正理解人的行为,并找到恰当的治疗方法。

2. 心理社会学派个案工作的实施特点

心理社会学派个案工作依据生理医学模式的概念,把服务过程分为研究、诊断和治疗三个实施阶段。它在实施中具有这样的特点:第一,强调专业关系在个案工作、个案治疗中的作用。心理社会学派非常重视个案社会工作者与服务对象之间专业关系的建立,认为良好的专业关系不仅是个案社会工作进行的基础,而且本身对服务对象就具有治疗作用。因此,该模式极其强调建立专业关系的原则和方法。

第二,重视心理社会调查。心理社会学派个案工作的研究阶段是指从第一次与服务对象接触到完成与服务对象问题有关资料的收集。根据“人在环境中”的系统理论，心理社会学派创立了一个了解服务对象在情景中情况的基本认知框架，认为在收集服务对象资料的过程中，只有把服务对象放回到具体的人际交往的场景中，并把服务对象目前的内心冲突、存在的问题与以往的经历联系起来，才能准确揭示服务对象困扰产生的真实原因。

第三，重视诊断。由于心理社会学派是由诊断学派发展而来的，所以非常重视通过诊断确定服务对象真正的病因，以便决定适合服务对象情况的服务方案。心理社会学派个案工作的诊断阶段是指对服务对象的有关资料进行诊断和分析，诊断包括心理动态诊断、缘由诊断和分类诊断三个方面。心理动态诊断是对服务对象的人格的各部分之间的相互关系进行评估，缘由诊断是对服务对象困扰产生、变化的过程进行分析，分类诊断是对服务对象问题的生理、心理和社会三个方面的影响因素作出判断。

第四，治疗的方法。心理社会学派个案工作的治疗阶段是指对服务对象的心理困惑和人际关系失调的各方面因素进行调整和修补。由于心理社会学派既重视人的心理又重视社会环境，该派的治疗方法有直接治疗和间接治疗两大类。直接治疗是通过会谈方式直接对服务对象进行治疗，以减轻服务对象的不安，减轻服务对象系统功能的失调，增强服务对象的适应能力，开发服务对象的潜在能力，改善服务对象的人际交往关系。间接治疗是指改变环境，通过改变服务对象的物质环境或社会环境，间接地协助服务对象改变行为。

（二）问题解决学派个案社会工作

问题解决学派个案社会工作模式是在诊断学派和功能学派的基础上发展起来的，起源于20世纪50年代，波尔曼等人的《个案工作：问题解决程序》是该派的代表作。问题解决理论源自人类对有效解决问题程序的思考。

1. 问题解决学派个案工作的理论假设

问题解决模式的理论基础综合了杜威的思考模式、诊断学派和功能学派的理论基础，其理论前提基于这样的假设：(1) 人类生活是一连串的问题解决过程，一个人对其自身、对他人、对事物或环境，从出生到死亡，不断在面对问题，因而事实上都在致力于寻找解决问题的途径，以获得快乐、报酬、稳定，来取代痛苦、惩罚以及不均衡的状况，并追求较为舒适的生活。(2) 一个人缺乏处理其自身问题的能力，往往是由于他缺乏动机、能力、机会和资源，致使其难以采取适当的方式来解决问题并利用此方式，充分发挥自我功能，以期将来再面对同样的难题时能有较佳的处理方式，因此，必须借助机构提供的物质、社会和心理的协助，才能帮助其解决问题。

2. 问题解决学派个案工作的目标

问题解决学派认为，个案工作是人为问题所困扰，向机构寻求协助，有专业社会工作者通过助人的过程增强个人解决问题的能力,并提供问题解决过程中所需要的各项资源和机会。它的工作目标是:(1)尽可能减少服务对象的焦虑与惧怕,引导和增强服务对象寻求改变的动机,并提供支持与安全感,以激励最低程度的自我防卫,增加报酬性期待,使其自我功能得以发挥从而解决问题;(2)增强服务对象的自我功能,包括增强其认知、判断、选择、理解、情感以及行动方面的能力;(3)提供服务对象解决问题或减轻问题所必需的机会与资源。问题解决学派的基本方法是一方面解决服务对象目前最困难的问题,另一方面在问题解决的过程中,服务对象通过与社会工作者的不断接触,可以获得人格支持、心理帮助、了解解决问题的方法和利用外部资源的途径。

3. 问题解决学派个案工作的实施特点

问题解决学派是在诊断学派和功能学派基础上发展起来的,该模式的特色主要表现在实施和治疗手段上。它的实施特点有这样两个:第一,对问题的界定。问题解决学派要求将问题界定为具体的、可以解决的问题。因为服务对象的问题往往是多层面的、复杂的,社会工作者与服务对象只能选择其中的一部分作为处理的对象,因此,对问题需分清轻重缓急,并认清问题的真正性质。第二,提供解决问题的新经验。问题解决学派把发展人格看做解决问题的自然后果,在协助服务对象解决问题的过程中,为服务对象提供一个有效解决问题的参考样本,并认为这种新经验将促进服务对象改变原有的解决问题的思考方法和行动模型。

(三)行为修正学派个案工作模式

行为学派起源于19世纪末,20世纪50年代该学派受到心理学界的普遍重视并开拓到临床领域,到60年代发展成为临床和助人领域的重要科学,70年代,行为修正学派成为个案社会工作的一个分支学派。

1. 行为修正学派个案工作的主要理论

与心理社会学派、功能学派和问题解决学派不同,行为修正学派以学习理论为基础,认为个人的行为是在外部环境的刺激和制约下形成和改变的,强调通过学习的过程改变行为。很显然,行为修正学派的工作特点是在人的外显行为上。

行为修正学派个案工作模式的理论基础是学习理论(行为修正学派是众多治疗法中理论基础最单一和完整的)。由于学习理论区分为巴甫洛夫古典反应制约模式、斯金纳的操作制约模式和班杜拉的社会学习理论,因此,行为修正学派又区分为反应制约派、操作制约派和社会学习理论。

(1)反应制约派

该学派强调刺激—反应模式,即反应必须由刺激引发,反应的性质也为刺激的性质所决定。行为的学习过程是一个在刺激和反应之间建立关系的过程,这种关系一旦建立,某一刺激就能引发某一反应,这样就产生了学习的效果。反应性行为是无法由个人意识随意控制的,如果某一刺激引起的是我们最常见的焦虑反应,个人经常受其支配,其外显行为就会出现问题。

(2) 操作制约派

该学派又称工具模式,由斯金纳创立。它认为某种行为模式能否建立以及行为模式的方法,都由以前行为结果来决定。行为反应是由以前行为结果来决定的,从而有些行为结果(正结果)会增加行为发生的频率,而有些行为结果(负结果)则反而会削弱行为甚至完全消失,所以只要改变行为的结果就可以改变行为。

(3) 社会学习理论

班杜拉认为许多行为不需要经过前两种制约,只要经过观察、学习和模仿过程就可以使行为改变。此外,人的思想和感受也影响人的行为,如果人改变自己的态度,行为也会朝积极方向改变。

上述三种学习理论揭示了三种主要的学习方式,虽各不相同,但都强调以行为作为理论研究的中心,探讨行为习得、改变的规律;以学习作为核心,研究学习的具体机制和条件;注重外部环境在行为习得中的作用。

2. 行为修正学派个案工作的实施特点

行为修正学派个案工作的实施具有以下特点:第一,强调通过观察发现服务对象的行为。人们行为活动范围广泛,但无论是思想感情,还是行为取向,都可由观察者的感官来辨认。服务对象的行为正常与否,治疗效果的好坏与否,都只能通过服务对象外显的行为来说明。第二,撇开对人内在心理机制的分析诊断,直接关注当前与问题有关的行为,直接以偏差行为或症状作为治疗的对象。第三,注重治疗技术。行为修正学派以削弱不适应行为、增加适应性行为为主要目的。其理论主要表现为针对不同类型行为制定修正行为的一系列方法和技术。

3. 行为修正的技术

(1) 支持性心理治疗。借助治疗者对病患者的心理支持作用,使其重新肯定自己,对自己产生自信心,认识自己的能力。具体的方法是倾诉、控制、解释、训练及改变环境。

(2) 分析性心理治疗。对服务对象作精神分析,以找出问题产生的原因及根源。使用的技术是帮助病人去分析自己的问题,了解影响情绪与行为的有关因素,以改善心理反应。

(3) 行为治疗。着重训练服务对象去改善目前的症状与行为反应。这一治疗特点在于设计一个有计划的治疗过程,制造试验性的治疗场面,去训练服务对象改变其行为反应。具体包括正增强、负增强、角色扮演、榜样、惩罚等。

(四) 理性情绪治疗个案工作模式

由于对当时流行的心理分析方法和行为治疗模式的不满,美国临床心理学家埃利斯(Albert Ellis)尝试创立理性情绪治疗模式,从服务对象的理性、情绪和行为等方面着手,消除服务对象在情绪和行为上表现出的困扰。1955年,他与哈珀(R. A. Harper)合作正式创立理性情绪治疗模式。

1. 理性情绪治疗的主要理论

理性情绪治疗模式对人的心理失调的原因和机制进行了深入的分析,将人的情绪分为适当的和不适当的两种,认为不适当的情绪产生于人们不正确的观念与思维方式,因为人有“一定”“应该”等想法,这使人们有不适当的情绪,提出有影响的ABC理论,认为人的情绪问题是由于人的非理性信念造成的。因此,它以人的观念、思想为突破口,通过改变人的非理性思想,达到改变沮丧情绪的目的,使人产生更积极与负责任的行为。理性情绪治疗法假设有一套理性的观念,一个人只有持有这套观念才能拥有一个充实、自由和幸福的人生,而人的焦虑、沮丧、恐惧、不安与痛苦在很大意义上产生于非理性的观念。这些观念束缚了人的手脚,使人在现实生活中患得患失,妨碍人过一种充实的人生生活。理性情绪治疗法所要做的就是帮助服务对象发现非理性的观念,并把非理性的观念转变为理性观念。

在ABC理论中,A(activating event的简称)即刺激事件、引发事件,指存在的一个事实,可能是一件事或某个人的某个行动或态度;B(belief system的简称)即个人的看法和信念;C(emotional consequence的简称)即人的情绪反应。通常认为,一个人的认知、情绪和行为都是由引发事件直接导致的,但该理论认为,个人的情绪反应、情绪困扰(C)是由个人的信念、看法系统(B)决定的,而不是被某些引发事件(A)刺激产生的,即个人的情绪问题基本上是由个人自己非理性的信念产生的。所谓非理性信念,是指那些把特定场景中的经验绝对化、普遍化、抽象化之后与实际情况不符的想法和观点。所谓绝对化,是指人对自己的要求过高,希望自己的生活完美无缺;普遍化是指人把自己对某件或某些事情的看法概括为所有事情的普遍特征,如由于几次考试成绩不佳,就认为自己天生就笨;抽象化是指人把具体场景中得出的经验抽象为一般的准则,比如强调如果自己尊重别人,别人就一定会尊重自己。

2. 理性情绪治疗的实施特点

理性情绪治疗模式从人们的观念和认识方式出发来改变人的不良情绪,帮助服务对象形成适当的情绪反应,放弃不适当的或自贬的情绪反应。因此,该模式以服务对象的非理性信念的检查和辩论为中心,形成了目标清晰、要求明确的实施特点:第一,明确辅导要求。在开始阶段,社会工作者除了要与服务对象建立良好的工作关系外,还需要介绍理性情绪治疗模式的基本原理,使服务对象认识到,真正导致自己情绪、行为困扰的原因是自己的非理性信念。第二,检查非理性信念。社会工作者应鼓励服务对象寻找自己情绪、行为困扰背后的非理性信念，协助服务对象理解这些非理性信念与自己具体的情绪、行为困扰之间的联系。第三，与非理性信念辩论。在找到非理性信念后，社会工作者要协助服务对象与这些非理性信念展开辩论，认识和了解这些非理性信念不切实际的地方以及可能产生的危害，并采取具体的行动改变目前的生活状况。第四，学会理性生活方式。社会工作者要指导服务对象运用理性的信念来代替原来的非理性信念，并与具体合适的情绪和行为反应方式连接起来，逐渐建立理性的生活方式。第五，巩固辅导效果。社会工作者需要通过一些具体的练习帮助服务对象让他们自己在实际生活中运用理性的生活方式，巩固辅导的效果。

可以说，理性情绪治疗法与其他的治疗方法的最大的区别在于理性情绪治疗法不重视对历史的追溯，而强调当下的现在；它不重视对心理机制的分析，而直接从观念入手；它不采用非直示方法，而采用工作者主导的直示方式；它不重视潜意识，而强调明确的思想；它不重视环境的影响，而强调人的自由选择。

（五）人本治疗个案工作模式

人本治疗模式又称人本主义治疗法、以人为中心的治疗模式或当事人中心治疗模式，创始人是美国心理学家卡尔·罗杰斯。1951 年，罗杰斯提出以当事人为中心的治疗模式，1974 年，罗杰斯将自己的辅导模式正式命名为以人为中心的治疗模式。

1. 人本治疗个案工作的主要理论

人本治疗模式吸收了人本主义心理学的思想，认为人的本质是好的，具有发挥自身内在各种潜能、追求不断发展的基本趋向，在生理方面表现为一切生物所共有的发展动力，在心理方面表现为人所特有的充分发挥自身各种能力的自我实现倾向。人本治疗模式的核心概念是自我概念，自我概念是人对自己的看法，包括对自己的知觉和评价、对自己与他人关系的知觉和评价以及对环境的知觉和评价。人本治疗模式认为人的行为、情绪和心理，与他人的关系和对环境的适应等都是受自我概念影响的，是由自我概念决定的，是自我概念而不是真实的应验性的自我决定着人的行为。自我概念并不是天生就有的，是人们在成长过程、在与他人的交往过程中逐渐形成的，特别是受到早年成长体验的影响。

一个良好的自我形象是自己愿意接受的，所以拥有良好自我形象的人可以很自然地袒露自己，不必有任何矫饰。而许多有问题的服务对象，就是因为拥有一个偏低的自我概念，其自我形象拙劣，自我评价较低。一个低下的自我概念，往往是当事人无法忍受与接受的，这导致其否认自我、不喜欢自我、疏远自我甚至痛恨自我。当事人往往采用自我防卫机制把无法忍受的经验变得较能接受。

2. 人本治疗模式的实施特点

人本治疗模式的治疗重点在于人而不是人所面临的问题。它的治疗目标是：第一，提供一种治疗的气氛帮助受助者重新认识自己；第二，引导受助者通过自我努力而具备自我实现所必需的一些特质;第三,协助受助者成长,提高其克服当前问题及将来所要面对问题的能力。

人本治疗模式非常重视建立社会工作者与受助者之间良好的治疗关系,认为良好的治疗关系,可以促成受助者的改变。为此,罗杰斯提出建立关系的六个不可缺少的条件:第一,社会工作者和受助者要有心理上的接触;第二,受助者出现自我概念和现实经验的矛盾;第三,社会工作者在治疗关系中表现出表里一致或真诚;第四,社会工作者对受助者无条件的积极关怀;第五,社会工作者能充分运用同感来了解受助者的内心心理状况;第六,社会工作者无条件地了解、同感及尊重,应达到让受助者能够感受的最低标准。

(六) 危机介入模式

20 世纪 50 年代,美国开始从事预防自杀的研究,成立了预防自杀的危机介入中心。1974 年,美国将危机介入模式正式列入社会服务的重要项目,并在社会工作领域逐渐推广危机介入模式。危机介入模式是针对服务对象的危急状态而开展的调适和治疗的工作方法。

1. 危机介入模式的理论

危机介入模式没有完整系统的理论基础,但形成了一些重要的理论假设和基本的概念。这些理论假设和基本概念成为危机介入模式的理论核心。第一,危机的定义。危机是指一个人的正常生活受到意外危险事件的破坏而产生的身心混乱的状态。危机通常分为成长危机和情境危机,成长危机是指每个人在成长过程中需要面对不同任务而产生的危机,情境危机是指引生活情境的突然改变而引发的危机。第二,危机的发展阶段。一般而言,危机可分为四个阶段,一是危机发生期。在这个阶段服务对象面对生活中的意外危险事件而无法控制自己的紧张和不安,无法有效应对意外危险事件,从而导致危机的发生。二是应对期。危机出现之后,服务对象就会寻找其他的途径和方法解决面临的困难。三是解决危机期。在寻求应对危机的方法和途径过程中,服务对象会形成解决危机的方法,或消极退缩停止问题解决的努力,或积极面对形成新的有效策略。四是恢复期。危机产生后,服务对象身心处于极度紧张状态,经过调适和治疗会形成新的身心平衡状态。

2. 危机介入模式的原则

危机介入模式的目的是在有限的时间内快速、有效地帮助服务对象摆脱危机的影响。危机介入的原则在于:第一,及时处理。社会工作者应及时接案、及时处理,尽可能减少危机对服务对象及其周围人的伤害,抓住有利的可改变的时机。第二,限定目标。社会工作者要把目标限定在危机介入的首要目标上——以危机的调适和治疗为中心,尽可能降低危机造成的危害,避免不良影响的扩大。第三,输入希望。危机中帮助服务对象的有效方法是为其输入新的希望,调动其改变的愿望。第四,提供支持。社会工作者需要充分利用服务对象周围的资源,为其提供必要的支持。第五,恢复自尊。危机通常导致服务对象身心混乱,自尊下降。社会工作者首先要了解服务对象对自己的看法,帮助其恢复自信。第六,培养自主能力。危机的解决取决于服务对象是否增强自主能力。因此,危机介入的过程就是社会工作者帮助服务对象增强自主能力面对和克服危机的过程。

3. 危机介入模式的特点

危机介入模式的特点在于:第一,迅速了解主要问题。迷茫、不安和不知所措是人们面对危机的通常表现。社会工作者要将注意力集中在服务对象最近的生活状态,迅速帮助服务对象整理自己的想法和感受。第二,迅速做出危险性判断。在了解服务对象主要问题时,需要对服务对象采取破坏性行为的可能性和危险程度进行评估,以便及时介入和治疗。第三,有效稳定情绪。社会工作者要运用聆听、情感支持等技巧稳定服务对象的情绪,与之建立信任的合作关系。第四,协助解决当前问题。在稳定服务对象情绪后,社会工作者要协助服务对象分析危机的原因,帮助其解决当前问题,克服危机的影响。

(七)个案管理模式

1. 什么是个案管理

个案管理模式是20世纪七八十年代开始在美国社会工作界推广的一种个案社会工作模式。主要适用于服务对象受多种问题的困扰,需要各种类型的专业社会工作者帮助的情况。在这种情况下,必须通过个案管理工作者对服务对象的各种问题进行综合性分析,协调各种机构的资源,将多种助人方法加以整合,以强化服务对象个人获得资源及运用资源网络的能力。

所谓个案管理,赫波沃斯和拉森(Hepworth & Larsen)认为是个案管理人员把服务对象以及复杂的社会服务网络中有益于服务对象的资源联系起来,及时地为服务对象提供服务,以达到最佳的服务效果。个案管理人员的角色包括经纪人、促进者、联系人、调停人以及呼吁者。个案管理人员必须十分熟悉社区的资源、服务对象的权利以及不同机构的政策与程序,必须熟练掌握调停和呼吁的技巧。巴克尔认为,个案管理是为了某一位服务对象的利益而制定的工作计划、向不同的机构寻找有益于服务对象的服务、监督服务过程与效果的过程。通常是由某一家机构对服务对象负主要责任,并指定一位个案管理人员负责协调不同的机构为其服务。在有些情况下,个案管理人员还要为服务对象管理和购买某些服务。个案管理人员协调同一机构的不同工作人员或不同的机构通过专业团队工作为某一位特定的服务对象服务,这样就扩大了社会所能提供的服务的范围,提高了服务的质量。个案管理还包括追踪、检查服务对象的改善与进步。

2. 个案管理的工作任务与重点

社会工作者运用个案管理模式开展服务时,他的工作任务是:与服务对象一起确认其需要协助的类型;确认阻碍有效使用该项协助的障碍;提供直接服务以克服那些障碍;尝试使服务对象与可能的协助者接触,并且提供间接的整合服务以维持这些接触,直到问题得到解决。个案管理者主要扮演咨询者、整合者、倡导者的角色,帮助服务对象增强寻求帮助的能力,协调助人机构之间的各项服务。

个案管理模式将同时遭遇多重问题,并把取得资源上有困难的个人和家庭作为工作对象,强调全方位的系统整合。它有两个工作重点:一是找出面临多重问题的服务对象所需的服务网络;二是找出这个服务网络中各项服务提供者彼此的互动关系。它所采取的工作策略及技巧的焦点放在整个服务网络是否能有效地解决服务对象的问题以及网络中的每一成员彼此之间合作关系的质量如何,而不只是把工作重点放在每一单项的服务上。

第二节 小组工作

小组工作被公认为是继个案工作之后又一种经典的社会工作方法,是社会工作专业的三种基本工作方法之一。

一、小组工作的起源与发展

(一) 小组工作的起源(19 世纪 50 年代至 20 世纪 20 年代)

小组工作起源于 19 世纪的欧美。小组工作作为一种社会服务方法是从 1884 年英国创立的具有教会背景的青年会组织开始的。工业化的发展引发了一些社会问题。社会中的一些有识之士开始组织基督教男青年会、女青年会和其他各种组织团体,从事各种宗教、社会及有益于身心健康的活动,以促进青少年身心发展。很快这种活动方法被运用于儿童服务、移民中心的服务。这些都成为小组工作的开端。此外,19 世纪后期在欧美兴起的睦邻组织运动,对小组工作也产生极其重要的影响。睦邻组织运动号召知识青年为地方服务,并尽量发动当地人民自动自发、互助合作、为地方服务。睦邻组织运动的一些具体做法对小组工作的形成产生了直接的影响。

(二) 小组工作的成长(20 世纪 20 年代至 60 年代)

自第一次世界大战以后,小组工作成为一种运动,受到来自各方面的影响。1929 年美国经济危机,致使大批失业者流浪街头,并滋生了许多新的社会问题,使社会工作者开始怀疑个案工作协助人们适应社会环境的有效性,因而开始重视小组工作对社会环境的影响力,使用不同的小组工作来协助有行为问题的人,如生理残疾者、老人、贫民、黑人与青少年。这使得小组工作急剧发展,服务数量大量增加,其重要性也得到相对提高。

小组工作于20世纪30年代开始被列为一项专业工作。1923年,小组工作开始成为美国院校中社会工作专业的课程,1935年美国全国社会工作会议增列小组工作部门,1936年美国小组工作者协会成立。1946年,在美国社会工作者协会会议上,小组工作正式被接受为社会工作专业方法。

在这一阶段,小组工作的成长还明显地表现为学科知识的系统化、方法的多样化,出现了一批小组工作的专业著作,其中维尔逊的《小组社会工作实务》、崔克尔的《小组社会工作》等成为小组工作的经典书籍。

(三)小组工作的发展(20世纪60年代以来)

对小组工作而言,20世纪60年代是一个转折点。这一阶段的小组工作主要受到公民权利运动、反贫困运动、女权运动等的影响,产生巨大变化,小组工作被当做参与社会行动的方法,小组工作应用的领域也日趋广阔。以往小组工作多在社会、娱乐、教育及宗教等方面发展,60年代后小组工作在医学治疗、工业关系、学校教育和社区发展等方面的应用都已经开始被重视。可以说,在现代社会中,凡是与调适社会关系及促进个人与社会关系发展有关的团体活动,都有意无意地、直接间接地采用小组工作方法。

小组工作受到一般系统理论、社会制度理论、社会角色理论、行为主义、交互分析、格式塔治疗、危机介入以及生态学等理论和学派的影响,有了很大的发展,形成了多种多样的小组工作模式,更加细致的小组工作理论也得到发展。近些年来的社会工作,因力求个案工作、小组工作和社区工作三方面的整合,所以小组工作亦呈现出整合的趋势。

(四)小组工作在中国

在中国历史上历来有互助的传统,也不乏运用团体进行救济、互助的事例,但尚不具有专业性质。在20世纪30年代的社会工作教育中,开始开设了小组工作的课程。中华人民共和国成立后,许多社会组织、人民群众团体都在利用小组工作的方法开展帮助有需要者的工作,但仍然不是专业社会工作意义上的小组工作。港台地区社会工作发展较快,专业的小组工作被运用于许多领域,有很好地发展。

近年来,在中国大陆,专业的小组工作也越来越多地被运用于许多社会工作领域。例如,一些学校开设了大学生自我成长小组,中华女子学院开设了单亲母亲支持小组、家庭暴力施暴者治疗小组、受虐妇女支持小组等,尝试将小组工作的方法运用于学校社会工作、家庭社会工作、妇女社会工作和社区工作中,取得良好的积极效果。在全国开设社会工作专业的高等院校中,小组工作成为专业教育的必修课程,小组工作的理论与实务得到较为广泛的传播和运用。

二、小组工作的概念

(一) 小组工作的定义

小组工作由英文 social group work 或 group social work 翻译而来,是社会小组工作的简称,又称社会团体工作、群体社会工作、团体工作、群体工作等。

关于什么是小组工作,人们并未达成共识。徐震、林万亿在《当代社会工作》一书中,将以往有代表性的关于小组工作的定义归纳为三种:(1) 发展的观点。如科伊尔(G. Coyle)认为小组工作是一种教育的过程,通常由各种志愿结合的人员,在小组工作者的协助下于闲暇时间内实施,其目的是在小组中通过个人人格的互动,促进个人成长或者为了达成共同目的,促成小组成员间互相合作的集体行动,从而创造了小组。(2) 治疗的观点。科诺普卡(Gisela Konopka)的定义具有代表性,他指出,小组工作是社会工作方法之一,它通过有目的的小组经验,协助个人增强其社会功能,更有效地处理个人、小组或社区的问题。小组工作的对象包括由健康的个人所组成的小组,有疾病的个人组成的小组等。当小组工作者运用专业训练和技巧,去帮助一群在功能上受困扰的个人所组成的小组时,小组工作者便是在进行小组治疗工作。(3) 运作的观点。崔克尔从意义、对象、方法、过程和目标等方面入手,指出小组工作是一种运作方法。即凭借小组工作者的协助,引导人们在各种社区机构的小组活动中互动,使他们彼此建立关系,并以个人能力与需要为基础,获得成长的经验。小组工作通过这种运作,实现个人、小组、社区发展的目标。

1949 年美国小组工作者协会指出:小组工作者在各种小组中,通过小组互动与方案活动达到个人的成长与社会目标的完成。小组工作者的目的在于根据个人能量与需求而促进个人成长,使个人与他人,团体与社会达到调适,促使个人有社会改良的动机,同时让每个人认识到自己的权利、能力与独特性。小组工作者参与团体的目的是为了使团体中的决策不是来自团体内或团体外优势的影响,而是来自知识、理念和经验的分享与整合。经由小组工作者的操作,协助团体同其他团体和社区建立关系,以培养负责任的公民,加强社区内不同文化、宗教、经济或特殊团体的互谅,参与社会向民主的目标前进。

美国社会工作教育委员会于 1959 年指出:社会小组工作是社会工作方法之一,它通过有目的的小组经验,协助个人增进其社会功能以及更有效地处理个人、群体或社区的问题。小组工作的对象包括由健康的人组成的小组和有疾病的人组成的小组。当小组工作人员运用其专业训练和技巧,去帮助一群在功能上有困扰的个人所组成的小组时,他便是在进行小组社会工作。

墨菲(Marjorie Murphy)认为学者们对小组工作的看法有三方面一致性的观点:第一,小组工作是通过小组经验的提供,以期达成下列目的:尽可能提高个人潜能，改善人际关系，增强社会功能以及实施社会行动等。第二，小组工作是一种基础方法，它可以运用到不同的工作部门中。第三，在小组工作方法里，有意识地使用了社会工作者与成员的人际关系、成员间的人际关系、成员与群体的关系以及小组活动，社会工作者协助成员与小组充分地利用其能力与力量，社会工作者也依照当时成员的目的、需求、关注与能力来运作。

从以上论述中，可以看到小组工作是社会工作者按照既定的目标带领和引导的一个过程，带领的过程以科学的知识为基础，组员在小组过程中相互影响，小组以组员之间经验的相互影响，达到助人自助的目的。因此，可以这样给小组工作下定义：小组工作是一种以两个或两个以上的个人组成的小组为工作对象的社会工作方法，它主要由社会工作者通过有目的的小组活动和组员间的互动，帮助小组成员共同参与集体活动，从中获得小组经验，处理个人、人与人之间、人与环境之间的问题，行为改变，恢复与发展社会功能，开发个人潜能，从而获得个人成长。

（二）小组工作的特征

作为一种不同于个案工作的微观社会工作方法，小组工作具有一些明显的特点。根据米德尔曼和戈德堡（Middleman & Goldberg）的论述，小组工作具有以下四个特点：

1. 小组工作者着重帮助小组成员形成一个互助体系，也就是说帮助的主要力量来自小组中的个人或小组成员的力量。因此，小组工作者的主要任务是协助小组成员达到并创造一个能够互助的群体。

2. 小组工作者要了解小组成员，善于利用小组过程，并协助成员了解和利用小组过程。在小组中，社会工作者必须让成员了解小组中所发生的事情是必须由成员共同来解决的。小组成员通过表达感受发展出一种关系，以便彼此相互影响。因此，小组过程对小组而言是强有力的，在协助成员达到目标及对小组成员的成长方面有积极的作用。

3. 努力增强个别成员的能力，以便能自动自发地发挥功能而成为独立的个人或小组。小组工作者必须帮助成员达到自助状态，才能使小组自动发挥作用。在小组开始时不一定能够发挥这种作用，但是，社会工作者必须努力帮助小组实现这种功能。

4. 小组必须协助成员在小组结束时，再回顾整个小组工作的过程。小组成员了解小组经验，作为处理其他小组的经验或将来面对小组的一种手段。小组成员在整个成长过程中，当回顾这一经验时，个人能够加深印象，重新评估小组之中的有利与不利之处。

三、小组工作的功能

（一）有关小组工作功能的论述

小组工作同社会工作的功能是基本一致的，但也有一些特殊的表现。关于小组工作的功能有不少研究，例如崔克尔在《小组社会工作：原则与实务》中从个人的角度概括小组工作的功能，认为不同年龄阶段的个人可以通过小组帮助自己：(1) 追求兴趣与获得技能；(2) 在同辈团体中得到接纳与地位；(3) 成为较大团体和较有影响力集团的成员；(4) 从父母或其他人的监护之下获得成长与独立；(5) 适应与学习同异性接触；(6) 通过参与过程成为社区的一分子；(7) 拥有乐趣、休闲与社交情趣；(8) 获得友谊与同伴。

克莱因在《有效的小组工作：原则与方法导论》中指出小组工作的功能是：第一，康复。包括对原有能力的复原，对情绪、心理、行为、态度及价值导向的复健。第二，获得。发展面对问题与解决问题的能力，也就是学习适应危机情景的能力。第三，矫治。协助犯罪者矫正行为与解决问题。第四，社会化。帮助人们满足社会的期待以及学习与他人相处。第五，预防。对问题发生的可能性进行预测，提供有利的环境以满足个人需要，并协助个人培养处理偶发事件及抗御危机的能力。第六，社会行动。帮助人们学习如何改变环境，增加适应能力。第七，解决问题。帮助人们运用小组力量完成任务，进行决策及解决问题。第八，社会价值。协助小组成员发展适应环境的社会价值体系。

（二）小组工作的主要功能

综合学者的研究，可以将社会小组工作的主要功能归纳为：

1. 影响个人发生转变。当人出现生存能力方面的问题或心理行为有偏差时，通过小组工作过程，可以恢复人原有的能力，达到社会化；小组工作过程可以影响个人的价值观念、态度及行为发生转变，成为家庭和社会中负责任的积极角色；小组成员通过分享不同的经验，可以丰富和扩大经验和见识，改善人际关系；小组工作可以使其成员发展面对问题与解决问题的能力，学习适应危机情景，促进个人成长。

2. 社会控制。矫治性、教育性、治疗性的小组工作，通过小组工作过程可以使小组成员学习遵从适应社会需要的行为规范，培养社会责任心，在社会生活中担当起积极而有用的社会角色。

3. 用集体的力量解决问题。在小组中，小组成员必须学习共同思考，团结协作，共同面对环境。在这个过程中，既会增进小组成员与他人配合解决问题的能力，也可以用团队的力量来共同解决问题。

4. 再社会化。小组工作通过帮助其成员建立适应社会需要的新的价值观、知识、技巧来改变小组成员的行为，使他们扮演更适应社会生活的积极角色。

四、小组类型

(一) 小组的基本特征

小组是由两个或两个以上的人组成的,一般具有这样的特征:第一,一人以上构成小组;第二,成员之间有共同的目标和利益;第三,成员对小组持有认同感;第四,成员之间相互依存和相互影响;第五,小组中有进行社会控制的方式;第六,形成特定的小组文化和氛围。

(二) 小组的基本类型

依据不同的分类标准,就有了不同类型的小组。美国小组工作者协会将小组分为指导/心理教育、咨询/人际问题解决、心理治疗/人格重塑、任务/工作小组四类。常见的分类标准和小组类型有以下几种:

1. 以形成方式分类。按小组的组成,可以将小组分为自然小组和组成小组。自然小组是由于一些自然事件,人与人之间的相互吸引或情感需要等原因,人们自然而然聚集而形成的,如家庭、朋辈小组等。组成小组是通过外部的影响和干预而组建起来的,如任务小组、兴趣小组等。

2. 以小组的结构分类。按小组的组织结构,可以将小组划分为正式小组和非正式小组两种。正式小组具有正式的结构,组员有确定的角色和地位,有特定的目标指导组员的行为,如任务小组、行动小组等。非正式小组不具有正式结构,通常也没有明确的小组目标,组员通过互动达到交往的目的、满足个人需求,如玩伴小组、同学小组等。

3. 以组员参与动机分类。按小组成员的参与动机和愿望,可将小组划分为自愿小组和非自愿小组。自愿小组的成员都是主动、自愿参加,典型的自愿小组如志愿者小组等。非自愿小组,也称强制小组,小组的成员自身没有参加小组的动机和主动性,往往是被强制组织起来,被动地参与小组,如戒毒小组等。

4. 以组员间的界限分类。按小组成员之间的界限和进出小组的自由度,可将小组区别为封闭小组和开放小组。封闭小组是从小组聚会开始到结束都由相同的组员组合而成,组员人数不增减。开放小组在小组活动过程中的任何时候,组员都可以加入或离开,进出自由。

5. 以小组目标分类。按小组社会工作的目标,可以将小组划分为:(1) 朋辈小组。朋辈小组的目标是促进成员之间的朋友关系或社会互动。(2) 教育小组。教育小组的目的是帮助小组成员进行相关知识的学习,增进小组成员的知识与技巧。(3) 服务或自愿小组。服务或自愿小组的目标是通过小组工作过程发展成员的潜能和社会责任意识。(4) 兴趣小组。兴趣小组的目的是通过组织文娱体育等活动,发展和培养成员在社会生活中的特别兴趣。(5) 成长小组。成长小组的目的是帮助成员最大限度地发挥自己的潜能,促进健康成长的社会情绪。(6) 治疗小组。治疗小组的目的是帮助成员改变反社会的行为或非正常行为,克服个人问题,治愈创伤。(7) 社会化小组。社会化小组的目的是帮助成员学习社会技巧,培养能被社会接受的行为模式,增强社会生活能力。(8) 自助或互助小组。自助小组或互助小组的目的是通过小组使成员相互支持、相互影响,实现态度和行为的转变,并解决环境适应问题。

五、小组工作的理论基础

小组工作吸收了不同学科的知识,它的理论基础主要来源于社会心理学理论、社会学习理论、系统理论和群体动力学理论。

(一) 社会心理学理论

心理学理论在小组工作中的运用最多的是心理分析理论。弗洛伊德认为成年人的问题缘起于在儿童期未解决的心理冲突,这类冲突或许是儿童时期某些需要没有得到满足,抑或是经历了心理创伤,当个人无法解决实际问题时,会用自卫的手法去处理冲突。

心理分析理论在小组工作运用时,主要以个人为工作焦点,而不是以小组整体为基础。通过小组实践,人们可以建立起他们处理个人关系的技巧、解决问题和适应环境的能力以及自信心。小组中的高凝聚力和营造的安全感,能够使成员更开放地表现自己的感情、思想和内心冲突,可以有效地帮助他们改变行为模式和解决问题。

(二) 社会学习理论

对小组工作有重要影响的是班杜拉(Bandura)的社会学习理论,该理论的主要观点包括:

1. 传统条件反射理论。在传统方法中,行为是与刺激相联系的。社会工作者根据小组期望的目标,对小组成员提供某种能引起行为发生变化的外部条件,引导他们的行为朝向小组目标所期待的方向转变。

2. 强化条件反射理论。这种学习方法的依据是人的行为受行动的结果的影响。如果某种行动的结果被加以肯定,人们就会坚持这种行为;如果某种行为的结果被否定,人们就会削弱这类行为。小组工作者用表达意见、赞赏等强化和鼓励积极的行为,就会影响小组成员的行为转变。

3. 社会学习理论。社会学习理论认为行为是在对他人的行为观察和评价过程中习得的。当某个成员的某种行为受到表扬,其他成员会期望将来得到同样的表扬而学习这种行为。相反为了避免出现否定的结果,小组成员在一定程度上就不会采用同样的行为。

(三) 系统理论

系统理论将小组工作看做由不同的互动因素所组成的系统。按照帕森斯的观点，小组是一个有许多相互依赖的成员的社会系统。这些成员是小组系统的一部分，在不断变化的社会环境中，小组系统作为一个有机的整体运行，试图保持一定的秩序和一种稳定的平衡。

在小组系统以外，家庭、学校、机构、社会等都是与作为整体的小组或与作为子系统的个人成员之间存在互动的系统。这些系统开放时，能够与其他系统互相影响或互动；当系统封闭时，就不能与其他系统进行任何交流与影响。小组工作必须通过增强小组这个系统的开放强度并且恰当利用其他系统影响小组发生变化。在这个过程中，小组成员的互相接纳以及根据外部环境的需要和变化确定和维持小组的目标、特征和过程，可以保持小组的平衡和有效实现小组目标。

（四）群体动力学理论

群体动力又称团体动力。群体动力学认为，人类的行为经常受到所处环境的影响，个体与环境交互作用所产生的运作与结果，即群体动力。群体动力是指某社会群体之所以形成的原因以及维持群体的一种力量或一种方式。群体动力学的基本理论和研究包括：第一，群体凝聚力。如果一个成员把群体看做希望的来源，那他就会努力为它工作，积极维护它的存在。责任性行为有助于提高群体凝聚力。第二，群体压力与群体规范。群体为了使其成员在行为和态度上具有一致性，总会产生某些压力。“求同的压力”是群体影响成员个体的突出表现。第三，个人动机与群体目标。群体目标与个人动机是密切相关的，在某种程度上，群体目标就是一种动机。第四，领导与群体功能。群体领导及其领导方式对群体获得目标、群体生产力、如何调动成员的内在活力等有重要影响。第五，群体的结构。当一个群体在其成员之间的关系安排上获得一种稳定性时，它就拥有了结构。有一些因素影响着群体结构的产生。

六、小组工作的模式

小组工作在发展中形成了不同的模式，早期有代表性的是社会目标模式、治疗模式和互动模式。20 世纪 70 年代后，虽然受多种社会科学理论的影响，形成了多种小组工作的模式，但是社会工作者较多采用的是互动模式、预防与康复模式、发展模式、组织与环境模式、行为修正模式。以下介绍的是几种比较主要的小组工作模式。

（一）社会目标模式

1. 理论基础

社会目标模式源于历史上社区睦邻中心和青年服务中心等的团体工作模式，是最早的小组模式。该模式的理论基础主要来源于系统论、生态系统论、教育理论和社会学的观点。这些理论强调社会系统与人和群体间是相互作用和相互影响的，强调人对社会的社会责任和社会意识，认为个人和群体出现功能失调或问题与社会系统的功能是否正常有关,而人和群体的行为又会影响社会系统的正常运转。因此,个人问题的解决必须通过社会变迁的途径来实现。社会目标模式假设,如果一个小组及其成员能够在一位社会工作者的影响下找出一个共同目标,并且培养出一种自我主动的行为去推动小组历程,则小组成员便能自我发展,运用技巧去参与一些有意义及负责任的社会行动。因此,这种模式的目的是尝试在小组工作中处理与社会规范和社会价值有关的问题,启发社会良知、社会责任和促进社会转变。

2. 模式特点

社会目标模式具有以下基本特点,第一,小组的目标是培养小组成员的社会责任感。该模式的目标是培养和提升小组成员的社会意识,提高其实现社会变迁的责任心;发展小组成员的社会能力,尤其是与社会环境的互动能力;培养社区领袖,使他们有能力、有意识带领和推动社会变迁。第二,小组成员有民主参与社会生活的动机和潜能。该模式认为社会的每个成员都具有民主参与社会生活的动机和潜能,注重人的社会归属感,关注和鼓励弱势群体参加小组。第三,社会工作者扮演影响者的角色。在社会目标小组中,社会工作者的角色是使能者、促进者,即一个有影响的人,他把社会责任及政治立场个别化地在小组中表达出来,并刺激小组行动。

社会目标模式的适应性较广,可用于公民教育、社会责任培养、道德培育、倡导活动等。

(二)治疗模式

1. 理论基础

治疗模式也称临床模式。该模式以行为修正理论、社会化理论、学习理论等为理论基础。治疗模式关注的是个人的心理和行为问题的矫正而不是社会,强调通过小组来治疗个人心理、社会与文化的适应问题。治疗模式认为小组是进行治疗的媒介,是一种治疗个人问题或矫正个人有问题的行为或态度的手段,既是治疗环境也是治疗工具,通过社会工作者推动小组成员互动来实现个人行为的改变,帮助个人增进自我认识和增进社会功能。该模式的基本假设是:如果一个社会工作者能够用其专业知识去影响小组历程和小组动力,使小组成员改变他们的一些具体行为,那么小组成员便证明他们可以凭借参与小组而受到再教育的机会,参与小组的经验可以协助消除他们不适应社会的问题。

2. 模式特点

治疗模式的特点是:第一,小组的目标是通过治疗,促进个人行为改变。治疗小组的目的是通过小组工作过程,帮助小组成员在心理、社会和文化适应方面得到康复、发展和完善,治疗或预防因某种因素使个人造成的不良影响或个人的偏差行为。第二,小组成员一般有较严重的情绪和行为问题。治疗模式的适用性有一定限制,参加治疗小组的成员通常是有较为严重的情绪问题、人格问题、精神异常、行为障碍或有社会偏差行为的人,介入的重点是为个人提供一个小组的治疗环境,对个人提供心理康复和行为指导,帮助小组成员达到适应社会生活的最佳状态。第三,社会工作者扮演治疗者和专家角色。在这种模式中,社会工作者的角色是一位家长或博学的专家,他的任务是研究、诊断和治疗。他必须有足够的能力去诊断个人的需要,安排治疗计划并控制小组的发展。

(三)互动模式

1. 理论基础

互动模式由互惠模式发展而来。它的理论基础是系统理论、场论、社会心理学中的人性理论及社会关系的结构功能分析理论等。互动模式关注子系统(小组成员)和整体系统(小组环境和社会环境)的关系,而不是小组成员个人本身。它的关注点既在个人也在环境,希望通过个人、小组和社会系统之间的开放和相互影响,达到增强个人和社会的功能。

互动模式的基本假设是:个人与社会之间存在一个有机的、有系统的互相依赖关系,小组是个人和社会发挥功能的场所,也是一个互助的系统,小组成员依靠其他成员作为自己解决问题、实现自己潜能和建立信心的资源,个人和社会的功能能够得到发展和发挥。如果一个社会工作者能够使组员在一个有机的组织(小组)内通过互相帮助而完成其特定的任务,该组员便可以增加在社会上与人相处的技巧,进而凭借这种经验更好地适应社会。

2. 模式特点

互动模式的特点有:第一,小组目标是促进成员的相互支持。互动小组的目标是促进小组成员在社会归属和相互依存中得到满足,使小组成员之间、小组之间、组员和小组与有关社会系统之间形成相互支持。第二,要求小组成员有平等互惠的动机和能力。该模式要求小组成员在小组中有互惠的动机和能力,能在小组中通过与其他组员的联系沟通达成共识,实现小组目标并获得个人成长。第三,社会工作者扮演中介者角色。这种模式中,社会工作者的角色是中间人或协调者,负责促进组员、小组、机构、家庭、学校、社区等各系统之间的彼此适应,帮助服务对象与产生问题的系统接触和谈判,协助系统接纳服务对象并继续按其在社区中扮演的角色提供有效的服务。在这种模式中不需设计方案,社会工作者不控制小组,而是提供社会信息引导小组走向自动自发,帮助组员与小组协调,以求组员的问题受到小组的重视,从而通过小组的运作加以解决。

互动模式适用性较广,只要符合以下条件就可以使用该模式:小组作为一个集体，组员需要面对面的互相沟通；组员的个别需要须依靠彼此互惠互存加以满足；小组的共同目标依赖组员的参与来完成。常见的互助小组、癌症病人俱乐部、弱智儿童家长小组等就属于这一模式。

（四）发展模式

1. 理论基础

发展模式又称过程模式，自20世纪60年代开始受到广泛采用，虽发展较晚，但在小组工作中占重要地位。发展模式的理论基础主要由发展心理学、社会关系和社会结构理论、小组动力学组成。该模式强调以人的发展为核心，关注人的社会功能的提升，认为人在不同的年龄阶段有不同的发展任务，通过发掘个人的潜力，能够寻找解决问题的方式，完成发展的任务。因此，小组工作要使其成员学会自我管理、自我教育，扮演好个人的社会角色，发挥个人的社会功能。小组工作要帮助其成员发展他们自己的资源和发展对抗环境压力的力量。

2. 模式特点

发展性小组的目的是通过小组鼓励成员参与，表达自己从而找出大家的共同兴趣和目标，在体现民主程序的过程中达到小组目标，促进小组成员的自我成长。它的特点在于强调小组成员的朋辈关系、共同目标和兴趣，重视自我完善。社会工作者在发展模式小组中的主要角色是支持者，主要任务是帮助小组实现目标，促进人际关系和个人的自我实现。

发展模式的适用范围广泛，能适用于不同情况、不同年龄的人组成的小组，可用于培养领袖人才、协助个人成长、帮助缺乏信心或社会适应不良的人。

（五）组织与环境模式

1. 理论基础

组织与环境模式的理论基础是社区结构功能理论、组织理论、社会交换理论、社会行为学习理论、自我理论和社会化理论。该模式认为小组目标的实现是由机构、小组工作者、小组成员和其外在的环境互动的结果。社会环境是个人行为模式的来源，也是影响其维持和改变行为模式的工具。所有小组的目标都是协助小组发挥社会功能，也就是小组协助其成员改变自己、环境或两者兼而有之，以使个人对社会角色的适应、个人需求、能力和社会环境之间形成最佳的互动关系。

2. 模式特点

小组工作的主要目的是希望通过了解个人的特性、社会功能及其所处的社会环境而寻找出解决问题的工作方法，利用小组提供一些改变个人及环境的方法或机会，使个人能够更好地适应社会。社会工作者的主要任务是促进小组组员社会功能的发展，尊重个人，促进组员在其生活环境中调适自己，预防问题和运用社区资源等。

组织与环境模式适用于帮助人们减少社会隔膜、促进社会融合,社会化与再社会化等,运用该模式的小组有促进当地人与外来者的共融小组,新的社会生活技能学习小组。该模式也可用于服务有越轨行为的人,如社会帮教对象等。

(六) 预防与康复模式

1. 理论基础

预防与康复模式的理论基础主要为角色理论、社会系统理论、社会学习理论、认知理论和社会心理学理论。该模式重视个人的社会适应问题,认为人的行为是受社会环境影响尤其是与人交往中逐渐形成的,在小组中培养适当的环境,可以帮助组员预防和消除个人违反社会常规的价值观和行为或不被大部分人接受的行为。

2. 模式特点

预防与康复模式的目的主要有两个:一是通过小组的程序以及小组工作者的协助来防止个人做出社会认为是越轨的行为;二是使已经被认为有越轨行为的人通过小组活动重新适应社会。在这种模式中,小组工作者是中心,他是小组成员的模范、代言人及标志,是小组的推动者和控制小组运作的人。

预防与康复模式的适用范围较广,在预防方面,可以进行社交技巧、自信心的训练,新角色的适应等;在治疗康复方面,可用于服务有学习或行为问题的儿童、青少年,有不良嗜好或违法违纪行为的人员等。

推荐阅读文献

范克新,肖萍.团体社会工作.北京:社会科学文献出版社,2001

高刘宝慈,朱亮基.个人工作与家庭治疗.香港:中文大学出版社,1997

顾东辉.社会工作概论.上海:上海译文出版社,2005

何洁云,谢万恒.社会工作实践:小组工作.香港:香港理工大学,2002

库少雄.社会工作实务.北京:社会科学文献出版社,2002

廖荣利.社会工作理论与模式.台湾:五南图书出版公司,1987

林孟平.辅导与心理治疗.香港:商务印书馆,1988

林孟平.小组辅导与心理治疗.香港:商务印书馆,1988

刘梦.小组工作.北京:高等教育出版社,2003

全国社会工作者职业水平考试教材编写组.社会工作综合能力(中级).北京:中国社会出版社,2007

孙立亚.社会工作导论,北京:中国财经出版社,1999

王思斌.社会工作导论(2版).北京:北京大学出版社,2011

王思斌.社会工作概论(2版).北京:高等教育出版社,2006
吴梦珍.小组工作.香港:香港社会工作人员协会,1992
翟进,张曙.个案社会工作.北京:社会科学文献出版社,2001
张雄.个案社会工作.上海:华东理工大学出版社,1999
许莉娅.个案工作.北京:高等教育出版社,2004

第九章

宏观社会工作

宏观社会工作是社会工作的重要部分。与微观社会工作注重个别人或少数人的问题或需求并主要协助服务对象改变有所不同,宏观社会工作关注导致服务对象问题或需求的外在原因,强调社会政策的发展、有效服务的组织投递、社区生活的强化等策略。由于与社会发展大势比较呼应,宏观社会工作正得到越来越多的关注和运用。

第一节　宏观社会工作的基本内涵

宏观社会工作是与微观社会工作对应的社工领域。它体现了社会工作的一般框架,也因其宏观导向而呈现出自身特性。

一、社会工作的宏观视角

社会工作是基于"人在环境中"框架展开的工作系统。根据社会工作的观点,个人应该与外在场境达成适应性平衡,失去平衡会导致个人面临问题或产生需求。这些问题或需求可能源于个人自身,可能源于场境,也可能源于两者互动。故此,社会工作的回应方法可以是协助个人改变,可以是推进环境优化,也可以是改善两者的互动。

社会工作方法分为协助个人改变和推进环境优化两大类别。个案工作和小组工作主要旨在协助服务对象改变以适应环境,如行为修正模式、教育小组、支持小组等。社区工作、社会工作行政和社会政策的共识是较大规模人群面临共同问题或需求,其原因主要来自社区环境、机构环境、政策环境乃至社会环境,如很多白领人士觉得压力巨大,就与社会经济快速发展及相关因素有关。这三种方法虽然也可以协助人群发生改变,但是,促进环境因素变化,即注重宏观层面改变,显然是其主要手段。

宏观社会工作是日益得到重视的社会工作类别。在前社会工作阶段乃至社会工作发展早期,人们常常将贫穷等问题的原因归之于个人并产生了一些旨在激励或惩罚个人的回应策略。社会工作专业化初期的研究发现,个人所面临的问题或需求,极大部分并非主观因素所致,即使如疾病等个人层面的问题,也多是客观因素导致的。而且,快速的经济建设和社会变迁本身就带来了诸多副产品。因此,人们的许多问题或需求主要源于外部或社会原因;或者说,宏观的、结构性的因素导致了“社会引发的需要”。与此同时,如何保证和优化行政和政策,也日益得到正视。故此,宏观导向的社会工作得到的关注越来越多。

宏观社会工作是促进社会公正的积极手段。社会工作的最终目标是促进公平公正。从某个视角而言,个人因弱能而致困境,如残疾人因技能较弱而没有被某岗位吸纳,这不是社会不公平。但是,如果他有能力胜任岗位却因受歧视而没被聘用,这就体现为社会不公平。在社会工作中,协助个人积极改变从而适应外在场境,并不是对社会不公平作出的积极回应,要促进公平公正,就要改变歧视、偏见、机会不平等等现象,改变进而优化人们所处的大小环境。因此,与微观社会工作相比,宏观社会工作可以更好地推进社会进步和实现社会工作目标。

二、宏观社会工作的基本概念

宏观社会工作是社会工作的重要方法。其中,社会工作者针对与较大规模人群相关的问题、需求及其回应策略,基于社会工作的专业价值伦理及宏观社会工作的特有守则,通过组织、计划、督导等专业技术,促进人群所在场境或回应策略的改变,在此过程中也协助相关人群发生适应性改变。

宏观社会工作的要素特性与微观社会工作明显不同。就对象而言,微观社会工作针对的问题或需求与个人或少数人有关,从而在很多情况下呈现出独特性;宏观社会工作也是针对问题、人群与场域的交叉领域,但主要针对与较多人相关的、由社会引发的问题或需求。就主体而言,社会工作者要掌握涉及人群而非个别人的特性,要从结构视角审视问题或需求的原因,要熟悉促进场境改变的知识、技能和智慧。就目标而言,宏观社会工作主要旨在通过分配资源等结构性手段来疏解问题和满足需求,并在此过程中协助服务对象增能。参照美国学者罗斯曼(Rothman)的说法,其任务目标是舒缓或解决服务对象的具体问题,其过程目标是促进服务对象的综合提升。就方法而言,宏观社会工作主要改变导致问题或需求的外在场境,诸如整合资源、搭建平台、出台政策。就伦理而言,宏观社会工作除了遵守社会工作伦理关于人和工作的内容外,特别遵守关于社会的条款,诸如社会必须提供机会、实物和服务,注重公平公正,等等。可见,宏观社会工作要素较多体现了环境特性,它与微观社会工作互补,共同组成了社会工作系统。

三、宏观社会工作的一般过程

宏观社会工作包括社区工作、社会工作行政和社会政策三种方法,其各自的基本内涵在本章后续部分有专门说明。宏观社会工作的一般过程划分为问题分析、方案形成、计划执行和总结评估四个阶段。

在问题分析阶段,要组建由多方人员组成的工作团队;要把握相关人群的基本信息、问题或需求及其后果、不同利益群体对这些问题或需求的看法;要把握相关资源的状况,如人财物力、时间、归属感、融合度等,并了解不同类型组织的特性、资源及其关系;要把握问题或需求的原因机制,为提出工作思路提供参考。

在方案形成阶段,要根据问题或需求的急迫性、涉及人群大小、资源多少、成功可能大小、后果轻重等因素,选择需进行服务的核心问题和关键需要;要确定工作的总体目标和具体目标、任务目标和过程目标;要分析实现工作目标的多个模式的成本与效果,提出几个候选方案;要根据行政、管理、财务和时间的可能性和职业操守,选择一个工作方案并进行细化。

在计划执行阶段,要运用专业知识、技巧和方法,参照时间进度,推进工作计划;要积极激发工作对象及相关人士的建设性参与;要对参与人员进行必要的指导或督导;要根据当时当地情况,恰当进行应变,保证工作目标的顺利达成。

在总结评估阶段,要参照计划进度,按部就班,稳步结束;要进行结果评估,说明目标达成情况、结果质量及其项目影响(参见第十章第四节项目评估);要反思工作过程的成败得失,剖析其原因,并提出初步的完善思路;要形成正规的书面总结报告,说明整个项目的核心信息。

由于社区工作、社会工作行政和社会政策是三种不同方法,其具体过程就各具特性。关于这些过程,可以参见本章以下三节的相应内容。

第二节　社 区 工 作

社区工作是继个案工作、小组工作之后的第三种社会工作方法。作为由特定对象、手法和目标组成的系统,社区工作以特定的价值观和行为守则为实务出发点,其众多模型也可归入策略模式和过程模式两大范畴。

一、社区工作的基本概念

社区工作以社区为基本载体。社区可以是由共同目标和共同利害关系的人组成的团体,也可以是一定区域内共同生活的有组织人群。前者称为功能社区,如老人和学生;后者称为地域社区,如城市和农村。当然,某些社区可能兼具功能和地理特性,如大学城和科学园区。就表现层面而言,社区又可以细化为两个层面,一为规模、大小等外在要素,二为意义、身份、联系和归属感等内在变量。因此,社区是外在结构与内在心理的统一体,其基本要素包括:一定规模的人群、以一定方式联系起来、互相协调和适应的制度和组织系统、独特的文化和生活方式、相似的经历、认同感和归属感。

社区工作是一个缤纷复杂的概念。英国的巴多克(Baldock)1974年曾指出,社区工作是受薪工作人员从事的工作,以协助居民认识所面对的问题与机会,由居民共同作出实际决定,采取集体行动解决所面对的问题。居民在决定付诸行动时,社区工作者也予以支持,以培养居民能力和自我独立。美国的布雷格和施佩希特(Brager and Specht)指出,社区组织是个人、小组和机构通过有计划的行动去解决社会问题的一项介入手法,它关注社会制度的完善、发展或改变。中国台湾的李增禄指出,社区组织是一种社区工作方法和过程,利用计划与组织工作协助社区居民认清社区整体需要和目标,以社区方案和社区变迁机构来统合、协调与发展社区个体、团体与组织并运作社区内外资源,来满足社区需要和达成社区目标,以适应社会变迁和生活环境。《中国社会工作百科全书》(1994)认为,社区工作是以一定社区居民为对象,帮助社区居民认识社区存在的社会问题,动员调配社区资源,解决社区的社会问题,以改善社区成员的生活质量。《(国际)社会工作百科全书》(1995)中指出,社区发展指针对具有共同地域、具有共同文化和哲学共性或主要的社会经济联系的人群所共同关心的议题采取有计划行动,以增长、成熟和强化组织,提高人们的生活,改善体现成员身份的社会网络、新知识、经济的有效结构和功能。

我们认为社区工作并非在社区的社会工作,而是以社区及其成员整体为对象的社会工作介入手法。它通过组织成员有计划参与集体行动,解决社区问题、满足社区需要。社区成员在参与过程中建立对社区的归属感,培养自助、互助和自决的精神,加强其社区参与及影响决策的能力和意识,发挥成员的潜能。

社区工作是由若干要素组成的综合系统。首先,以社区及其成员为服务对象,社区的外在结构和内在意识也可成为其切入口。其次,社区工作有两个层面的目标:任务目标是解决一些具体问题和满足某些特殊需要,如完成某福利目标、改善生活环境等;过程目标是促进社区成员的能力,如建立不同群体的合作关系、加强对公民事务的了解等。任务目标和过程目标其实也可以融合在一起。最后,需要根据对象特性采用相应手法。它认为许多成员的共同问题的根源在于社会,从而需要采用结构导向解决问题,改善其所处环境;需要发动成员有组织地集体参与;需要运用社区资源,需要专门的策划和组织。因此,社会工作者进行社区工作实务时,需要把握社区工作的多方面特性,在实务过程中采用相应策略。

二、社区工作的价值和原则

价值观和行为守则是社会工作的基础。社区工作是社会工作的传统方法，要遵循社会工作的价值观和行为守则，也应根据自身特性恪守相应的价值和原则。

（一）价值观

社区工作价值观是理论和实务工作者探讨的热门议题。社区工作的价值观体现在对“人”、“与他人的关系”、“社会”和“工作手法”等方面。关于“人”，社区工作认为：人都有尊严和价值，人都有发展的潜力，人都希望改变也能够改变，社区成员能发挥出处理社区问题的能力。关于“与他人的关系”，社区工作认为：人除对自己负责外，也要想到其他人；人人需要归属，需要互助成群；人具有社区责任感，会鼓励及协助他人自我实现；社区成员会互相关怀和互相照顾。关于“社会”，社区工作认为：个人与社会相互依赖；社会必须提供公平机会，让每个人发挥潜能，通过参与来尽社会责任，充实精神和物质生活；社会应提供资源和服务，以满足个人需求；社会应尽力为成员提供最大福利。关于“工作手法”，社区工作认为：制度取向的解决问题更具效率；社区自发的改变更有意义和持久性；社区民众应该以合作参与社区事件；社区民众需要协助进行组织；借助他人的专业知识和技能，有利于每个人都能够行使自己意愿的目标，推动个人和社会的进步；以综合方式能成功解决问题，而以片断方式则无法解决问题。当然，社区工作的价值观也会有冲突，社会工作者应该采用恰当对策予以应对。

（二）行为守则

社区工作的价值观需要通过行为守则予以体现。对于社区工作的行为守则，国际社工界的讨论也异常热烈。统而论之，这些原则体现在以下方面：

注重以人为中心的发展目标。人的发展比社区的物质发展更重要，社区发展应以社区的共同需要和根本愿望/需要为主，社区服务方案应包括一些含有情感内容的活动。

根据具体情况，策划工作步骤。要有完整的、多方面的专门性计划；建立多目标的计划，促使社区各方面配合行动，以利全面和均衡地促进社区发展。

强调成员的自助参与。社区成员最清楚社区的问题和需要，对社区问题和事务承担责任，自助参与会使他们感到自己的价值和能力。因此，社区工作者要组织社区成员，在社区各种计划的拟定、执行中均吸收社区成员参加；注重发掘、运用和训练各利益团体接纳的社区领导人才。

充分开展组织工作。充分考虑非营利组织的不可或缺性；组织成员采取共同行动；动员社区内部资源以实现社区自助，争取外来援助但又不完全依赖外援。

注重社区参与的广泛性及包容性。要让不同阶层和团体的人士都有机会参与社区事务。

注重协调发展。要有普遍接受的目标与工作方法,工作步调应与社区发展水平协调,社区组织内部和社区组织与社区之间建立主动有效的沟通,社区发展应与地方、国家计划协调,社区的物质与精神、经济与社会应协调发展。

尊重社区自决。不应强迫社区成员接受社会工作者的意见,由社区成员选择和决定改变的方式和行动;在此过程中,社会工作者不应袖手旁观,而应协助他们界定需要,指出解决问题的手法,一起讨论和交换意见。

采取民主和理性的社区行动方式。在制定目标和策划行动时,不受利益集团控制,社区成员要参与决策,并依据一些共同制订的规则;悉心培养他们的民主和理性,实践民主的思想习惯和处事态度,拥有民主的组织方式和治理原则。

注意预防性工作。对社区的局势和发展要有科学判断,努力在具体事件发生前就做好预防工作,以减少工作成本。

在推行实务过程中,社会工作者必须在领悟社区工作的价值观和把握其行为原则的基础上,充分根据不同社区的具体情况和时代特点,发挥多元角色,体现实践智慧,努力保证社区工作的成功。

三、社区工作的策略模式

社区工作模型是社区工作的提炼和总结。社区工作出现以来,学者们拟合的社区工作模型众多。这些模型可以归入策略和过程两大范畴,前者是技巧的组合,后者是不同阶段的技术运用。

在社区工作中,有一些较有代表性的策略模式。(1) 班顿(Battern)曾将社区工作分为直接干预法和非直接干预法,其依据是机构及其工作人员对服务对象的问题和需求是否充分了解以及由他们提出的工作方案是否最有效率。当然,这种二分法比较极端,较难适用于现实。(2) 罗夫曼(Rothman)于1968年提出了社区工作三分法,并于1987年和1995年进行了完善。他根据对服务对象及其问题界定、行动目标、策略和角色等指标,将社区工作分为地区发展、社会策划和社会行动三个模型;其中的地区发展和社会策划将在下文有专门说明。(3) 泰勒(Talor)和罗伯茨(Roberts)1985年根据资助者和当事人在策略、决策影响度等因素,认为社区工作可归入项目开发和服务协调、策划、社区联络、社区发展、政治行动等五种类型。其中,有些模式与罗夫曼三大模式较为接近。(4) 威尔(Weil)和甘布(Gamble)1999年按照预期目标、目标系统或改变系统、主要对象、关注范围、社会工作的角色等维度将社区工作分解为八种模型,分别是邻里和社区的组织、组织功能社区、社区的社会经济发展、社会计划、项目开发和社区联络、政治和社会行动、联盟、社会运动。其实,无论是二分法、三分法、五分法还是八分法,都是对社区工作实践的提炼,是否适用则要依据当时当地的情况决定。

随着理论和实务的不断发展,策略模式越来越多,地区发展、社会策划、社区照顾和社区教育则是社区工作中较受关注的策略模式。

（一）地区发展

地区发展是罗斯曼的社区工作三模式之一①,就是发动社区内不同人士和团体广泛参与,通过参与过程使他们达到自助和互助的目标,改善社区关系,增加对社区的归属感。

此模型是由多个要素组成的实务系统。此模型以传统和静态的地理社区为工作对象。其中,居民参与社区事务的责任不足,社区内部缺乏互动和沟通,民主解决问题的能力也不足,但是不同部分存在共同利益或可调和利益。此模型旨在解决问题和满足需要,促成居民自助,加强其沟通合作、社区参与和社区归属感,促进社区的整合。此模型以权力机构为合作者,借助任务导向小组进行相互沟通、群体讨论,从而形成发展共识。社会工作者是使能者、协调者、老师和社区领袖的培育者。社区居民是工作的服务对象和活动的积极参与者。

例如,灾后重建就可采用地区发展模式,对象是整个受灾区域。受灾后,不少居民流离失所,家破人亡,对灾情和未来态势缺乏了解;基层组织也遭到破坏。尽管如此,保障基本生活是共同利益所在。社区工作者可在灾民中招募基层干部、党团员等组成若干工作小组,分担不同功能,就食物、住宿、卫生、安全等问题进行切磋并达成共识。再推动这些工作小组与灾民沟通和讨论,发动更多人士参与,并联络外在资源,逐步度过困境,促使生活基本恢复。

地区发展模式的运用有一定效果,但也应注意一些问题。此模型只能涉及较小的问题,对于由体制导致的问题无能为力;此模型强调依靠内部资源和居民参与,但这并不能彻底解决问题;此模型假设不同团体存在共同利益,但是这些利益在工作中会发生变化。因此,社区工作者只有根据具体情况,灵活应变,才可能取得一定工作成效。

（二）社会策划

社会策划是诸多学人的社区工作模型的共同组成部分。社会策划就是针对具体社会问题,根据相关信息制订工作项目,并将社会目标转化为实务的手段的过程。

此模型以地理和功能社区的整体或部分为工作对象,该社区存在着实际的

---

① Rothman J. Approaches to Community Intervention. In Rothman J, et al. Strategies of Community Intervention: Macro Practice. 4th ed. Itasca: F. E. Peacock, 1995

社会问题，各方利益或可调和、或有冲突。此模型认为，专家和策划者的信息最丰富，策划者能根据所搜集的事实和各类组织的利益进行理性决策，解决问题是其工作目标。为此，策划者需要搜集资料，进行决策并执行具体项目。社区工作者在其中是资料搜集者、分析员、项目执行者和催化者，社区成员是服务的消费者和接受者。

促进就业就可采用社会策划模式。社区工作者可以通过问卷、访问和查阅资料等方式，了解失业者群体的原因、现状和市场需求的规模和结构，制订针对性的训练项目，提升失业者的技能，帮助他们客观判断就业形势，树立信心，改善求职技巧，最终加强失业者在劳动市场的综合竞争力。

社会策划作为自上而下为主的工作模式，可以获得一定的服务效果，但是，策划依赖过去和现在的资料制订计划，资料的客观性、全面性和深入性可能难于得到保证，这些资料也可能并不适用于未来场景。与此同时，策划者要根据有关资料进行理性决策，但何谓理性？何人认为的理性？并非可以一步到位，因为策划者受各利益团体的影响是否能做到价值中立？这些都是未知数。因此，社区工作者应该学会分步决策，以应对过程中出现的问题，保证计划的总体实现。

（三）社区照顾

社区照顾始于20世纪50年代的英国。社区照顾就是动员并连接正式和非正式的社区资源，协助有需要的人士，让他们能和其他人一样，居住在家里、生活在社区里，又得到适当照顾，使社区成员休戚与共、相互扶持。

此模型的工作对象为弱势人士，如肢体伤残者、患病老人等。此模型认为，依赖个人自助、家庭支持、机构照顾、市场服务和政府介入都存在某些不足，而社区照顾则有利于建立输送体系、满足差别需要、提升居民自治能力和社区意识。此模型旨在使弱势人士在社区内或可获得社区人士的服务，为此，社会工作者可以采用资源调动、社区联络、倡议、训练等宏观技巧和个案介入、网络服务等微观技术，并体现相应的多元工作角色。工作对象基本上是服务的消费者。

对长期病患者的个案管理就可进行社区照顾。由于长期生病，患者的情绪一般比较低落，家人也需外出谋生。社会工作者可以组织护理人员、病人及其家人共同对患者进行全面评价，发现其问题和需要，然后进行整合性工作。针对其经济紧张情况，通过媒体宣传他们的困境，呼吁政府出台相关保障或援助计划；针对其疾病状况，由社区医生定期家访和治疗；针对其个人生活，联络义工进行家居护理；针对其情绪状况，社会工作者可以制订专门计划进行个案辅导。

社区照顾模式有不少优势，但也要社会工作者在实务过程中注重正式资源的建设，关注非正式资源的品质，兼顾政策和执行，并注意服务团队和服务手法的双重整合。

（四）社区教育

社区教育发源于欧洲,是社区发展的产物。社区教育是有关机构或主体整合社区成员的需要和社区发展的需要,组织协调社区内外资源,采用灵活多样方法传授相关教育内容,以达成某类工作目标的活动。

此模型相信每个人都有能力不断学习并改善生活。社区教育的对象是社区成员,目标在于塑造有知识和能力的社区成员,加强他们对服务机构及内容的认可度,并通过认清社区问题和满足社区需要来促进社区发展。此模型可借助家庭式、课堂式、社区活动式三种手法,进行补偿教育、控制教育和解放教育①;前者弥补知识空白,中者教导行为规范的知识,后者激励个人潜能。此模型中,社会工作者承担研究者、倡导者、组织者、联络者、策划者、教师等多种角色,社区居民则具有决策者、消费者等多种身份。

建设学习化社区就可以采用社区教育模式。学习化社区以社区成员为对象,相信成员需要自我实现,并有能力通过学习不断完善自己。此模型通过激励各类机构参与,推动教育网络的建设,通过全员教育、全程教育、全方位教育,协助社区成员自觉学习、自主学习和终身学习,学习生活知识、内化行为规范、掌握发展技能和确立时代观念。

（五）模型技术的整合

拟合社区工作模型主要旨在理论解析,因为现实中的实务手法常常是模糊的,“融而合之”和“分期用之”②也是社区工作的常用策略。前者指在某阶段或地点整合使用不同模型的策略技巧,如舒缓贫穷可采用地区发展和社会计划的技术;后者指不同阶段采用不同模型的技术,如促进城市融合的开始阶段可以运用社会策划模式,到一定阶段后可借用地区发展模式。因此,社区工作模型划分处于模糊的液体状态,运用模型组合正是社会工作者从容应对社区问题和需要的基础。

社区工作模型来自实践又指导实践,并会不断变化。在社区工作实践中,社会工作者应该在领悟诸多模型的基础上,充分考虑本地情况,切实发挥自己的实践智慧。

四、社区工作的过程模式

过程模式即在社区工作不同阶段采用的工作技术,该过程可分为探索和准

---

① 陈丽云、黄锦宾:《社区教育》,载甘炳光等编:《社区工作理论和实践》,香港中文大学出版社1994年版。

② Rothman J, Tropman J E. Models of Community and Macro Practice Perspectives: Their Mixing and Phasing. In Cox FM, et al. Strategies of Community Organization: Macro Practice. 4th ed. Itasea: F. E. Peacock, 1987: 24.

备,方案执行,撤离、评估和反思等三个阶段。每个阶段都有独特的目的、方法和作用,并与其他阶段衔接。

（一）探索和准备

探索和准备旨在透过系统方法,搜集和处理资料,安排工作进度和内容,以形成有效的工作方案。本阶段大致要完成如下事项:

了解社区一般背景。社区背景涉及自然环境和人口资料,社会工作者需要了解一般人口资料和特殊(贫穷、投票等)人口信息,把握土地、设施、交通等环境信息,分析人财物力、归属感、认同感等有形资源和无形资源,了解有影响的人士和团体的权力分布及其主流价值,发现可以提供同类服务的组织或机构来宏观把握情势。

发现问题和需要。社会工作者以采用街头采访、家访、居民大会、社区调查、文献分析等手法,了解社区整体及其成员面临的问题或需求,发现其原因机制,把握其规范性需要、感受性需要、表达性需要和比较性需要,决定优先解决的次序。

建立目标及标准。社会工作者根据上述信息以及问题或需要的急迫性、涉及成员多少、资源、成功可能性大小、可能后果等因素,锁定和识别目标群体,决定行动主题,确定总体目标。然后,提出不同层面的具体目标并制订相应的测量标准。

选择可行方案。社会工作者应该针对工作目标,参照不同实务模式,提出相应候选方案,并根据这些模式的特性对实务内容、经费、进度等进行初步设计。然后,整合不同方案的实际性、可行性、具体性、弹性和整体性等信息,确定最终方案。最后,形成相应的工作方案书,对社区背景、问题或需要及原因分析、工作目标、实务模式、工作内容、经费等相关内容进行恰当说明。

（二）方案执行

社区工作的执行要求以社区成员为基本力量,动用组织资源,采用某种工作策略达成计划目标。

联系群众和发动群众。这旨在建立信任关系,获得人力资源,帮助计划推行。(1) 联系群众即与社区成员初步接触。要选择合适的对象、时间、话题,采用热忱、认真、开放的态度和适当的方法接触社区成员,探索其感受,联络双方感情,鼓励其参与社区活动。(2) 发动群众包含组织义工队伍、发现社区领袖、发动成员参与等部分。组织义工可以增加人力资源,发掘和培训社区领袖旨在团结居民、提高行动效率。社会工作者可以在训练班、小组活动、社区活动等场合中发现那些热爱他人、易交朋友、善于聆听、与他人关系良好、勤奋工作、乐于助人、表达能力强、勇对困难、善处问题的社区领袖。动员居民参与可以使得活动获取支持,扩大社区行动的实力和影响。尽可能减低参与成本,控制适当人数,接纳各类合适人士,协助获得成长,是联系群众和发动群众的基本原则。

建立组织和联系组织。这利于把握人、物、财等资源，解决社区问题和满足社区需要。建立组织就是成立新的机构，具体形式视需要而定。新组织可通过自助和义务工作加强内部建设，强化组织成员之间联系，巩固分工合作制度，也可以借助影响社会资源的分配系统发挥对外功能，建立稳定的资源体系。联系组织即与其他组织交往，可以通过出席会议、参加活动、资讯互通、资源协调、合作联盟等形式联络其他服务机构或非服务机构，形成资讯互通、资源协调、合作联盟等联系形式。尽早为上、利益均等、制订合约、形成目标和守则、刻意推动、双方投入是与其他机构交往中必须注意的原则。

迈向计划目标。在完成人员、资源等方面的准备后，方案可以进入操作化阶段。建立社会网络、提供服务、制造舆论压力等是达成目标的手段。达成目标要求社会工作者以方案计划为依托，根据时间节点和任务执行情况，把握社区成员参与的结构信息和程度信息，发现具体指标在不同时点的达成情况，动态调整工作技术，稳步实现阶段性任务。

(三) 撤离、评估和反思

工作接近尾声时，社会工作者应该准备撤离现场，评估工作成效并反思整个工作过程。

撤离工作现场。撤离前后，社会工作者必须处理分离的情绪、安排未完的事情、讨论后续工作方式、运用仪式结束等。社会工作者还要通过回馈，强化参与者的良性观念和行为，鼓励他们表达情绪和未来的行动计划，并提供咨询和中介。何时撤离现场极其重要。一般而言，时间表已近尾声和社会工作成员离职是撤离的重要信号。为了使撤离影响最小，社区工作开始时就要让社区成员知道进度，在撤退时必须按部就班，努力协助成员组织成为合法组织。

评估执行效果。本阶段的评估旨在检验有关程序如何实现目标、程序效能是否与期望一致以及结果质量和效率如何，并向资助者、服务对象及公众作出社会交代；由于社区成员的能力提升极其重要，因此过程目标也应该得到评价。此外，还要发现项目对于实务促进、专业发展和社会认同的多方面影响。

反思工作得失。反思即对工作和角色的重新定位和对执行情况的判断。一是评判项目本身，包括需求评估等过程技术是否需要改进、执行中困难和问题的原因及修正思路。二是评判是否体现社区工作的要素特性。三是评判模型是否得当，包括模型特性是否体现，是否有更合适的模型等。四是评判项目上述表现的原因及完善思路。五是评判有无新的需要和任务，如何后续，等等。

形成总结报告。社区工作的整个过程最好通过书面报告予以总结。该报告要呼应原先方案书的基本结构，但在工作内容部分要根据实际情况作出修订，而且要说明项目效果与测量方法等内容。有关总结报告的撰写，可以参见第十章的相应部分。

上述三个阶段只是社区工作的一般过程。在实践中,社区工作并不一定严格完成各阶段的各项任务,上述内容的次序也可以颠倒,有些内容还可以在几个阶段同时出现。社区工作成功与否,依赖于社会工作者根据工作理论和具体情况而采用的针对性对策。

第三节 社会工作行政

社会工作行政是较晚得到认可的社会工作领域,直到 1977 年才发行了第一本专业杂志《社会工作行政》。目前,社会工作行政已成为社会工作理论和实务中不可或缺的系统,并成为宏观社会工作的有机部分。

一、社会工作行政的基本概念

社会工作行政是不少理论工作者感兴趣的专业议题。作为最早把社会工作行政当做实务的学者之一,基德尼(Kidneigh)认为,社会工作行政是把社会政策转化为社会服务的过程;它是一个双向过程,一是把社会政策转化为服务的过程,二是用所得经验来修正社会政策。斯宾塞 1961 年指出,社会工作管理的过程是对社会机构提供的社会服务或活动给予支持、帮助和促进。这些管理活动从决定政策、功能、行政领导一直到日常事务性工作。① 崔克尔 1971 年指出,社会工作行政是与人们共同工作的过程,通过一定方式释放和整合人们的能量,使人们能利用身边所有资源来实现社区服务的目标。白秀雄指出,社会工作行政是依照当前社会的需要和状况,从事有关社会福利的各项措施及活动;目的在发挥政府社会福利的功能及完成国家福利工作的责任,以保障人民的生存权、工作权和财产权。② 王思斌则认为,社会工作行政不同于社会管理和公共行政,是依照行政程序,妥善运用各种资源,实施社会政策,向有需要者提供社会服务的活动,其中心含义是执行、实施社会政策。③

社会工作行政是一个多要素的系统。首先,它是执行主体、服务对象、工作手法和服务目标合成的概念架构。根据上述学者的观点,其实施主体有政府社会福利部门或社会服务机构两种;其服务对象是与社会福利政策相关的需要者;其工作手法是依照行政程序,妥善运用各种资源,将社会政策转化为服务活动;

① Spencer S. The Administration Process in a Social Welfare Agency. New York: Columbia University Press, 1961.

② 白秀雄:《社会福利行政》,载李增禄主编:《社会工作概论》,(台北)巨流图书公司 1999 年版。

③ 王思斌:《社会工作概论》,高等教育出版社 1999 年版。

其服务目标在于发挥社会福利的功能,保障人民的相关权利。其次,社会工作行政是由多个阶段构成,各阶段都有相应技巧,因此,社会工作行政也是策略与过程的融合。最后,社会工作行政并不直接接触服务对象,是一种间接服务。

我们认为社会工作行政是一种间接社会工作,其中,政府社会福利部门或社会服务机构根据社会福利的政策、立法或决策,按照一定程序将之转化为实务;作为一个由诸多策略合成的过程,社会工作行政旨在保证政策对象的福利权利,发挥社会福利的功能。

根据执行主体及其概念架构,社会工作行政可分为政府层面的社会工作行政和机构层面的社会工作行政两大类型。

政府层面的社会工作行政是公共行政的一部分,是政府社会福利主管机关或公务员按照社会福利的政策和法律,在其辖区内各种工作技术和策略,解决、处理和预防社会问题。它依托面向全局的保险、福利、救助、卫生、教育等政策,政策覆盖范围大,但条文笼统。此类型涉及如下领域:社会问题的调查研究;社会政策的决定与社会立法的创制、修订;社会福利制度与方法的研究实验;社会福利工作、制度与标准的建立;社会福利经费的预算筹措与分配、保管和运用;社会组织和社会建设的促进发展、社会资源的利用等①。如中共中央 19 部委提出了 2011—2020 年社会工作人才建设规划,有些省(市、区)作出了相应跟进。省(市、区)政府的相应部门落实中央政策的工作内容就属于政府层面社会工作行政的范畴。

机构层面的社会工作行政是服务机构按照各自功能承担职责,与民众一起工作,充分发掘和运用所有资源,向服务对象提供有效服务的过程。此类型一般与较小范围服务对象的问题和需要有关,策略具体且有很强的操作性。此类型涉及如下领域:研究社区及确定机构目标从而为确定受助人提供标准;发展机构的政策、方案、程序以实现机构目标;提供财力资源、预算和会计;选择专业和非专业人员,并与董事会、志愿机构人员和机构领导者一起工作;提供并维护机构的设施;发展一套计划以建立和维持有效的社区关系;保有完整及正确的机构作业资料,并提供定期报告;评估方案计划和人员,并进行有关研究等。如某社工师事务所决定对社区青少年进行求职技能训练,社区青少年招募、资金募集、培训内容设计、教师和场地的安排、人员分工、进度计划和经费运作方案的制订等就属于机构层面社会工作行政的内容。

上述两个层面的社会工作行政管理都属于间接服务,有实施主体、持续不断的动态过程和共同目标,都需要发掘并利用各种资源,进行协调和合作,都包含设计、组织和领导等阶段。因此,社会工作行政管理本质上是某社会工作实施主

---

① Trecker H. Social Work Administration: Principle and Practices. New York: Association Press, 1971.

体及其成员为了有效提供最佳服务，在设计、组织等阶段中进行协调和合作，以不断发掘并利用多种资源，从而把社会政策转化为具体服务并进行动态修订的过程。

二、社会工作行政的价值和原则

社会工作行政是行政工作在社会工作和社会福利领域的运用，因此，必须同时遵循社会工作的价值观和行政工作的原则，并通过具体行为予以体现。

（一）价值观

社会工作行政涉及的价值观众多，就专业视角而言，其价值观大致体现在关于“人”和关于“工作”两大方面。首先，社会工作行政必须认识到：每个工作人员都十分重要，他们有天赋的价值和尊严，值得尊重、信任和关怀；人无完人，但人都有动机和能力不断完善自己；人有共性，也有独特性。其次，社会工作行政也必须认识到：提高社会的整体福利是社会工作行政的责任；福利工作的人文环境对个人能量的发挥极其重要；做好本职工作是保证行政效率的基础；必须提供公平机会，让每个人发挥潜能；只有所有人都发挥了最大潜能，工作才有可能得到良好运作；集体决策比个人决策更有效；沟通、互助和团队精神有利于提高管理效率。

（二）行为守则

根据社会工作行政的价值观，无论是政府社会福利主管机关还是社会服务机构，都应该在体制和机制方面至少恪守如下原则。

工作体制上应注意如下守则：(1) 认为提供服务是福利部门和服务机关的基本责任，并有明确、容易理解和实现的机构目标。(2) 设立完整的部门结构，以利于发挥相应的功能。(3) 建立明确的工作关系，对领导、部门和工作人员的责权利有清晰的说明。(4) 制订详细可行的内部工作条例和对外服务守则。显然，体制建设是社会福利功能发挥的前提。

工作机制上应注意如下守则：(1) 服务领域：整合福利政策由上而下的要求和服务对象由下而上的需要，发现提供服务的最有效途径。(2) 工作方案：制订完整、可行的工作计划。这需要了解服务对象和服务区域的背景，了解相关的法律、政策和条例，根据资源状况，提前进行计划和思考，并尽可能在多个方面进行创新。(3) 管理人员：必须承担大部分职责，负责提供高质量的专业性服务。(4) 分工授权：有必要进行专业分工，把职责和权利授权给不同人士共同承担。(5) 民主参与：所有工作人员参加政策的形成和具体执行。(6) 动态充权：工作人员必须理解行政、组织、心理学、医学、法律、社会工作等知识，在维持专业实务水平的基础上不断自我发展服务专长和效能。(7) 互相接受：对待同事应该尊重、公正、礼貌和诚实，领导和工作人员应该互相激励和接受对方。(8) 沟通协调：在任何时间都应和其他成员真诚地、团结地交流，并积极进行多方面的互动。(9) 利用资源：充分发挥既有的内外人力和物力资源，不断发掘其潜力，并进行资源的恰当整合。(10) 评估应变：在工作过程中进行动态评估，针对变化的状况及时评估可能的应变策略，并在其中选择可行的对策。

依托社会工作行政的价值观和工作守则，有利于人们在共同工作过程中，激发个人潜能，形成整体合力，有效实现社会行政的功能，真正保证服务对象的福利权利。

三、社会工作行政的基础理论

与社会工作行政管理相关的组织理论很多，如科层制、科学管理理论、X 理论和 Y 理论、权变理论、新管理主义。这些理论从不同视角对于社会工作行政管理有所启示。

科层制理论的代表人物是韦伯和罗杰斯，其基本观点是组织内有等级，权限范围是根据法则、法令和法规安排的；职位候选人基于技术水平进行挑选；地位较高者基于专业权威而非传统权威进行决策并管理地位较低者；组织有基于绩效或资历的晋升系统；有严格的规定和规章，照章办事；中心档案系统对组织的行动进行必要的总结。

科学管理学派的代表人物是泰勒和法约尔。该流派主张根据科学而非单凭经验办事，进行个人间合作，以最大限度实现产出。其主要观点包括用科学来替代笨拙的规范，系统地解决问题，对管理者进行严格科学的培训，对工作进行测评时运用时间和动作研究，对员工进行标准化管理，以使每人发挥最大效率和获得最大成功。

X 理论与 Y 理论的主要代表人物是麦格雷戈(McGregor)。X 理论认为，人天生不喜欢工作，如有可能就会尽可能逃避责任，而且人多偏好于受到监督；大多数员工追求经济安全感，少有其他企图；管理者必须严密地控制并以强迫、威胁、监督和惩罚，使他们达成组织的目标。Y 理论则认为，人有高层次的需要，并自然会在工作中付出体力和脑力；能力并不集中在少数人身上；外来控制、监督和惩罚不是驱使员工实现目标的唯一手段；若员工对目标有所承诺，他们就不仅承担责任，而且还寻求责任，进行自我指导和自我控制；人普遍有做好决策的能力，激励员工的最佳方法就是促使其认同组织目标，并满足其成就感。

权变理论的代表人物之一是加尔布雷斯(Galbraith)。其基本观念是不存在最佳的组织形式，没有一种适用于所有情境之最佳方式，最好的组织形式和管理行为就是适应于其发生联系的环境，进行情境管理。

新管理主义的代表人物是胡德(Hood)。其基本观点是管理旨在提供零缺点的服务与产品，实现“3E”。一是经济(economy)，指在符合特定质量的前提下以最低成本生产或维持机构的资产及服务。二是效率(efficiency),是以符合规定条件的最少资源(输入)提供特定服务的量与质(输出),最起码的输出使用最少的资源。三是效能(effectiveness),就是提供正确的服务,使得机构的政策和目标能实现,同样的输出可产生最大影响效果。

上述理论中,科层制理论和科学管理学派属于古典管理理论,强调从结构与程序视角探讨管理,对社会工作行政管理如何体现结构和制度有所启示;X理论和Y理论属于人际关系学派,注重在了解人性的基础上开展管理,对社会工作如何"以人为本"开展管理有所启发;权变理论强调"组织在环境",有利于社会工作行政中根据当时当地情况发挥实践智慧;新管理主义作为现代管理理论的组成部分,则为社会工作进行社会交代提供了理论支撑。可见,领悟相关组织理论,有利于从整体上审视社会工作行政管理,并为社会工作实务提供扎实的基础。

四、社会工作行政的一般程序

社会工作行政是由诸多策略和步骤合成的综合系统。就策略而言,社会工作行政的内容大致归入事务管理(如部门设置、人事服务)、项目管理(如社会福利标准建立、社区工作方案开发)、财务管理(如经费的预算和使用)三大类。结合宏观社会工作一般过程和社会工作行政管理内容,我们认为社会工作行政的程序大致涉及组织分析、方案策划、人力组织、效能发挥、资金运作和评估总结等内容。

(一)组织分析

组织分析是社会工作行政管理的基础工作,包含分析内部机制和外在环境两大部分①。其一,分析组织的内部机制:(1)识别法人权限和使命,如组织使命、法人权限的依据、政策和执行与其权限/使命的一致性,等等。(2)了解组织结构和管理风格,如部门设置、与机构使命一致性、督导工作合理性及其作用、决策过程、员工对自己贡献的看法、冲突处理,等等。(3)评估工作和服务,如组织有哪些工作和服务?服务与目标一致吗?员工配置及其工作量合理吗?有明确的质量标准吗?等等。(4)评估人事政策、实施办法和实施情况,如有无人力资源计划、员工发展和培训计划、表现评估机制,等等。(5)评估技术资源和系统的效用,如单位成本计算、员工实质性地参与预算编制情况、资源够用程度、工作环境(包括设备)是否有助于员工提供有成效的服务、有无应付问题和调用资金解决的方案、技术是否跟上最新发展,等等。

其二,分析组织的外在环境。(1)识别和评估组织与服务对象的关系,如组

① Netting F E, et al. Social Work Macro Practice. New York: Longman Publishing Group, 1993.

织的工作范围、对象群体及其特征、“一般公众”对组织服务及服务价值和质量的看法，等等。(2) 识别和评估组织与其他组织的关系，如从事监督的政府部门有哪些，与哪些政府部门和机构签订了合约，与资金来源方关系怎样，哪些专业团体、工会或者审核机构影响组织的运作，哪些其他机构与本机构服务对象和服务相同；与同类机构和竞争者相比，管理机构、政府签约部门、专业性组织、审核机构和一般公众是怎么看待本机构的，等等。(3) 识别并评估组织与收入来源的关系，如从各个资金来源分别接受多少资助，是否使用与如何使用志愿者，接受了多少实物资源，享受了什么税收优惠，等等。

可见，组织分析旨在充分了解组织或机构的事务、项目及财务等诸多细节，可以为针对具体议题开展相应工作提供指引。

（二）方案策划

方案策划是针对组织或机构中的具体议题，提出若干可能工作计划，并决定合适的方案。它是保证组织目标达成、对资助者和公众交代及激发工作者士气的重要手段。

方案策划有其工作步骤。首先，基于组织分析，整合上下需要，决定行动主题。其次，内部工作者及外部专家整合各种信息，提供多种可行方案，并对其分步设想、人财物力时间要求、可能的正反效果等进行说明；每个工作者参与整个决策过程是提高方案成效的重要手段。最后，由主管人员或部门权衡各种方案的利弊，进行最终选择，确定实际运作的方案；一般而言，集体决策是避免个人局限和保证方案效果的有效手段。

方案策划应体现实际性、可行性、具体性、弹性和整体性。实际性就是利用科学方法，把握可靠的第一手信息；可行性就是有能力解决问题；具体性就是措施细致确实；弹性就是计划留有余地，以适应意外的变化；整体性就是计划不可支离破碎或产生冲突。

（三）人力组织

人力组织是由人事部署、工作分工和制度制订组成的系统，是落实工作方案、达成工作成效的体制准备。

人事部署就是约聘、任用、训练、奖赏不同层面的工作人员。量才录用、人事最优结合、考训用结合、奖赏分明是其应遵循的原则。在人事部署中，社会工作者的选用极其关键。一般而言，社会工作者应该具有智能、生活哲学、现实取向、动机、成长和改变能力、建立关系的能力等方面的优秀综合素质；他们不但需要专门的教育训练，也需要不断的在职培训。

工作分工就是形成职权分配体系以分工合作和分层负责。将工作细化为若干部分，每个人完成其中某一步骤。针对目标单一的情况，可以形成由上而下、严格分工和权力分层而形成的科层体系；针对目标多元或多变的情况，可以形成多任务并存的、灵活的团队组织，并根据具体需要进行调配。

制度制订就是围绕服务目标形成内部管理制度和对外服务守则。它是规范服务行为，将工作人员的个人能力转化为整体效能的必要环节。

（四）效能发挥

效能发挥需要借助领导艺术，在内部进行沟通协调、督导和激励，并与外部的政府、机构、媒体等进行良好联络。其目标在于实现高效服务，保障服务对象的福利。

领导是行政主管的职责。领导者首先应该领悟专业伦理，熟悉专业方法，尊重工作人员的人格。领导者也应该有优秀的综合素质、丰富的知识和技能、创造性的领袖才能、勇于面对和承担的胆识。成功的领导者应使工作人员对他充满信心，完全信赖，并乐意与其合作。

沟通协调可以提高内在的行政效能。沟通旨在统一工作成员对机构目标、工作任务等方面的思想和认识，是信息的传递、理解和反馈。沟通可以采用上下沟通、水平沟通和双向沟通三种形式，并在其中体现清晰、完整、精确、具体和正确是沟通的五大要领。协调则在行动层面上明确内部工作人员的责权利，促进工作人员之间、部门之间的分工、合作和互动。

督导是领导者或管理人员对下属的工作给予指导、协调、强化和评价，是渗透了社会工作价值观、工作技能、人际关系、工作规范等的综合性活动。督导有行政性督导、教育性督导和支持性督导三种形式。行政性督导主要关怀机构政策执行程序上是否正确、有效和适当，如指导社会工作者如何填表；教育性督导旨在改善社会工作者的能力，如协助新人学会应用具体的工作模式；支持性督导就是在社会工作者解决社会问题中面对挑战时协助其纾解，如协助社会工作者舒缓工作压力。资深工作人员可以通过个别或集体督导方式，对很不成熟的下属或新手进行示范，对不很成熟的下属或新手通过指示启发其完成工作，对比较成熟者继续适当辅导和支持，对相当成熟者由其自主完成工作。督导可以帮助他们增加专业知识、提升专业态度、执行工作计划、克服工作困难和强化心理力量，以确保工作品质。有效的督导也应该助人自助，体现为五个元素①：一是要有结构，包括督导制度、工作角色、任务和工作方式；二是有规则，每次都有一定的要求和做法；三是要态度一致；四是个案导向，应注重讨论每种情况如何应对；五是评估检讨，定期以正式或非正式的方式检讨督导的效率和效果。

激励就是激发员工动机、诱导其行为、发挥其潜力，可以满足员工的成就需

① Munson C E. An Introduction to Clinical Social Work Supervision. New York：Haworth Press，1993. 莫藜藜：《有效督导的督导策略》，载台湾儿童暨家庭扶助基金会编印：《社会工作督导实施方式之理论与实务》，台湾儿童暨家庭扶助基金会 2002 年版。

要、权利需要和归属需要。部门与机构可以设立恰当而具挑战性的目标,激发员工的工作积极性;可以对其某种理想行为进行奖励,以体现公平原则,并鼓励其重复此类行为,并对其他人士产生示范作用。货币、物质、荣誉、提升、学习机会等都是激励员工的有效形式。

公共关系与宣传就是与其他服务机构、政府、媒体和大众进行积极联络。信息沟通、资源整合、经验分享、人员往来、媒体分布、居民大会等都是获得外来支持和强化外在资源的重要策略。

(五)资金运作

资金运作涉及经费募集、预算、会计和审计等方面。

资金募集是社会工作行政的重要任务。与政府服务部门不同,社会服务机构的行政经费往往不能得到保证,募捐就成为其重要工作。成立募捐委员会是进行此项工作的首项任务,委员会一般需邀请知名人士担任职务,从而使得公众明白其意义,媒体宣传可以扩大影响的范围,因此媒体宣传成为提高募集效能的有效手段。募捐有对内和对外两种形式,前者来自工作人员及其网络的捐助,后者需接触政府、组织、私人公司和市民大众。资金募集需要撰写计划书,说明募集的宗旨、目标、服务手法,语言可信、经费精细、可以评估是计划书的重要要求,耐心等待是资金募集的基本特性。自行募集和活动募集是机构常用的募捐手法,需要募捐的经费数量要根据服务计划的大小而定。

预算、会计和审计是政府福利部门和社会服务机构的共同工作。预算就是制订收支计划,原则上一年一次。预算应该首先列出服务的需要和目标,然后搜集和研究相关信息,再对经费进行分配;预算通常要留出少量经费应付紧急状况和未知发展。会计就是根据预算,安排薪水、服务成本等支出。如果实际支出超出预算,就需要寻求其他经费资源。审计就是对资金运作情况进行检查,从而对资助者、主管部门和公众交代。良好的会计制度是审计获得成功的有效保证。

(六)评估总结

评估总结是梳理过去经验、改善工作质量、提升机构和部门能量的关键步骤,有利于加强政府、机构与民众之间的沟通,促进福利体制的完善。

评估就是机构行政人员、服务对象、主管部门或专家利用客观、科学的评估技术,对社会工作行政的多个方面进行评价和测量,有行政评估和项目评估两种。行政评估就是针对组织目标、立法授权、经费来源、行政结构、人员资格、服务对象、工作适当性等进行研究。项目评估要进行本体评估,即评价项目的投入、活动、产出、结果和成效,发现结果的质量和效率,反思项目过程及其不足的原因;项目评估还要进行影响评估,发现其对实务推进、职业发展和社会认同的多方面作用。评估必须客观、公开、可行,并以提炼成功经验和吸取失误教训为根本目的。由于某些投入和产出很难用统一指标计算,因此,评估本身就是极其困难的社会工作行政工作。

总结就是对整个活动进行回顾。服务部门或机构应该全面梳理事务、项目和财务等方面的信息，以书面形式将总结报告递交资助者和主管部门，并呈送给相关服务机构和部门分享，以促进整个社会的最大福利。

社会工作行政虽然在理论上体现为包含诸多技术和策略的多个部分，但是，在具体工作中上述内容并非完全分开。某些内容（如人力组织）可能在不同部门和阶段经常涉及，有些步骤也需要整合不同部分的内容，这些都应该得到社会工作者的高度关注。

五、社会工作行政的基本特点

社会工作行政依托一定的部门或机构，这些部门和机构有其自身特性。根据布劳（P. M. Blau）的组织四分法，社会工作主要由服务机构完成。这些机构主要以弱势群体为服务对象，满足他们无法在市场上获得的需要，不以营利为目的。

社会工作行政有六方面特征。(1) 服务对象是人，涉及价值判断，价值判断可能对服务对象和结果判断产生影响。(2) 服务涉及机构成员与消费者的互动，服务结果由双方共同形成从而不确定。(3) 服务策略往往是模糊的，因此最终结果就具有不确定性。(4) 目标旨在产生针对单个消费者的私人福利和针对社会的公共福利，因此可能是政府、不同机构、家庭、消费者乃至专业人员之间的妥协结果。(5) 服务依托于专业人员，其不同训练背景使他们采用的技术存在差异。(6) 组织依赖于外在环境，其中的不同主体可能存在矛盾要求，因此外在因素影响大于内部因素，维持组织的稳定性成为严重挑战。[①] 可见，影响社会工作行政的因素众多，而且其目标、策略、过程等受到诸多非控制因素的影响，其结果是不可预测的，也是较难进行绝对客观评价的。

社会工作行政管理会受到社会工作的目标和价值次系统、心理和社会次系统、技术次系统、结构次系统及环境大系统的影响[②]。(1) 目标和价值的影响在于尊重人的尊严似乎会更注重员工感受和人际关系而不太注重任务，强调自决的权利和参与可能使得方向太多、目标摇摆从而效率较低，等等。(2) 心理和社会性的作用在于上下级相处随和可能会导致管理者碍于情面不能果断处理某些问题，社会工作的个别化也与行政工作的标准化存在冲突，等等。(3) 技术的影响在于对服务优先次序看法不同需要决策者利用个人魅力施加影响，服务成本

① Austin D M. Management Overview. In Edwards R L(ed). Encyclopedia of Social Work(19th ed). Washington,DC:NASW Press,1995.

② 王海国:《社会工作管理》,载周永新主编:《社会工作学新论》,(香港)商务印书馆 1994 年版。

不清、效果难于量化使得评估十分困难。(4)结构的影响在于督导糅合了行政功能、协助功能、传授功能,等等。(5)环境大系统的影响在于不同层面的工作人员与外界接触程度不同,从而存在看法上的差异,机构必须注重向资助者和民众进行信息发布,等等。所有这些都使得社会工作行政体现出与其他机构不同的特点,社会工作主管机关和服务机构所有人员都应对此有清楚的认识,以保证行政实务的顺利开展。

社会工作行政管理人员的综合素质会影响到组织气氛进而影响组织目标的达成。他们要具备行政管理者必需的知识,包括组织的目标、政策、服务和资源,人类行为的基本知识,社会工作方法,组织理论以及组织运作的优缺点,管理的原则、过程和技巧,评估的过程和技巧。他们要体现社会工作的伦理,包括尊重员工的独立性,提供让员工充分发挥的物理环境和人文氛围,有开放的胸襟,善于接纳新观念,等等。他们要了解社会工作知识,包括社会工作的类型、过程及其特征,微观社会工作和宏观社会工作的基础、原理和技巧,社会工作的最新态势和本土导向策略,等等。总之,社会工作行政管理人员应该是思想者、行动者和团队领导者。鉴于社会工作行政管理有别于一般的行政管理与企业管理,具有社会工作专业知识和实践背景者显然可以更好地胜任这些角色。

第四节 社会政策

社会政策是社会工作理论和实务的重要领域。它以价值观、意识形态、社会福利理论为基础,并体现为不同的程序和步骤。把握其本质并领悟其原理,是宏观社会工作的任务之一。

一、社会政策的基本概念

社会政策是一个笼统名词,有福利重点内容、规范性功能、目标、整体计划、解决问题等不同取向。从结构和内容视角审视社会政策,提炼其共同性和特殊性,应该是一个较好的选择。

社会政策主要关注社区、组织、机构和社会等较大系统的政策变化,通过形成和执行决策,进行资源再分配,帮助穷人及其他弱势人士,提高个人及家庭的福利,促进社会整体的利益和发展。社会政策可以有政府、社区、机构等多个层面,某项政策也可以是多层面政策的有机组合。

社会政策的内容和范围有特殊性。一是社会政策与公共政策存在区别。公共政策包括一切由政府经费支持的各项成果与服务,如国防、外交、经济、卫生、教育、福利等措施;社会政策则大体与社会福利政策范围较相近,涵盖了政府为了直接影响人民福利所制订的政策。二是不同的社会需要、对资源分配的不同理解、不同的权力结构等都会导致政策内容的区别。

社会政策由目标、策略、背景等因素合成。目标就是政策希望达成的效果。如里奇安(W. C. Richan)认为,社会福利政策主要关注通过政府机构、非营利组织或营利商业企业向个人和家庭分配物品和服务。① 这显示了社会政策本质上是政府分配有限资源的机制。策略是实现政策目标可以采用的工作技术。如鼓励失业人员自我创业就是充分就业的有效手段。背景是影响政策的诸多因素。这体现了社会政策出台过程中的时代特性、决策者的价值理念等因素。如伊翠迪斯(D. S. Iatridis)认为,如果把社会政策作为一个领域,社会政策就是关注社会整体的利益和发展、帮助穷人及其他弱势人士的手段;其中就隐含着资源再分配的政策理念。② 迪尔(R. B. Dear)认为,社会福利政策作为政府分配有限资源的机制,通常与有限资源、未满足需要、不公平、缺少共识四个前提有关。因此,完整的政策背景对于社会政策执行者和研究者都极其重要。

社会政策始终是一个动态过程。社会政策的制订是动态的,是不同个人和利益群体不断互动,最终达成共识的结果;社会政策在执行中可能因实际情况变化和不同群体利益的调整而有必要进行改变。

二、社会政策的意识形态和价值观

意识形态与社会政策紧密相关,代表某类社会人群对人、社会和国家的概念,影响统治和政治机制,进而作用于经济机制和社会机制,而经济机制和社会机制互动中又共同对社会福利施加影响。如马克思主义和社会达尔文主义是关于国家和市场关系的两种意识形态,前者完全强调计划,后者完全强调市场。完全按照计划,就导致了社会主义体制下的"公家人"现象,出现具有特色的制度性福利;完全按照市场,就是适者生存,这就为资本主义体制下的剩余性福利制度提供了价值基础。意识形态对于社会福利和社会政策的作用由此可见一斑。

价值观是社会政策的基础,社会公正、需求与权利和民主参与是其中值得关注的三方面。

社会公正就是"任何人以合法程序取得的就能拥有,任何人与团体不得控制这些资源或决定如何分配这些资源,除非用公平的交换或赠予方式来建立人

---

① Richan W C. Beyond Altruism: Social Policy in American Society. New York: Haworth Press,1988.

② Iatridis D S. Policy Practice. In Edwards R L(ed). Encyclopedia of Social Work(19th ed). Washington,DC: NASW Press,1995.

与人之间的公平关系”①。公正经常与权利连在一起,任何人在权利受到伤害后有权利要求社会(通常是政府)负责作适当赔偿或进行资源再分配。社会发展一般以部分群体的利益牺牲为代价,这种代价被称为社会成本。借助社会政策,再分配财富、权力、知识、社会服务等资源,弥补这些人的损失,维护弱者利益正是社会公正的体现。

需要与权利理念认为,社会的主要目标是满足人的物质和精神需要,因此人的基本权利应该得到尊重;当身心需求满足后,人的潜能会充分表现出人类的完美、成熟、适应与生产力,社会的问题也就迎刃而解;人性基本上是完善的,人类自我实现所遭受的阻力,并非个人所能控制,而往往是外界环境因素造成的;这些外在力量可以通过政府或政策的力量加以克服;爱与相互关怀是人类的本能,因此,人与社会的相互辅助最终能达到完美境界。根据上述理念,政府与其他资源拥有者有责任推出相关社会政策,保障人们的基本需要和权利。

民主参与表现在自决和公民的决策参与等方面。自决就是在没有外在因素干扰的情况下自我决定。民主和公正要求物品和服务的分配并非随机选择,并非由权势人士决定,并非由经济机制决定,也不排除决策受影响者的参与,而是根据人们的实际需要。所有人参与决策是保护个人利益的基础,表明他们都有获得基本自由的某些平等权利。建立一个扩大的、综合的社会服务系统,是保护所有人民主权利的要求,是特殊的民主和参与方式,有利于融和不同群体的利益冲突。

意识形态和价值观是社会政策的有机组成部分,与社会政策中其他部分并存,并对社会政策不同阶段的不同方面有一定影响。

三、社会政策的一般过程

在社会工作中,社会政策早年被视为一个领域,20 世纪 80 年代以后才开始被视为一个解决问题的过程。对于该过程如何划分,不少学者各具看法。如麦克尼斯-迪特里奇(McInnis-Dittrich)提出了“分析”模型(Analysis),认为社会政策包含了方法、需要、诊断、逻辑、回应、支持、革新和社会公正等八个方面。伊翠迪斯提出了“科学”模式(Science),认为社会政策过程包括社会政治环境、问题原因、干预方法、推荐意见的形成和排序、项目执行的叙说、执行中特性、结果评估等。简而言之,社会政策可以归入制订、执行和评估三大阶段。

(一)社会政策的制订

社会政策的制订是政策制订者根据所面临的问题,提出解决方案,并使之转化为社会政策的过程。策划和合法化是制订阶段的两项重要工作。

---

① 李钦湧:《社会政策分析》,(台北)巨流图书公司 1996 年版。

社会政策的策划由诸多策略合成。根据伊翠迪斯的划分,社会政策的策划需完成以下任务:(1) 确认问题的存在;(2) 界定政策问题及其社会经济环境,即分析与问题有关的社会、经济、政治和组织环境,对其原因机制作充分把握;(3) 弄清有利于解决问题的影响因素;(4) 认识到关键的政策议题及其意义,其中,需要评判目前的政策和项目的状况,分析解决问题的历史经验,弄清关键的人物和决策主体;(5) 进行决策,即采用某种决策模式进行政策选择,向决策者推荐候选政策。狄尼特(D. M. DiNitto)认为,社会政策至少有理性决策、政治决策和渐进决策三种模式。理性决策模式认为:社会必须能对某社会问题有一致看法且认为有必要处理;要能考量相关价值并判断优先顺序;要考虑各种政策选择及其对目标人口与非目标人口的短长期成本效益;要计算每种政策选择的成本效益的比率;选择成本效益最合算的政策。政治决策模式认为政策过程会出现冲突,政策便成为权力相互影响与抗衡的产物。因此,政府要管制权力冲突,建立政策的过程规范,平衡利益团体间的冲突,达成共同协议。渐进决策模式认为应该对既有政策增删、变更进而完善,从而避免太多变动带来的反抗或冲突。总体而言,策划者的价值观和意识形态、经济和社会理论、当时当地状况、原有政策的效果、相关的政策和实践等对策划都有重大影响。

社会政策的合法化是法定主体为使得方案获得合法地位而按照法定权限和程序所实施的一系列审查、通过、批准、签署、颁布的社会政策行为过程。政府层面的社会政策需要行政机关按照一定的行政法规操作,或者需要立法机关完成议案提出、审议、表决、通过、公布等步骤;机构层面则需要董事会或行政主管的认可。合法后的社会政策就具有相应层面的法定效应,为政策执行打下基础。

(二) 社会政策的执行

执行就是将合法化的政策进行操作化后付诸实践,它包含政策细化和政策落实及监督两方面。

政策细化,就是根据政策目标列出具体、清晰、可行的项目、计划、行政条例和行动,确定这些内容具体需要在哪些层面执行,安排执行任务所需的组织机构、工作人员、管理制度、工作经费、物质资源等细节,并确定具体的近期、中期和长期任务,对可能的不良后果做好预防工作。如针对城市贫困家庭,各个城市都已有最低生活保障政策。为了落实政策,政府制订了资格认可,领取办法等细则,将社区事务受理中心安排为具体工作机构,并安排一定编制、经费、场地等资源。低保政策的操作化就此得以完成。

政策落实,就是将已操作化的社会政策进行实际运作,政策监督就是安排相应人士对政策执行情况进行过程监察。如社区事务受理中心在获得贫困人士的信息后,就可以针对合格人士,发放最低生活保障金。合格者可按照一定程序每月按时领取费用。在此过程中,主管部门需要对某些问题进行协调,努力减少重复、内耗等现象，对执行过程中的问题进行检查、矫正和纠正，并向相关部门和机构及时反馈。

（三）社会政策的评估

社会政策的评估就是根据一定标准和程序，对其效益、效率、效果和价值进行判断的一种管理行为，目的在于取得有关这些方面的信息，以作为社会政策变化、改进和制订新社会政策的依据。社会政策评估是加强服务管理、保持诚信的必要手段。

社会政策评估涉及评估者、评估重点、评估资料运用、评估成功可能四个要素。评估可以由内部工作人员进行，但是由外部人士进行评估一般会更加客观和公平；可以研究政策制订和执行中付出的劳动，也可以讨论政策带来的积极和消极影响。评估涉及评估者的价值观和意识形态等相关因素，努力保持价值中立是对评估者的客观要求。与此同时，评估指标和方法也必须清晰、可测和客观，因为这是提高结果可信度的有效手段。

社会政策的评估需要依托社会工作研究方法。陈述研究问题、进行文献回顾和实地探索、设计研究方法、搜集原始资料、得出研究结论、提出对策建议是政策评估的一般步骤。由于采用单个研究者、单个方法、单个资料和单个理论判断社会政策优劣可能存在偏差，因此，可以采用多角度测量法以提升评估的客观性和可信度。

评估结果如果显示出政策的失误、偏差及其与预期的差异，评估者应向委托者提出推荐意见，并在可能情况下对政策内容和形式的修正提出建议，从而完善和更新社会政策。

社会政策评估是社会工作实务的一个部分，也是社会工作研究的重要组成。社会政策的制订、执行和评估虽然在理论上是一个过程的不同阶段，但是，评估应该在政策制订和执行中都有重要意义。社会政策评估其实是社会工作实务与社会工作研究的融合，这也是社会工作的特色所在。

四、不同主体的角色

社会政策与政府、实务工作者及市民的角色紧密相关，三类主体在社会政策中的作用有很大差异。

政府在社会政策的角色极其复杂。政府在决策过程、需求规定、资源分配、需求满足、服务供给等方面有多元角色，在社会政策每个阶段的角色也不尽相同；而且，偶发因素、政治、经济、社会、人口、文化和环境又对其角色发挥产生重要影响。因此，政府在社会政策中的角色是一定时间和地点下的特殊产物。

实务工作者在社会政策的不同层面和不同阶段中角色存在差异。对于政府层面的社会政策，实务工作者可以在充分文献准备的基础上，通过与决策参与者的沟通、游说等专业技术部分影响政府社会政策;对于机构层面的社会政策,他们可以通过改变机构层面、改变工作人员态度、改变组织目标结构或程序等手法,影响机构政策的诸多方面。在社会政策的不同阶段,实务工作者的角色也有所变化。在制定政策中他应该是分析师和计划者,在执行政策中他应该担任行政管理角色,在评估政策阶段他又应该是研究者。

市民参与有利于确保更公平可行的社会政策,使社会政策的合法性提高和执行难度下降。市民可以参与机构和政府落实社会政策的某些活动,因为观察参与会在一定程度上影响机构和政府的政策;市民也可以通过参加咨询大会,公听会等方式表达意见,促使机构或政府改变某些不合理政策;市民也可以成为某些政策项目的行政成员,在执行中体现自己的思路;市民也可以受邀进入机构董事局或政府咨询小组,提供决策意见。总之,尽可能多地参与到社会政策的不同层面和不同过程,是体现权利、促进公正、强化自身和利用资源的有效途径。

社区工作、社会工作行政和社会政策作为宏观社会工作的三大部分,其架构与过程比较接近,与现实情境也紧密相关。社区工作项目作为社会政策的产物,要借助某些社会工作行政技巧予以推行;社会工作行政可形成某些决策或者政策,而政策落实又是社会工作行政的主要内容。领悟宏观社会工作在社会工作中的地位,把握社区工作、社会工作行政和社会政策的关系,推行应有的价值观和工作技巧,是社会工作者的应有责任。

当然,社会工作者必须领悟发达国家和地区的宏观社会工作经验。外来经验是许多国家和地区集体智慧的结晶,其本质是紧密联系"当时当地"。宏观社会工作是其文化、历史、意识形态、社会资源与社会工作发展的整体产品。在不同阶段和不同背景下,政府、社会服务组织、社会工作者、服务对象和普通民众的角色应该有所不同。

与此同时,社会工作者必须认识到本土助人套路与外来社工经验是两大并存系统,尝试提炼"宏观社会工作的本土导向"框架,思考外来社会工作经验的本土化,推进本土社会服务套路的规范化,因为促进民众幸福是宏观社会工作乃至社会工作的最终目标所在。

推荐阅读文献

顾东辉．中国社会工作实践的本土导向．中国社会工作协会组编．中国社会工作发展报告蓝皮书(1988—2008)．北京:中国社会出版社,2009

胡文龙,林香生．社区工作价值观和原则．甘炳光,等．社区工作理论和实践．香港:香港中文大学出版社,1994

花菊香．社会政策与法规．北京:社会科学文献出版社,2002

李钦湧．社会政策分析．台北:巨流图书公司,1996

麦克尼斯-迪特里奇．整合社会福利政策与社会工作实务．胡慧安，译．台北：扬智文化，1994

莫邦豪．社区工作原理和实践．香港：集贤社，1994

莫藜藜．有效督导的督导策略．台湾儿童暨家庭扶助基金会编印．社会工作督导实施方式之理论与实务．台中：台湾儿童暨家庭扶助基金会，2002

王海国．社会工作管理．周永新．社会工作学新论．香港：商务印书馆 1994

王思斌．试论我国社会工作的本土化．浙江学刊．2001：2

竺乾威．公共行政理论．上海：复旦大学出版社，2008

Brager G, Specht H, Torczyner J L. Community Organizing. 2nd edition. New York: Columbia University Press, 1987

Midgley J, et al. The handbook of social policy. Thousand Oaks: Sage, 2000

Netting F E, et al. Social work macro practice. New York: Longman Publishing Group, 1993

第十章

社会工作研究

社会工作研究是社会工作和社会研究的交叉领域，并以客观、全面和深入的资料为基础。社会工作研究一方面会体现社会研究的范式、类型和步骤，另一方面也因有利于达成社会工作目标而有其自身特性。

第一节　社会工作研究的特点和伦理

社会工作研究有其发展历程。早期，社会工作研究主要采用社会学或心理学方法，比较注重调查研究；20 世纪 50 年代以后，社会工作方法的有效性开始引起关注；20 世纪 70 年代开始，评估进入社会工作研究领域。在社会工作研究的发展过程中，量化研究和质性研究在不同时期受关注程度有所不同，诸多具体研究方法也已在理论和实务研究中得到了广泛应用。

一、社会工作研究的定义

对于社会工作研究，不同人士有相应的理解。其一，把它理解为关于社会工作的研究，即把社会工作当做社会现象和对象而进行的研究；它可以从其他学科角度也可以由社会工作视角进行探索。其二，把它理解为针对社会工作的研究，是针对社会工作专业的本质、为了发展社会工作而从事之研究工作①。我们认为社会工作研究是一个获取知识和发现事实的过程；在此过程中，社会工作及其他领域的理论与实务工作者使用社会研究方法，从理论和实务层面搜集和分析

---

① 王思斌：《社会工作概论》，高等教育出版社 1999 年版，第 340 页；莫邦豪：《社会工作研究：经验与理论的结合》，载莫邦豪，周健林编著：《社会工作研究的经验》，香港社会工作人员协会 2000 年版，第 2 页；周月清：《社会工作实务研究法》，《中国社会工作教育学刊》1994 年第 3 期。

与社会福利和社会工作有关的资料,以协助达成社会工作目标。

社会工作研究有不同分类。其一,基础理论研究和本体知识研究。基础理论回答为什么,如学习理论属于心理学,可以作为行为修正模式的基础。本体知识回答怎么做,如服务对象自决如何进行。由于社会工作本体知识包括理论知识(如资产建设)和实务知识(如地区发展),社会工作研究的本体知识研究也就包含这两部分。其二,整体研究和部分研究。前者探索某个理论或模式,如研究增能理论的中国应用;后者是探索理论或模式的一部分,如同理如何细化。基于此,社会工作研究就可以细化为相应的四种类型。

实务研究是社会工作研究的重要内容,包含需求评估、方案开发和结果评估三部分。需求评估就是了解服务对象的信息,对其问题、需要及其原因机制有所把握,如通过文献研究发现低保领取者的社会需要。方案开发就是利用专业知识,发展有效的服务方法、模式或政策,如通过观察和访问,制订针对住院癌症病人的义工服务指南。结果评估就是了解所执行方案对舒解服务对象问题及满足其需求的效果,如评价创业激励政策的效果。上述三者与社会工作实务的不同阶段有关,社会工作实务因此也应该是社会工作的研究过程。

二、社会工作研究的特点

社会工作研究具有社会研究的共性,也有自身的特性。把握这些特性有利于理解社会工作研究,有利于推动社会工作专业的发展。社会工作的主要特性体现在如下方面:

以弱势社群及其问题或需求为核心对象。社会工作覆盖弱势人士、一般民众及强势人士。不同人群、不同问题或需求、不同方法以及某些概念、模式和理论,都可以是社会工作研究的对象。其中,弱势人士及其问题或需求始终是社会工作研究的核心对象。

主要以社会工作视角探讨具体议题。如针对服务组织的管理,社会工作研究不是简单地描述现状、探讨原因和提出对策,而是依据“机构在环境中”的理论,探讨问题的原因及其互动,发现可变原因,提出相应对策,并探索过程中协助机构增能的途径。因此,从社会工作视角探讨问题,可以更好地面对现实。

遵守社会工作伦理。社会工作研究既然是社会研究和社会工作的交叉领域,就要遵循社会研究的知情同意等伦理,也要同时恪守“以人为本、公平公正、助人自助”等社会工作伦理。

旨在促进实务及提升理论,推进整体福利。社会工作研究并非追求研究人员的自身满足,而是帮助服务对象,协助舒解问题及满足需求。社会工作研究可以完善某项技术(如本土的伦理守则),可以优化某种模式(如探讨本土环境中身心灵模式的应用),也可以探索某些理论的适应性,对专业发展作出积极贡献。

研究者是资料的搜集和分析者,也可能是研究结果的应用者。在社会工作研究中,研究者与实践者可以是独立个体,也可以合二为一。研究者不一定从事实务,如社会工作教师在访问服务机构后提出增能建议。社会工作研究也可以融于实务之中,如社会工作者在实务中发现服务对象的新问题后调整策略。因此,社会工作研究与实践可以整合,理想的实务过程就是实务与研究的动态融合。研究者因此可以成为成果使用者、知识创造者和传播者的结合体。

三、社会工作研究的意义

社会工作研究促进了实践发展。早期的社会工作是一种慈善活动,正是研究活动推动其逐步走向组织化助人和专业化服务系统。在社会工作项目中,采用科学研究方法,有利于发现特殊需要、解释可能原因和预测未来态势,从而制订相应方案;有利于在执行中根据当时情况修正工作技术,体现实践智慧;有利于评估服务结果,向资助者、市民和社会汇报情况。社会工作研究还可以发现实务模式在本土应用中的不妥之处,从而进行局部修正。因此,社会工作研究有利于帮助弱势群体解决问题,有利于满足市民需要和推动社会公平,是实现社会工作目标不可或缺的专门技术。

社会工作研究推动了理论进步。社会工作的理论和模型无不来自社会工作领域诸多人员的不懈努力。社会工作范畴的完善、丰富和进步显然以社会工作研究为基础。社会工作研究与实务的整合,一方面检验了原有理论,另一方面又推进了理论的演进。以实践为基础的理论和以理论为基础的实践都与社会工作研究紧密相关。

社会工作研究有利于社会工作者增能。通过社会工作研究尤其与实务紧密结合的研究,研究者尤其社会工作者领悟了专业伦理,演练了实务技术,在体现实践智慧的过程中,其知识、能力和素养都会得以积极提升。

社会工作研究优化了社会环境。社会工作研究的进行和深化、研究成果的公开和应用,有利于各界人士和各类机构深化对社会工作的了解和认同,有利于社会工作者和社会工作机构获得更好的社会声誉和专业形象。社会工作也因此会拥有更好的外在环境。

四、社会工作研究的伦理

伦理是社会工作研究不可回避的议题,也是社会工作研究健康发展的前提。社会工作研究伦理主要由以下基本内容:

自愿参与和知情同意。自愿参与指在没有任何威胁和利诱的情况下,研究对象完全自由地选择是否参与该研究和如何参与研究①;知情指参与者需要了解与研究有关的所有信息;同意指参与者自愿同意,有能力自行做决定,而且未受任何其他因素的影响。自愿参与和知情同意是社会工作和社会研究的共同守则。当然,自愿参与也可能破坏科学性,如参与者完全被告知就可能使实验设计无法实现。因此,实验设计与专业道德间就可能存在矛盾。

对参与者无害。任何研究都可能导致对研究对象的伤害。如对家庭暴力的研究可能使参与者遭受更严重暴力。研究者只关注研究而对问题解决漠不关心也是对被研究者的伤害。社会工作旨在改善服务对象福利,对参与者无害要求从选题和设计开始就要关注可能给服务对象带来的危险,如有必要,在研究完成后对研究对象进行相关服务。

匿名和保密。研究会涉及研究对象的个人信息,匿名搜集资料因此是必需的。在资料集中后,研究者应删除某些敏感信息以使被研究者无法被人分辨。至于保密,则要求被研究者提供资料前、中、后无旁观者或不会遇到其他人士,未经被研究者同意其资料不向他人开放,所提供信息使他人无法判断服务对象的身份,研究成果若发表需经研究对象认可。

研究者身份。研究者应该向研究对象如实介绍自己,不故意隐瞒身份或采用欺骗手段。但是,研究者如果提供完全真实的身份,就可能无法获得真实资料。如服务机构希望了解服务对象的信息,如果以机构工作人员的身份前往,服务对象有可能提供虚假信息。因此,工作人员可能会以研究人员的身份搜集资料。倘若在研究上有此需要,且已获得有关部门的审核允许,则可以被接受,此即为"实务上的欺骗"②。

价值中立。根据研究伦理,研究者应尽量避免倾向性。这就要求在研究主题的确定、研究设计、资料搜集和分析过程中,研究者客观记录被研究者的信息,不进行任何诱导,不凭个人意志筛选运用所得信息,客观地报告分析结果。

研究结果的公开和分享。研究成果必须对研究背景进行清楚介绍,不可有任何欺骗,客观报告研究结果和研究不足,以供其他研究参鉴。研究成果也应该与他人分享,因为提高研究效率、促进服务技术、改善服务对象福利,正是社会工作研究乃至社会工作的根本要求。

---

① Sieber J E. Planning Ethically Responsible Research: A Guide for Students and Internal Review Boards. Newbury Park, CA:Sage,1992:19.

② 周月清:《社会工作研究伦理》,载徐震、李明政主编:《社会工作伦理》,(台北)五南图书公司2001年版,第523页。

第二节 研究范式与一般过程

社会工作研究有其规律和逻辑。由于对何谓知识及如何获得知识的理念不同,社会工作研究可以区分为量化研究和质性研究两大范式,并体现为不同的过程。

一、研究范式

量化研究和质性研究是社会工作研究的两大范式。前者大致与实证主义方法论对应,后者则与反实证主义方法论、建构主义方法论等呼应。

(一) 基本概念

方法论不同决定了量化研究和质性研究的不同内涵。量化研究是在严格研究设计的基础上,采用量性测量手段(如问卷、量表等)搜集资料,并对此进行统计分析的研究方法。① 质性研究是搜集和分析非数字化资料(如声音、文字、图像等),描述回答者所经历的现实,探索社会关系的研究方法。

(二) 主要特点

量化研究和质性研究至少在研究者和研究对象的关系、研究和理论之关系、研究策略、资料特性、结果范围等方面存在差异②。这主要表现为:(1) 在量化研究中,研究者被视为外人,研究设计旨在排除研究者对研究对象的影响;在质性研究中,研究者要使自身被视为自己人,并在研究过程中对自己与研究对象的关系进行反思和调适。(2) 量化研究一般基于某些理论,从研究假设出发,通过搜集资料和分析数据来验证假设。质性研究则不一定事先设定研究假设,其理论假设可以在研究过程中逐步形成和完善,其过程发现需要进行提炼和归纳,才有可能达到理论层面。(3) 量化研究主要采用假设演绎法,首先提炼出研究问题和研究框架,然后进行研究设计,再搜集资料;它追求研究资料和研究结论的精确性。质性研究的研究设计灵活变化,可以根据当时情况和研究者的过程感悟,修改、完善和深化研究细节以获取客观、全面和深入的资料。(4) 量化研究主要搜集和分析数量资料、可操作变量和统计数据。质性研究则主要获取描述性信息。(5) 量化研究注重研究问题的普遍性、代表性及其普遍指导意义。质

① Sarantakos S. Social Research, South Melbourne: Macmillan, 1993: 6.

② Brannen J. Combining Qualitative and Quantitative Approaches: An Overview. In J. Brannen. Mixing Methods: Qualitative and Quantitative Research. Aldershot: Avebury, 1992: 4-9; Bryman A. Quality and Quantity in Social Research. London & New York: Routledge, 1992: 93-104.

性研究则注重研究对象，有助于发现研究问题的个别性和特殊性，以此发现问题或提出发现问题的新视角。

（三）适用范围

量化研究适用于研究问题已有大量资料、资料搜集相对容易、需要探讨变量关系、宏观层面的大规模的调查与预测等场合，研究方法包含问卷、量表等。如研究者可以通过问卷调查，发现社区成员的需求制订工作方案。

质性研究需要对现实世界作细致观察，适用于不熟悉的社会系统、无权威和不受控制的场境，同时需要低度的观念概化和学术建构，适用于在微观层面对个别事物进行细致、动态的描述和分析。质性研究的灵活性较强，认识深入丰富，有助于发现独特性。其方法有非结构式的直接观察、访谈等。如社会工作者可以针对机构一线员工、中高层管理人员、相关社区机构进行访问，从而为机构能力提升方案的形成做好准备。

就具体研究而言，有时只能采用量化研究，如分析普查资料以把握社区青少年的需求，就只能采用量化分析。有时只能采用质性研究，如审视实务方案，以评判其优劣并提出完善建议。有时两种方法都可以采用，如评价某项目结果时，既可以访问服务对象了解信息，也可以采用问卷搜集资料。研究者采用哪类方法，应该根据当时当地的现实进行综合考虑。

（四）量化研究与质性研究的联系

量化研究与质性研究并非截然对立。两者都旨在发现事实和实现研究目标，由于依托不同逻辑和视角对事实进行把握，两者可以相互依存、相互渗透、相互补充，使研究者对事实的把握更加客观、全面和深入。

二、社会工作研究的一般过程

社会工作研究方法众多，这些方法都可以归入质性研究或量化研究的范畴，并会呈现出相应的阶段特性。

（一）量化研究的一般过程

量化研究参照科学研究的程序，其逻辑基础是假设演绎法，由循环递进的归纳和演绎过程构成。

量化研究的准备阶段必须完成至少三项任务。(1) 确定研究问题。研究问题可以是由下而上的居民需要或由上而下的福利推进需要。如家庭暴力的表现及其原因何在？低保政策如何推进？查阅文献和初步探索是确定研究问题的前期工作，必要性、创造性和可行性是其基本原则。(2) 建立研究假设。研究者要以概念为基础，根据实践经验、初步考察、理论回顾等手段，发现需探讨的两个变量之间的关系。如有学者曾对下岗职工的非正式社会支持和求职行为关系进行研究①。研究者将求职行为细化为正式途径、非正式联系和直接申请等三个指标。根据社会支持理论、系统理论、充权理论及经验研究的结论,研究者认为下岗职工的非正式社会支持会影响其此后的求职行为,并假设前者越多后者也越多。(3) 进行研究设计,完成确定研究类型、进行研究操作化、制订研究方案等工作。

资料搜集类似于社会工作的计划执行。研究者必须亲任或安排专人进行同步督导,以便及时回答调查员在资料搜集时碰到的具体问题。调查员第一天搜集的资料必须在当日指定时段交给督导员,督导员进行即时审核,发现问题时立即指导。调查员要根据督导员的指导执行随后工作,在完成任务后及时递交后续资料。同时,研究者或督导员要抽查所回收的资料,发现可疑信息时要进行重访或者剔除该项资料。

资料研究包含资料整理和统计分析两项任务。资料整理要在进行编码后将资料输入电脑,并进行逻辑检查和幅度检查,以保证原始资料的准确性。统计分析就是分析变量状况及变量关系,它可以描述单变量的集中趋势和离中趋势(众数、中位数、平均数、方差、均方差等),可以发现双变量间关联状况(如社会工作者收入与工作效能的关系),可以探索多变量间的关系(如探讨居民参与的积极性与哪些因素有关)。如果采用随机抽样,还可以根据样本指标值推论总体参数值。

总结是量化研究的扫尾工作。其内容包括回答研究问题、针对特殊发现和未验证假设提出尝试性解释、并提出对策建议等。研究报告是研究的整体成果的汇报(参见后文“报告撰写与成果应用”部分),有利于促进社会工作职业和专业的进步。

量化研究的一般过程包含上述四个阶段,这并不表示所有量化研究都得完成每个步骤。如对二手统计文献,就不需资料搜集工作。具体研究过程如何由研究目标、资料性质等多个因素共同决定。

(二) 质性研究的一般过程

质性研究的一般过程包含准备、资料搜集/整理与研究、总结等阶段。

质性研究的准备阶段需要选择调查对象和确定研究方法。其研究对象多采用非概率抽样选取,对象多少以容量饱和为标准,即再增加样本单位也不再提供新信息。质性研究的分析单位可以是个人、小组、社区或某个项目、重要事件等,其资料搜集方法可以参见后文相应部分。当然,研究者还要做好联络研究对象、搜集相关资料、形成资料搜集思路等其他准备。

---

① 顾东辉:《下岗职工的非正式社会支持与求职行为——以上海为例》,载《中国社会工作研究》(第一辑),中国社会科学文献出版社 2002 年版,第 56 ~ 64 页。

质性研究的资料搜集和分析很可能结合在一起。其一,研究者要通过正式或非正式联络方式进入现场。如果能依托社会工作理念、伦理和方法,与研究对象建立工作关系,似乎可以更好地突出社会工作特色。其二,研究者通过语言、行动参与等方式与被研究对象进行互动,观察情景、活动、人际关系等场境细节,发现研究对象、场境及其互动的显性和隐性信息,并采用恰当方式做好记录。其三,研究者要随机应变,根据最新信息,及时完善资料。其四,在资料搜集过程中,研究者要对资料按照主题或个案进行特质分析,将资料系统化,努力证明有关特质、概念和架构,发现被研究者的主观理念,定义新概念和形成新假设,并力图形成整体性建构。其五,针对初次所获资料的不足,研究者要具有综合分析力、判断力、创造力、洞察力和抽象思维能力,累积和丰富资料,形成对某问题的初步解释,从而使得研究发现不断得到旁证、丰富、深化和完善。

质性研究的总结旨在从丰富繁杂的资料中,提炼某个概念、变量关系乃至理论。当然,针对有关概念和理论、研究本身、相关主体提出对策建议,也是该阶段的重要任务。作为社会工作研究,质性研究自然也应形成研究报告并分享研究结果。

质性研究准备阶段较短,调查阶段较长且与研究阶段紧密结合。其资料整理也是分析过程,分析结果又作为后续工作的指引。质性研究灵活性较强,认识深入丰富。它注重事实的本质和整体性,研究者需要综合多方面能力,采用旋进思维,以当事者视角审视资料,从大量资料中寻找意义、模型或架构。质性研究的成败与品质取决于现场调查的有效性及资料分析的适当度,最终取决于研究者的综合素养。

(三)报告撰写与成果应用

总结报告撰写是社会工作研究的扫尾工作。研究者需要领悟基本原则,根据研究问题和研究设计,体现报告结构并就如何完善相关工作提出建议。

1. 撰写研究报告的原则

撰写研究报告要与所采用的研究方法及方法论呼应。采用量化研究、质性研究还是整合两类方法,就要求报告结构依照相应范式展开。

报告撰写还应注意如下原则。一是标题与内容呼应;二是资料使用要体现逻辑,结构要合理完整;三是观点与资料配合,论证有理有据;四是注意定量资料和定性资料的结合,论证资料有面有点,相互佐证、补充和深化;五是朴实流畅,体现学术研究或实务研究的朴素文风。

2. 报告结构

社会工作的研究报告分为一般研究报告和实务研究报告两类。实务研究报告又分为需求评估报告、项目方案书和项目总结报告。其中,前者与社会学研究报告相类,中者和后者则更显社会工作特色。

(1) 一般研究报告

社会工作研究的一般报告包含如下板块。① 标题,可以采用单标题或双标题,并与研究计划书呼应,以使读者大致能判断报告的思路。如对题为《学校为本:青少年禁毒的社会服务需求》的研究报告,读者就可以大致判断出研究对象与内容。② 引论,开门见山,使读者通过寥寥数语了解研究的对象、方法、问题/目标和意义,大致推知报告的基本结构。③ 研究的问题、目标和意义。研究者要提出具体研究问题,研究问题与题目的关键词相关,研究目标可从回答研究问题和提出对策建议入手。此外,研究者还要指出本研究在理论和实践方面的意义。④ 文献回顾,要说明本研究的关键词,梳理相关研究成果。根据资料提炼,可以形成研究架构,并对所及概念进行操作化说明。⑤ 研究方法,说明搜集资料、分析资料的方法,以体现方法科学性和资料可信度。⑥ 研究发现,一般是回答研究问题,说明"是什么"和"为什么",其结构必须与研究架构、文献回顾和研究范式呼应,并注意资料的时间和逻辑。⑦ 讨论和建议。如果研究结论与已有研究相一致,那么就没有必要进行过多解释。如果有新发现,研究者就要提出新的解释和说明。社会工作研究的本土价值和理论意义也可以在本部分得以展现。在此基础上,研究者要针对可控原因,提出可行建议。⑧ 附录,包括采用的测量工具(如问卷、访问大纲等)、核心的计算结果等。⑨ 参考文献,反映作者对他人说法或研究成果的尊重,并协助读者进一步了解有关内容。

(2) 实务研究报告

需求评估报告、项目计划书和总结评估报告是特殊的社会工作研究报告。需求评估报告的结构与研究报告相类,项目方案书和项目总结的结构则另有特色。

项目方案书包括主题、项目背景、问题描述及基于文献或实证研究的原因分析、工作目标、实务模式或理论依据、实务内容、经费、时间进度、参考文献、附录等部分。其中,主题、项目背景、问题描述及基于文献或实证研究的原因分析、参考文献、附录等部分的写作方法与一般研究报告的相应部分相类。工作目标、实务模式或理论依据、实务内容、经费、时间进度等部分则更具实务特色。其中,工作目标基于问题描述及其原因分析,是针对可控原因而提出的工作期望;实务模式或理论基础是实现上述目标所依托的某些理论或模式;实务内容是基于这些理论或模式而设计的行动;经费和时间进度是呼应工作任务的细节安排。因此,项目方案书是社会工作实务的必需载体,也是社会工作研究的特殊产品。

项目总结报告在项目方案书的基础上有所概括和深化。其基本结构包括主题、项目背景、社会问题及基于文献或实证研究的原因分析、工作目标、实务模式或理论依据、实务内容、服务效果、讨论和建议、参考文献、附录等部分。其中,原因分析及此前部分与项目方案书大致相同,实务内容则可能与项目计划书有所差异，因此必须报告实际执行的工作任务。服务效果则呼应工作目标，应该在总结报告中进行专门且详尽的说明。讨论和建议是研究者基于对实务过程的反思而对各方面提出的完善思路。项目总结报告是实务工作和实务研究的最终产品，是研究者和社会工作者进行反思学习从而提升专业实力的关键载体。

3. 成果应用

成果应用是社会工作研究与其他研究的最大区别。研究者要采用口头发表、内部书面发表、公开出版等形式，与课题委托者、同行和社会人士分享研究成果，以使研究成果发挥最大效应，最终促进社会工作专业和职业的发展。研究者要根据研究建议，促进形成具体的干预方案。其中，有些方案可以是临床社会工作实务，有些可以是宏观社会工作实务，有些可以是针对所有原因开展问题导向的整合社会工作，在方案形成后，要促使相关主体积极推行。

社会工作研究有其一般程序，由于研究问题和研究目标千差万别，某项具体研究不一定经过上述所有步骤，也不一定具有明确起点和终点。其次，很多研究成果可以直接应用于正在进行或随后进行的服务。再次，由于研究者可以是资料搜集者、分析者和成果应用者，不少研究也与实务同步。因此，原始设计的研究任务可能会发生变化，研究者应该依托实践智慧解决当时当地的状况，社会工作研究过程因此比其他社会研究更具弹性和针对性。

第三节　社会工作研究的主要方法

社会工作研究或搜集第一手资料或搜集第二手资料。前者包括实验研究和调查研究，要接触被研究者，被研究者可能会受到研究者或研究场境的干扰；后者主要依托现存资料，被称为非接触性研究。此外，兼具研究品性和实务特性的行动研究也是社会工作研究中值得关注的方法。

一、实验研究

实验研究是基于因果关系，把研究问题置于特定场境，通过策划使得所研究变量及其关系得以体现的研究方式。

（一）实验研究的三对要素

实验设计往往涉及三对要素。（1）自变量和因变量。前者是实验刺激，后者是受试者的反应，实验目的就是检验自变量对因变量的影响。如在小组工作中，活动内容可以作为自变量，实验法可以了解该内容是否可以提升组员的自信心。（2）实验组和对照组。实验组是被施加影响的小组，对照组是不施加影响的小组，两组成员可随机形成也可匹配而得，但分组情况要向受试者保密。

(3) 前测和后测。在实验前后分别测量实验组和对照组的因变量状况,实验组变化与对照组变化之间的差异可视为实验刺激的效果。当然,由他人进行测量并解释结果由于可避免研究者的倾向性而成为一个较好的选择。

(二) 实验研究的主要类型

实验设计旨在对影响因素进行控制,有标准实验设计、准实验设计、实地实验等几种类型。

1. 标准实验设计

标准实验设计有前后测对照组设计(传统实验设计)、单后测对照组设计、所罗门四组设计等几种形式。

前后测对照组设计。该设计把对象随机分配或匹配到实验组和对照组,然后测量两组的某指标水平,在对实验组进行干预后进行再测。实验组的前后变化与对照组的前后变化之间的差异就视为干预效果。如研究者希望了解技术培训对就业自信心的影响。在将 20 位失业者随机分为两组后,测得实验组和对照组的自信平均得分是 2.8 分和 2.9 分。然后,对实验组进行求职训练,对照组则不接受任何训练。再测发现,实验组和对照组分别得 4.0 分和 3.0 分;实验组得分增 1.2,对照组得分增 0.1,实验刺激净效果为 1.1 分。可以认为,求职训练一定程度上会提高参与者的就业自信心。

单后测对照组设计。该设计认为,随机分配过程已消除了实验组和对照组最初的重要差异,从而后测所得的两组间差异反映了自变量的影响。如上例中,对两组不进行前测。干预后再测,实验组和对照组的自信心分别为 4.0 分和 3.0 分。研究者可以认为,求职技巧训练的效果为 1.0 分。

所罗门四组设计。该设计随机把对象分为对照组和实验组各两组。对一个对照组和一个实验组进行前测和后测,另一个实验组和另一个对照组仅进行后测。如果前测确实引起某些结果,这些结果就可能通过两个实验组结果的比较和两个对照组结果的比较而得。如 40 位失业者随机分到四组,对照组为 C1 和 C2,实验组为 E1 和 E2。首先,利用自信量表对 C1 和 E1 进行前测,得分分别为 2.8 分和 2.9 分。然后,安排 E1 和 E2 参加求职训练,C1 和 C2 则不接受任何训练。此后 C1、C2、E1 和 E2 的测量得分分别为 3.0、2.9、4.2 和 3.8。比较 C1 和 E1,训练的净效果为(4.2-2.9)-(3.0-2.8)= 1.1;比较 C2 和 E2,训练效果为(3.8-2.9)= 0.9。可以认为,该训练利于提升参与者自信心,前测对参与者自信心的影响是(1.1-0.9)= 0.2。

2. 准实验设计

社会工作研究也使用准实验设计,该设计不完全严格设计实验组和对照组,但进行前测或后测。非对等对照组设计和简单时间序列设计是准实验设计的两种类型。

非对等对照组设计,是发现一个与实验组表面相似的既存对照组,依托实验研究进行分析。如为评价外来人口社会融入项目的效果,研究者挑选两个居委会分别为实验组和对照组。它们在项目开始前的融入状况都为 15 分(分数越高融入越好),其他方面也较接近。对实验组居委会每月开展一次社区教育活动,对照组则无此安排。半年后,实验组和对照组的融入得分分别为 30 分和 18 分。可以认为,前述社区教育活动对促进社会融合是有效的。

简单时间序列设计,则不要求有对照组。首先,在多个时点对因变量进行测量,然后进行干预,再在多个时点测量自变量的数值。如果干预前的因变量水平稳定,干预后的因变量水平变化且变化程度持续提高,就可认为干预达成一定效果。如某个案工作课程采用教师讲授方式,开学四星期内该班参与课堂互动的人数每次约 10 人。教师改变了讲课方法,在此后五周各留半小时进行全班分享。从第十周开始又恢复最初四周的讲授模式。结果显示,从第十周开始,参与课堂互动的学生数分别为 20、23、23、24 和 23 人。可以认为,第 5—8 周的全班分享对学生课堂参与具有正面影响。

多组时间序列分析,将形成非对等对照组设计与时间序列分析结合。研究者在干预前后同时对实验组与非对等对照组的某变量进行若干次测量,对两组因变量的前后测结果进行比较就可发现干预效果。如甲乙两个驾校毕业的司机过去半年的超速驾驶比例基本接近。此后,甲驾校邀请社会工作者组织该项毕业生观看本地交通事故的资料短片并进行讨论。此后六个月的资料显示,该驾校毕业生超速行驶比例都明显低于乙驾校毕业生。可以认为,甲驾校的做法对减少超速行驶有一定效果。

3. 实地实验

实地实验就是把实验置于真实场境,受试者按设计完成某些要求,研究者再分析其效果。如学校社会工作者希望了解体现社会工作理念的教学方法对学生参与的影响。她让行政管理专业中参与积极性较低的 10 位同学选修社会工作导论课程。半学期后,这 10 位同学的参与积极性比其本专业其他同学高很多。可以认为,社会工作的教育方法对这些学生的参与有积极影响。

(三) 成功设计的标准

实验研究成功取决于设计,并有一定标准。(1) 是否回答研究主题? 是否可以有效测量假设? (2) 对外在变量或不恰当变量有无控制,从而使因变量前后差异尽可能扩大? (3) 可推论性如何? (4) 研究过程是否有漏洞? 可能造成误差的因素(如历史、受试者自身成熟、熟悉测验内容、工具准确度、统计的影响、不同组的相似度不足、实验本身的消极影响、因果次序;等等)是否已排除? 研究结果是否准确? 研究环境(如对测验的反应、对实验安排的反应、选择偏差、多自变量;等等)是否受到干扰影响? 安排是否产生偏差? 如果上述回答都是肯定的，那么就是好的实验设计。

（四）评价

实验研究有其特性。其变量比较清楚明白，自变量作用明显；规模有限从而节省资源；可以有效控制实验场境和外在环境，排除许多影响自变量、因变量及实验过程的因素；其测量工具比较精确，误差较少。然而，实验研究场境是被创造的，研究结果的社会适用性较低。由于往往以人为对象，研究者在实验组人员的选择、实验刺激的应用等方面可能面临伦理困境。在实际应用中，实验研究应该把握科学性，也需要体现艺术性。

二、单案设计

在人类行为研究方面，单案设计始于19世纪60年代，其单个对象研究与社会工作注重对象独特性的理念吻合，从而成为整合研究和实践、增加实践导向研究的方法之一。

（一）基本含义

单案设计是将时间系列设计应用到对单个对象服务或政策的影响评估，也称单个案设计或单系统设计。其服务系统可以是个人、家庭、社区等。研究者首先针对单个对象的特定目标进行足够多的重复测量，该阶段称基线期。稳定趋势的出现是重复测量是否结束的标志。然后，研究者引入服务并继续进行多次重测，本阶段称介入期或实验期。基线期的数据要与介入（实验）期的数据比较。研究者把上述测量资料按时序画于图表，连接每个资料点，判断变化趋势。如果数据趋势的变化点与基线期和干涉期的转换同时发生，就可以认为干预发生了效果。

（二）主要类型

AB设计，包括一个基线期（A）和一个介入期（B），能为那些对服务对象的影响还没得到充分验证的服务提供一些经验性证据。如果不同AB设计对同样介入服务的研究结果保持一致，就进一步说明了该介入的有效性。

ABAB设计，增加了一个基线期和一个介入期。在介入服务撤离一段时间后设立第二个基线期，在第二个基线期确定了稳定趋势后再次引入介入服务。如果第一个介入期中服务导致了目标问题的改善，那么，在第二个基线期中目标问题将会恢复到原始基线期水平。当再次引入介入服务时，目标问题应再次改善。当然，有两个问题值得关注。其一，伦理问题。如果情况返回到基线期，服务对象可能要承受痛苦和其他损失，迷惑不解，并可能破坏服务关系。服务提供者参加会议或休假可成为第二个基线期形成的自然机会。其二，目标问题回复到基线期状况的假定可能不成立，因为第一次服务对目标问题可能有影响。为此，可能想要相对缩短第一介入期。一旦第二个基线期显示出逆转趋势，就可再次引入服务并希望再建改善趋势。当然,如果ABAB设计不断复制,结果趋向又不断出现,那么,介入影响就得到进一步证明。

多基线设计,同时开始两个或多个基线期,在每个基线期测量不同目标行为,或通过在两个不同环境中或对两个不同个人测量同一目标行为。虽然每个基线期同时开始,但是在不同时点引入介入服务。因此,当对第一个行为、环境或个人引入干涉时,其他还都处于各自的基线期。同样,当对第二个行为、环境或个人引入介入服务时,第三个(如果多于两个)还处于基线期。其假设是如果无关事件与介入服务同时发生且导致了服务对象的改进,那么,改善将同时出现在每一个行为、环境或个人的数据图表中。反之,如果是介入服务导致了改善,那么改善将对应于不同介入时点出现在每个图表中。

三、问卷调查

问卷调查是量化研究的重要方法。随着系统观察、抽样、资料分析技术的发展以及宏观社会工作得到重视,问卷调查在社会工作研究中得到了广泛应用。

(一)基本含义

问卷调查是依托问卷搜集资料并对此进行统计分析。其中,问卷是由被研究者的态度、行为、状态等按序排列的问题组合。问卷有自填问卷和访问问卷两种。自填问卷分邮寄问卷、发送问卷和网上问卷三类,由被调查者填答;访问问卷有电话问卷和面访问卷两类,由调查员根据被研究者的回答进行填答。

正式问卷有其结构。其一,封面信。说明调查者的身份、研究目的和内容、对象选择方法、保密原则、研究机构性质。其二,指导语。说明问题细节及回答要求。其三,问题和答案。问题有态度、行为和状态三类。前者说明被调查者对某些议题的看法,如对学校社工服务的满意度;中者代表被调查者的实际行为,如失业后多少人要求介绍工作;后者涉及被调查者的人口社会特征、个人经历及其他信息,如文化程度。与此同时,根据答案特性,问卷又可采用开放式问题和封闭式问题。开放式问题就是答案由被调查者自填,如你觉得社工在哪些方面对你帮助最大____;封闭式问题由问卷设计者提供答案并要求被调查者选择,如你的婚姻状况是:(1)未婚,(2)已婚。其四,编码。给每个答案予一个数字代码,如男性为1、女性为2。调查前已有的编码为前编码,资料回收后完成的编码是后编码。

(二)问卷设计

设计问卷一般要考虑以下原则。一是有信度与效度。问卷要不受时间、地点和对象变化的影响,稳定地反映被调查者的情况,问题也较好地揭示所测变量的实际状况。二是考虑研究目的或研究类型。描述性研究的问卷多围绕基本问题展开,解释性研究的问卷要围绕研究假设展开。自填问卷的封面信、指导语、问题表达要尽量清晰;电话访问问卷应严控长度、注意提问及答案选项的简洁;面访问卷的问题可适当多些和复杂些。三是易于回答。要以回答者视角为主,关注其教育程度及语言习惯,避免过长和过于复杂,保持卷面简洁明快,让回答者认可、容易理解和回答。四是考虑调查的障碍因素。如被调查者是否愿意、是否有能力回答等。五是注意整合。整合研究目的、内容、样本特征和资料处理方法等因素,保证调查的可行性。

研究者必须经过三个步骤才可完成问卷。首先,进行探索性工作。通过文献回顾或实地考察,对研究问题有初步认识。其次,设计问卷初稿。问卷设计时可以先将不同问题列出再排序,也可以先形成问卷板块再补充相关问题。再次,试用和修改。设计者可将问卷初稿发给专业人员评价,也可由调查对象填答以获得其主观评价。设计者还应该根据回收率、有效率、填写错误、不全状况对问卷进行语言、次序、题数等方面的修订,最终形成正式问卷。

问题和答案是问卷设计的核心。(1) 开放式问题应注意空间大小;封闭式问题应关注答案的穷尽性和互斥性。前者就是答案包含所有可能,后者指不同答案不交叉。(2) 问题语言应简短明了,避免双重含义,不具倾向性,不采用否定方式,对敏感问题也要注意提问方式。(3) 问题数目较适当。无论研究内容、研究性质、方法、人力财力物力时间、有无礼品、对象感兴趣等方面如何,回答所花时间越短越好,一般在被调查者 30 分钟内完成为宜。(4) 问题应按照一定次序排列。熟悉、简单、对方感兴趣、封闭式问题应放在前面,行为、态度、背景、敏感的问题应放在后面,以保证被调查者较快进入答题状态,提高回答完整度。

(三) 资料搜集和分析

资料搜集是问卷调查的重要阶段。研究者须依托随机抽样或非随机抽样选取调查对象,并根据性别、年龄、背景等因素选拔合适人士担任调查员,然后对他们进行培训和模拟。同时,要根据对象规模印制问卷,准备好答题笔、相机、录音机、礼品等物品。在搜集资料过程中,研究者必须派督导员对调查人员进行同步指导,以保证资料搜集的质量。

资料分析是后继工作。原始资料搜集后,研究者首先进行抽查,发现可疑问卷后或放弃该调查员的所有问卷或进行重访。然后,将初步审核的资料输入电脑并进行多重检查,以保证资料的准确性。完成上述工作后,研究者可以利用统计软件对资料进行量化分析,描述单变量的集中和离中趋势,发现双变量之间的关联状况,探索多变量之间的关系。

(四) 评价

问卷调查是社会工作研究的常用方法。问卷调查采用匿名访问,有利于获得研究对象的真实信息;可搜集较多人士的资料,中和个别人士的极端回答;搜集数据的内容、时间、格式基本统一,资料处理相对容易,也便于比较和分析;问卷调查在同一时段访问了众多对象，节省人财物力和时间。然而，问卷调查要求调查员有较好个人素质，在大规模研究中，这有时较难达到；问卷调查要求被研究者有一定文化，对地域、职业等有一定要求；某些问卷调查中（电话访问、网上调查、邮寄调查等）由于调查员无法当面指导和记录，问卷填答质量可能难于保证。可见，问卷调查有其特性，综合考虑对象特征、研究目的、人物财力、时间及相关因素，是依托问卷完成研究任务的保证。

四、观察

观察是利用感觉器官和其他技术搜集研究对象资料的方法，它并非简单地"看"而是需要研究者去"感受"。根据观察者是否融入，观察分为参与观察和非参与观察；前者是观察者进入被观察场境，从内部进行感受；后者是观察者持旁观者身份，一般用于探索性研究，搜集一般信息。根据过程控制程度，观察分结构式观察和非结构式观察。前者的对象选择、范围确定、内容架构和程序安排都事先有明确计划；后者的诸多要素可以临时决定。

观察准备包括思想、身体、知识和心理等几方面。思想准备指如何在观察过程中集中注意力，因为观察需要眼、耳、味觉、触觉、嗅觉等感觉的应用；观察者需要足够的知识；观察者的心理也必须成熟，否则可能会面临不必要的障碍。

观察内容取决于研究设计和研究问题。就社会工作研究而言，"人在环境中"的理论可以作为观察的重要框架。人涉及情感、行为和认知；环境涉及被观察者的家庭、非正式网络、正式网络、媒体等主题。研究者必须领悟情境脉络、目标、介入、接案、实施、历程、成果、成品、影响性等概念，将研究主题操作化，用"敏感性概念"来引导观察，根据研究主题的架构，强调某些事件、活动或行为的重要性。服务对象所处的自然环境、人文社会环境、方案过程和正式活动、非正式互动和计划外活动、方案或服务对象本土语言、行为语言、非干扰性的指标、计划文件等都是值得搜集的资料。

观察最好能进行记录。观察记录包括值得注意的一切内容，因为任何信息都可能为分析提供思路。说服被观察者接受当场记录或录音是有效的记录手段，但也可能使其望而却步。如果受访者不同意当场录音记录，研究者在每次访谈结束后应赶快回忆当时情境，做好事后记录。记录应标明基本资料（如地点、在场人员、自然环境、社会互动等），内容详细具体。除了记载所见所闻外，观察者感受、对事情进展的反应、对事情进展的感触及思考等也应成为记录内容。

五、访谈

访谈是研究者探访被研究者并通过问答获取资料的方法。依据双方接触程度，访谈有直接访谈和间接访谈。前者如服务对象与社会工作者当面交流，后者如社会工作者利用电话进行访问。依据被访者人数,访谈有个别访谈和集体访谈。前者如督导与实习生的个别交流,后者如督导对多位实习生的团体指导。依据控制情况,访谈有结构式访谈和无结构访谈。前者如依据某架构进行个案接案,后者如工作者与服务对象之间的随意沟通。在社会工作研究中,研究者应该根据情况采用合适的访谈类型。

非正式会话式访谈、引导式访谈和标准化开放式访谈是三种常用形式。前者没有预定的主题或文字资料,问题在自然进行中临时想起;研究者以不同问题从不同受访者处搜集资讯,资料分析缺乏系统性或综合性。中者事先预备访谈纲要,在实际访谈时依情境决定问题次序及字句,有助于系统性整理,但一些重要且突出的议题可能被排除。后者事前规划问题内容、字组与顺序,受访者按标准化字句与顺序回答,资料易比较但弹性极小。在质性研究中,受访者的经验与行为、意见与价值、感受性资料、知识性问题、感觉等都是值得了解的信息。

深度访问是常用访问方法之一。深度访谈是研究者与研究对象间反复的面对面交往,借研究对象视角把握其用自己语言表达的生活、经历和状况。① 它通过研究者与被访者的互动,由浅入深,把握问题的状况及后果、原因机制、核心原因、可变原因和可控原因,搜寻对象的特定经历和动机的主观资料,体现个别化原则。如在服务过程中,社会工作者可以通过此法了解服务对象的背景和经历,以把握问题的原因机制,形成针对性服务思路。

焦点小组是将许多对象放在一起同时进行访问的方法,访问过程既是访问者和被访问者的社会互动过程,也是被访问者之间的社会互动过程。如可以采用此法分享服务经历,通过访问者的穿针引线,激发参与者的潜能,形成群体动力,提炼较好的服务经验。一般而言,焦点小组的规模不宜太大(10 人左右),应该事先告知主题、要求、时间、地点等。在过程中,主持人应采用语言技巧,抛砖引玉、拨乱反正、穿针引线,激励成员积极发言,表达意见,“不批评”是其重要原则。因此,焦点小组可以通过多层次互动,发挥团体动力,启发、补充、修正与主题相关的资料;但是,由于存在群体压力,对某些敏感问题采用此法就存在不足。

访谈过程有特定技术。研究者要根据目的选择具体方法,确定对象,了解其特性并拟订程序表,在正式或非正式联络后,就可以进入访问。在访问过程中,有语言、表情和动作三种控制技术。语言控制是以中立态度和灵活语气对对方的原话进行转述、追问和插话;表情控制是用面部神态向被访者传达认可、疑问、鼓励等信息;动作控制是用动作和身体语言表达个人感受。前言陈述、转移形式、直接宣告、探问和追踪、增强与回馈都是可用的过程技术。耐心、细微、理智、

① Minichiello V. et al. In-depth Interviewing:Researching People. Longman Cheshine,1990:87.

平等、不讨论是过程控制的重要守则。在访谈中,研究者应在对方同意后当场或事后记录对方的语言、居住条件、邻居状况、观点、行动、有意义词语等信息,并同步进行评价思考。

访问员素质是访谈成败之关键,其选拔和培训极其重要。社会工作研究特别关注伦理问题,访问员选拔首先以诚实、礼貌、公正、认真、负责、耐心为标准,在具体情况下根据要求考虑性别、年龄、教育等因素。访问员选拔之后需要进行必要训练,介绍背景、讲解要求、模拟访谈、讨论可能疑难和安排督导等。访谈效果完全取决于访问员的个人能力。

访谈较适用于实地研究尤其个案研究。其优点是适应面广、弹性大、利于发挥双方主动性和创造性,对变化也可以及时回应,可获得较深入的资料。缺点在于主观作用强、规模小,也不便涉及敏感性问题。

六、非接触性研究

非接触性研究在研究过程中不接触研究对象,研究对象不受研究过程和场境影响。现存统计资料分析、历史或比较分析、内容分析是其主要类型。

(一) 现存统计资料分析

现存统计资料分析就是对既有统计数据进行剖析,进一步发现其信息。如根据最低保障资料,可以发现贫困主要在于个人原因还是社会原因。现存统计资料分析可以直接达成研究目的,也可以为大型研究提供背景资料。

统计资料质量必须引起高度关注。资料是否反映了研究对象的真实信息,在不同时间、地点是否接近或一致。现存统计资料也可能不覆盖研究者感兴趣的内容,测量手法也可能没有有效代表所测的变量和概念。因此,研究者必须首先对资料进行审核。

统计资料的审核和校订必须完成如下工作。其一,了解其来源、目的、方法、整理和分析技术。研究机构独立搜集的服务信息与服务机构搜集的资料就可能有所不同。其二,了解其指标定义、分组、统计范围等信息,从而判断其可比性。如失业人口在中国就有不同内涵;街道贫困人口变化一方面与区划调整有关,另一方面也与贫困人口的界定标准有关。其三,对可疑资料进行逻辑检查和幅度检查。研究者可以整合不同研究者、不同时间、不同方法获得的同主题资料,发现可靠资料、校订和修正有关信息,保证资料质量。

现存统计资料分析还应注意几方面问题。分析单位往往不是个人,而是群体甚至国家。如果用群体资料反映个人行为模式,就出现层次谬误。指标属于不同测量层次,它们或者是定类变量(如帮助类型),或者是定序变量(如服务满意度),或者是定比变量(如现金补助量)。因此,在发现变量关系时应使用相应统计指标,并关注某些统计技术的前提是否满足。在分析准备和分析实施中充分关注统计陷阱，是发现客观事实和把握真实联系的要求。

（二）比较法

比较法属于质性研究，有历史分析和比较分析两种，目的“是寻求发现发生在不同时间和地方的事件的共同特征。力图超出他人的发现，根据原始数据提出自己的结论”①。

比较法以现存非统计资料为研究对象。在社会工作领域中，这类资料包括服务对象的个人资料和个案记录、公共资料（如报刊图像、评论、广告）、服务机构资料（如演说、图表等）、政府资料（如保障政策）、学术机构报告等。这些资料又可归入初级资料和次级资料两类，前者指对某些事件的第一手记录（如日记、会议记录、目击证词等），后者是依赖于初级资料对过去现象描述（如研究综述）。

筛除资料中的错误信息是比较法成功的关键。初级资料可能存在错误，如服务对象提供不确切的信息；次级资料则在初级资料存在偏差甚至错误时会重复其错误信息，导致视角偏差，阻碍提出新解释。因此，分析前必须对资料进行审核。对于依靠观察获得的初级资料，要关注其是否严格按照调查提纲获得，如果资料由多种方法和角度获得就应对其进行比较，并注意观察时间长短；对于依靠访问法获得的初级资料，要关注研究对象的态度、熟悉程度等状况；对于次级资料应搞清文献的作者、出版者的背景，注意文献编写的时间，留心伪造文献。其实，无论何种资料，采用多角度方法反复检查是防止错误的有效手段。

比较法应该遵循如下工作原则。其一，要将横向比较与纵向比较结合起来。如可以比较上海、香港和台北三城市社区照顾模式以发现其影响机制；可以通过不同时期失业人口的数字变化说明政府就业政策的效果。其二，应比较事物的共同点和差异处。应注意可比性。如评价不同街道的社区教育成效，除了要比较所完成的项目外，还应比较其所处区位和资源拥有状况，从而对街道工作有更客观评价。此外，应发现和比较本质的异同。

由于其非接触性，比较法在资料可靠时，有利于研究者对事物进行区分和概括，发现有价值信息，建立一般理论概念。然而，这种方法只是有限地认识事物之间的联系，无法对事物发生变化的原因作详细解释。在必要时，应该与其他方法结合使用。

（三）内容分析法

内容分析法主要由不同内容的编码和列表分类等工作组成；它要求研究者首先形成一个因变量的操作定义，然后细化所观测内容，再开始观测、分类和记

---

① Rubin A, Babbie E. Research Methods for Social Work. 2nd ed. Pacific Grov: Brooks & Cole, 1993: 424-426.

录，从而发现变量特征和不同变量之间的联系。①

编码和抽样是内容分析法的重要工作。首先，编码必须提炼概念结构，对变量进行概念化和操作化。编码还需要确定分析单位，文献中的单词、短语、句子、段落、节、章、书、作者、书籍等都可以成为分析单位。其次，应该建立包含所有抽样单位的抽样框，并采用随机抽样在抽样框中选取若干单位。其中，抽样单位不一定等同于分析单位。如研究者可以以社会工作者为抽样单位，但目的是了解其工作对象的改善情况，这时工作对象就成为分析单位；研究者抽取服务对象并了解其自身情况时，分析单位就等同于抽样单位。然后，对抽中单位依托概念化和操作化后的分类方法进行编码；分类应包含变量的所有可能性即满足完备性，不同类型间互不交叉即满足互斥性。研究者应该对不同内容采用不同技术。直接可见的文献内容称为显性内容，其编码可采用类似于问卷的编码方法；非直接可见但含于文献信息之中的内容被称为隐性内容，其编码依赖于对内容理解的深度和专业性。编码必须采用数字形式，并有必要将所有变量的编码汇总成册。根据编码手册就可以对文献内容展开初步分解。

内容分析法的资料分析比较复杂。（1）显性内容的输入和分析类似于标准问卷，可发现其频数分布或不同变量的交叉分布。（2）隐性内容的分析则并不完全通过频数，因为有些定性资料无法转化，而需要把握字里行间的内在含义。如文献作者指出，女性的预期寿命居然比男性长四岁；这显示了作者较难认同女性在此方面优于男性的事实，似乎有男子中心的倾向。由于隐性内容的分析比较复杂和精深，研究者的洞察力、逻辑能力就极其重要。（3）在依据一类单位无法发现有价值信息时，可以变换为其他抽样单位。（4）资料分析信度和效度较难得到保证，因为两个人的解释甚至个人在不同时点的解释都可能存在差异。最好采用两种以上的方法，以检验一个观测单位经由不同方法分析是否可得到相同的信息特征。

内容分析法有其特性。其不足在于必须对资料进行专门编码；只依托现存信息，准确与否不得而知。其优点是不影响研究对象，从而消除了研究本身可能导致的偏差；由于其非接触性，人力、物力、财力和时间都较节省，一人就可完成所有工作；内容分析法的资料比较安全，可以重复、重新编码、弥补失误；也可以进行纵向分析。

七、行动研究

“行动研究”起源于第二次世界大战时期美国社会工作者柯立尔、社会心理

---

① Rubin A, Babbie E. Research Methods for Social Work. 2nd ed. Pacific Grov: Brooks & Cole, 1993: 406-407.

学家勒温等人在对社会科学研究的反思,目前已成为社会工作研究和实务的重要方法。

（一）基本含义

行动研究是被研究者不再简单地作为研究对象,而是研究者与同该问题有关的所有其他人员一起参与的研究和行动。他们将研究中的发现直接应用于行动,对问题情境进行全程干预,进而提高自己改变社会实践的能力。

行动研究有如下特点:(1) 对象是行动者的实践情境。(2) 目标在于解决实践问题,改善实践本身和优化实务工作者之工作情境,而不是理论建构。(3) 研究者可以是实务工作者,他们通过研究与行动的配合,提高改造社会实践的能力。(4) 研究方法兼用量化与质性方法,但偏向质性研究。(5) 研究过程是研究者与行动者的伙伴式合作,实务工作者是主要研究者,学者专家担任辅导和咨询顾问。(6) 研究成果之应用者就是实务工作者和研究者,并体现出即时性,也因其情境特性而不作推论。(7) 研究效果在于解决实践问题,为行动而研究,边行动边调整,促进实务工作者的自我反思和自我教育,增强其实践能力,实现其专业成长和全面发展。

从研究范式层面而言,行动研究体现为一种过程,关注行动中的深层次信息,注重描述和分析行动对象的自身特性而不作推论,因此更有质性研究的特性。

（二）行动研究的主要类型

按照研究侧重点分类,行动研究可以归纳为三种类型。(1) 行动者用科学方法对自己的行动进行研究。这种类型强调使用测量、统计等方法来验证理论假设,结合自己实践中的问题进行研究。它可以是小规模实验研究,也可以是大规模验证性调查。(2) 行动者为解决自己实践中的问题而进行的研究。这种类型不仅使用统计手段,而且需要参与者个人的资料,以解决实践中行动者面临的问题。(3) 行动者对自己的实践进行批判性反思。这种类型强调以理论的批判和意识的启蒙来引起和改进行动。

根据参与者对自己的行动所作的反思,行动研究可以分成三类。一是“在行动中认识”,这是对实践者例行式行动进行的研究,通过观察和反思了解其无法清楚地用语言表达的内隐性知识。二是“在行动中反思”,它对特定情境进行反思式交谈,促使参与者将思考转换为行动,比较不同策略,提炼相同因素,排除不恰当做法。三是“对行动进行反思”,参与者用口语明白地建构或形成知识,把自己抽离出行动,对自己的行动进行反思,从而催化了他们对自己行动的细微分析,将其内隐知识明朗化。

根据参与研究的成员成分,行动研究可以有三种模式。其一,合作模式。研究者与实际工作者合作,共同进行整个研究过程。其二,支持模式。研究动力来自实务工作者，他们提出问题，自己决定行动方案，专家则作为咨询者协助他们形成理论假设，计划具体行动及评价行动结果。其三，独立模式。实际工作者独立研究，摆脱研究理论和实践规范的限制，对自己的研究进行批判性思考，并采取相应行动改造社会现实。

（三）行动研究的一般程序

行动研究大致有计划、行动、观察和反思等环节，并依托这些环节的循环而使实践行动得以动态完善。

计划，包括了问题分析与解题设想。研究者首先要意识到自己在实践中存在的问题，产生立即解题的需要；然后分析问题及其影响因素，并认识自身在解决该问题方面的知识和能力。解题设想是要在机构战略下谋划针对该问题的总体计划和具体细节，并思考根据过程情况作出调整的基本思路。

行动，就是对研究对象进行干预。该阶段的研究在某种程度上接近于实验研究。与实验研究相比，行动研究在研究计划下具有更多灵活性，需要不断调节以逐渐接近解题目标。

观察，旨在搜集资料从而对行动的过程、结果、背景等有详细了解。在自变量方面，主要了解何人参与了行动，采取了什么行动，遇到意外情况时如何应对等。在结果方面，主要了解行动取得何种结果，并以此作为行动调整的重要依据。其中，对非预期和消极结果的了解必不可少。在背景方面，主要了解行动背景因素，以作为分析整个计划有效性的基础资料。

反思，是对行动结果及其原因进行思考后改进后续行动。一是进行整理和描述，对搜集的与研究问题各种现象有关的资料、本循环过程和结果进行描述。二是找出方案与结果的不一致之处，分析解释有关现象及其原因，形成后续行动中是否修改和如何修改的设想。

以上四个环节随着某些问题的解决和新问题的出现而不断循环，最终使某项实践在此过程中有所改进提高。

（四）评价

行动研究将研究和行动进行整合，克服了其他研究理论和实践脱节的不足。在研究过程中，将计划、行动、观察、反思等视为循环往复的过程，强调研究者与被研究者的伙伴式工作关系，并分享彼此的感受和经验。这种方法与社会工作的价值伦理比较一致，因此，在社会工作研究和实务中得到了较广泛关注。

综上所述，社会工作研究是基于量化研究和质性研究的研究范式的众多研究方法的系统。把握范式特性，领悟不同方法的特性和环节，有利于研究者达成研究目标，从而使研究更加可行和有效。

第四节 项 目 评 估

项目评估源远流长，可以"追溯到公元前2200年的古中国"①。系统化的项目评估方法发端于20世纪初；20世纪50年代，舒缓和预防社会问题的需要使得项目评估广泛发展；20世纪70年代后期，由于社会福利经费短缺，项目评估显得日益重要；近年来，由于社会福利的社会交代潮流和管理主义的兴起，项目评估在社会工作中占据了日益重要的地位。

（一）项目评估的基本含义

项目评估是利用不同的研究方法和设计，对社会干预和人类服务项目的概念化、设计、策划、行政、执行、效果、效率和效用等方面进行诊断和提升的过程。项目评估涉及投资者、服务机构和公众三类主体。投资者希望了解项目是否达到预期目的，其社会效果如何，项目质量有时并非其追求的唯一目标。公众希望了解服务项目覆盖情况及消费者评价。服务机构希望把握项目诸多方面的优劣。政治性、信仰和价值观可能会影响项目评估的科学性，它们不仅影响方法论和解释，而且影响其结果是否被利用、如何被利用以及利用逻辑如何。

（二）项目评估的主要类型

项目评估可有多种划分方法。有学者认为，项目评估可以有需求性评估、评估性评估、过程评估、结果分析评估、成效分析等几种。也有学者认为，项目评估有总结性评估和影响评估两种，两者互补。前者涉及项目或决策的最终成功情况，从而决定项目是否采用或继续；后者旨在获得有利于项目策划和改善执行和表现方面的信息。夏迪希(Shadish)将项目评估分为可操作的解题模型、可一般化的解释模型和股东服务模型，并认为三者并不互斥。前者以大众利益为首，可能测试多种计划以发现最佳方案。中者相信许多模型都有效，但它们在不同环境下效果存在差异，社会工作者应努力寻求导致不同结果的变量。后者认为评估符合股东需求时对社会问题影响最大，股东应体现项目经理、服务消费者、提供者等多种角色。可见，项目评估的类型划分见仁见智，采用何种划分法取决于学者或实务工作者的个人取向。

项目评估的类型界定无论如何缤纷多彩，都是在实务中进行的。根据实务阶段，项目评估可以划分为服务前评估、服务中评估和服务后评估三大类。

1. 服务前评估

服务前评估是开展社会工作实务的基础，有需求评估和方案评估两种。需

① Rubin A, Babbie E. Research Methods for Social Work. 2nd ed. Pacific Grov: Brooks & Cole, 1993: 537.

求评估指社会工作者诊断所需舒缓议题的范围和领域、目标人口的特征、问题、表达性需要和欲望,从而指导项目的计划和开发。如社会工作者经过社区考察、问卷调查后发现,居民普遍感到社区的交通线路短缺、环境卫生不佳,这样增加交通线路、改善环境就是居民的社会需要。需求评估之关键在于界定需求,关键线人、社区论坛、社区调查、社会指标等都是其特殊手法。为了保证较好把握服务对象的需要项目、需求量、需求程度等,社会工作者可以根据情况组合上述方法以及其他方法。

方案评估就是在若干可能计划中选取合适方案。(1)在完成需求评估后,应该根据某些指标排列这些需要的优先次序,并确定核心需要和目标。研究者必须意识到,人的发展比物质发展更重要、共同需要和根本需要比其他需要更紧迫。(2)把握满足这些需要的可能工作模式,预测各自效果并形成几个候选方案。(3)选择工作方案。研究者整合各方利益、行政、财务、时间、工作者特性、职业操守等各类因素,选择某个工作方案并针对工作目标形成专门性计划,配套制订不同操作目标。计划必须符合实际,有能力解决问题,细致确实,可适应预测外变化和具有整体性。显然,合适的工作方案是工作者服务成功的关键。

2. 服务中评估

服务中评估就是评价项目执行中相关活动的状况,它涉及服务过程的诸多方面。在项目进行中,研究者或评估者应随时检查各种各样的信息以了解方案施行所产生的变化。评估者可以搜集工作者的工作记录,了解其特征和背景、与服务对象的接触次数、地点、资源、阶段性目标、新问题等。评估者也可以直接接触服务对象,动态了解其接受服务时的感受、认识、想法等。社会工作者在服务提供时最好同时成为评估者,从而有利于了解参与者的回应、社区其他组织的态度、各类资源的变动、执行效果、目标与工作方法的接受程度等情况,及时滚动地修订工作技术,保证服务方案的总体顺利进行。

3. 服务后评估

服务后评估是对项目最终状况进行评判,有结果评估(项目本体评价)和影响评估(项目影响评价)两种。结果评估就是比较服务前后服务对象在某些方面的变化,判断项目是否有效实现目标。如社会工作者对医院义工进行拓展性小组工作以帮助组员了解相关知识、强化其个体能力和团队精神。小组工作结束时,社会工作者发现,成员对社会工作和志愿服务、价值观、义工功能及角色等议题的了解程度有了很大改变,掌握了把握病人需求的一些方法,学会了探访服务的基本技巧;其自信心、积极性都有所提高,对与其他成员的互动技术也有了一定把握。由此,可以认为小组工作有一定效果。

在结果评估中,评估者还要对结果质量进行判断。一是进行效率分析,将结果即某些方面的前后变化与服务投入进行比较。这也是向资助者和公众交代的要求。如上述例子中,如果两个工作者分别主持的小组都达到了上述结果,但是第一小组的工作投入较少于第二小组,那么可以认为该小组的服务效率较高。在效率分析中,应该首先估算服务投入(如人力、物力、时间、信息、经费等)和实务活动。与经济学基于货币计算成本效益不同,社会工作的成本与结果组成复杂且难于货币化,效率评估和结果评估存在难度。二是评判服务对象的改变程度及满意程度。在同样达成预设目标的情况下,服务对象积极改变较大的项目,服务对象及相关机构积极认可的项目,其结果质量应该较高。

与结果评估(项目本体评价)并存,服务后评估还应进行项目影响评价。其一,了解项目是否获得了社会效益,如得到其他机构、政府部门、大众、媒体的关注,服务的知晓度和美誉度上升。其二,了解项目是否拓展了相关实务,如促成了新实务项目,刺激了新机构成立,推进了社会工作专业化和职业化。其三,了解项目是否推进了场境改变,如吸引社会资源参与,激发社会政策出台等。

我们认为服务后评估应该进行项目本体评价(结果评估),了解项目对解决服务对象及其社会问题的效果及其质量;也应该进行项目影响评价,发现其专业、社会和政治方面的效应。社会工作要以提升项目本体结果为核心,也要关注扩大项目的积极影响,因为两者都是促进民众福利提升的重要途径。

项目评估是社会工作实务的特色,社会工作服务应该在不同阶段进行相应的评估。理想的社工项目过程,应该是自始至终的评估过程。

(三)项目评估的一般程序

项目评估是社会工作研究的有机部分,其一般程序包含准备、调查、研究和总结四部分;形成问题、研究设计、分析成败原因是其关键步骤。

形成问题就是确定主题和建立评估目标。在项目评估中,评估者应该在查阅文献或实地考察的基础上提出研究主题。不同项目评估类型的研究问题或目标有所不同。需求评估旨在发现什么是潜在服务对象的根本需要和最紧迫需要,方案评估希望了解哪种工作模式最适合解决服务对象的困境,服务中评估旨在把握计划执行有何问题以及相应改善对策,结果评估(项目本体评价)旨在发现服务对象发生的改变及其质量,项目影响评价旨在发现其专业、社会和政治效应。

研究设计就是制订研究方案,包括以下内容:(1)确定搜集信息的对象。需求评估主要以潜在服务对象为信息来源,方案评估主要依托评估者或其他研究者为咨询对象,服务中评估依托对服务对象、资助者和工作者自身反思等方面的信息整合,服务后评估则可以依靠服务对象、资助者、工作者、普通市民、媒体等提供有关感受。(2)建立测量工具。清楚地界定所需测量的概念和指标,选择相应的测量工具。无论测量工具来自他人还是自己独创,都需要事先进行信度和效度检测。(3)决定资料搜集的方式。实验法、问卷法、访问法、观察法等都可以作为资料搜集的方法。当然,如果采用多种方法,评估的客观性和公正性应该更好。(4) 决定工作步骤和经费预算。在上述步骤完成以后,评估者就可以开展资料搜集工作,获得所需资料。

分析成败原因在项目评估中具有特殊价值。相互比较是研究者在项目评估中常用思路,因为诸多变量和指标可能没有绝对标准。与此同时,评估结果并不一定能被应用,表达方式也可能由于结果与常识不一以及既得利益者的反对而不被理解。值得关注的是,发现潜在服务对象根本需要、服务对象回应、服务对象变化及其效率、项目综合影响固然重要,但是,发现其原因和作用机制对积累经验、改善服务、甚至提炼理论更加重要。

对于项目评估的类型、影响因素、评估变量的组成和估算、评估者角色、评估伦理等相关问题,理论和实务领域的人士见仁见智。这些问题在社会工作发展中得到关注的程度也越来越高。这正是项目评估在社会工作研究中重要性的体现,因为把握最大多数人的根本需要,改善和提升社会工作服务,正是评估者、研究者乃至所有从业人员追求的重要目标。

推荐阅读文献

顾东辉. 下岗职工的非正式社会支持与求职行为——以上海为例. 中国社会工作研究. 北京:中国社会科学文献出版社,2002

顾东辉. 社会工作评估. 北京:高等教育出版社,2009

简春安,邹平仪. 社会工作研究法. 台北:巨流图书公司,1998

罗斯,弗里德曼. 项目评估:方法和技术(6版). 邱泽奇,等,译. 北京:华夏出版社,2002

莫邦豪,周健林. 社会工作研究的经验. 香港:香港社会工作人员协会,2000

袁方. 社会调查原理与方法. 北京:高等教育出版社,2000

周月清. 社会工作研究伦理. 徐震,李明政. 社会工作伦理. 台北:五南图书公司,2001

Baker T L. Doing social research. 2nd ed. New York: McGraw-Hill, 1994.

Sieber J E. Planning ethically responsible research: A guide for students and internal review boards. Newbury Park, CA: Sage, 1992.

第十一章

社会工作专业教育

社会工作是一种专业性的社会服务，其专业属性要求社会工作者必须掌握系统的理论和方法技巧。专业知识和技能的特性又决定了一个人要想成为社会工作者，就必须在专业院校中接受较长时间的专业训练，完成专业社会化过程，才能作为一个社会工作者从业。另一方面，社会工作作为一个专业共同体要想提高专业的服务水准，也必须建立完善的专业教育体系，专业教育体系的存在也是保证专业自身发展的必要机制。因此，在社会工作专业发展的早期，专业教育就已经成为社会工作专业体系的一个重要组成部分并且在推动社会工作专业化过程中发挥了不可替代的作用。

第一节　社会工作专业教育的意义

社会工作专业教育是社会工作专业体系的重要组成部分。在社会工作专业化的过程中，专业教育发挥着关键性作用，分析社会工作专业教育在社会工作专业化过程中的作用，对于发展中的中国社会工作专业具有十分重要的意义。

一、社会工作专业教育的内涵

社会工作专业教育是由专门组织、机构或专业人员对个人施以专门的教育训练，使之在专业知识、技能和专业伦理以及实践经验等方面符合社会工作专业实践要求，完成个体专业社会化的过程。社会工作专业教育是一个贯穿社会工作专业人员整个职业生涯的过程。社会工作专业教育包括课堂教学活动和有督导的直接服务于案主的实践过程。课堂教学活动主要是在大学或专门学院中完成，在这个阶段的学习过程中，学生要系统地掌握社会工作专业理论、知识和专业技能，培养专业价值观，同时也要在教师的指导下通过实习积累实务工作经验。学校的教育和训练为学生以后的职业生涯奠定专业知识技能和伦理基础。但是,社会工作专业教育因社会工作专业的独特性而表现出独特的性质。

第一,社会工作专业教育要以实践为目标对社会工作专业理论进行诠释。理论作为人类思维的形式,它必须经过一个以实践为目标的诠释过程,才能有效地作用于实践,改变事物存在的形式和运动形式。这也是理论和专业技能本身的要求。社会工作专业是一个强调应用性的专业,强调对对象及其环境的改变。因此,社会工作者就必须具备改变案主及其环境状态的能力。这也就要求社会工作专业教育培养学生相应的能力。一般的专业教育目标是向学生传授理论知识,社会工作专业教育强调的是训练学生直接作用于社会的能力。因此,在社会工作教育过程中,教育者必须将有关的专业理论、知识以可以直接作用于实践的形式传授给学生,而不是单纯地传授理论。

第二,社会工作专业教育是社会工作理论与专业价值整合的过程。社会工作专业教育实际上是一个社会工作专业理论和专业价值观在社会工作专业学生的个人成长过程中的一个整合。社会工作理论和专业价值是指导社会工作者实践行为的基本要素。但是,理论有不同的来源,人们对专业价值也有不同的认识。不同的社会、文化背景在社会工作专业发展中也留下不同的烙印。这就需要社会工作教育过程中进行整合。这种整合的过程类分为两个阶段:第一阶段是社会工作专业学生的个人成长阶段里对社会工作专业知识和理论的整合过程,这个过程的完成以学生的成长为标志;第二阶段是完成学校教育的学生作为专业工作者在实践中为服务对象提供服务过程中实现社会工作专业理论与专业价值的整合过程。在这个整合过程中有两个不可忽视的要素,一个是社会工作专业学生个人原有的知识基础和价值观基础,另一个是服务对象的个人知识与价值观在这个整合过程中的作用。这两个要素都是影响社会工作专业目标实现的重要因素。而个人的知识与价值并非天然与社会工作专业的知识与价值相吻合,不一致乃至冲突的存在是必然的。这种不一致和冲突的存在必然影响社会工作专业目标的实现。这就要求社会工作专业教育必须首先完成社会工作专业知识、专业价值和学生个人价值的整合过程。而专业知识、价值与服务对象的知识价值的整合过程则是在提供专业服务的实践过程中完成的。作为教育机构的专业院校首先要完成社会工作专业学生在院校阶段的整合过程,同时还要为学生离开学校以后的专业化整合奠定基础。

第三,社会工作专业教育是学生的个人道德成长的过程。社会工作专业的基本价值是强调人的尊严和价值,人道主义和利他主义是社会工作专业的价值基础。这也是人类社会的基本原则,是人类社会进步的必然要求,同时这也是社会对每一位社会成员的要求。社会工作专业的宗旨就在于维护每一个人的尊严和价值。在这样的价值原则下,社会工作专业将社会中的弱势人群作为自己的服务对象,帮助他们获得应有的价值和尊严。社会工作专业要求社会工作者在实践中必须严格遵守专业的价值原则。但是每一个人的个人成长过程中必然会有各种不同的价值因素影响着他的价值观的形成,其中也就不可避免地包含着与社会工作专业价值观不相容,甚至是冲突的价值。个人价值与专业价值的冲突,无论对社会工作专业还是对社会工作者个人都是有害的。就专业来说,个人价值与专业价值的冲突必定会影响专业服务的水平,甚至影响专业目标的实现。因此,在专业实践过程中,当专业人员的个人价值观与专业价值冲突时,社会工作专业要求专业人员服从专业的价值原则。而对于社会工作者个人则会造成强烈的心理冲突。长期处于心理冲突的情绪中,个人的心理健康必将会受到影响,甚至形成心理疾病。这就要求社会工作专业学生应该培养与专业价值一致的价值观,至少应该保持与专业价值不相冲突。这种要求体现在社会工作专业教育过程中就是要训练学生接受社会工作专业的价值观,将专业价值内化为其个人的价值观,避免在专业实践中个人的价值与专业价值产生强烈的冲突。这就使社会工作专业知识与价值的传授过程成为学生个人成长的过程。

二、社会工作教育在社会工作专业发展中的作用

社会工作专业教育在社会工作专业发展的作用主要表现为两个方面。一方面,社会工作专业教育为社会工作专业准备合格的专业人员;另一方面,社会工作专业教育具有创新社会工作专业知识和实务模式的功能。

社会工作专业首先是一个从事共同事业人员组成的专业共同体。专业人员作为共同体的载体,个人的价值观、态度、规范,所掌握的理论、知识技能乃至文化符号的同质性是共同体存在的首要条件。而一般个体要想掌握这些条件,就必须在专业人员的指导下经过长时间的训练才能掌握。这也就使专业教育成为社会工作专业化的必要机制。

任何一个专业共同体要在一个社会中存在并发挥其社会功能,就必须要求它的成员学习并获得承担专业角色时所需要的价值观、态度、规范、理论、知识、技能甚至文化符号。这就是所谓的专业社会化过程。由于社会工作专业理论、知识技能的复杂性,价值规范形成的长期性,个人的专业社会化过程必须在专门人员的指导下经过一个较长时间的训练才能完成。在大多数情况下,个人无法通过个体的生活经验过程完成专业社会化。这就决定了社会工作专业教育在社会工作专业发展中的决定性地位。

社会工作专业人员必须经过社会工作专业教育院校培养。首先,社会工作专业理论、知识的掌握是一个复杂的过程,需要在专门人员指导下经过长时间学习才能掌握。社会工作专业所关注的问题的复杂性,决定了社会工作专业人员在助人过程中必须掌握丰富的有关人类及其环境的知识,掌握有关个人、群体乃

至社会产生各种不同问题的根源和解决机制。这不同于早期社会工作仅凭个人生活经验就可以完成助人活动。作为专业的社会工作不仅关注人们的物质需求,更要关注人们的精神生活和人与人之间复杂的社会关系。人的精神生活和人际关系的复杂性是仅凭个体经验所无法洞悉的。无论是认识人的社会生活的复杂性,还是为有需求的人们提供专业性服务,都需要在专业院校中接受长时间的教育和训练。而社会工作专业院校对学生的教育训练不仅在于传授社会工作专业知识,训练专业服务技能,更重要的是在专业院校的教育训练过程中使学生对社会工作专业产生认同感,形成对社会工作专业的文化认同。其次,社会工作专业是一个服务于人的专业,这就要求服务者必须在两个方面作出保证,一个方面是社会工作专业服务必须是高水平的,低水平的服务必将对被服务对象造成不可逆转的伤害。与此相应地,另一方面社会工作专业要求服务的提供者必须遵守专业的伦理道德,要求必须在价值观上与专业价值保持一致。这一方面要求服务提供者掌握丰富全面的专业知识,另一方面还要求服务提供者要完成由一般个人向专业社会工作者的道德转变。这个转变过程是长期的,必须是在专门人员指导下完成的过程。

社会工作专业教育在社会工作专业发展中的另一方面作用是促进社会工作专业知识创新。人和社会的发展变化是贯穿人类社会始终的,只是在不同的历史时期变化的节奏和内容有所差别。处于变化过程中的人与社会就会不断出现新的需求、新的问题。这就要求社会工作专业必须面对这些新需求和新问题。因此,社会工作专业的创新成为其服务于人和社会的基本前提。这也是社会工作专业群体自身生存的前提。

社会工作专业的创新主要体现在两个方面,一个方面是专业知识的创新,另一个方面是服务模式的创新。

知识创新是每一个专业都要面对的任务,社会工作专业也不例外。而对社会工作专业而言是指创新的要求不仅体现在人与社会发展的需求上,还体现在社会工作专业服务的具体社会情境对专业知识的要求上。因此,社会工作专业知识的创新既有在知识体系、结构层面的整体性创新,更有在具体服务情境下的知识创新。而这两个层面的知识创新是一致的,相辅相成,相互促进的。专业知识在体系、结构层面的创新可以为具体情境下的知识创新提供框架,而具体情景下的知识创新则为专业知识的整体发展与创新提供知识积累和知识创新的基础。

社会工作专业教育在社会工作专业实践中的更为重要的作用是推动社会工作专业服务模式的创新。人的需求不断发展变化,人在社会生活中不断遇到新问题,要求社会工作专业以新的服务模式为人们提供新的服务。特别是社会工作专业强调服务于人与社会的独特需求,这就要求社会工作专业必须提供独特的服务模式。

在社会工作专业知识和服务模式的创新过程中,社会工作专业教育发挥着至关重要的作用。这是由作为高等教育的社会工作专业教育的性质所决定的。高等教育不同于基础教育的特性就在于它在传递知识的同时更着重于创新知识,这就是通常所说的高等教育的教学与研究的两项基本职能。而社会工作专业作为一个发展尚不成熟的专业,其发展创新的需求更为强烈,同时也具有更广阔的发展空间。这就将发展和创新社会工作专业知识和专业服务模式的责任交给了社会工作专业教育院校。对于中国社会工作专业教育来说,推动社会工作专业知识和服务模式的创新就更是责无旁贷。中国社会工作专业教育院校一方面要负起介绍和吸收西方社会工作专业知识的责任,另一方面还要对中国本土经验进行总结,将中国本土经验纳入社会工作专业知识体系中去。同时,中国社会工作专业还要面对中国社会里新的服务需求。这更加需要中国社会工作者不断摸索新的服务模式,以满足中国社会工作实践的需要。

第二节　社会工作专业教育的体系

社会工作专业教育体系是指一个国家内社会工作专业教育制度的基本规定,它包括对教育层级、修业年限的规定以及对各教育层级之间的衔接关系的规定。在社会专业教育体系中还规定了社会工作专业教育的培养目标、培养对象、专业教育者的基本素质以及专业教育的内容。社会工作专业教育是一个国家高等教育和职业教育体系的组成部分。

一、社会工作专业教育的层次

社会工作专业教育体系经历了一个不断发展和完善的过程。社会工作专业教育在美国的早期发展中,在相当长的一个时期里,只提供大学以后阶段的课程和学位。直到1970年,美国社会工作人员协会才开始接受具有学士学位的实务工作者为会员。这推动了社会工作专业教育在学士层面的发展。随着社会工作专业的发展,社会对社会工作专业的需求越来越多样化,要求社会工作专业为人们提供多样的、不同水平的专业服务。这就进一步推动了社会工作专业教育体系的发展与完善。时至今日,社会工作专业教育体系已经丰富和完善起来。目前,社会工作专业教育体系中主要包括博士、硕士、学士和文凭(在我国相当于高等职业教育或大专)的教育训练。

文凭(高职)阶段的专业训练主要的目标是进行基本的职业技能的培训,培养前线实务工作者。其教育内容是以职业技能训练为主。同时,许多提供文凭阶段社会工作专业训练的院校也为学生进一步接受高层的教育训练做准备。

学士阶段教育的目标主要在于培养社会工作实务工作者,同时学士阶段的专业教育还要为学生进行更高层次的学习做准备。因此,学士阶段的专业教育包括基本人文学科和社会科学的基本训练、社会工作专业知识与技能的训练和符合国际标准的实习。

硕士阶段的专业教育一方面要培养高级实务工作人才,另一方面在硕士阶段的社会工作专业训练中,还要帮学生打好进行深入研究的基础和培养研究能力。

博士阶段是社会工作专业教育的最高层次。通常博士阶段的专业教育是培养专门的研究人才和为高等院校社会工作专业培养教师。

不同层次社会工作专业教育的发展,一方面反映了专业教育的不断完善,另一方面反映了人们对社会工作专业服务需求的不断深入,也表明社会工作专业由一般的经验性服务向专业化服务的发展过程。社会工作专业教育的层次反映的是专业教育的纵向结构。

二、社会工作专业教育的结构

社会工作专业教育结构是指适应社会工作实务领域对专门服务人才的需求,根据社会工作专业实务的需要调整专业结构。人的需求的独特性,要求社会工作专业以专门的知识、技能为不同的人群提供独特的专业服务。这就要求社会工作专业教育要能培养出适应服务不同人群领域需要的专门人才。这就形成了社会工作专业内部不同专门服务领域的分工,服务于不同的人群,需要不同的专业知识和技巧。例如将服务对象按年龄划分,可以分为老年、青少年、儿童。社会工作就需要有相关人群的专门知识和技巧,这种专业内的分工也会因为社会生活中不同需要服务人群结构的变化而发生改变。社会工作专业教育要适应社会对专门人才需求的变化,不断调整专业教育的结构,培养各专门服务领域所需要的专门人才。

社会工作专业教育的结构并非孤立的,它首先与社会工作职业结构密切相关,社会工作职业结构又取决于社会对社会工作专业服务的需求。在社会发展的不同历史时期,社会对社会工作专业所提供的服务的需求是在不断变化的。社会工作专业教育必须适应社会需求的这种变化调整专业的设置,专业教育结构要具有灵活的适应性,具有不断调整的空间。这样社会工作专业教育才能保持活力,满足社会工作实务发展对专业人才的需要。

第三节 社会工作教育与专业化、本土化的关系

社会工作专业教育是社会工作专业体系的重要组成部分,同时,更是社会工作专业化的基本机制。社会工作专业教育在社会工作专业体系中的作用是决定性的,没有一个健全专业教育体系,社会工作就不能称之为专业。同时,专业教育在社会工作专业本土化过程中的作用也是举足轻重的。

一、社会工作教育与专业化的关系

社会工作的发展经历了一个由经验性社会救助活动到专业性社会服务的过程,也就是通常所说的社会工作专业化的过程。在社会工作专业化的过程中,社会工作专业教育发挥了至关重要的作用。这是由社会工作的专业特性和社会工作专业教育的特性所决定的。

第一,社会工作专业知识技能的垄断性决定了专业教育在社会工作专业化过程中的决定作用。这里所说的专业知识技能的垄断性,不是来自外在力量对知识的强制性控制,而是由知识技能本身的特性所决定的。由于知识本身具有复杂性,技能技巧则需要一个长时间的熟练过程。所以专业知识、技能技巧只有在专门人员的指导下,经过长时间的学习和训练才能掌握。这就使社会工作专业知识具有了一定的垄断性,这种垄断性限定了人们成为专业社会工作者的途径只有一个,那就是只有在社会工作专门院校中接受专门的教育训练才能成为社会工作者。在社会工作专业发展比较成熟的国家和地区,将社会工作专业训练作为注册社会工作者的条件已经形成具有法律效力的制度。例如美国社会工作人员协会对社会工作的解释中就明确说明社会工作者必须是社会工作专业院校的毕业生。

第二,社会工作专业教育是培养社会工作专业人才的制度性设置。社会工作作为一个专业,其最直接的存在基础是专业人员群体。一个服务性专业有没有专业人才,有什么样的专业人才,乃至这个专业群体掌握什么样的知识、技能技巧,他们具有什么样的价值观,甚至这个群体的一般性特征都会成为影响这个群体发挥社会功能、承担社会使命的决定因素。而社会工作专业对专业人才的需求,无论从数量上来说,还是从质量上来说,都只能在专门的教育机构中培养。从数量上来说,随着现代化进程的不断加快,社会对社会工作专业的需求越来越大,需要有大量的社会工作者为有需要的人们提供专业服务。社会对社会工作者这种数量上的需求仅凭个人在实践中通过经验积累是无法满足的。只有在现代教育制度下的专业教育才能在特定时间里培养大批合格的社会工作者。另一

方面从社会服务对专业人才的质量要求来说，其人才的培养也只能在专门教育机构中完成。因为提供服务过程中所需要的专门知识、技能技巧如上所述只能在专门的教育机构中在专门人员指导下才能掌握。这就决定了社会工作专业教育在社会工作专业体系中占据着举足轻重的地位。

第三，社会工作专业教育作为高等教育在培养专门人才的同时，还具有推动社会工作专业知识增长和社会工作专业服务模式创新的作用。社会、人都是不断发展变化的，对社会服务的需求也是不断变化的。面对新的需求、新的情境，社会工作专业必须不断进行知识创新，不断创造新的服务模式，以适应服务需求的这种变化。这就要求社会工作专业教育机构不仅要培养专业人才，更要直接参与社会工作实务，在实践中探索社会工作专业知识的增长点，探索改变社会服务模式的途径。这不仅是社会服务的要求，也是社会工作专业自身生存的要求。在现代社会里，不创新即意味着淘汰，对于社会工作专业来说尤其如此。

专业化是一个由在经验指导下的个人职业行为的集合向由一套系统理论指导下的从业人员的群体共同的职业行为发展的过程。专业化是一个动态过程，是一个社会服务不断发展和趋于完善的过程，同时这也是一个无止境的过程。专业教育是社会工作专业不断成熟和完善的制度性保证。

二、社会工作教育与本土化的关系

社会工作本土化最早是在 1971 年联合国第五次国际社会工作培训调查时提出的。社会工作本土化被定义为将社会工作功能和教育与某个国家的文化、经济和社会现实结合起来的过程。这里所谓社会工作本土化是指当社会工作专业进入一个非原生社会时所必须完成的一种转变。这是由社会工作专业作为服务于人的专业性质所决定的。生活在每一个社会系统中的人，都有属于自己的风俗、习惯、道德规范乃至禁忌，有属于自己的语言符号系统。对于不属于这个社会系统的任何事物具有排异性。这种排异性反映为两个方面，一方面是作为受体的文化体系不能接受外来文化系统所产生的排异反应，另一方面是作为传入者对受体文化的不适应问题。而这个适应过程是双方的，需要在双方的共同调试过程中完成本土化过程。

在将社会工作专业引进中国时，我们首先就面临一个本土化的任务。社会工作是一个发端于西方国家的专业性社会服务。社会工作专业的知识体系、价值观和伦理都深深植根于西方国家的文化传统之中。而中国作为一个后发国家在将社会工作引入我们的社会体系时，首先就要面对一个问题，那就是来自西方的社会工作专业对中国文化传统、社会结构乃至现实制度体系甚至意识形态的适应问题。而对于一个服务于人的专业来说，本土化的任务还不仅限于适应本土文化，更重要的是在适应的基础上发挥作用。因为对社会工作专业来说，只有发挥作用才有生存的可能性,存在于一个文化之中对于社会工作专业来说并不难。或者说只完成存在意义上的本土化并不能说是完成了本土化的过程,只有真正融入一个社会体系之中,并在一个社会中真正发挥了作用才能说完成了本土化的过程。对社会工作在中国的本土化问题,王思斌认为"社会工作在中国的本土化是指产生于外部的社会工作模式进入中国(这是一套经济的、政治的、社会文化的制度体系),同其相互影响进而适应中国社会的需要而发挥功能的过程。"①无论是站在社会工作专业的立场上,还是站在中国社会发展需求的立场上,作为来自国外的社会工作专业的本土化是必要的、必需的,否则就没有将社会工作专业引入中国的必要了。而我们现在需要考虑的是如何进行社会工作专业的过程,本土化的途径是什么。

一般来说本土化的方式有两个,一个是在实践中直接检验外来的社会工作专业模式,在实践中发现外来社会工作模式的不适应问题以及适应的可能性。这种方式的问题在于直接的实践检验需要较长的时间,可能还会走许多弯路。但是只要从实践中走出来,也就是说经过实践检验之后,所总结出来的社会工作模式就成为一个已经完成本土化过程的实践模式。本土化的另一种方式是首先在理性层面上进行检验。在理性检验过程中首先要对社会工作的知识、技能技巧和价值体系进行梳理,同时还要对社会工作专业所涉及的中国社会结构中的相关领域进行梳理,在二者的对比过程中发现双方在相互适应中需要解决的问题,并进一步在理论上制定本土化的方案和策略,最后放到实践中验证。经实践检验后再作进一步修正。这种方式可以使本土化的实践过程具有明确的目标和方向。这种本土化方式的问题在于理性检验过程只能在大的结构和框架上进行,最终的本土化过程只能在实践中完成,但是,在一定程度上却可以缩短本土化的过程,尽快完成社会工作的本土化。

社会工作专业教育在社会工作本土化过程中的作用主要体现在两个方面,首先是将产生于外部的社会工作专业理论、知识、方法、技能技巧系统地介绍到我们的文化体系中来。其次,在介绍的同时,专业教育还在自觉地进行着本土化的过程。这是由社会工作专业教育作为高等教育的特性所决定的。作为中国高等教育制度体系的一个组成部分,中国社会工作专业教育也必定深深地反映着中国的传统文化、现实制度的要求,专业教育者也是成长于中国文化体系之中。这就使对来自西方的社会工作专业进行介绍过程本身就是一个本土化过程。在这个过程中,有高等教育制度本身对外来文化的制度性选择,也有教育者出于文化理性甚至是文化本能对来自西方的社会工作专业的本土化过程。而专业教育

① 王思斌:《试论中国社会工作的本土化》,载何国良,王思斌主编:《华人社会社会工作本质的初探》,(香港)八方文化企业公司2000年版。

在本土化过程中的作用不是被动的,更多的是主动地、理性地对来自外部的社会工作专业进行本土化的改造过程。这个过程在专业教育当中体现为两个方面。首先,教材和课程计划的确定是对西方社会工作专业理论、知识体系以及技能技巧,特别是专业价值观的文化选择过程。教材和教学计划的确定过程是一种集体性本土化过程。其次,教学过程也是一个本土化过程。相对于教材编写和课程计划的确定过程,从教师的角度来说这是一个个别性的本土化过程。不能忽视的一点是,在教学过程中,学生也是社会工作本土化的直接参与者。学生参与社会工作本土化在结果层面上表现为两个方面,一方面表现为学生在参与课堂教学的过程中也就直接参与了本土化过程。另一方面,学生在完成学业成为社会工作者之后,在服务人的过程中实践者社会工作专业本土化的工作。

社会工作教育在社会工作本土化过程中发挥着举足轻重的作用,它是社会工作本土化过程必不可少的机制。

近年来,许多学者对于社会工作本土化的问题本身进行了反思。并从不同立场阐述了对本土化问题的认识。美国学者詹姆斯·梅志理(James Midgley)从反对文化帝国主义的角度认为,强调作为来自发达国家的社会工作专业进入发展中国家后,与当地社会的适切性。梅志理作为一个来自美国的学者,以中肯的态度反思了发达国家的文化霸权。格蕾和科茨(Gray&Coates)也注意到了这一点,她们在关注作为外来文化的社会工作知识的同时,也注意到了本土知识经验在社会工作发展中的地位和作用。王思斌曾将20世纪后半期由政府及人民团体、单位组织进行的、面对民众和社会成员的服务活动,特别是社会福利服务活动归为本土社会工作①。马良也提出了本土社会工作与来自西方的社会工作之间的对话问题②。这一方面是学者们对社会工作本土化问题的理论取向在发生变化,另一方面也体现了各个文化共同体内部社会工作专业知识和话语的生长,体现出文化平等对话的要求。换句话说,无论将社会工作看做西方发达国家工业化发展过程的必然产物,还是看做不同文化共同体之间的共识,只要彼此认可将建立一个世界性的专业共同体作为目标,哪怕是来自不同文化共同体内的学者们试图向全世界其他区域推广自己的发展成果。这绝不应该是一个文化殖民的过程,而应是一个各种文化共同参与,平等对话,谋求共识的过程。

---

① 王思斌:《中国社会工作本土化实践片论》,《江苏社会科学》2011年第1期。

② 马良:《中国社会工作本土化和文化适切性的哲学思考》,《辽东学院学报(社会科学版)》2010年第2期。

第四节 中国的社会工作教育

一、中国社会工作教育的历史

中国社会工作教育的历史可分为两个部分。第一部分是1949年以前,第二部分是1988年以后至今。这样划分是因为两个阶段是割裂的。1952年所进行的院系调整中,社会工作同社会学等学科一起被取消。这使两个部分之间没有直接的历史联系。

鸦片战争后,西方传教士随着列强的坚船利炮也开始大规模地进入中国。对于宗教传播的文化侵略性质已有定论,在这里我们不必讨论。在确认其文化殖民性质外,我们也应该客观地看到传教士在中国也作了大量的慈善救助工作,客观上救助了大量的贫困人口。传教士在开展慈善救助工作的同时,也推动了社会工作教育在一些大学中的设立。

步济时(J. S. Burgess)1912年在中国创办了"北京实进会"(Student Social Service Club),倡导社会服务。1922年步济时等人倡议建立燕京大学的社会学系,为美国在中国设立的社会团体及社会福利服务机构培养社会服务工作专门人才。1925年燕京大学社会学系改名为"社会学与社会服务学系"。福建协和大学在20世纪30年代组建了乡村服务系,1940年金陵女子大学设立家政系。在这一时期开设社会工作专业教育的学校还有苏州教育行政学院、上海沪江大学、广州岭南大学、山东齐鲁大学等学校。这个时期的社会工作教育虽然主要是教会倡导举办,但是,他们也并没有将社会工作教育等同于教会的传教活动,而是将社会工作作为科学的社会服务,社会工作是要提高公共福利,不仅仅通过它的慈善方面的救济贫苦,而且通过对社会状况的深入研究达到改正社会秩序陋习的目的,并指出社会工作在所有的具体工作中都是用个别对待的方法和应用科学方法来分析个人问题。这就表明了这个时期社会工作教育已经具有了较高的发展水平。

1949年新中国成立,中国的历史开始了一个新的阶段。社会的变迁,对社会工作专业发展也产生了巨大的影响。1952年院系调整,社会工作专业同社会学等学科一同被取消。在这50多年中,社会工作专业的职能直接由政府组织承担。王思斌将这种状态下的"社会工作"称之为"政府负责的、非专业化的社会工作"。这种非专业化的社会服务体系不需要专业的社会服务人才,不要求服务提供者接受专业训练。这就使社会工作专业失去了社会基础,当然也就不需要社会工作教育为其培养专业人才。因此,在新中国成立后的50多年中,社会工作专业教育的发展成为一段空白。

中国社会工作教育发展的第二个阶段是从1988年开始的。1988年,民政部为了推动社会工作的发展,特邀请一批知名的学者以及国家教委有关部门负责人,在北京马甸举行了社会工作教育论证会,确认了社会工作专业的学科地位。在这次会议的基础上,同年国家教委批准北京大学社会学系招收社会工作专业本科生和研究生。这成为中国社会工作专业教育的开端。这标志着社会工作专业教育被纳入中国的高等教育制度体系中。也是在这一年,北京大学与亚太区社会工作教育协会联合举办社会工作教育研讨会,对中国社会工作教育的发展起到了推动作用①。这时,恰逢党的十一届三中全会确定实行改革开放政策十年之际。社会工作专业教育被纳入中国高等教育体系,意味着中国社会对社会工作专业所借以生长的社会理念获得了一定程度的制度性接纳,并使之得以在中国现实社会体系中逐渐生长起来。这在市场经济制度、观念尚未取得合法地位的时期是难能可贵的。而社会工作专业教育能在市场经济制度建立之前就得以发展,也为社会工作专业在中国的市场经济制度建立之后的发展作了预先的准备。这使社会工作教育的发展成为中国社会工作专业发展的理性开端②。在这个时期开设社会工作教育的院校还有中国人民大学、吉林大学、厦门大学,稍后又有中国青年政治学院、民政部管理干部学院、中华女子学院等建立了社会工作系或专业。这进一步推动了社会工作教育的发展。

1994年,中国社会工作教育协会被批准成立。北京大学社会学系教授袁方被选为第一任会长。社会工作教育协会在成立后的两年多时间里作了大量工作,为社会工作教育在中国的发展积蓄了力量。在此基础上,于1997年召开了中国社会工作教育协会第一届年会。与会代表44人,代表18所开办社会工作教育的院校。在这一届年会上,与会代表讨论了社会工作教育的发展状况和前景。会议经过讨论向各开设社会工作教育的院校推荐了社会工作专业应开设的必修课和专业基础课。社会工作专业必修课和基础课的确立,对于社会工作教育的发展来说是非常重要的。这在一定程度上规范了各家院校专业课程设置,为许多新开办和准备开办社会工作专业教育的院校提供了课程框架蓝本。会议还讨论了有关社会工作专业规范的问题,确认了专业规范对社会工作专业发展的重要意义,并深入讨论了遵循国际规范与社会工作专业本土化问题,使社会工作专业教育开始走上了规范化发展进程,在这一届年会上还确定以后每两年召开一次年会。在这一届社会工作教育协会年会之后,社会工作教育有了长足的发展。1999年召开第二届年会时,参加会议的学校增加到48所;2001年第三届

---

① 袁方:《面向21世纪,推动我国社会工作教育的发展》,《中国社会工作研究》1998年增刊。

② 孙立亚:《中国社会工作专业的理性发展》,《中国社会工作》1996年第1期。

年会上,参加会议的学校已经超过 100 所。截至 2003 年 9 月,开办社会专业的学校已经增加到 200 多所。开办社会工作教育的学校的增加,一方面表明社会工作专业在中国的发展呈现出迅猛的势头,说明中国社会对社会工作专业的认可程度越来越高,在中国社会中已经具备了发展社会工作专业的社会基础;另一方面也表现出社会工作专业教育基础建设的急迫性。在开办社会工作教育的学校大规模增加的形势下,专业师资、教材以及社会工作专业教育所要求的基础设施的建设都表现出很大的紧迫性。

二、中国社会工作教育的现状

中国社会工作教育只有短短二十多年的发展历史,但是中国社会工作教育却取得了巨大的成果。这是因为中国的社会工作教育作为后来者,有西方国家和中国香港、台湾地区的社会工作家与发展经验作为借鉴,是中国社会工作教育有了一个较高的起点。但是,中国社会工作教育的发展也还存在许多问题。

第一,就社会工作院校的数量来看,经过二十几年的发展,尽管相对于中国的人口来说,所培养的专业人才的数量还很少,但是,相对于中国社会工作专业实务领域的发展状况来说,社会工作专业教育院校的数量已经走在了社会对社会工作专业人才的需求前头。这对中国社会工作专业发展的意义应该从两个方面来看。从积极意义来看,社会工作专业院校培养大量社会工作专业毕业生,为社会工作专业实务的发展积蓄了人才。这是社会工作专业发展必不可少的条件。但是,从另一方面来看,由于中国社会工作专业制度体系尚未建立,还没有明确的社会工作专业职业体系。社会工作专业毕业生没有专业对口的岗位可以就业。因此,中国社会对社会工作专业人才的需求是模糊的。这种模糊性首先表现在数量上,以目前中国社会服务体系来看,究竟应该有多少受过专业训练的社会工作者在实践中为人们提供专业服务?这在目前是一个难以说清的数字。另一方面,在目前中国社会服务实践中,究竟需要什么程度专业训练的社会工作者,这也是一个尚未得到明证的问题。这就可能发生人才资源浪费的问题,因为受过社会工作专业训练的毕业生没有明确的就业岗位,势必会产生毕业生流失现象。这是一个结构性矛盾,社会专业教育的迅速发展与社会对社会工作专业毕业生的需求之间不相匹配。这是社会工作教育发展中一个亟待解决的问题。

第二,经过二十几年的积累,中国社会工作教育在师资、教材以及专业研究等方面都取得了巨大的成就。在 20 世纪 80 年末 90 年代初,中国社会工作教育刚刚起步时,各院校在这几个方面真可称之为“一穷二白”。经过二十几年的努力,目前,全国各家院校已经逐步建立起了自己的师资队伍,更重要的是国内各院校自己培养的专业人才已经开始补充到专业教师队伍中来。现在,社会工作教育不仅具有了一定规模的师资队伍,而且专业师资的培养机制也已经逐步形成,使社会工作教育在师资问题上已经走上了良性发展的道路。而在师资发展的同时,社会工作专业教材建设也取得了长足发展。经过各社会工作专业院校教师的不断努力,编写了大量的社会工作专业教材。2003 年中国社会工作教育协会针对社会工作专业 10 门专业核心课程组织全国社会工作专业教师编写教材(包括本书)。这套教材的成功编写在中国社会工作教育发展中的作用还有待专业教育实践的检验。但是,能够独立组织编写一套社会工作专业教材本身就标志着中国社会工作教育开始走向成熟,也表明中国社会工作教育专业理论和实务方面都有了一定的积累。而这套教材本身也应该成为中国社会工作教育深入发展的一个重要的平台,为中国社会工作教育乃至中国社会工作专业的发展积蓄力量。因为一套完整的社会工作专业教材对于蓬勃发展的中国社会工作教育是一个重要的基石,必将对社会工作教育的发展起到推动作用。

第三,社会工作教育在经历了二十几年的自身建设的同时,开始逐步走出学院,参与中国社会工作实务的发展,成为中国社会工作专业发展的重要推动者和参与者。中国社会工作专业与西方国家有着不同的发展道路。在西方国家里,社会工作的发展首先是实务经验的积累。当社会需求发展到一定程度之后,社会服务对社会工作者的素质有了更高的要求。在这种情况下,社会工作教育开始出现。社会工作教育的出现也进一步推动了社会工作专业化的发展进程。在中国则是社会工作教育走在了社会工作实务之前。在社会工作实务体系还没有建立之前,社会工作院校在港台地区以及英美国家的影响下,建立起中国的社会工作专业教育。这天然地将推动中国社会工作专业发展的使命赋予了中国社会工作教育。但是,在中国社会工作教育发展的初期,社会工作教育的首要任务是完成自身建设。目前,各家院校已经初步完成了自身建设,有些院校社会工作专业的建设已经比较成熟。这也就为学院直接参与中国社会工作实务的发展提供了条件。因此,各院校开展专业学生实习的基础上,开始了直接参与社会服务。近年来,许多大学社会工作专业教师甚至走出学院直接开办社会工作服务机构,一方面将自己所掌握的社会工作专业知识和技能运用于服务公众,另一方面也为学院里的社会工作专业教育提供了直接的实习与实验基地。

学院对社会服务的直接参与不仅有利于社会,同时也是社会工作教育自身发展的要求。因为社会工作专业不同于其他专业,它是一个服务于人的专业。社会工作专业教育必须与实务紧密结合,随时反映社会服务的要求以及发展变化。更重要的是社会工作专业人才的培养过程最终只能在实践过程中完成,经过实习和实践锻炼,一个学生才能最终成为合格的社会工作者。因为社会工作专业的技能技巧,社会工作专业价值观都只能在实践中最终形成。因此,如果社会工作教育与实务结合不够紧密,就将延误社会工作专业人才的成熟与发展。

第四,社会工作专业教育体系、学术制度建设不断完善,社会工作专业学术水平也在不断提升。中国社会工作教育协会自1997年第一届年会以来,已经成功召开了七届年会。历届年会在总结协会工作、部署下一阶段发展规划的同时,协会在会员发展上采取了以核心力量带动新开办社会工作课程的学校一同发展的方针。极大地促进了社会工作专业教育的发展。

2009年,国务院学位委员会办公室发布了《关于开展社会工作硕士专业学位教育试点工作的通知》,在全国33所院校开展社会工作硕士专业学位教育试点工作。到2012年9月招收社会工作专业硕士的院校达到60所。开展社会工作专业硕士教育的目标是为中国社会工作专业的发展培养高级专业人才,这也是提高中国社会工作专业化发展水平的一个重要举措。北京大学等一些学校开始招收社会工作的博士研究生,为中国社会工作专业发展培养更高层次的学术人才。

总体上来说,经过二十几年的发展,中国社会工作教育制度体系建设逐渐完善,学术积累不断加厚,真正能够承担起推动中国社会工作专业发展的历史使命。

三、中国社会工作教育的任务

目前,中国社会工作教育已经初步完成了自身建设,社会工作教育规模不断扩大。国家的改革也在不断向纵深发展,在经济体制改革取得巨大成果的同时,社会体制的改革逐渐展开。这都对社会工作教育的发展提出了新的要求。特别是作为中国社会工作专业发展的肇始者,中国社会工作教育责无旁贷地要承担起推动中国社会工作专业发展的历史使命。概括起来,中国社会工作教育主要有以下几个任务:

中国社会工作教育最首要的任务是培养适合中国社会发展需要的社会工作专业人才。中国社会工作正在随着社会转型不断孕育生长,而且随着政治体制改革的深入,对社会工作专业人才需求也呈现出上升趋势,甚至可能会在将来呈爆发式上升。这就要求社会工作教育必须做好充分准备,在社会提出要求是能够迅速适应这种要求。

这里所说的培养人才不是简单的数量增长,更重要的是在数量增长的同时形成能够满足社会需求的人才结构。社会工作专业服务的人群是非常广泛的。不同人群之间存在着巨大的差别,有着不同的需求。这就要求社会工作专业以不同的服务满足不同人的独特需求。而社会工作专业人才的结构直接受到社会工作专业教育结构的影响。也就是说社会工作教育培养什么样的专业人才,在一定程度上决定了社会工作不同服务领域的发展。目前,我国社会工作教育所培养的社会工作专业人才还处在培养通才的阶段,在专业设置上还没有产生明显的分化和分工,对于不同人群的需求还没能在专业设置上给予充分的重视。

因此，在今后一个时期里，社会工作教育应该在专业设置上进行研究，调整专业培养结构，逐渐形成各方面人才配置合理，与社会对社会工作专业人才的需求结构相一致。这是一个长期的任务，因为社会是不断发展变化的，社会需求也将随着社会的发展变化而不断地发生变化。这就要求社会工作教育必须能够随时调整专业设置，根据社会需求培养各方面的专门人才。调整专业设置的直接依据是社会对不同服务的需求。例如，当前我国即将进入老龄化社会，老人服务的需求成为在各种需求中增长最快的一项服务需求。与之相应，社会工作教育就应该着力培养能够提供老人服务方面的专业人才。所以，社会工作专业教育院校必须随时关注社会需求的变化，不断作出相应调整。

中国社会工作教育的第二个任务是促进社会工作专业的本土化，同时推动中国本土经验的总结。这是一个问题的两个方面，其核心问题是建构中国社会工作专业的知识体系和实务模式。建构中国社会工作首先要做的一项工作就是要做好西方社会工作专业知识、理论以及方法技巧的本土化。就社会工作专业发展来说，中国是一个后来者。英美等国家的社会工作专业已经有了一百年的发展历史。他们已经拥有相对成熟的社会工作专业知识、理论以及方法技巧。学习借鉴西方的成功经验，是发展中国社会工作专业的捷径。对于这一点，中国社会工作教育的同行们有着相对一致的认识。但是，如何进行社会工作专业的本土化，面对纷繁复杂的西方社会工作专业知识、理论、技巧，哪些是我们可以直接接受而不必进行本土化改造的，哪些是必须经过本土化过程才能适应中国社会工作专业发展需要的，这是中国社会工作教育界必须承担的责任。社会工作本土化是一项长期的任务，因为在我们进行本土化工作的同时，西方社会工作专业也在不断地发展，随时有新的社会工作知识、理论以及方法技巧被创造出来。因此，这就要求我们不断地吸取西方的先进经验并不断地开展本土化工作。

发展中国社会工作专业的另一条途径是总结本土经验。不可否认，在中国没有专业水平的社会工作实践活动可供我们研究和总结。但是，这并不意味在中国文化传统与现实生活中不存在可供我们研究和总结的因素。中国是一个有着悠久历史和丰富文化传统的国家，其中不乏可供总结的助人经验而在1949年以后的“政府负责的、非专业化的社会工作”的实践经验也包含着大量的助人要素，经过总结之后是可以纳入社会工作专业知识体系中来的。从另一方面来说，在社会工作专业知识体系中，如果没有中国经验的贡献就是不完善的。

中国社会工作教育的第三项任务是推动中国社会工作专业体系的发展。中国社会工作教育作为中国社会工作专业的肇始者，推动中国社会工作专业体系的发展是不可推卸的责任。新中国成立后，实施了计划经济体制。相应地实施了由政府直接负责的，以管理为基本手段和特征的社会福利体制。党的十一届三中全会决定实施改革开放政策至今，经济体制已经转变为社会主义市场经济体制。在市场经济社会里,人们需要充分发展个人潜能的空间。因此,社会必须改变管理的观念和方式,服务于人们的需求,为社会工作专业的发展提供了必要的空间。另一方面随着市场经济社会的发展,人们所面对的问题也发生了巨大的变化。人们所面临问题的根源已经由简单的物质需求的不满足造成的问题,转变为以精神需求的不满足和社会关系等方面造成的问题。这就要求社会为其提供个性化的服务,因此,发展社会工作专业是中国社会发展的必然要求。在中国社会工作专业发展过程中,社会工作教育应该承担起推动专业体系建设的责任。目前,中国社会工作生长于转型社会,如何建立专业的社会工作体系是一个正在探索的问题。其中有很多理论与实务问题亟待解决。社会工作教育的参与定能加快中国社会工作的专业化进程。

推荐阅读文献

M. Cheung, Liu Meng. 中国妇女的自我概念与中国社会工作本土化. 曾家达,王思斌. 21 世纪中国社会工作发展国家研讨会论文集. 北京:中国社会科学出版社,2001

马良. 中国社会工作本土化和文化适切性的哲学思考. 辽东学院学报(社会科学版). 2010(2)

王思斌. 中国社会的求—助关系——制度与文化的视角. 21 世纪中国社会工作发展国际研讨会论文集. 北京:中国社会科学出版社,2001

王思斌. 中国社会工作本土化实践片论. 江苏社会科学. 2011(1)

孙立亚. 中国社会工作专业的理性发展. 中国社会工作. 1996(1)

杨齐福. 教会学校与近代中国社会工作教育的发端. 王思斌. 中国社会工作研究(第二辑). 北京:社会科学文献出版社,2003

袁方. 面向 21 世纪,推动我国社会工作教育的发展. 中国社会工作研究. 1998(增刊)

Gray M, Coates J. Indigenization and knowledge development: Extending the debate. International Social Work, 2010(5).

Midgley J. Professional imperialism: Social work in the third world. London: Heinemann, 1981.

第十二章

社会工作的未来发展

社会工作产生于应对工业社会以来剧烈社会变迁所带来的社会问题的实践。20世纪的社会变迁促进了社会工作的发展,20世纪中后期新自由主义的泛滥给社会工作的发展带来新的挑战。中国的社会工作也会在我国的社会变迁中展现出自己的特点。

第一节 社会变迁中的社会工作

一、20世纪以来的社会变迁

(一) 世界社会变迁

过去的一个多世纪,人类社会发生了重大而复杂的社会变迁。从总的特征来看,20世纪是现代化在全世界进一步发展的过程。20世纪,在发达资本主义国家的影响下,发展中国家也被卷入现代化进程,并以赶超战略去实现自己国家的现代化。随着现代化的发展,世界也在积累着不平等,不管在全球范围内还是在一国范围内都是如此。这些都对社会工作产生了深刻影响。

1. 现代化是20世纪的主要特征

正如社会学家沃勒斯坦所指出的,从16世纪开始,世界就越来越成为一个体系①。我们可以发现,在20世纪整个世界已经体系化了,这反映在经济、政治等各个方面。20世纪的经济基本上是资本主义的市场经济进一步发展的历史,资本主义所到之处一方面形成了巨大的生产力,另一方面也制造着社会分化。

---

① [美]伊曼纽尔·沃勒斯坦著:《现代世界体系》(第1卷),罗荣渠等译,高等教育出版社1998年版。

20世纪的一个重大历史事件是社会主义的发展,以及资本主义与社会主义两个阵营的对立和斗争。这不但影响着世界的政治和经济,也影响着一些国家的社会福利制度的发展。在西方发达国家形成了不同类型的福利资本主义,社会主义国家实行国家福利制度,发展中国家和地区也建立了不同的社会保障制度。

20世纪后期,西方发达资本主义国家进入"后工业社会""晚期资本主义"阶段,出现后现代性和后现代文化的发展。按照韦伯的见解,资本主义的发展是一个理性化过程,是一个以工具理性为手段追求效率的过程。工具理性是非人格化的,它在获得规范化、标准化和效率的同时也限制着人的发展,韦伯称其为资本主义的"铁笼"。在现代社会中,国家权力以各种方式对社会生活的各个领域加强了渗透并对其成员加强控制。法国社会学家福柯认为,现代国家的权力以各种方式强化着对人们身体自由的控制,人们的所有活动几乎无一不在国家"权力的眼睛"的监视之下。

后工业社会或资本主义的晚期发展以新的科学技术为先导,它创造了新的生产方式,改变了人们传统的联系方式。20世纪中期以后,主要起源于欧洲的对现代化的反思影响着几乎整个思想界,他们批评现代化崇尚物质主义、扼杀人性,于是恢复人的价值,关心人成为强有力的呼声。在这方面,西方马克思主义对现代资本主义的批评显得更加深刻和全面。

2. 社会福利制度的发展

社会福利制度的发展是20世纪的一大景观。19世纪末德国开始实行社会保险制度,到20世纪初德国基本上形成了社会政策体系。19世纪末到20世纪初英国的社会保障制度也开始实行总体性的变革,先是对实行了近300年的《济贫法》进行了完善,到20世纪40年代英国制定并实施了一整套社会政策并宣布建成福利国家。美国虽然高度崇尚自由主义,但是在20世纪30年代也实行了社会保障制度,与之相配合,美国的社会工作体制也获得了快速发展。北欧国家则由于其丰厚的社会民主与平等的传统,出台多种社会福利政策,建立了福利国家。这样,欧美资本主义国家先后建立了不同的社会保障或社会福利制度,形成了多样化的"福利资本主义"。从19世纪末到20世纪60年代,西方发达资本主义国家在发展社会保障和社会福利制度方面展现了与自由资本主义阶段不同的特征,它们越来越注意消除自由竞争所造成的消极后果,关注并企图维护社会公平。无论出于经济还是政治目的,发达资本主义国家在维护弱势群体的基本生存和利益方面作出了重要努力。

20世纪是社会主义制度在世界范围内获得重大发展的世纪,虽然20世纪末社会主义在相当大的范围内遭遇了挫折。从第一个社会主义国家苏联的建立,到第二次世界大战后社会主义阵营的建立,社会主义的理念和制度在世界范围内得到广泛传播。在社会主义国家,生产关系和与此相关的社会财富的分配制度也反映了马克思主义的社会保障观。一些社会主义国家则按照马克思的理论建立起社会保障和社会福利制度。以《哥达纲领批判》中的社会财富的再分配理论为基础,社会主义国家实行了以计划经济为基础的社会保障制度。从而形成资本主义与社会主义两种社会制度在社会福利方面的比较和竞争。

随着经济与社会的发展,出于政治、经济与社会等各方面的原因,一些发展中国家也着手建立不同层次的社会保障制度。比如智利从20世纪70年代开始由政府强制形成了以社会保险为主的社会保障制度,新加坡形成了以储蓄为主的社会保障制度,等等。虽然各国社会保障制度有很大差异,但是从历史的角度来看,社会保障制度的发展确实是20世纪的一个重要时代特征。

20世纪70年代以来,保守主义或自由主义在西方发达国家开始占据主导地位。在消除福利国家所带来的弊病、促进经济发展的旗帜下,英国的社会福利政策明显向右转,美国的社会保障制度受管理主义的影响也更加注意福利资源的效益并紧缩社会福利开支。对“福利病”的批判促使许多福利国家的社会福利政策变得更加苛刻,这些也对发展中国家的社会福利制度产生了重要影响。然而,20世纪末新自由主义的过分泛滥带来的问题,“华盛顿共识”①的失败,也给世界各国的经济社会发展带来更深刻的思考。

(二) 20世纪中国的社会变迁

1. 社会制度的变迁与体制改革

20世纪是中国社会变化最剧烈的时期。19世纪中后期中国在外部压力下探索富国和现代化之路,20世纪上半期中国内部政局动荡,经济和社会现代化受到挫折。1949年中华人民共和国成立之后开始了社会主义现代化进程,但又被长期的政治斗争影响。直至改革开放,中国大陆才重新开始走上现代化的进程。

30多年来,我国的现代化是在体制改革的背景下启动和进行的,它的基础是计划经济体制下形成的一系列制度遗产,包括高度集权的计划经济体制,在城市中占主导地位的单位体制,控制农民向城市流动的户籍制度和城乡分割的“二元社会”体制等。而这些制度遗产又深刻地影响着当今我国社会福利制度和社会工作的发展。

对我国城市来说,单位制度是一种整体性制度。所谓整体性是说这一制度涵盖了城市生活的各个方面。在计划经济体制下,作为单位组织主体的国营企业既是经济组织,也是政治组织,同时也是社会福利机构。政企不分、企社不分使单位成为全能的组织,既组织生产,也向其成员及其家庭成员提供福利保障并

① “华盛顿共识”是根据20世纪80年代拉美国家减少政府干预,促进贸易和金融自由化的经验提出来并形成的一系列政策主张,它以新自由主义学说为理论依据,在20世纪90年代广为传播。

对他们进行管理。高度一体化是计划经济体制下我国城市结构和运行的最突出特征。在农村,则实行集体主义的经济制度,采取自己的组织方式、实施不同的社会政策。户籍制度限制着城市化,固化并扩大着城乡居民之间在公共服务和权利方面的差别。

近30多年来,我国经历着快速的社会转型,它是由发展转型和市场化改革叠加而成的。由市场化启动的社会转型既是由农业社会向工业社会的变化,也是由传统社会向现代社会的变化。至于体制改革,首先是农村经济体制和社会管理体制改革,接着是城市经济体制和社会管理体制改革,它涉及生产组织形式和利益分配机制的变化,产业结构和劳动力组织方式的变化,城乡经济格局和城乡关系的变化,社会管理方式的变化。正如中共中央十六届六中全会做出的《中共中央关于构建社会主义和谐社会若干重大问题的决定》所指出的,我国已进入改革发展的关键时期,经济体制深刻变革,社会结构深刻变动,利益格局深刻调整,思想观念深刻变化。这种空前的社会变革,给我国的发展进步带来巨大活力,也必然带来这样那样的矛盾和问题。在这一过程中,工业化、城镇化、政治民主化、社会结构的分化以及社会价值的世俗化都反映出具有中国特色的社会现代化的特点。

2. 中国现代化与改革所遇到的社会问题

按照社会学家艾森斯塔德的说法,中国的现代化属于后发展型,即相对于西方发达国家来说,中国的现代化是迟缓的。后发展型现代化是发展中国家和地区现代化的共同特征,它一般表现为经济落后,政治上的集权体制,社会政策方面的滞后等。我国的社会转型面临着众多社会问题,它们不仅对经济和政治带来挑战,而且要求作出社会政策方面的反应。一些与基本民生相关的问题有:

由经济全球化所导致的产业结构调整与就业问题。如果说20世纪70年代末80年代初开始的农村经济体制改革是为了解决我国人民的基本生存条件的话,那么,城市的经济体制改革,特别是90年代之后进行的市场化改革就有明显地应对国际竞争的意义。经济全球化、加入世界经济贸易组织对中国是一个机会,但也是一个挑战。我国必须拥有应付这些挑战的基础条件,包括对社会问题的承受能力,尤其是对就业、收入分配、社会分化等方面问题的承受能力。

城市化是社会现代化的基本组成部分。长期以来我国的政策压制了城镇化进程①,以致我国的城镇化明显地落后于经济发展的要求。近些年来,我国加快了快速城镇化进程,一些农村人的生活方式发生了重要改变。但是同时,进城农民工及其子女的待遇、地位和在城市中受排斥,失地农民的生活及社会保障,城

① “城市化”是国际社会对社会现代化的通常提法,“城镇化”是我国党和政府的提法,如党的十六大报告提出:“坚持大中小城市和小城镇协调发展,走中国特色的城镇化道路”。

市重建中拆迁给人们的社区生活带来的影响，都成为复杂的、影响深远的问题。

贫富差距拉大，社会财富分配不公。按着国际经验，在一个国家现代化的初期或经济起飞时期，在社会财富迅速增加的同时，社会财富的分配不公问题也会加剧。库兹涅茨的“倒 U 型曲线”指出了这一点。库兹涅茨认为，一个国家在经济起飞之前社会财富在国民之间的分配在总体上差距可能并不是很大。在进入高速经济发展时期，收入分配的差距会进一步加大，从而呈严重的两极分化状态，这是同市场经济鼓励企业家的经济投资所决定的。到经济较高度发展阶段，收入两极分化的程度可能会有所减缓。20 世纪 90 年代中期以来中国加快向市场经济体制转化，在经济持续高速发展的同时，中国的贫富分化问题一直在加剧，基尼系数居高不下。这不但是一种社会不公正，而且也潜伏着社会危险。因为随着社会贫富差距的加大，经济利益的被剥夺者可能会产生某种不满，甚至会产生社会仇恨，这会对社会秩序产生严重的不利影响。贫富差距过大已经成为全社会十分关心的重大社会问题。

老龄化问题。20 世纪下半叶以来，整个世界的老龄化在加速，许多发达国家也已经迈入老龄社会并成为重大的社会问题。因为社会老龄化和高龄化在经济上会带来“积极人口”与“消极人口”的结构问题。在现代社会特别是市场化社会中，老年群体常常会沦为弱势群体和困难群体，这又会引申出代际团结问题。中国的人口老龄化有自身的特点：不但表现为老年人口的数量极其巨大，而且表现为中国在现代化的起步阶段就开始了老龄化进程，未富先老是中国老龄化的一个重要特征。社会转型是老龄化发生的一个重要的社会背景。由于家庭小型化和价值观念的变化，城市老年人的养老正面临严重挑战，而大量农民进城务工则给农村留守老人的晚年生活带来难以预测的变数。

另外，中西部农村的贫困、残疾人群体的社会服务等都是迫切需要解决的问题。

（三）社会变迁的未来趋势

1. 全球化的继续发展

20 世纪 70 年代，世界石油危机催化了世界经济危机和社会危机，与此相应，各国也开展了激烈的经济竞争、技术竞争和政治竞争。20 世纪 70 年代末英国保守党掌握政权之后，迫于庞大的社会福利开支所带来的压力，英国开始实行更加自由的经济政策，减缩福利开支并推进社会福利的私营化。美国的里根政权上台后更极力推进自由主义的经济政策。苏联、东欧社会主义国家的解体是 20 世纪世界性社会变迁的最重要事件之一，它改变了社会主义与资本主义两个阵营的大规模的尖锐对立的局面，这些国家开始走向私有化和市场化改革。进而，早已启动的经济全球化在世界范围内获得了快速发展。至 90 年代，经济全球化已经成为影响世界经济的重要的、不可忽视的力量。资本在国际范围内快速流动,快速发展的科学技术有力地促进着各国经济的融合与竞争。而由此带来的是国家之间、不同地区之间、乃至不同经济利益主体之间的激烈竞争。随着世界经济贸易组织的扩大,经济全球化的影响会更加明显,同时经济全球化必然会影响到政治和社会层面。

法国社会学家图雷纳在分析20世纪世界的社会转型时指出,20世纪末期世界正经历着一种断裂,由经济全球化和科学技术进步所推动的全球社会结构正处于复杂变化的过程,其中一个重要的表现是体制、社会和文化纽带的断裂。由全球化引发的社会问题也会不断出现,作为经济全球化的一个结果,福利上的保守主义将会在世界范围内进一步发展。世界仍在向右转,发达国家在社会福利上将继续实行保守主义政策。至于不发达国家和地区,受全球经济竞争的影响,在社会福利方面也会采取比较慎重的政策。

2. 风险社会

风险是人们尚不知晓的可能出现的危险。进入现代社会以来,人类创造了一系列科学技术去改造环境和征服自然。这些科学技术成果在造福人类的同时,也造成了众多社会问题,对人类造成威胁。当某些科学技术成果被应用于人们的相互敌对时,它们的存在就意味着风险。在德国社会学家贝克看来,现代社会的风险来自于人们对日益发展的科学技术失去控制,生物技术、核技术、电子技术都可能成为某种风险的来源,这些风险可能对人类带来破坏。他还认为,风险的分配逻辑常常使弱者面临更大风险。进入21世纪,技术主义仍然在世界上占有重要地位,不同政治利益集团(特别是国家)之间的技术竞争,包括军事技术竞争和可以用于军事的技术竞争,使人类所面临的风险明显加大。另外,全球化下的金融危机、市场竞争都可能形成巨大的社会风险。不能忽略的是,在大多数国家都存在着向弱势群体转嫁危机的机制,风险一旦发生,其受害者就首先是社会中的弱势群体。因此,怎样从人类安全、社会安全以及弱势群体安全的角度去减少和应对社会风险,就是正义的社会力量必须思考的问题。

3. 社会的原子化

社会的原子化是指社会由相互独立的个人组成的状态,在这种状态下,人们之间缺乏共同体式的有机联系,缺乏相互关怀,从而呈现互不关心的相互独立状态。社会的原子化源于现代社会的过度理性化,源于人们对自身价值的重视以及对自身独立性的过分追求。在理性主义价值的指导下,人们越来越关心的是工具理性,关心的是自己的利益。在这种情况下,人们更加注重对私人空间的保护,更加向往和致力于经营自己的私人生活。这样,人们之间的关系遭到漠视,削弱了人们之间作为共同体成员的联系和团结。似乎一个人或最小的生活单位可以不与邻居、周围的人发生联系也可以独立生活下去,这就是以“原子化”状态存在。另一方面,现代社会日益加剧的社会分工和社会区隔,也阻滞着人们之间的密切联系。现代社会用不同的手段将人们分为不同的部分，使他们之间的沟通发生困难。阶级之间、种族之间、阶层之间的差异将人们分割开来，使人们之间变得难以沟通与合作，“孤立的个人”普遍存在，这会导致社会原子化。放眼世界，现代化仍然是当今世界最有力的潮流，所以，社会的原子化趋势仍然是人类必须面对的问题。

4. 社会问题的复杂化

由于科学技术进步、经济全球化和政治等方面的原因，社会问题也变得更加复杂化。随着全球化的扩张，许多社会问题也呈现出全球化的特点，比如，就业问题、环境保护问题、人类安全问题等。现代化所及之处带来了经济上的繁荣，也带来了大量社会问题，并可能对人类生活产生严重的破坏性影响。至于科学技术的发展和由此可能带来的负面影响，互联网所带来的便利和所造成的威胁都已清楚地展现在人类面前。所以，当社会问题已经具有全球化特征的时候，也就要求从全球的角度予以应对。当然，由于国家和地区在经济利益和政治利益方面的分化，这种“全球行动”可能会遇到很多困难。

社会问题的复杂性还来自社会问题之间的相互缠绕和影响。国际问题与国内问题，经济与政治问题，效率与公平问题，现时发展与未来发展之间的关系问题以及这些成对的问题之间都存在着复杂的影响。这给社会问题的解决带来巨大困难。

5. 中国社会的发展前景

我国社会发展的既定方向是建立社会主义市场经济体制和与之相适应的政治体制、社会体制，近期目标是到2020年全面建成小康社会，建设社会主义和谐社会。这是一个工业化、城镇化、市场化、国际化加速发展的过程，是社会快速转型的过程，也是人民的公民权利不断发展，人民福祉得到更多关注的过程。在此过程中，中国社会结构将进一步分化，城乡之间、经济发展与社会发展之间仍然不平衡，就业、社会保障、收入分配、教育、医疗、住房、社会秩序等问题依然会比较突出。人民福祉的提高、社会公正的实现、社会团结及社会秩序的期许都将面临严重挑战。在机会和挑战并存的大背景下，如何协调经济社会发展，发展和完善社会福利制度，增进人民福祉和幸福感是必须处理的问题。

二、社会工作对社会变迁的回应

（一）社会工作的补救性回应

20世纪是巨变的世纪，也是社会福利和社会工作迅速发展的世纪。社会福利和社会工作在协助解决社会问题的过程中得到发展。

1. 社会福利和社会工作的补救性

德国的社会政策是为了缓解工人对社会的不满和压力而设立的。在美国，经济上的自由主义、社会福利上的保守主义一直是美国社会的主流思想。实际上,以美国为代表的发达国家的社会福利政策是消极的,也是被动的。在美国,作为社会福利传输系统的社会工作最初主要是慈善机构的活动,政府对社会工作责任的承担也比较滞后。几乎在全世界范围内,社会工作都是在被动地应付比较严重的社会问题,在这方面,个案工作模式、社会治疗模式表现得比较明显。这固然与社会工作解决问题的本质特征密切相关,社会治疗也解决了一些问题,甚至是重要的问题,但是,治疗模式毕竟存在一些问题,它不利于对服务对象问题的深入解决。

2. 社会福利严重受制于经济发展

社会福利和社会工作作为社会财富的再分配机制,必须有一定的经济基础,特别是许多困难群体、弱势群体的基本问题是与贫困相联系的。许多国家和地区的政府认为社会福利只是为穷人花钱,是经济发展的累赘。这样,许多国家和地区的政府在社会福利制度和社会工作的发展方面持保守态度。20 世纪 70 年代之后西方福利国家的自由主义取向的改革,一个重要的潜台词就是社会福利削弱了国家的经济竞争力,进而要削减社会福利。在发展中国家,基于发展经济的考虑,基本的社会保障制度也难于出台。总之,一种占主导地位的意识形态是社会福利是花钱的,应该进行谨慎地选择,与此相关的社会工作也被置于次要地位。

(二) 社会工作的积极回应

社会工作在 20 世纪有了重大发展,特别是 20 世纪后半期,以人为本的社会哲学和社会福利思想的发展,促使人们从更加积极的角度思考和看待社会工作问题。

1. 将发展理念引入社会工作

社会工作在发展问题上获得了重要进展,其表现是重视发展的理念和方法,将主动地、积极的方法和思路纳入社会工作之中。一方面,社会工作不只是对遇有困难者实施救助,而且要帮助其发展。社会工作更强调"助人自助"中的"自助",更强调其潜能的发挥。另一方面,服务对象的主体地位被重视,社会工作将社区成员变为发展的主体。后来发展起来的增权概念从理论上进一步丰富和细化了发展的思想,它与服务对象的主体性、参与等思想一起大大地扩展了社会工作的理论和实践空间。这样社会工作就不只是或主要是被动的,而是包含了积极的、发展的思想。而发展性社会工作的探索也为社会工作的发展指出了新方向。

2. 强调社会发展

在经济发展与社会福利发展的两难选择中,社会投资理论找到了新的结合点。社会福利学者梅志理提出发展型社会政策和社会投资理论,发展有劳动能力的弱势群体的生产能力成为社会福利政策的新取向。这一理论对以往的社会福利投入不计成本的想法作了修正,认为当资源从生产领域转入社会福利领域之后,应该进行成本—效益分析,最有效地利用社会福利资源;由于人力资本在经济发展中具有重要作用,所以在对于弱势群体的问题上也应该加大对他们的投资,增强他们的生产能力,包括增强在劳动力市场中的竞争能力来改变弱势群体的不利地位;应该促进社区社会资本的形成,通过增加对社区低收入者的投入,改善社区环境,吸引外来投资,促进社区经济的发展;政府应该对低收入者用于教育和住房的储蓄给予政策支持;政府通过免税、提供贷款鼓励弱势群体的就业;提供社会服务,减少各种拖累,积极支持妇女和其他弱势人群对经济的参与;发展社会福利,稳定社会秩序,创造良好的社会发展的环境。① 这种理论显然面对的是市场化对社会福利政策理念的某种调整,它的理论(理念)在取向上既是经济的,又是社会福利的;在对于弱势群体的价值方面既是支持的,又是发展的。

与强调社会发展相联系的是在西方发达国家发展起来的社会经济、社会企业的实践,它们是适应经济的市场化、市场化对弱势群体的排斥而提出的,已经产生了积极的社会效果。这些都是社会福利政策适应经济全球化而作出的积极适应,同时也是积极的社会工作模式的发展。

3. 强调社会融合

随着市场化、城市化、全球化的发展,族群、弱势群体与社会流动问题在世界范围内变得更加突出,与此相联系的是社会排斥与社会融合。面对现代化(现代性)对人的压抑、使人与人的关系变得疏离,弱势群体被排斥进而损伤社会团结的现实,社会政策和社会工作学者特别强调社会融合。强调社会融合是一种从积极的角度看待问题的思路,它不是简单地对边缘群体、社会弱者进行救助,被动地解决问题,而是将弱势群体问题的解决与社会系统的改善、社会的整体发展联系在一起。在对抗社会排斥的消极后果方面,社会融合的思想和以此为基础进行的社会工作实践具有重要的意义。在这一个思路上,社会工作进一步强调社会共同体的理念,重视社会团结和社会资本理论。在对社会弱势群体的支持和服务中,特别是在社区工作中,社会支持体系的理论和实践的进一步强化,使社会工作在社会结构层次上有了新的着力点。

三、社会工作面临的挑战

(一)国际社会工作面临的挑战

面对 20 世纪后半期以来社会的巨大变化,社会工作也面临着一些挑战,这

① 梅志理:《发展型社会政策:理论和实践》,载顾昕:《中国社会政策》,北京师范大学出版社 2006 年版,第 1 ~ 20 页。

些挑战既发生于它与社会其他制度的关系方面,也发生于自身的发展之中。

1. 管理主义与专业主义

管理主义是与市场化相关的一种要求对机构和工作过程进行严格管理的思潮,它首先发生于工商管理领域、公共管理领域,并对社会福利和社会工作产生了冲击性的影响。在工商管理领域,20 世纪 70 年代首先在日本出现的“全面质量管理”运动后来也延伸到公共管理领域,新公共管理理论就是它的一个表现。对于从事宏观管理职能的政府来说如何有效地利用资源以服务于社会,使选民满意是一个十分重要的问题,而加强管理就是促使管理部门有效工作的基本手段。在这里,实际工作被分解为细致的可以量度的指标,也是上级对下级考核的指标。这样,通过考核这些指标就可以对下属的工作进行控制。在社会工作领域也是如此。如上所述,管理主义肢解了复杂的社会工作,把对人的工作变为对物的工作。

在另一极,社会工作遇到的问题是专业主义。所谓专业主义是指某些社会工作者过分强调专业的地位和作用,将专业方法和技巧作为自己手中的权力,来维护自己或社会工作专业群体的利益,而漠视服务对象和社会的利益与要求的倾向。专业主义过分强调所谓专业的权威性,在一定程度上排斥着其他力量,尤其是社会服务对象介入社会工作过程。专业主义者十分看重社会工作者在对问题的理解、资源的占有、解决问题方法的选择等方面的重要作用,甚至是至上的作用,而把服务对象看做完全被动的,否定服务对象所具有的知识的价值。这实际上不利于服务对象问题的真正解决,这种对专业的强调是以牺牲社会工作的更好效果为代价的。在极端情况下,专业主义者强调自己的专业权威是为了维护自己的权益,专业主义成了社会工作者维护自己团体私利的工具。在社会工作已经专业化的国家或地区,专业团体有时是专业主义的维护者。强调社会交代的管理主义同专业主义是有冲突的。作为两种极端的意识形态,它们都对社会工作的发展产生着不利影响。

2. 社会工作的社会交代问题

社会工作是为弱势群体服务的工作,它是在物质上、心理上和精神上帮助弱势群体解决一定的问题,以使他们更好地参与社会生活的服务活动。长期以来,社会工作一直受到某些人,特别是主要从经济的角度看待问题的人士(有时包括政府)的质疑。他们的基本问题是社会工作是一个花纳税人或社会慈善人士的钱而进行的服务活动,其效果如何?20 世纪 60 年代,美国就出现过这种疑问,美国政府认为社会工作并没有显示出它应有的业绩或效果,并对改进社会工作的效果提出希望。70 年代之后,英国也出现类似的情况,社会福利机构私营化的原因之一就是社会服务的低效率。

这实际上是一个社会交代问题。所谓社会交代指的是社会工作机构在接受了来自政府、基金会或社会的资助之后,要向他们作出自己的工作是负责任的说明。社会工作机构是运用社会资源开展服务活动的,不管通过何种渠道,大多数社会工作服务都是使用了纳税人的钱,而纳税人对税金的用途是有期望的。慈善捐款也是如此。问题是社会服务机构是否妥善地、有效地使用了这些捐款,即这些捐款的使用获得了应有的效果。从这一角度来看,那些直接或者间接向社会工作机构提供款项或支援的部门、机构、个人要求其进行社会交代是完全正当的。但是,社会工作并不是那么容易交代的,因为社会工作是做人的工作,是帮助人、改变人、发展人的工作。但是改变人的观念、提升他们的能力的服务工作并不是立即能够见效的,因为那些需要社会工作者帮助解决的问题大多数是比较复杂的。

在社会交代的要求十分强烈的情况下,社会工作就有可能去追求某些表面的目标,或者把原本复杂的问题简单化,用明确的工具理性的方法去处理受助者的问题,把复杂的问题机械地分解为可以直接测量的指标。这种浅薄化的做法伤害着社会工作的本质,但是为了获得进一步的资助,社会工作者(机构)又不得不如此。这里遇到的问题是:什么是社会工作应该做的?它的标准是什么?这是社会工作在市场化的压力下普遍遇到的、带有根本性的问题。

3. 社会工作整合问题

在过去一百年的大部分时间里,社会工作(尤其是以美国为代表的社会工作)按照方法被细分为个案工作、小组工作、社区工作。在接受社会工作的专业化培训时,学员们接受的主要是某一专门教育和训练,以使他们成为这一领域的专家。这样做是有一定道理的,因为社会上往往认为社会工作的专业训练不够。社会工作的这种专门化训练造就了一批从事个案工作、小组工作、社区工作的“专家”。但是他们在实际的社会工作中又常遭遇尴尬。这是因为社会工作要处理的是一些复杂的社会事件,常常需要使用不同的工作方法。于是,将社会工作的专业方法割裂开来的教育和训练方法就不利于人才的培养,也不适应社会的需要。于是,20 世纪后半期,社会工作学界出现了整合社会工作(或综融社会工作)的呼声,即将不同的社会工作方法综合起来运用,培养社会工作的通才。培养通才要求增加培训的成本,这会对效率提出挑战。这些对于社会工作不甚发达的国家和地区来说更是挑战。

4. 社会工作的取向问题

与社会工作专业化相联系的是社会工作的层面问题,即社会工作主要在微观层面上、还是在宏观层面开展服务的问题。这一问题之所以同专业化联系在一起,是因为个案工作、小组工作,心理辅导和家庭服务之类的较微观的社会工作的专业化程度较高,而社区工作、社区发展服务的综合性较强、专业性相对较低。这样,在强调专业化的国家和地区,社会工作者为了获得专业认可,会更多地从事心理辅导、家庭服务等微观的社会工作，而对宏观的、涉及更大范围的社会工作不愿涉及。从业者重视细微的、主要是技术性的、偏重于心理方面的工作，而忽视了在宏观的、政策层面上的工作。这对于社会工作事业的总体价值来说是不合适的。但是，专业化的指挥棒使然。美国等一些社会工作专业化程度比较高的国家和地区发生了上述情况，以致有些社会工作者起来呼吁社会工作者要有社会责任心，要关心广泛存在的社会问题。当然，致力于微观社会工作并没有错，因为这也是社会工作满足社会需求的方式，而且社会上有强烈的需求。但是，在一个国家或地区之内重视一个方面而忽视另一个方面显然是有问题的。而且存在着这样一种事实，即在需要宏观社会工作介入的地方，实际上是社会问题比较严重的地方，也是弱势群体集中的地方，忽视宏观社会工作实际上是在忽视更多弱势群体的需要及其合法权利。

5. 社会工作的本土化问题

在所有社会科学学科中，社会工作几乎是最具本土色彩的。由于社会工作要面对具体的社会问题，而且这些问题又是独特的，它受着具体的社会情境的影响或制约，所以，社会工作有明显的本土、本地和重视具体社会情境的特点。正是如此，社会工作比较注意社会的文化，即在某种特定的经济制度、政治制度和社会文化传统的背景下开展工作。马尔科姆·佩恩在分析社会工作理论时特别强调了社会工作的本土特点，论述了社会工作理论的建构性特征，这显然是正确的。当然，这里也提出一个问题，即怎样看待社会工作理论的普遍性，即科学性。如果社会工作特别强调社情化（即以具体的社会情境为转移），那么，社会工作的普适性的理论何在？如果普适性的社会工作理论的存在成为问题，社会工作是否会成为缺乏共识理论的学科，从而丧失了它的科学性。这些又涉及社会工作的学科地位问题，它是既有理论又有方法的社会科学学科，还是只是一些工作方法。

对于社会工作正在成长之中的国家和地区来讲，这一问题是严肃的。当然，如果认同了国际上已有的理论，怎样实现理论与实践的密切结合也是现实而困难的问题。后者与社会工作的本土化有关，当然这又涉及本土社会工作的经验问题。因为现有的社会工作理论基本上是在西方发达国家发展起来的，而那些发展中国家和地区在经济、政治、文化等方面与前者有明显的差异。这样，如何看待、运用以至检验来自西方的理论和方法对后者来说确实是一种挑战。后发展国家和地区要在比较成熟的外来理论与方法、未系统化的本土理论与方法和迫切需要解决的问题之间进行抉择，这对于社会工作及教育来说张力是相当巨大的。

（二）中国社会工作面临的发展机会与挑战

中国正在融入经济全球化进程，中国经济、政治、文化和社会的特殊性以及复杂的社会转型，使中国社会工作面临独特的发展机会与挑战。

1. 我国社会工作的发展机会

中国可以预见的社会变迁和社会发展为我国社会工作的发展提供了很好的机会。当前我国正处于快速社会转型期,这是一个改革转型和发展转型并存的过程,是从传统社会向现代社会转变,由计划经济体制向市场经济体制转变的过程,也是中国走向小康社会,走向现代社会的过程。在这一过程,中国的经济会得到持续发展,经济现代化、政治民主化、社会现代化的程度将会得到进一步发展。同时,在市场化、城镇化过程中,我国的诸多社会问题会长时期存在,甚至各种社会问题会更加集中、更加尖锐。正如一些现代化研究专家所指出的,发展中国家在转型和现代化过程中社会问题会集中出现,发展中国家必须有能力回应这种挑战。依现在的发展势头,可以预见,中国的经济将进一步得到快速发展,社会财富将得到更大积累,将会有更多资源投向社会事业和社会服务。随着政治体制改革的推进,各种社会矛盾将会凸显,而稳妥的政治体制改革可以尝试去建立一个既有活力、又有秩序的社会。随着新的社会管理格局的建立,包括社会服务机构在内的社会组织将得到较大发展,社会工作服务将得到更大的发挥作用的空间。我国的社会保障和社会福利制度将进一步完善,逐步实现基本公共服务均等化,建立起适度普惠的社会福利制度。这样,人民福祉、各种社会福利、包括困难群体和弱势群体在内的民生问题将得到进一步关注。人们的社会权利得到发展,包括困难群体、弱势群体在内的人民的生活质量将被提到新的高度,广大社会对社会服务、包括专业服务的要求进一步提高。这些将大大激发和推进社会工作的发展。

中共十六届六中全会作出"建设宏大的社会工作人才队伍"促进社会主义和谐社会建设的战略部署,国家在如此高层面重视和推动社会工作的发展,在世界上是绝无仅有的。虽然各方面对社会工作的理解有宽窄之别,但是几年来专业社会工作还是得到了前所未有的快速发展。政府出台了多种促进社会工作发展的政策,政府购买社会服务正在推开。社会服务机构得到较快发展,政府和社会对社会工作的认同程度在提高,社会工作教育体系稳步发展。这些都表明,中国的社会工作事业会得到较快和持续发展。

2. 我国社会工作面临的挑战

我国社会工作的发展也面临着一些体制、机制等方面的挑战,主要包括如下一些方面:

第一,社会工作的合法地位还不够高。虽然政府决定在我国大力发展社会工作,而且社会工作的发展在一些地区也得到了重视,但是就总的情况看,社会工作在各地的发展很不平衡。在东部大城市,在现代化比较发达的深圳、广州等地区社会工作发展很快,但是在中西部地区社会工作的发展还相当缓慢。其中一个原因是在传统发展战略的影响下,不少地方领导还主要抓经济发展,社会建设还相对滞后,社会工作未得到应有的重视。另一方面,面对转型发展中的问题和社会矛盾,政府还习惯于用传统的管制方法去解决,一些地方还把社会管理看做维稳,没有看到社会工作在解决社会问题、缓解社会冲突的重要性。还有,我国的社会组织不发达,社会工作的社会知晓度还比较低。这些使得社会工作在社会生活中的地位还不高。

第二,政府和社会对社会工作的支持还不够有力。虽然政府出台了发展社会工作的相关政策,但是在许多地区,政府对社会工作的实际支持还不够有力。这表现在,很多地方缺乏有力度、真正实施地促进社会工作发展的政策;政府购买社会工作服务无力,社会服务机构发展缓慢且不稳定;社会工作专业人员的就业岗位缺乏,他们的工资和社会待遇较低;我国的社会慈善事业发展还相当落后,它们对社会服务的支持也比较弱。作为社会组织的社会工作机构的良好生存环境还没建立起来。

第三,社会工作的适应性及自身建设方面的问题。我国社会工作的自身建设或发展还存在一些需要解决的问题。通过前面的介绍,我们知道社会工作是在西方的市场经济体制下发展起来的,市场经济体制及与之相适应的政治制度、社会体制、社会福利制度支持了社会工作制度的发展。然而把西方专业化的社会工作的知识和经验搬到中国来,就有一个适应问题。这里既包括要处理社会工作的专业价值观、理念同中国主流价值体系的关系,也包括要处理社会工作的专业方法与我国占主导地位的行政性非专业社会工作以及群众工作的工作方式方法之间的关系。在政府主要依赖传统体制和方法解决社会问题、实施社会政策的大背景下,专业社会工作的作用难以充分体现。此外,社会工作要得到政府和社会的承认,除了向政府和社会宣传外,还要通过服务真正显示自己的作用。由于我国的社会工作是"教育先行"的,再加上发展时间尚短,所以社会工作教育自身还有许多方面需要完善。这样,社会工作必须加强自身建设,提高自己服务社会的能力,建构起良好的生存和发展环境。

第二节 中国社会工作的发展前景

一、社会工作专业化的发展方向

(一)社会工作专业化的必要性

1. 社会工作专业化的要求

社会工作成为一个专业是一个过程,这一过程被称为社会工作专业化。如前所述,专业有学科和职业两种意义。对于前者,专业化是指进入某学科的人员按照该专业的标准，规范化地发展该学科的过程。在这种意义上，任何学科的发展都有从不很专业变为较为专业的过程，这就是专业化。对于后者，专业化是指某一职业越来越由受过专门的高等教育的人充任，并按照专业要求为社会服务的过程。在这里，社会工作专业化主要是从后一种意义上而言的，既指从事社会工作的职业群体的专业化。当然，这与社会工作学科的专业化有直接的关系，因为在现代社会，社会工作教育的专业化发展一般是社会工作职业专业化的科学基础。

我国的社会工作有专业化的要求，这是与我国的社会发展相联系的。长期以来，我国的实际的社会工作既不是职业化的，也不是专业化的，这种状况与我国的前现代社会状态以及计划经济体制相适应。因为对于一个全能式的政府及单位来说，细致的专业化分工是不必要的，甚至是低效的。20 世纪 80 年代，我国走上了现代化道路。现代化的一个重要特征是专业化的社会分工，在理性主义的指导下，专业化的社会分工可以保障工作的高效率。专业化分工也适用于社会服务工作，当社会服务不是慈善式的活动，也不是管理和政治的附属物时，由专门的服务队伍，采用专业化的工作方法，对有需要的社会成员提供有效的服务就是必然的。这样，社会工作就必须走上专业化的道路。世界各国的发展经验指出表明，随着现代化的发展，社会服务或社会工作也会走向现代化。在我国，社会工作专业化是社会分工的要求，是社会服务规范化的要求，是有效地提供社会服务以满足社会需求的要求，也是社会现代化的要求。

2. 社会工作专业化的条件

社会工作专业化是一个过程，即它是一个不断实现的过程，这个过程是需要一定条件的，即在一定条件下，社会工作专业化会出现较为明显的效果。社会工作专业化需要经济、政治、教育等方面的基础条件。

经济基础。社会工作专业化的经济基础是指社会工作的较快、质量较高的发展需要一定的经济力量的支持。社会工作的发展、社会工作专业队伍的存在和发展要以一个社会的经济的一定发展为基础。从社会工作的发展历史可以看出，社会工作的较高水平的发展较多发生于发达国家和地区。经济的发展使得社会有可能将一定的资金用于社会福利服务，有可能会支持专门从事社会福利服务的专门队伍，而这支队伍的存在有助于发展出本行业的专业技术、工作方法，形成本行业的规范。当然，经济的发展水平并不一定与社会工作专业化的程度呈线性关系，即经济发达的国家和地区的社会工作的专业化程度一定较高。但是，在那些经济不发达的国家和地区，在社会工作作为一个职业还没有分化出来，没有得到经济上有效支持的情况下，社会工作者的共同体就难以形成，社会工作的专业化就可能是低水平的。

政治因素。社会工作是一种带有政治含义的道德实践。社会工作的政治性不但表现在对社会公平的追求，而且，社会工作群体也可能作为一种政治力量存在于社会生活与政治生活中。他们在一定的政治体制中活动，实施政策，又可能反过来影响政策。因此，社会工作群体可能是政府的合作伙伴，也可能是它的压力群体。在这种情况下，比较开放的政治空间对社会工作的发展是必要的。这就是说，不是政府垄断，而是民主政治是社会工作发展的必要基础。这种政治民主不是指社会工作群体会作为一种政治力量存在（因为社会工作群体本质上不是政治团体），而是指政府会容许社会工作群体作为专业团体对政府的政策提出质疑以至批评。

教育的影响。专业社会工作不是一般的社会服务活动，而是社会工作者运用一定的科学方法而实施的服务。尽管服务实践是产生科学方法的基础，但是在现代社会中通过专门教育学习科学方法是较快提高社会工作者素质的一条重要途径。在现代社会中，高水平人才的培养不是工匠成长之路，高水平的社会工作专业队伍的出现与社会工作教育和培训密切地联系在一起。社会工作教育不但可以造就一大批有较高水平的社会工作者，而且社会工作教育者通过参与社会服务，进行社会工作研究，可以提高社会工作的服务水平，促进专业发展。

（二）社会工作的职业化

1. 何谓职业化

职业化是指某种社会活动被社会认定为是一种职业，并得到发展的过程。一种社会活动被认为是一种职业是由人类生活和社会发展的需要所决定的。在中国的封建社会，封闭的小农经济没有职业分化的要求，士农工商成为几个主要的职业，即社会认为是正当的、通过自己的劳动获取生活收入的职业。在现代社会中，随着经济与社会的发展，社会分工不断加剧，某些专门的社会服务活动（社会劳动）逐渐成为有独特的技术、专门的服务对象、共同的标准的群体，在社会分工体系中占有着不可替代的作用，这就预示着新职业的诞生。当这种社会服务活动（社会劳动）被社会认可并得到发展的时候，也就开始了职业化过程。

在现代社会中，某种职业的社会认可常常表现为政府的职业管理部门的认定，而这种认定又以社会的需要、该职业技术与服务的特殊性及不可替代性为基础。在这里，某种社会服务活动（社会劳动）的特质、重要性是其成为新职业的基本条件，同时，人们的主观努力也具有重要的作用。在美国，内战时期就有了受薪的社会服务，但是其规模很小，还没有形成一种职业。在相当长的时间里广泛存在的慈善服务活动也没有被称为职业。当 19 世纪末 20 世纪初开始社会工作培训，社会工作被认为具有专业特征的时候，社会工作成为一种职业得到了快速发展。

2. 社会工作职业化与专业化的关系

职业并不等于专业，职业化也不等于专业化。具体到社会工作来说，社会工作职业化与社会工作专业化是既互相联系又互相区别的。前者指的是社会工作或社会服务作为社会分工体系中的一个组成部分存在并得到发展的问题,后者指的是从事社会工作的人是否具备专业素质,持守专业理念、运用专业方法进行服务的问题。在这种意义上可以说社会工作职业化是专业化的基础,当社会工作还没有成为一种职业时,其专业化就无从谈起。社会工作的职业化并不一定导致社会工作的专业化,当社会工作被认为可以由并非受过专业训练的人充任,社会工作并不认为需要专门的技巧和方法时,社会工作可以成为一种职业,但并不一定成为一个专业。比如,目前在中国,某些地方政府正在确立社会工作的职业岗位,一些有不同知识背景、教育背景、职业追求的人通过职业招聘而成为“社会工作者”,但是,他们并不是专业社会工作者,这种社会工作还不是一种专业。

在中国,社会工作职业化是针对泛社会工作的现象而言的。泛社会工作现象是指多种不同的活动都冠之于社会工作的现象。在这种情况下,社会工作就可能成为可有可无的,政府和社会对于社会工作就不可能有具体的标准性的要求,这不利于以助人为己任的社会工作的发展。因此,社会工作首先成为一种职业,它有自己的入职标准,就成为发展社会工作的一个基础。在这一基础之上,从业人员作为一个共同体,提高自己的专业水平,这就是社会工作专业化的过程。

社会工作职业化同专业化的上述关系并不是绝对的,有时,社会工作专业化也可以不依赖于其职业化过程而展开,甚至专业化可能先于职业化。当前在中国,社会工作专业教育获得了快速发展,也培养出一批潜在的专业社会工作者。他们进入工作岗位之后可以从事专业化的社会服务,这样,社会工作专业化就不是发生在职业化之后,而是同时发生的。另外,从我国某些岗位职业化的实践来看,缺乏专业的职业化是困难的。

(三)社会工作专业化的进程

1. 专业化的发展过程

从社会分工和职业发展的角度来说,某种职业的专业化是与职业共同体对提高自己的职业服务活动,维护职业共同体的利益相联系的。对于政府来说,强调某一职业的专业化意味着为该职业制定标准,要求它提供符合标准的服务,同时也意味着对该职业给予一定的市场保护。专业化要求有一定的入职标准,要求从事该职业者遵守职业规则,并对该类从业者实施专业评估或监督,这种评估和监督有的是自律性的,有的是外部强制性的。显然,专业化的监督是一种控制行为,但是,它也同时赋予被监督者以权利,因为专业标准可以发挥专业排他性的功能,这有利于专业团体在市场中的自我保护。专业化是一个包含着众多方面的社会过程,从专业构成的角度来看,某社会活动专业化的过程包括如下一些方面：

在专业能力方面，从事该活动人群的工作的专业化程度逐渐提高，这表现为：最初人们在这些活动中只是表现为某种专长，后来它们依次为准职业和职业，接下来变成一种专业；在组织方面，该活动人群的组织程度逐渐提高，开始从事这些活动的人们可能寄生在某些专业组织之中，后来开始形成自己的松散的组织，再演变成准专业组织，最后形成专业组织，有了自己独特的组织规范；在活动的知识基础方面，开始这一活动群体接受的是非正式教育，后来是课程培训，再变成接受高等教育；在效果方面，起初该社会活动的经济与社会效果微弱，后来逐渐增大，再到后来这一活动变得十分重要；在政府的支持方面，由于该活动所表现的以及社会对它的重要性的认识在发生变化，所以政府对该活动的支持逐渐增加，由开始的少量承认和资助，无市场保护，到多样化承认和支持，一直到国家设置规定对其进行市场保护；从该群体的自治程度来看，开始他们对其他组织的依赖性大，后来逐渐独立和建立自己的威信，最后表现为该群体的高度独立，并形成了自己的专业权威。

不难发现，某一活动的专业化是一个复杂的、渐进的社会过程。它以该活动在社会生活中的重要性、活动群体的规模及素质、社会对它的认可程度为转移。正是因此，各种专业活动的专业化进程表现出某种差异：在前工业社会，首先成为专业的是律师、牧师和医师。在工业社会，工程师、会计师成为专业。在强调社会福利的时代，教师和社会工作者成为专业。在企业化社会，经理和商务专家开始进入专业的行列。

2. 中国社会工作专业化的渐进发展

中国社会工作的发展表现出自己明显的特点。首先，20 世纪 80 年代中期以前，中国没有社会工作的专业概念，从事类似社会工作服务的是政府官员和单位组织中的干部，这使得社会工作实际上是行政性、非专业的社会工作。80 年代末，受中国经济与社会发展需要及外部影响，中国开始了社会工作专业教育，这是一个以国际专业社会工作为模本、培养社会工作专业人员的教育发展过程。于是在本土社会工作和国际社会工作的比较之中，许多学者提出了社会工作专业化的问题。这里的社会工作专业化有两层意思：一是作为服务活动的社会工作的专业化，其假设是原来的计划经济条件下的各种福利服务的提供方式已不适应市场化的要求。另一层意思是社会工作教育应该实行专业化，走培养专业社会工作人员之路。由于后者主要发生于教育界内部，所以比较容易解决。前者由于涉及计划经济体制的遗产，而且这些制度遗产仍然在发生作用，对这些制度遗产的系统性的转换要付出巨大努力，所以，在建构符合中国国情的社会福利制度和社会工作制度的过程中，采取渐进的发展策略是理性的。事实上，社会工作专业化已经成为社会工作教育者和对实际社会工作队伍的发展负有责任的政府官员的共识，但是走向专业化的道路则是渐进的。这表现为，在教育领域对非专业化的课程体系进行引导和帮助，实行专业教育。对于实际从事社区工作、社会服务工作的人员，提出准专业化的发展要求，确定岗位资格，实行在岗培训，推进社会工作职业化。现在，社会工作专业化或专业社会工作得到了越来越广泛的认可。

二、社会工作的嵌入性发展与协同发展

（一）社会工作的嵌入性发展

如前所述，在我国存在着从西方引入的专业社会工作和本土社会工作实践两种服务，二者原本是相互独立的，却因为中国的改革开放而走到一起。本土社会工作实践是原生的，它通过政府系统、群团组织和社区组织广泛存在于我国的社会生活之中，专业社会工作则是后来者。就二者的基本关系来说，专业社会工作在中国落脚和发展实际上是其进入本土社会工作实践的原有领地并嵌入其中的过程。“嵌入”是学者们用来描述和分析某一事物进入另一事物之中的过程和状态。比如，著名学者波兰尼认为经济关系是嵌入在社会关系之中的①，也有学者用嵌入（或嵌入性）来解释经济现象、政治现象。我们借用这一概念来解释、说明我国社会工作的发展特征与状态。专业社会工作在“嵌入”本土的政治社会结构和社会服务过程中得到发展是一种“嵌入性发展”。

我国社会工作的嵌入性发展表现在如下层面：第一，制度层面的嵌入。专业社会工作进入作为本土社会工作之母体的体制——与后计划经济体制相适应的行政管理体制和社会福利体制之中并发挥作用。第二，项目层面的嵌入。专业社会工作进入中国，并没有获得政府提供的让渡空间，即政府没有专门为其提供它可以独立发挥作用的领域。政府购买服务使专业社会工作者接受政府部门的委托而从事某一项社会服务，社会工作在承接服务项目中实现嵌入。第三，服务层面的嵌入。在制度性嵌入、项目性嵌入的情况下，专业社会工作者要与行政工作人员一起工作，就会出现专业社会工作在服务层面的嵌入现象。这些嵌入关系反映了在现有的公共服务、社会福利服务体制框架不发生实质性变化条件下我国社会工作发展的特点。实际上，随着改革的深入以及执政党执政理念、执政方式的变化，专业社会工作在嵌入现有体制框架中所发挥的作用也会越来越大，即它会获得嵌入性发展。嵌入性发展看起来有被限制、被框定的含义，但是实际上它也反映了专业社会工作的优势和社会工作者的能动性。专业社会工作获得嵌入性发展与下列因素有关：第一，社会工作的专业优势。它更能贴近人心、提供人性化服务。第二，良好的服务效果。社会工作会在服务中展现其独特方法

---

① 卡尔·波兰尼：《大转型：我们时代的政治与经济起源》，浙江人民出版社2007年版。

和能力，获得更好的服务效果，进而得到政府和群众的认可。第三，专业知识在行政领域的扩展。近几年来，党政机关和群团组织越来越多地学习专业社会工作知识，对专业社会工作的理念和方法有所认同，社会工作也因此获得越来越大的发展空间。①

社会工作的嵌入性发展具有如下特点：第一，政府主导下社会工作的自主性。过去二十多年，社会工作的发展是在政府主导下社会工作界主动嵌入的过程，是政府主导和社会工作自主性同时存在的过程。政府的工作重点、价值取向在很大程度上决定着社会工作的参与和嵌入，但是社会工作者还是恪守了社会工作的专业价值，表现了较强的专业自主性。第二，社会工作的让渡空间与拓展空间并存。社会工作的嵌入是以服务空间为基础的，多年来社会工作的介入空间基本上是由政府让渡的，即社会工作扮演了政府（包括街道、居委会）的帮忙者角色。另外，在改革和转型遇到新问题的情况下，社会工作主动开展创新式服务，形成新拓展的空间，比如流浪儿童救助保护、社区矫治、农民工社会服务等。就二者的比较而言，让渡空间大于拓展空间。第三，社会工作群体的能动建构。在嵌入过程中社会工作群体处于弱势地位，但这并不是说专业社会工作缺乏主体性。实际上，我国专业社会工作群体的主动性是明显的。他们在促进我国社会工作发展的过程中，采取了三个方面的策略：一是建立良好关系。社会工作群体寻求与相关部门的领导层建立良好关系，积极参与与社会服务、社会建设等相关政策的设计和咨询，借此自上而下地推动专业社会工作的发展。二是参与基层的社会工作实践。社会工作始终积极参与社会服务，在街道、居委会层次开展具体的活动并被承认、被赞许，形成社会工作的生长点。三是加强自身能力建设。社会工作教育界致力于提高教学水平，积极探索本土化实践，增强社会工作师生参与社会服务的能力。通过20多年的不懈努力，社会工作在我国获得了较快发展。

（二）社会工作的协同发展

社会工作的协同发展是指社会工作在协同政府开展社会服务、社会管理等活动中获得发展。美国非营利组织领域的著名学者萨拉蒙指出，以往美国学术界将非营利组织与政府的关系只看成是对立关系实际上不符合事实。任何社会中政府与非营利组织的关系既有对立关系，也有伙伴关系。在公共服务领域，政府与非营利组织保持着良好的伙伴关系。② 我国的非营利组织（尤其是社会服务机构）与政府保持着良好的伙伴关系，在很大程度上，社会服务机构是协助政府开展公共服务和社会服务的。前面我们指出了社会工作在其发展过程中的嵌

① 王思斌、阮曾媛琪：《和谐社会建设背景下中国社会工作的发展》，《中国社会科学》2009年第5期。

② 萨拉蒙：《公共服务中的伙伴》，商务印书馆2008年版，简介第11~13页。

入性特点，指出社会工作在协助政府、群众团体、社区组织开展服务时得到发展，这实际上这也是一种协同式发展。在社会工作还缺乏自己独特的、稳定的服务空间时，这种协同发展就是必需的。

除此之外，社会工作还可以在协助政府创新社会管理中得到认同、获得发展。党的十六届四中全会提出建立健全党委领导、政府负责、社会协同、公众参与的社会管理格局，后来又把加强和创新社会管理写进国家的《国民经济和社会发展第十二个五年规划纲要》。社会管理实际上是各方参与的社会治理，社会协同是指政府和各类社会组织共同参与社会管理，其中也包括社会工作的参与。社会管理之要旨是在管理中强化服务，实行服务管理和柔性化管理。在创新社会管理中，社会工作可以发挥积极的协同作用：一是通过提供高质量的服务满足居民需要，预防和减少矛盾和问题；二是在问题已发生的情况下，社会工作可以运用科学方法提供服务，解决问题，缓解矛盾和冲突；三是社会工作的理念和方法进入社会管理系统，可以强化服务理念，改善管理方法，更好地达到社会管理的效果。前两者通过发挥社会工作的功能实现对社会管理的协同称为功能性协同，后者通过进入社会管理系统进行协同称为制度性协同①。社会工作通过介入政府最重视的社会管理领域，做出成绩，能够获得更大认同。同时，社会工作通过介入创新社会管理，拓展了自己的活动空间，提高了自己与现有制度协作服务社会的能力并得到发展，这就是协同性发展。

三、中国社会工作的专业化

（一）中国社会工作的专业化道路

1. 中国社会工作专业化的基础

中国的社会工作需要专业化，但是它又不是某些人的主观愿望，而是社会需要使然。前面已经说过，我国存在着由政府部门承担的、服务于困难人群的行政性、非专业的社会工作和由社会工作专业人士进行的社会工作。② 在讨论社会工作专业化问题时，实际上主要指的是行政性、非专业社会工作的专业化。

我们不应该贬低行政性、非专业社会工作在社会生活中所发挥的作用。实际上，这种依靠行政体系、有时是运用行政方法所开展的服务在一定程度上是有效的。尤其是在遇到重大的、普遍性的问题时，这种社会工作更显示出突出效果。但是，这种社会工作模式也存在着许多问题，主要是工作方法比较简单，难以进行个别化的服务，对服务对象的需求了解不足，容易从行政管理的角度出发去处理问题，缺乏行业自律和评估，知识和技术不适应服务对象的多样化需求，

---

① 王思斌：《试论社会工作对社会管理的协同作用》，《东岳论丛》2012 年第 1 期。

② 王思斌：《中国社会工作的经验与发展》，《中国社会科学》1995 年第 2 期。

难以承担起有效帮助各种有困难人群的任务。

2. 中国社会工作的专业化的途径

促进中国现有的实际社会工作人员的专业化，是一个自社会工作在中国重建以来一直不断讨论的问题。20 世纪上半叶曾经受过社会工作专业教育的专家一开始就提出社会工作专业化的目标。随着社会工作教育的发展和社会工作专业毕业生出路问题的出现，社会工作专业化问题就更加直接地提上议事日程。实际社会工作人员的专业化途径有如下一些有代表性的观点及做法：

在职培训论。在职培训论的观点是通过对现在实际从事社会工作的人员进行专业社会工作知识的培训而促使他们走向专业化。按着这种观点，实际社会工作人员部分地不适应现代社会工作要求，既有价值观方面的问题，也有工作方法方面的问题。但是只要通过适当的培训，就能对他们进行必要的理念、知识和方法补充，就可以使他们走向专业化。这种途径是重要的，因为至今没有一种力量可以马上代替这些实际社会工作人员的工作，必须通过专业培训使他们逐渐过渡，逐步实现专业化。

专业替代论。专业替代论把中国社会工作的专业化寄希望于专业社会工作者对原有社会工作人员的替代。这种观点特别注意现有的实际社会工作在价值观、服务方法等方面表现出的自上而下的行政化特征，指出这种服务实践上具有管理和控制的基本职能，它们是与传统的政治体制、社会福利体制密切联系在一起的。只要这些人员仍供职于政治性的行政框架之内，受官本位、行政化的影响，他们就不可能走向专业化。因此，中国社会工作的专业化可能要依靠专业社会工作队伍的成长，依靠专业人士对非专业人士的逐渐替代来完成。

专业转化论。专业转化论是指在社会转型中根据需要设计一些社会工作岗位，来承担某些原有的和新出现的社会服务工作，并对这些从业者进行社会工作专业培训，从而在局部即某些系统实现社会工作专业化。由于这些岗位上的工作包括了一些原来的、传统的工作，因此对这些新岗位从业人员的专业化培训也包含了对原来的行政性社会工作的转化。专业转化与在职培训的不同之处是：专业转化是以新岗位的设计为基础的，并对那些欲从事该项工作的人进行专业准入衡量，在进入该专业岗位之后进一步对他们进行社会工作专业培训。而岗位培训则是在原来的岗位不变、自上而下的行政化要求依然发挥作用的情况下对这些岗位上的人给予社会工作知识的添加。

（二）中国社会工作专业化的策略

1. 从微观与宏观两个角度着眼

中国社会工作专业化是一个十分复杂的问题。从具体现象上来看，它是由专业社会工作者从事专业化服务，建立社会工作专业制度的过程。但是在中国的现实情况下，它又是一个涉及经济、政治、社会福利体系的重构，社会职业结构的调整以及就业机会的分配等诸多方面的复杂问题。怎样看待原有的行政性、非专业的社会服务与管理工作？怎样评价它的效能？怎样合理而稳妥地处理这支原有的、庞大的工作队伍的发展问题？新的、专业化的社会工作队伍能有效地承担起社会服务和促进社会秩序的职能吗？这些都是政府在社会工作专业化问题上认真考量的问题。社会稳定和有效运行是政府推进改革的基本价值追求，社会工作专业化也必须放在这一框架下来思考。

社会工作专业化的目的是更好地满足社会服务的需求，促进社会福利。作为一个复杂的、漫长的过程，需要从微观与宏观两个层面着眼和着手。所谓微观层面是指从具体的、有助于社会工作专业化的事情入手。社会工作专业化不是社会工作者的权利，而是其专业化服务得到社会认可的产物。这就要求社会工作在诸多层面具体地展示自身的价值，说明和表现自己的特点及优势。当专业社会工作较为普遍地获得来自社会的、比传统的服务—管理工作较高的评价时，这时专业化才会获得真正的社会基础。这是一个较长时间的积累过程，也是一个扎实的专业化过程。所谓宏观层面的努力是指同政府进行沟通，让政府了解专业社会工作对于社会发展、社会稳定的意义，希望得到政府的支持，在政府的支持下建立社会工作专业体制。这种上层路线并不是可有可无的，在职业设计、专业认可权还主要集中于政府手中的情况下，社会工作专业化必须得到政府的支持。显然，要较快地促进社会工作专业化应该实现上述两个方面的结合。

2. 从实际问题出发与从理论出发

从本质上来讲社会工作是实践的，因此，社会工作专业化也应该从实际服务的层面开始。当社会工作还没有任何实际的、社会与政府看得见的效果时，社会工作向政府和社会要求具有专业特权含义的专业地位是困难的。社会工作应该从实际做起，在解决实际问题中显示自己的独特价值，比如，专业社会工作者在就业服务、社区发展、弱势群体服务方面若能在同等条件下获得更好的效果，就是在说明社会工作专业化的合理性。应该说，通过解决实际问题来证明自己是最重要的。

从理论的角度出发推动社会工作专业化也是必要的。专业社会工作是一种新的价值观和方法，也是一套新的知识体系。社会工作需要一套理论的说明，这套理论不但是社会工作专业安身立命的重要基础，也是获得社会认可、特别是知识和学术界认可的重要条件。社会工作如果不能向知识和学术界说明自己独特的知识体系、理论和方法，就不可能得到他们的认可。社会工作学界如果没有自己的知识积累，不能形成学术共同体，就不能实现专业化。所以，加强社会工作的学科建设对于社会工作专业化也是相当重要的。当然，社会工作理论主要来自于社会服务的实践，所以上述二者又是联系在一起的。

（三）各方在社会工作专业化中的作用

社会工作专业化是一种必然趋势，它要通过各相关方面的共同努力才能实现，他们在社会工作专业化的过程中都发挥着重要的作用。

1. 政府的作用

在中国，重要制度的改革和建设都离不开政府的作用。由于中国的市场经济不够发展，社会或民间组织也不太发展，绝大多数较重要的职业的设置与认可及其专业、行业权威的形成都与政府有着重要的联系，甚至政府部门独自掌握着职业、专业的审批权，所以，在社会工作专业化的过程中政府的作用是不可忽视的。由于社会工作是一种新的、现代的服务制度，政府对之了解不多，又加之中国广泛地存在着传统的社会工作，足以导致政府官员的混淆，所以，社会工作学界向政府介绍专业社会工作是重要的。如果获得政府部门的更多认可和授权，社会工作专业化的进程就会更快一些。在政府部门中，那些与社会工作服务直接相关的部门的态度更加重要，它们之间的共识与协调对社会工作专业化的影响是直接的。

2. 学校的地位

社会工作学校在社会工作专业化的过程中发挥着重要作用。由于社会工作专业的形成是以专业培训和高等教育为基础的，所以，社会工作学校通过培养社会工作人才对社会工作专业的形成发挥着基本的作用。学生的素质，他们在社会福利服务中所发挥的作用对社会工作专业声誉的影响是直接的，他们对社会工作专业共同体的形成的作用也是重要的。因此，要促进社会工作专业化就要培养大量高素质的学生，包括参与对在职人员的专业培训。除此之外，学校中的社会工作理论队伍是促进社会工作专业化的重要力量。客观地说，当今中国社会工作专业化的主要动力来自于学校，来自于社会工作教育者。出于对中国社会进步、对改革和改善社会服务的追求，为了通过发展社会工作教育促进社会福利事业的发展，社会工作教育者大声疾呼社会工作专业化。社会工作教育者通过宣传学术，对社会政策提供咨询意见和参与社会工作服务推进着社会工作的专业化进程。最近几年以来，许多学校的资深社会工作教师领办或支持社会工作服务机构，在推动社会工作专业化方面发挥了积极作用。

3. 非营利组织的作用

在市场经济国家，特别是在西方发达国家民间组织或非营利组织相当发达。在政府、市场、第三部门三方形成的分工—合作的格局中，非营利组织在实施公益服务和社会福利服务方面发挥着重要的作用。非营利组织是不以营利为目的的、非政治性的民间组织，其目的是促进社会公共利益，也包括向有需要的人提供社会福利服务。在国际上，非营利组织是与社会工作关系最密切的同路人，更不用说其中的社会服务机构既是社会工作者的主要雇主，也是社会工作学生的主要的实习场所。在国际上，社会工作服务机构与社会工作学校是社会工作专业的主力军,它们之间的合作推动着社会工作的专业化和社会工作队伍的自身发展。中国的非营利组织或民间组织很不发达,许多社会团体是官办的,它们在资金、人员、活动等方面高度依赖政府,从而带有行政化色彩。在这种情况下,它们难以在社会工作专业化方面发挥比较积极的作用。所幸的是,近些年来中国的非营利组织有较快发展,政府在鼓励服务性民间组织的发展,实施政府购买社会服务,资助社会组织开展社会服务。在这种情况下,一些社会工作毕业生也开始进入非营利组织就业。无论是政府购买服务,还是非营利组织的自主服务,都需要社会工作专业人员参与其中。非营利组织的健康发展是社会工作专业化不可或缺的条件。

4. 各方的合作关系

社会工作专业化不是上述任何一方可以单独完成的。目前在中国,没有政府的批准及其经济和政治的支持,就没有法定的社会工作职级系统,进而难以形成强有力的专业共同体和专业权威。没有教育系统的参与,就不会形成真正的、能不断提高自身素质、且具有反思性的社会工作专业团体。没有发达的第三部门或非营利组织,就会妨碍社会工作作用的发挥,进而制约社会工作的发展。实际上,上述三方在价值观念和工作目标上有许多一致或相似之处,它们之间的良好的伙伴关系将是中国社会工作发展和社会工作专业化的决定性力量。

(四) 社会工作的发展与中国社会的发展

1. 社会工作的发展取决于社会发展的需要

社会工作作为一种专业在世界上已经存在了一个多世纪,它在为弱势群体服务、实现社会公平、推进社会进步等方面发挥了重要作用,成为西方发达国家社会生活中的一种重要的制度安排。那么,中国社会工作的发展前景如何呢?应该说,社会工作的发展前景取决于社会发展的进程和由此产生的社会需要。在一个相当长的时期内,改革与发展仍是中国面对的主要任务。从总体上来说,改革就是对原来的计划经济体制的改革,就是要建立社会主义市场经济体系及与之相适应的政治体制、社会体制,就是要形成政府、市场、社会(第三部门)既合理分工,又良性互动的社会运行机制。要改变政企不分、政社不分的状况,形成新的社会分工格局。就发展而言,中国的任务就是持续快速地发展经济,全面建设小康社会,实现经济与社会的协调发展。如前所述,改革作为一种利益的重新分配过程会引发许多新问题,其中包括社会公平、社会稳定方面的问题,而经济全球化可能会使问题加剧。在这种情况下,中国政府明确地提出经济与社会协调发展的新发展观,强调在发展经济的同时注重社会发展,其中包括建立公共政策体系,发展社会福利事业。不管是为了缓解改革和社会转型中出现的矛盾,还是追求社会公平与社会发展,社会福利体系的发展都是绝对需要的。社会工作作为社会福利体系的重要组成部分,应该也必然会得到较快发展。

2. 走向与中国社会发展相适应的社会工作

社会工作是一种科学的助人制度，它具有科学性，也具有本土性。这里的本土性是指社会工作的方法要符合现实要求，包括社会工作服务要符合国情，符合当时经济与政治状况以及社会制度和文化背景等，因为只有这样，社会服务才可能是真正有效的。

就现在的情况来看，中国的社会工作还处于发展初期，它既需要引进和专业化，也需要本土化，同时要总结本土的社会工作经验。总体说来，社会工作要满足现实需要，要满足发展的需要，要与中国的发展相适应，要解决发展过程中发生的问题，并在解决问题中推动社会发展。社会工作、特别是社会工作教育在自己的发展中要认真分析中国的经济与政治背景及其变化趋势，要分析社会结构及文化因素，只有这样，社会工作的发展才会符合中国国情，与中国的经济与社会发展相适应才有利于自己的发展。要做到这一点，需要认真的科学研究，需要以实践为取向的社会工作的发展及其反思。

3. 发展社会工作造福中国人民

社会工作是一种为有需要的人群、特别是为困难群体、弱势群体服务的事业，在追求社会公正、社会进步方面，它既是实际的又是富于理想的，是现实理性与理想的结合，它是一种崇高的职业和可以为之献身的事业。

中国历史上有丰富的社会福利思想，有令人赞叹的大同社会的理想，但是这些都没有转变为认真的社会实践和现实。一个理想的社会需要经济与社会的协调和较高程度的发展，中国当今就处在这一发展的起点上。随着社会现代化的展开，经济与社会的协调发展，经济繁荣和社会进步，中国就会不断逼近这一理想。在这一进程中，社会工作始终扮演着重要的、不可替代的促进者角色。

推荐阅读文献

艾森斯塔德. 现代化：抗拒与变迁. 北京：中国人民大学出版社，1988

艾斯平-安德森. 福利资本主义的三个世界. 北京：法律出版社，2003

安东尼·哈尔，詹姆斯·梅志理. 发展型社会政策. 北京：社会科学文献出版社，2006

陈树强. 增权：社会工作理论与实践的新视角. 社会学研究，2003(5)

弗朗索瓦·佩鲁. 新发展观. 北京：华夏出版社，1987

吉尔伯特，特瑞尔. 社会福利政策导论. 上海：华东理工大学出版社，2003

米歇尔·福柯. 规训与惩罚. 北京：生活·读书·新知三联书店，1999

欧文·E. 休斯. 公共管理导论. 北京：中国人民大学出版社，2002

佩恩. 当代社会工作理论. 上海：华东理工大学出版社，2005

阮曾媛琪. 国际社会工作教育发展的趋势及对中国的启示，反思　选择　发展. 中国青年政治学院学报（社会工作教育专刊），1999

孙立平等. 改革以来我国社会结构的变迁. 中国社会科学，1994(3)

王思斌.中国社会工作的嵌入性发展.社会科学战线,2011(2)
王思斌.试论社会工作对社会管理的协同作用.东岳论丛,2012(1)
韦伯.经济与社会.北京:商务印书馆,1997
乌尔里希·贝克.风险社会.南京:译林出版社,2004
徐震,林万亿.当代社会工作.台北:五南图书出版公司,1996
赵康.专业、专业属性及判断成熟专业的六条标准.社会学研究,2000(5)